선비士;

학식과 인품을 갖춘 사람에 대한 호칭

(출처 : 『한국민족문화대백과』)

●

인문학人文學;

인간과 인간의 문화에 관심을 갖는 학문 분야

(출처 : 『두산백과』)

●

불천위不遷位란?

국가와 유림이 영원히 기릴 만하다고 인정한 훌륭한 인물을 대상으로 한다. 보통 제사를 지낼 때 4대까지 모시는데, 4대 봉사奉祀가 끝난 뒤에도 없애지 않고 계속 제사를 지내며 기리는 신위神位의 주인공을 뜻한다.

구분	이름	키워드	구분	이름	키워드
01	김종직	사상	26	배삼익	백성
02	김굉필	소학	27	김응조	지식인
03	이현보	출세	28	성이성	애민
04	이 황	청렴	29	신지제	정책
05	노수신	정파	30	이 정	관리
06	이원조	관료	31	최진립	무신
07	류성룡	인재	32	손 소	문무
08	류치명	유림	33	남경훈	효孝
09	이상정	후학	34	박의장	선정
10	오 운	학자	35	송희규	실천
11	권 벌	절의	36	장말손	충신
12	이원정	학문	37	곽안방	청백리
13	김성일	직언	38	정세아	의병
14	김일손	강직	39	이동표	원칙
15	정경세	정론	40	변중일	충효
16	조덕린	명분	41	권 구	벼슬
17	정 탁	인품	42	권문해	저술
18	하위지	절개	43	김 담	천문학
19	이 해	언행	44	박승임	청빈
20	황여일	언변	45	최항경	노블레스 오블리주
21	김양진	공직	46	조호익	후진
22	류중영	공무	47	장흥효	선비
23	최흥원	실사구시	48	김 진	자녀 교육
24	김계행	결백	49	김 령	의義
25	조 정	복지	50	이시명	은거
			51	이언적	성리학

1 조선 시대 사대부 지식인의 주류 사상을 만들다 : 김종직 (점필재종택)

2 "먼저 사람이 돼야 한다"며 《소학》의 가르침을 강조한 선비 : 김굉필 (도동서원 전경)

3 벼슬과 출세보다 선비의 복된 삶을 실천하다 : 이현보 (농암종택 긍구당)

4 벼슬하는 아들이 보낸 감 한 접 돌려보낸, 청렴한 삶 : 이황 (퇴계 묘소)

5 정파에 휘둘리지 않은 재상, 임금도 그에게 의지했다 : 노수신 (봉산서원)

6	8
7	9
10	

11	13
12	14
	15

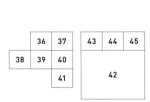

	36	37		43	44	45
38	39	40				
		41			42	

46		
47	48	49
50		
	51	

조선의 선비들, 인문학을 말하다

조선의 선비들, 인문학을 말하다

(한국 역사 인물을 통해 본 인문학 공부법)

[한국사를 바꾼 인물 No.07]

글·사진 | 김봉규
발행인 | 홍종남

2013년 4월 19일 1판 1쇄 발행
2013년 8월 15일 2판 1쇄 발행

이 책을 만든 사람들
책임 기획 | 홍종남
디자인 | 김효정
교정 | 안종군
출판 마케팅 | 김경아

이 책을 함께 만든 사람들
종이 | 제이피씨 정동수
제작 및 인쇄 | 다오기획 김대식

{행복한출판그룹} 학부모 서포터즈
김미라, 김미숙, 김은진, 나은영, 박기복, 박민경, 송지현, 오주영,
윤진희, 이승연, 이인경, 이지현, 임혜영, 전진희, 정인숙 님

펴낸곳 | 행복한미래
출판등록 | 2011년 4월 5일. 제 399-2011-000013호
주소 | 경기도 남양주시 도농로 34, 부영아파트 301동 301호
서울 사무실 | 서울 마포구 서교동 442-2번지 105호
전화 | 02-337-8958   팩스 | 031-556-8951
홈페이지 | www.bookeditor.co.kr
도서 문의(출판사 e-mail) | ahasaram@hanmail.net
내용 문의(지은이 e-mail) | bg4290@naver.com
※ 이 책을 읽다가 궁금한 점이 있을 때는 지은이의 e-mail을 이용해주세요.

ⓒ 김봉규, 2013
ISBN 978-89-968617-9-9
〈행복한미래〉 도서 번호 020

조선의 선비들, 인문학을 말하다

●한국 역사 인물을 통해 본 인문학 공부법●

김봉규 글·사진

행복한미래

노블레스 오블리주를 실천한
'불천위'

'불천위不遷位'는 유교 문화의 산물로 '영원히 옮기지(없애지) 않고 기리는 신위'를 의미한다. 우리나라에는 조상이 별세했을 경우, 그 후손들이 4대 봉사奉祀를 끝낸 뒤에 죽은 조상을 대신하는 신위(신주)를 묻어 없애는 풍습이 있다. 하지만 학덕이나 공적 등이 뛰어나 그 삶이 후세인들에게 모범이 될 만한 인물인 경우에는 국가 또는 유림에서 4대 봉사 이후에도 후손이나 후학들이 영원히 제사를 모시며 기리도록 하고 있는데, 이를 '불천위'라고 한다.

불천위의 대상으로는 학덕이 뛰어난 사람, 왕권의 확립 또는 유지에 큰 공적을 남긴 사람, 전쟁에 참여하여 나라를 지키는 데 공헌한 사람, 비록 벼슬을 하지 않고 초야에 묻혀 살았지만 학문을 발전시키고 후학 양성에 매진한 사람, 효심과 충성심이 탁월한 사람, 선정을 펼쳐 백성들의 삶의 질을 높인 사람 등을 들 수 있다.

불천위를 지정하는 목적은 훌륭한 사람의 행적을 후대의 사람들이 본받게 하여 건강한 사회를 유지하는 데에 있다. 불천위는 비록 조선 시대 유교 사회의 문화유산이기는 하지만, 불천위에 오른 인물의 삶은 현대인들에게 귀감이 되고 있다.

일찍부터 올바른 교육으로 확고한 삶의 지침을 확립하고, 어떤 상황에 부딪히더라도 자신의 신념에 따라 운명을 개척한 이들의 삶은 물질주의와 자본주의의 병폐에 찌든 현대인들에게 많은 교훈을 주고 있다.

현대인들의 삶은 과거에 비해 물질적으로 풍요해졌지만, 내면적인 삶의 질은 오히려 퇴보하고 있다. 가치관의 혼란과 상실로 과거에 비해 더욱 각박하고 고단한 삶을 살고 있는 것이다.

상황이 이러하다보니 현대인들에게는 느림의 미학, 즉 휴식이 필요하다는 위로의 메시지가 설득력을 얻고 있다. 웰빙 열풍이 좀처럼 식지 않는 것도 이러한 현실이 투영된 것이라 할 수 있다.

최근 인문학에 대한 관심이 높아지고 있는 것도 이와 무관하지 않다. 인문학은 '사람답게 사는 법'에 관련된 학문이다. 다시 말해서 사람은 어떠한 존재이고, 어떻게 살아야 하며, 바람직한 삶을 살기 위해서는 어떻게 해야 하는지 등을 공부하는 학문이다.

'불천위의 삶'에 인문학이 있다

불천위 인물의 삶은 인문학, 즉 사람이 어떻게 살아야 하는지를 알기 쉽게 가르쳐준다. 굳이 문학, 역사, 철학을 공부하지 않더라도 그들의 삶 자체가 곧 이들 학문의 핵심을 이루고 있다.

그들은 헛된 욕심을 부리거나 명예와 권력을 탐하지 않았다. 언제나 양심을 지키려고 노력했고, 자신이 처한 위치에서 사회와 나라에 도움이 되기 위해 최선을 다했다. 정의를 위해 목숨을 바쳤고, 향촌에 묻혀 지내다가도 나라가 위급해지면 전쟁터로 나가 싸웠다. 철저한 신분 사회 속에서도 노비를 가족같이 사랑했고, 박봉에도 불구하고 백성의 안정된 삶을 위해 선정을 베풀었으며, 고향에 남아 후학을 양성하기도 했다.

최근 들어 인문학이 우리 시대의 대안으로 떠오른 이유는 날로 각박해져가는 세태 속에서 사람이 어떻게 살아야 하는지에 대한 통찰이 필요하다는 것을 절실히 느끼게 되었기 때문이다. 선비 중의 선비라고 할 수 있는 불천위 인물의 삶은 바로 이 시대 한국인, 아니 지구촌의 모든 사람들에게 '어떻게 살아야 하는가?'에 대한 해답을 제시하고 있다. 무엇을 하든, 어떤 상황에 처해 있든, 그 삶의 근본은 여기에 다룬 51명의 불천위 선비들의 삶에서 크게 벗어나지 않을 것이다. 아무쪼록 이 책에 실린 불천위 선비들의 삶을 통해 가치관의 혼란을 극복하고, 안락과 행복을 누리는 데에 필요한 삶의 해법을 찾을 수 있기를 기대한다.

이 책은 영남일보에 연재한 '불천위 기행'(2010. 6.~2012. 6.)을 바탕으로 하여 엮은 것이다. 취재 당시 해당 불천위 인물의 문집을 비롯한 관련 자료를 제공해준 종손과 그 후손들에게 각별한 감사를 드린다. 그리고 이 불천위 인물들을 만나 그들의 삶을 접하고 정리할 수 있는 계기를 만들어준 이창환 전 대구시청년유도회장에게도 고마움을 전한다. 이와 아울러 많은 독자들이 불천위 선비들의 삶을 널리 접할 수 있도록 정성을 다해 책으로 엮어준 출판사 관계자에게도 감사의 마음을 전한다.

2013년 4월

'수류화개실'에서 김봉규

• 차례 •

3부　백성民의 행복이 나의 행복이다

4부　나라國와 가족을 먼저 생각하다

5부 무엇을 하든 마음心 공부가 중요하다

1부

학문學은
왜
하는가?

01 조선 시대 사대부 지식인의 주류 사상을 만들다

김종직

점필재佔畢齋 김종직(1431~1492년)은 덕행과 문장, 정사政事 모두에서 뛰어나 많은 사람들이 존경하고 사모하는 인물이었다. 그는 성리학을 바탕으로 한 도덕적 이상 사회 실현을 추구했던 조선 초기 사림士林의 종사宗師였다.

조선 왕조는 고려 왕조와 달리 유학을 국가 통치의 기본 이념으로 삼았다. 당시 유학의 주류를 이루었던 성리학은 인간 심성에서부터 우주 운행에 이르기까지 태극, 음양, 이기理氣 등의 이치로 사물의 현상과 원리를 해명하는 정연한 논리체계다. 성리학자들은 이를 바탕으로 개인의 인격수양과 인간관계의 의리는 물론, 사회와 국가의 운영에 이르기까지 도덕에 기초한 이상을 구현하려 했다.

김종직은 정몽주, 길재 등이 수립한 학문을 가학家學으로 계승해 일상생활의 범절과 처신은 물론, 국가의 경륜에 이르기까지 유학자로서의 사상과 이념을 실천해 관철하려는 도덕경세道德經世의 학문을 솔선했다. 또한 그 학문을 따라 배우면서 훌륭한 성취를 보인 수많은 후학을 양성했다.

그로 말미암아 일어난 도학道學의 학풍은 마침내 조선 시대 사대부 지식인의 주류 사상이 되었고, 이는 오늘날까지도 한국 사상과 문화의 심층에 큰 뿌리를 이

조선의 선비들, 인문학을 말하다

루고 있다.

그는 또한 전아하고 건실하면서도 웅혼한 시문을 창작해 조선 전기 제일의 시인으로 칭송받았다. 그의 시문에는 유학자로서 성리 도덕의 학문을 바탕으로 한 내면 성찰, 민생이 안정되고 인륜의 기강이 바로잡힌 문명사회에 대한 염원, 향토의 풍속과 물산·인정에 대한 세심한 관찰 및 애정이 담겨 있기 때문에 조선조 사대부 지식인의 독특한 문학 전통을 형성하는 데도 크게 기여했다.

부친 김숙자로부터 학문 전수

김종직은 1431년 경남 밀양의 한골大洞에서 태어났다. 윗대 조상은 대대로 경북 선산에서 살았으나, 김종직의 부친 강호江湖 김숙자가 밀양에 세거世居한 박홍신의 딸과 혼인하면서 밀양에 정착함으로써 대부분의 어린 시절을 밀양에서 지내게 된다. 그리고 부친이 관직을 역임한 서울과 고령, 성주 등지로 옮겨 다니면서 학업을 닦았다.

그는 여섯 살 때부터 정몽주, 길재의 학통을 이은 부친으로부터 글을 배우기 시작해 《소학》, 《효경》, 《사서오경》, 《통감》 등을 차례대로 배워 나갔다. 부친은 "활과 화살은 몸을 보호하는 물건이므로 익히지 않으면 안 된다. 더구나 옛날 사람은 이것으로 덕성을 살폈다"라고 강조하면서 활쏘기를 익히도록 했다. 또한 "계산하는 법에 익숙하지 않으면 일상생활에 사용되는 사물을 궁구할 수 없다"라고 하면서 셈하는 법을 익히게 했으며, 글씨 쓰는 법도 정밀하게 익히게 했다.

12세 때 벌써 시를 잘 짓는 것으로 유명했던 그는 23세가 되는 해의 봄에 진사에 합격했다. 23세 때 부친의 부임지인 성주에 들렀다가 향교에 안치된 성현聖賢의 위패가 흙으로 만들어져 망가지는 등 민망한 모습으로 방치되어 있음을 보고 부친에게 건의하여 모든 위패를 밤나무로 대체하게 했다. 이 일이 성균관에 알려지면서 그 이후 전국의 모든 위패에는 밤나무를 사용하게 되었다는 일화가 있다.

26세 때에 부친상을 당하자 3년 동안 묘소를 지키며 상을 치른 후 29세에 문과에 급제, 승문원 권지부정자로 벼슬을 시작했다. 그는 벼슬길로 들어선 후 뛰어난 학식과 탁월한 시문으로, 얼마 지나지 않아 선배와 동료들로부터 촉망을 받았다.

승문원 박사로 있을 때 승문원 선배인 어세겸은 김종직의 시를 보고 감탄해 "나는 그의 말구종이 되어도 달갑게 여기겠다"라고 했고, 나중에 성종이 자신을 대제학에 임명하자 "저의 재주가 김종직만 못하다"라고 하면서 사양하기도 했다.

33세 때 사헌부 감찰로 임명된 후 어전에서 불사佛事에 대해 비판하다가 왕의 뜻을 거슬러 파직되기도 했다. 40세 때 겨울에는 경연經筵에서 71세에 이른 모친을 봉양한다는 이유로 사직하자, 성종은 그를 함양군수로 임명했다.

사방에서 모여든 학도들을 훌륭한 인재로 양성

함양군수 4년, 선산부사 4년을 잇달아 재임하면서 산업을 장려하고 풍속을 순화하는 한편, 사방에서 모여드는 학도들을 가르치는 데도 힘써 훌륭한 인재들을 배출했다. 이 시기에 매계梅溪 조위, 일두一蠹 정여창, 한훤당寒暄堂 김굉필 등 한 시대의 문학과 도학을 영도한 이들이 문하에 모여들었다. 진산군晉山君 강희맹은 이러한 그에게 서찰을 보내 그 인재의 융성함을 칭송하기도 했다.

함양군수로 재직할 때(1474년)에는 다섯 살 난 아들이 죽는 일을 당한다. 아들을 잃은 슬픔을 견디기 힘들었던 그는 사직을 결심하지만, 강희맹의 간곡한 권유 등으로 복직하여 새로운 마음으로 백성을 위해 열심히 일했다. 1475년에 4년 동안의 임기를 마치자 성종은 "김종직은 문학이 넉넉하고 고을을 잘 다스렸다. 그를 3품직에 제수하고 승문원 참교 겸 지제교에 임명하라"라는 전교를 내렸다.

당시(1475년 1월)에 그가 지은 시를 보면 아들을 잃은 부부의 심정이 어떠했는지를 엿볼 수 있다. '아내가 금산에서 돌아오다[室人自金山還]'라는 시다.

그대는 완산의 새*가 되어서 [君爲完山鳥]

자식 잃은 슬픔이 아직 안 그쳤는데 [哭子猶未休]

나는 동문오**를 배워서 [我學東門氏]

지난해의 근심을 조금 잊었다네 [稍忘前歲憂]

밤이 깊도록 촛불 밝히고 얘기한 것이 [夜闌秉燭語]

절반은 먹고 사는 걱정이었거늘 [半是營生謀]

인간사 장차 어떠할까 [人事且如何]

백년이 참으로 길기만 하구나 [百世眞悠悠]

선산부사, 이조참판, 홍문관제학, 형조판서 등을 거쳐 59세 때인 1489년에 사직하고 고향인 밀양으로 돌아와 몰려드는 원근의 학자들을 가르치다 1492년 7월, 서적 중 빌린 책을 돌려주게 했다. 그리고 다음 달 음력 19일 밀양의 거처인 명발와明發窩에서 별세했다.

무오사화로 부관참시를 당했으나 사림의 종사로 추앙

김종직이 별세한 후 조정에서는 공론에 따라 그에게 '문충文忠'이라는 시호를 내렸다. 그러나 일부 대신들의 이의 제기로 그 이듬해 4월에 문간文簡으로 고쳐졌다. 성종조 때에는 훈구세력과 신진사류의 대립 속에 김종직을 따르는 사류士類와 이를 못마땅하게 생각한 일부 대신들의 상반된 시각의 차이가 이처럼 심각했던 것이다. 200여 년이 지난 숙종 때(1709년) 당초 시호인 문충으로 복원되었다.

훈구파와 신진 사류의 대립은 결국 대참사를 초래하게 된다. 1498년《성종실록》편찬 때 유자광이 김종직의 제자인 김일손이 기초한 사초史草에 김종직의 〈조의제문弔義帝文〉이 들어 있는 것을 보고, '세조가 단종으로부터 왕위를 빼앗은 일을 비방해 지은 글'이라고 연산군에게 이야기하여 문제를 삼으면서 무오사화戊午士禍

를 일으킨 것이다. 이 사화로 김종직 문도들이 대거 숙청되고 김종직은 부관참시★를 당한다.

하지만 중종반정(1506년) 후 그 억울함이 밝혀지면서 신원伸
寃되었고, 숙종 1689년에는 영의정에 추증되었다. 그리고 그의 가르침으로 배출된 신진 사류의 학풍이 사림의 주류로 자리 잡아 김종직은 사림의 종사로 추앙되었다.

그가 세조에서 성종의 시기에 조선의 학풍을 일신한 사림의 종사로 추앙된 것은 일부 후세 사람들이 임의로 만든 일이 아니다. 그의 생시와 죽음 직후부터 이러한 논의가 있었다. 성종 때 추강秋江 남효온(1454~1492년)은 시를 지어 이르기를 "백년의 명승지 영남루요, 천년에 한 사람 점필재[百年勝地嶺南樓 千載一人佔畢齋]"라고 했으며, 동료이자 김종직 신도비명을 찬술한 허백당虛白堂 홍귀달(1438~1504년)은 "덕행과 문장과 정사는 공자의 문하에도 겸비한 자가 없었는데, 문간공은 그렇지 아니하여 행실은 사람들의 모범이 되었고, 학문은 사람들의 스승이 되었다"라고 칭송했다.

김종직을 그의 문하에서 섬겨보지 못한 것을 유감스럽게 생각한 퇴계 이황은 김종직에 대해 "타고난 성품이 뛰어나고 글을 잘했으며, 연원이 깊은 학문과 고고한 문장으로 당대의 영수이며, 후세를 일깨운 태산북두가 되어 유도儒道가 끊이지 않게 했다"라고 언급했다.

점필재가 사용하던 옥벼루 '필옹옥우畢翁玉友'. 성종의 하사품이라고 한다.

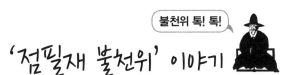

'점필재 불천위' 이야기

점필재 불천위가 언제, 어떻게 결정된 것인지에 대해서는 다른 대부분의 불천위 인물과 마찬가지로 기록이 남아 있지 않다. 점필재 18대 종손 김진규 씨(1960년생)의 설명이다.

점필재 불천위 제사는 기일(음력 8월 19일) 자시子時에 점필재종택(고령군 쌍림면 합가1동, 개실마을) 사랑채 대청에서 지낸다. 다른 종가처럼 종택 정침 오른쪽 뒤에 있는 사당에서 신주를 모셔와 제사를 시작한다.

경북 북부 지역 종택과는 달리 점필재종택 사당(3칸)에는 중앙에 칸막이를 해 불천위 신주를 감실 안에 모시고, 양쪽 옆에 4대조 신주 감실을 봉안하고 있다. 제사에 참석하는 제관은 50~60명이다.

점필재종가는 불천위 제사만 개실마을 종택에서 지내고, 종손의 4대조에 대한 제사는 종손이 사는 서울에서 지낸다.

6·25 전쟁 때 종손의 조모(당시 종부)가 점필재 불천위 신주를 종택 안채 뒤쪽 대밭에 있는 굴 속에 숨겨 피해를 면할 수 있었다고 한다. 신주와 함께 점필재가 쓰던 벼루와 제주를 담는 유리병, 교지, 전적 등 귀중한 유물도 그곳에 함께 감춰두어 온전할 수 있었다.

이렇게 보존한 유물은 대가야박물관에 기탁했다. 몇 년 전에 160점을 기탁한데 이어 2011년 11월에도 점필재와 관련된 교지와 서간, 입안★ 등 고문서 79점(보물 제1725호)을 기탁했다.

> ★ 입안立案
> 관청에서 발급한 증명 문서를 말한다.

한편, 김진규 종손은 2012년 불천위 제사 때부터는 참석하는 제관들의 편의 등을 고려해 기일 초저녁에 제사를 지낼 생각이라고 밝혔다.

1
2

1 점필재종택(고령군 쌍림면 합가1리) 전경. 사당은 오른쪽 건물로 대부분의 종택처럼 종택 본채 오른쪽 뒤에 자리 잡고 있다. 사당에는 중앙에 불천위 신주가, 좌우에는 종손 4대조 신주가 봉안 돼 있다.

2 점필재 흉상(밀양시 부북면 제대리). 점필재가 태어나고 별세한 곳인 추원재追遠齋 앞 정원에 자리하고 있다. 이 뒷산에 점필재 묘소가 있다.

"먼저 사람이 돼야 한다"며 02
《소학》의 가르침을 강조한 선비

김굉필

사회를 놀라게 하는 흉악한 범죄가 일어날 경우, 정부 당국이 단골 메뉴로 내놓는 대책이 '범죄와의 전쟁' 선포다. 아동 성폭행 사건이 잇따르면 대책회의 끝에 내놓는 것 역시 '성범죄와의 전쟁' 선포다. 과연 이러한 대응이 최선의 방책일까?

500년 전 조정에서 내놓은 처방은 《소학小學》이었다. 《소학》을 가르쳐 사람들의 윤리의식을 고취시키자는 것이었다.

반인륜 범죄 대책으로 제시된 《소학》

밀양부 풍각현에 사는 백성 박군효가 지난 병자년(1516년) 12월 24일 대낮에 동네 한가운데서 그 아비의 머리를 난타해 살해하고는 도리어 흉악한 말을 했다고 합니다. 이는 천지간 강상*의 큰 변고로, 차마 들을 수가 없는 일입니다. 그 동생과 이웃 사람 등이 그를 붙잡았다가 도로 놓아 주어 천벌을 면하게 했습니다. 그 당시의 부사 송수宋壽는 이미 죽었으므로 죄를 물을 수 없고······.

★ 강상綱常
사람이 지켜야 할 도리인 삼강과 오상을 말한다.

1517년(중종 12년) 12월 13일, 경상도관찰사 김안국(김굉필 제자)의 장계狀啓가 도착했다. 이 사건은 한동안 알려지지 않다가 이듬해 관찰사에 의해 비로소 조정에 보고됐다. 당시 조정에서는 이 사건 때문에 여러 가지 논의가 오갔고, 논의를 거치면서 새로운 사실이 알려진다. 박군효를 잡았다가 놓아준 것으로 돼 있는데, 사실은 뇌물을 받고 사건을 숨기려 했고, 고을의 관리들은 자연사한 것으로 서류를 꾸며 그를 방면하는 데 결정적 역할을 했던 것이다.

조정으로서는 경악할 만한 사건이었다. 밀양부를 밀양현으로 강등시켰으며, 이 사건에 연좌되어 전가사변★을 당한 자가 7명, 3000리 밖으로 유배당한 자가 18명이나 됐다.

박군효 사건을 통해 당시 왕과 신료들은 타락한 민풍民風을 어떻게 다시 바로 세울 것인지를 고민하게 되었는데, 그 대책 중 하나로 논의한 것이 바로 《소학》을 가르치자는 것이었다. 일상생활 속 인륜 실천의 가르침을 담고 있는 《소학》은 조선시대 기초 윤리 교과서 역할을 했다. 당시 가장 많은 영향력을 미친 책 중 하나가 바로 '사람을 만드는 책'이라고 불릴 정도로 중요하게 여겨졌던 《소학》이다.

'소학동자'라 자칭했던 김굉필

우리나라 유학의 도통을 이은 대표적 성리학자로, 문묘에 배향돼 영원히 추모를 받고 있는 한훤당寒暄堂 김굉필(1454~1504년)은 《소학》과는 떼려야 뗄 수 없는 삶을 살았다. 그가 동방(우리나라) 도학道學(도덕에 관한 학문)의 종宗이 될 수 있었던 것도 《소학》을 통한 개인의 수양과 실천윤리 확립 덕분이다.

김굉필은 21세 때 함양군수로 있던 점필재 김종직(1431~1492년)의 문하에 들어가게 된다. 김종직은 김굉필에게 "진실로 학문에 뜻을 두었다면 마땅히 《소학》부터 시작해야 한다"라고 말하면서 손수 《소학》을 건네 준다. 이후 《소학》을 배우고 실천하며, 늘 《소학》을 언행의 최고 지침서로 삼았다.

조선의 선비들, 인문학을 말하다

김굉필은 스스로 '소학동자小學童子'라 칭하며 《소학》 공부에 몰두했다. 사람들이 나라 일에 대해 물으면 "《소학》을 읽는 아이가 어찌 대의를 알겠습니까?"라고 대답하며, 한결같이 자신의 몸과 마음을 닦고 다스리는 데 전념했다. 김굉필은 서른이 넘어서야 비로소 다른 글을 읽었다.

그가 지은 《독소학讀小學》이라는 시 중에 '공부를 해도 천기를 알지 못하더니, 《소학》에서 어제까지의 잘못을 깨달았구나[業文猶未識天機 小學書中悟昨非]'라는 구절이 있다. 이를 보고 김종직은 "이는 곧 성인이 될 바탕이다"라고 언급하기도 했다.

퇴계 이황은 도학을 공부한 사람들이 있었지만, 그 결과는 경서강독이나 문장을 짓는 데 그쳤고, 오로지 몸을 닦는 것을 일삼아 참다운 실천으로 공부한 사람은 오직 김굉필뿐이었다는 기록을 남겼고, 미호渼湖 김원행(1702~1772년)은 "한훤당의 학문이 깊어져 덕이 성취되고 행실이 우뚝하게 높아서 한 시대의 종사宗師가 된 것도 모두 《소학》을 표준으로 삼았기 때문"이라고 했다.

김굉필은 16세기 조선에 《소학》을 실천윤리의 중심 교재로 삼고자했던 유학 풍조를 정착시키는 주요 동력이 되었고, "후학들이 도학이 바른 학문인 것을 알아서 높이고 숭상하지 않는 사람이 없게 되었으니, 이는 진실로 환훤당의 공이다"(여헌 장현광)라는 평가를 받게 된다.

지금도 여전히, 아니 더욱 《소학》이 필요한 시대다. 이 시대에 맞는 《소학》이, 김굉필 같은 지도자가 절실한 상황이다.

김굉필이 남긴, 경계의 글 '한빙계'

다음은 남명南冥 조식이 남긴 김굉필의 일화 중 하나다. "선생(김굉필)이 친구들과 같이 거처하면서 닭이 처음 울 때 함께 앉아서 자신이 숨 쉬는 것을 세었는데, 다른 사람은 밥 한 솥 지을 시간이 지나자 모두 세는 것을 잊어버렸다. 다만 선생만이 분명하게 낱낱이 세어 날이 새도록 놓치지 않았다고 한다" 그의 마음공부, 경敬

공부 수준이 어느 정도인지를 잘 말해 주는 일화라고 하겠다.

이러한 그가 자신을 스승으로 삼고자 찾아온 반우형潘佑亨에게 주기 위해 또한 스스로를 경계하고자 쓴 〈한빙계寒氷戒〉가 있다.

갓을 바로 쓰고 꿇어앉아라 [定冠危坐], 옛 버릇을 철저히 없애라 [痛絕舊習], 욕심을 막고 분함을 참아라 [窒慾懲忿], 가난에 만족하며 분수를 지켜라 [安貧守分], 사치를 버리고 검소함을 따르라 [去奢從儉], 날마다 새로워지는 공부를 하라 [日新工夫], 말을 함부로 하지 마라 [不妄言], 마음을 한결같이 하여 두 갈래로 하지 마라 [主一不二], 마지막을 시작할 때처럼 조심하라 [愼終如始]

김굉필의 불천위 신주를 모시고 있는 한훤당종택의 사당(대구시 달성군 현풍면 지리). 다른 대부분의 종택 사당과는 달리 단청이 칠해져 있다.

조선의 선비들, 인문학을 말하다

위와 같은 18개 항목의 글이다.

그는 갑자사화로 죄가 가중돼 유배지인 전라도 순천에서 참수될 때, "신체발부身體髮膚는 어버이에게서 받은 것이라, 함께 상함을 받을 수 없다"며 손으로 수염을 쓰다듬어 입에 물고 죽음을 맞이했다.

불천위 톡! 톡!

'한훤당 불천위' 이야기

김굉필에 대한 불천위 결정이 언제 이루어졌는지는 기록에 남아 있지 않으나 적어도 1615년부터는 불천위 제사가 봉행됐음을 알 수 있다. 한훤당종택(대구시 달성군 현풍면 지리)의 불천위 사당이 1615년 4월(음력)에 현풍현감 허길許佶의 감독 아래 준공됐다는 기록이 남아 있기 때문이다. 또한 신주神主를 안치하는 함인 감실도 나라에서 만들어 하사한 것이어서 국가불천위였음을 알 수 있다. 그러나 이 감실은 2005년경에 도난당했다.

차종손 김백용 씨는 당시 사당 문을 열고 감실이 사라진 것을 보는 순간, 하늘이 무너지는 것 같았다고 했다. 기와집 형태였던 그 감실은 당시 최고의 기능인이 동원된 듯, 기와지붕 모양과 문살 등이 정교하게 만들어진 '작품'이었기 때문이다. 다행히 신주는 빼내 두고 감실만 가져갔다. 지금 감실은 그 후 비슷한 모양으로 다시 만든 것이다.

한훤당종택 사당의 신주 위치는 여느 종가와 다른 점이 있다. 보통 불천위를 가장 왼쪽(서쪽)에 모시지만, 이 사당은 불천위를 정면 가운데에 안치하고 있고, 4대조 신주는 불천위 신주 앞쪽의 좌우에 안치하고 있다. 지금의 종택 건물 대부분은 6·25 전쟁 때 융단폭격으로 기존의 건물이 대부분 불타버려 새로 지었으나, 솟을 대문과 사당 건물만 폭격을 피할 수 있었다.

불천위 제사(음력 10월 1일)에는 보통 40~50여 명이 참석한다. 불천위 제사에서 독특한 것이 있다면 제주로 쓰는 가양주인 '스무주'를 들 수 있다. '스무날(20일) 동안 있다가 뜨는 술'이라는 의미다. 재래종 국화를 따서 말린 것, 솔잎, 찹쌀, 누룩 등을 재료로 삼아 가을에 담그며, 향기가 특히 좋다고 한다.

	1
2	

1 한훤당종택(대구시 달성군 현풍면 지리). 6·25 전쟁 때 사당을 제외한 다른 건물은 대부분 불타버려 새로 지었다.

2 사당 안에 있는 신주를 넣어 두는 감실. 나라에서 만들어 내려준 감실은 2005년경 도난을 당하고, 지금의 것은 그 모양을 본떠 새로 만든 것이다.

벼슬과 출세보다 선비의 복된 03
삶을 실천하다

이 현 보

농암聾巖 이현보(1467~1555년)는 행복한 삶이 무엇인지 알고, 진정한 행복을 누리기 위해 남들이 부러워할 명예를 포기할 줄 알았던 인물이라 할 수 있다. 끝없이 벼슬을 추구하는 이들과 달리, 그는 자연을 즐기고, 부모에게 효도하며, 자손들과 함께 하는 즐거움을 한껏 누릴 줄 알았다. 덕분에 그는 누구보다 복된 삶을 오래도록 누리다 세상을 하직할 수 있었다.

일흔 넘어 색동옷 입고 부모 앞에서 춤춘 이현보

이현보의 효행은 너무나 유명하다. 그는 46세 때인 1512년, 고향집 옆 분강汾江(낙동강) 기슭의 농암 바위 위에 '애일당愛日堂'이라는 정자를 지은 후, 명절 때면 이곳에서 색동옷 차림으로 춤을 추는 등 어버이를 즐겁게 하기 위해 정성을 다했다. 애일당의 '애일'은 '부모가 살아계신 나날을 아끼고 사랑한다'는 의미다. 수많은 정자가 지어졌지만 이렇게 효를 실천하기 위한 정자를 지은 것은 드문 일이다.

이현보는 부모뿐만 아니라 주변의 모든 노인들을 각별히 모셨다. 그는 애일당에서 아버지를 포함해 아홉 노인을 모시고 어린 아이처럼 색동옷을 입고 춤을 추어 즐겁게 해드렸는데, 당시 이현보는 이미 70세가 넘은 노인이었다. 중국의 대표적 효자 중 한 사람으로, 일흔 나이에 부모 앞에서 무늬 옷을 입고 재롱을 부린 주나라 노래자老萊子의 효도를 그대로 실행한 것이다.

이를 '애일당구로회愛日堂九老會'라 했고, 이러한 효행이 조정에 알려져 당대 명현 47명이 축하 시를 보내기도 했다. 그리고 이 일은 후일 선조가 농암 가문에 '적선積善'이라는 대자 글씨를 하사하는 계기가 되기도 했다. 애일당구로회의 풍속은 400여 년간 전승되었다.

1519년 중구일(음력 9월 9일)에는 안동부사 신분으로 남녀귀천을 막론하고 안동부 내 80세 이상 노인을 한자리에 초청해 경로잔치를 벌였다. 이를 '화산양로연花山養老燕'이라 했다. 이 잔치에는 여자와 천민도 가리지 않고 초청했다는 점에서, 당시 엄격한 신분사회였음을 생각할 때 농암의 열린 사고와 차별 없는 인간애를 잘 보여주는 일이라 하겠다.

퇴계가 쓴 〈농암 행장〉에 기록된 '자제와 노비를 편애하지 않았고, 혼사도 문벌 집안을 찾지 않았으며, 사람을 대접함에 빈부귀천을 가리지 않았다'는 내용과도 부합한다.

30여 년 고을 수령, 임지마다 주민들 유임 요청

이현보는 출세 욕심을 버리고 시골의 양친을 더 잘 모시기 위해 언제나 지방 근무를 자청했다. 무려 8개 고을의 수령과 경상도관찰사로 근무하는 동안 농암은 청백리의 모범을 보였다. 고을 백성들은 그가 다른 고을로 임지를 옮길 때마다 붙잡고 눈물을 흘렸으며, 좀 더 있게 해달라고 관찰사나 임금에게 탄원하기도 했다.

사신史臣은 논한다. 이현보는 일찍이 늙은 어버이를 위해 외직을 요청해 여덟 고을을 다스렸는데 모든 곳에서 명성과 치적이 있었다. (중종실록)

조선의 선비들, 인문학을 말하다

경상도관찰사 김당이 아뢰기를 "…(중략)… 신이 이 고을(성주)을 살피러 가니, 고을 사람들이 길을 막고 이현보를 유임시켜주도록 지성스럽게 청했습니다." (중종실록)

충주목사에 임명됐다. …(중략)… 번거롭고 가혹한 세금을 개선했다. 잘 다스려 백성들이 기뻐했고, 이곳(충주)을 떠나던 날, 쫓아와 붙잡고 눈물을 흘리는 사람들이 길을 메웠다. (퇴계의 〈농암 행장〉)

이렇게 외직을 자청해 근무하다 부모가 별세하자 은퇴를 요청했다. 매번 임금의 만류로 뜻을 이루지 못하던 그는 76세가 되어서야 병가를 얻어 낙향할 수 있었다.

이현보는 영달을 좋아하지 않고, 자주 부모를 위해 외직을 구했다. 드디어 부모가 별세하자 직위가 2품이고 건강도 좋았지만, 조정을 떠나기를 여러 차례 간청해 마침내 허락을 받았다. 식자들은 그에게 만족을 아는 지족지지知足之志의 식견이 있다고 했다. (중종실록)

유일하게 정계 은퇴식 치른 농암

1542년 이현보의 은퇴가 결정되자 중종은 친히 그를 접견하고, 관복 띠인 '금서대金犀帶'와 '금포錦袍'를 하사했다. 이 시기는 사화士禍의 시대였지만, 사림과 훈구의 실력자들이 일제히 은퇴식장에 참석했다. 궁궐에서 한강까지 전별 인사들의 행차가 이어졌다. 회재 이언적은 장문의 전별시를 지었으며, 모재 김안국과 충재 권벌은 한강까지 나왔고, 주세붕은 죽령에서 이현보를 맞이했다. 퇴계 이황은 이날 배를 타고 따라가면서 시를 바쳤다.

구전苟全 김중천(1567~1629년)은 농암의 정계은퇴를 다음과 같이 평했다.

아아! 선생의 선생다운 바는 학문과 현달이 아니고, 벼슬과 나이가 많다는 것도 아니다. 오직 정계를 자진해서 은퇴한 것이라 하겠다. 대개 유사 이래 벼슬한 사람이 용퇴한 경우로는 한나라 소광疏廣·소수疏受와 당나라 양거원楊巨源 외에는 다시 있다는 소리를 듣지 못했다. 우리나라는 신라, 고려, 조선에 이르기까지 아무도 그런 사람이 없이 수천 년을 내려왔는데, 유독 농암 선생께서 쇠퇴한 풍속 가운데서 분연히 일어나 소광·소수·양거원의 자취를 이어 용퇴한 것이다. 회재·충재께서 전송 대열에 서고, 모재·퇴계께서 시를 지어 작별했으니, 소광·소수가 떠날 때의 100량 수레가 줄을 이은 영광에 비유하겠는가.

이현보는 은퇴의 기쁨을 도연명의 '귀거래'에 비유하고, 그의 '귀거래사'를 본받아 지었다는 뜻의 '효빈가'를 지어 소회를 읊었다.

돌아가리라 돌아가리라 말뿐이오 간 사람 없어
전원이 황폐하니 아니 가고 어쩔 꼬
초당에 청풍명월이 나며 들며 기다리나니

이현보는 일찍부터 벼슬에서 물러나 고향으로 돌아갈 것을 생각했다. 영천군수로 있던 1510년, 잠시 휴가를 내 고향 예안을 찾아 긍구당肯構堂의 남쪽에 '명농당明農堂'이라는 작은 집을 짓고 벽에 귀거래도를 그려놓고, 낙향을 다짐했던 것이다.

강호의 즐거움은 끝이 없고

낙향한 이현보에게 임금은 여러 번 벼슬과 선물을 내리며 다시 올라올 것을 종용했다. 그러나 매번 벼슬을 사양했고 하사받은 책과 선물은 주변에 나눠 주었다. 만년의 그에게 한양의 벼슬은 별 의미가 없었고, 고향 분강촌에서 자연을 벗삼으며 이언적과 이황 등과 같은 선비와 어울리는 즐거움이 너무도 컸던 것이다.

은퇴 후 그는 농부로 자임하고 일개 서생과 다름이 없는 담백한 생활을 하며 '유선儒仙'으로 불리었다. 분강의 강가를 거닐면서, 강과 달과 배와 술과 시가 있는 유유자적하고 낭만적인 풍경을 연출했다. 이러한 감흥과 미의식은 그대로 '어부가 魚父歌', '농암가聾巖歌' 등과 같은 문학과 예술로 승화되었다. 이황은 '어부가' 발문에 서 '바라보면 그 아름다움은 신선과 같았으니, 아! 선생은 이미 강호의 진락眞樂을 얻었다'라고 표현했다.

이현보는 '정승 벼슬도 이 강산과 바꿀 수 없다'면서 고향 분강촌(안동시 도산면 분천리)을 사랑했다. 고향에서 자연을 벗삼는 즐거움을 노래한 그는 한국문학사에 '강호문학의 창도자'라는 평가를 들을 정도로 지대한 영향을 미쳤다.

성품이 효성스럽고 우애가 있으며, 담박하고 욕심이 없어 시골에 있을 때는 사사로운 일로 관에 청탁하는 일이 없이 오직 유유자적하게 살았던 그는 1555년 긍구당에 누워 임종을 앞두고 아들들(7형제)을 돌아보며 "나이 90이 되도록 나라의 큰 은혜를 입었고, 너희들도 모두 잘 있으니 전혀 유감이 없고, 죽어도 영광이다. 슬퍼하지 마라"라고 말했다. 그리고 장례를 검소하게 할 것을 당부한 후 눈을 감았다. 1557년에 시호 '효절孝節'이 내리고 청백리에 선정되었다.

경상도관찰사 시절(1537년)의 농암 초상화. 보물 제872호. 대구 동화사 화승畵僧 옥준이 그린 것으로 전한다.

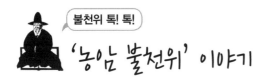

'농암 불천위' 이야기

대부분의 불천위가 그렇듯이 농암 불천위에 대한 기록도 전하는 것은 없다. 다만 이현보 사후 얼마 지나지 않아 불천위가 되고, 후손이 4대 봉사奉祀에 이어 불천위 제사를 지내온 것으로 보고 있다.

농암 불천위 제사(음력 6월 12일)는 기일 자시子時에 시작하며, 제관은 30~40명 참석한다. 제사 절차 중 조상이 음식을 드는 순서인 '합문부복' 전에 재배하는 점이 다른 불천위 제사와 다르다. 아헌亞獻은 예전에는 종부가 맡았으나 요즘은 문중 좌장이 맡고 있다. 불천위 제사는 현재 농암종택(안동시 도산면 가송리) 사랑채 대청에서 지낸다. 불천위 신주는 종택 내 사당에 4대조 신주와 함께 봉안돼 있다.

농암의 17대 종손 이성원씨의 말이다. "농암 선조는 효 이야기가 유명하지만, 명예와 인기를 한몸에 받을 때 그 모든 것을 버리고 은퇴해 고향에서 자연과 더불어 유유자적하게 보낸 점을 더 높게 사고 싶다. 은퇴하고 고향으로 돌아가는 배에는 오직 화분 몇 개와 바둑판 하나뿐이었다는 점은 그 분이 어떤 인물이었는지 잘 보여 준다."

본채와 사당, 긍구당肯構堂 등으로 이루어진 현재 종택은 2002년에 준공됐다. 긍구당과 사당은 도산서원 근처 분강촌(분천리)의 옛 종가 건물을 이전해온 것이고, 본채(안채와 사랑채)는 새로 지은 건물이다. 긍구당은 이현보의 고조가 처음 지었고, 이현보가 중수해 '긍구당'이라는 편액을 걸었다. 긍구는 '조상의 유업을 이어간다'는 의미다. 이현보는 이 집에서 태어났고 이곳에서 임종을 맞았다.

10여 년에 걸친 공사 끝에 2008년에 마무리된 현재의 종택 일대의 유적으로 긍구당을 비롯해 애일당愛日堂, 강각江閣(농암이 자연을 벗하기 위해 지은 정자), 명농당明農堂(농암이 낙향을 생각하며 지은 집), 분강서원汾江書院(사림이 이현보의 학덕을 추모하기 위해 1699년에 건립), 농암신도비籠巖神道碑 등이 이전·복원돼 있다.

1 이현보가 46세 때인 1512년 고향집 옆 농암 바위 위에 지어 어버이를 즐겁게 해드린 정자 애일당愛日堂. 애일당의 '애일'은 '부모가 살아계신 나날을 아끼고 사랑한다'는 의미다.

2 이현보의 효행과 경로 정신을 기려 선조 임금이 이현보의 아들(매암 이숙량)에게 내린 휘호인 '적선積善'.

04 벼슬하는 아들이 보낸 감 한 접 돌려보낸, 청렴한 삶

이 황

　　선생의 학문은 명백하고 쉽다. 선생의 도는 광명정대하다. 선생의 덕은 온화한 바람이요, 경사스러울 때 이는 서운瑞雲이다. 선생의 글은 의복이며 음식이다. 선생의 마음과 도량은 가을 하늘 밝은 달이며, 탁 틔어 보이는 얼음 유리 항아리다. 선생의 기상은 순결해 아름답게 갈고 닦은 금과 옥이다. 산악처럼 무겁고 소와 샘처럼 깊고 고요하다. 바라보면 안다. 선생이 성덕군자가 되었음을…….

　　학봉鶴峯 김성일이 스승인 퇴계退溪 이황(1501~1570년)을 평한 글이다. 이황의 삶과 언행을 보면, 위의 글이 스승을 포장하기 위해 하는 단순한 찬사에 그치는 빈 말이 아니라 이황을 명실상부하게 표현하고 있음을 알 수 있다.

70여 회나 벼슬을 사양한 이황

　　이황처럼 벼슬을 자주 사양한 이도 없을 것이다. 이황이 65세 때 글을 올려 자신에게 내려진 동지중추부사同知中樞府事 벼슬의 해임을 요청하자, 명종은 할 수 없이 허락하면서도 "내가 항상 그대를 기다리며 자리를 비워 놓은 지 여러 해이건만 끝내 벼슬에서 물러나기를 무리하게 청하니, 이는 어진 사람을 대우하는 나의 정성이 부족해서 그런 것이다. 그대의 뜻이 깊고 간절하니 어쩔 수 없이 들어주노라"라고 하며 아쉬워했다.

어렵게 관직에서 물러나 있던 이황은 명종의 뒤를 이어 등극한 선조에게 또 불리어 여러 차례 사양 끝에 결국 1568년 우찬성으로 임명돼 상경한다. 이후에도 선조와 이황은 관직 임명을 놓고 줄당기기를 계속한다.

생의 마지막 해인 1570년 정월에도 이황은 또 벼슬을 갈아줄 것을 요청하는 전문을 올린다. 하지만 선조는 들어주지 않으면서 다음과 같은 유지를 내린다.

경의 나이 비록 일흔이나 다른 사람과 같지 않기 때문에 허락하지 아니하노라. 그 관직을 교체하지 않는 것은 경의 어진 덕을 생각해 우선 갈망하는 것을 들어준 것이지 사면하고 물러가는 것은 허락하지 않기 때문이다. 조정으로 돌아오는 날을 내가 날마다 바라니, 역마를 타고 올라와서 나의 바람에 부응하기 바란다.

이황과 선조와의 이와 같은 줄당기기는 생을 마감하고서야 끝난다. 임금들의 이황에 대한 존경심과 신뢰가 어떠했는지 알 만하다. 이황은 진정으로 벼슬이나 명예에 대한 욕심이 없었다. 평생 동안 70회가 넘게 벼슬을 사양하는 청을 올린다. 이러한 이가 고금에 또 있을까 싶다.

어떤 공부든 직접 체득하고 확인

이황의 학문과 수행은 몸소 겪고 체험해서 깨닫는 데 있었다. 선배 유학자의 가르침을 그대로 믿으려 하지 않고, 무엇이든지 체험이나 실험을 통해 확인하는 과정을 겪어보려 했다. 그 모든 경험은 제자 교육의 산 교재가 되고, 선배 유학자의 이론에서 진일보하는 힘이 되었다.

그는 털끝만큼도 속임수를 쓰지 않았다. 퇴계의 수제자 학봉 김성일은 "글자 한 자의 뜻이나 한 낱말의 뜻을 그냥 지나쳐 버리지 않고 정밀하게 탐구했고, 아무리 옛날 유학자들의 저술이라 하더라도 함부로 믿는 일 없이 철저하게 천착하는 선생이었다"라고 말했다.

이러한 이황의 학문은 당연히 '위기지학爲己之學'이지, '위인지학爲人之學'이 아니었다. 인간으로서 마땅히 해야 할 도리로서 지덕행知德行을 실천하는 것이지, 지덕행의 생활을 떠나 허식을 부려 남에게 자기를 알리는 데 힘쓰거나 이름과 명예를 추구하는 것이 아니었던 것이다.

그런 그였지만, 자신이 직접 남긴 묘지명 글에서는 '배움은 찾을수록 더욱 멀어지고, 벼슬은 마다할수록 더욱 불어나더구나. 나아가 일함에는 실패하고 물러나 갈무리함에는 뜻을 지켰으나 나라 은혜에 깊이 부끄럽고 성인 말씀이 참으로 두렵구나'라고 했다.

벼슬하는 아들이 보내온 감 돌려보내

벼슬하는 아들이 집으로 물건을 보내오자 이황은 편지를 보내 잘못을 지적했다.

네가 어버이를 봉양하는 마음으로 나에게 여러 가지 물건을 보내왔구나. 그러나 이러한 물건들은 한 고을을 다스리는 네가 사적으로 어버이에게 보내서는 안 되는 매우 부적절한 것들이다. 나는 처음부터 너의 고을에 번거로움을 끼치지 않으려고 하는데, 네가 이처럼 물건을 보내오면 내 마음이 어떠하겠느냐. …(중략)… 나의 뜻을 자세히 살펴주기 바란다.

1570년, 이황이 별세하던 해 가을의 일이다. 아들이 봉화에서 감 한 접을 보내오자 퇴계는 다음 편지와 함께 감을 돌려보냈다.

…(전략)… 벼슬을 하고 있으면 많이 접근해 오므로 다른 때보다 더 조심해야 한다. 평범한 재주의 네가 쇠잔한 고을을 맡아 공사의 일을 양쪽 다 능히 해낼 수 있을까. 이것이 내가 깊이 근심하는 일이다. 그런데 관물官物을 인정 쓰는 데 다 써버린다는 것은 국가에 죄를 짓는 일이다. 봉화에서 보낸 물건은 누가 갖다 준 것이더냐? 이번에 보낸 감 한 접은 되돌려보내니 관에서 쓸 곳에 충당해라.

이처럼 죽기 직전까지도 관리가 지켜야 할 공도를 가르쳤다. 그는 관리를 다른 말로 '냉관冷官'이라 말하고, 냉관은 그 마음이 청렴하고 고요하며 담백해야 한다고 가르쳤다. 자신이 관료 생활을 할 때 이를 실천했고, 출사하는 집안사람들에게도 누누이 가르쳤다.

모든 일에 삼가고 조심해라. 후회스럽고 부끄러운 일은 저지르지 마라. 관리의 마음은 지극히 맑아야 하고, 욕심을 버리지 않으면 부정한 일을 꼭 저지르고 만다. 항상 조심하고 경계하라.

며느리에게 참빗 선물

손자가 장가를 갔을 때 이황은 다음과 같은 편지를 써 보냈다.

부부는 남녀가 처음 만나 세계를 창조하는 것이다. 그래서 가장 친밀한 관계를 이룬다. 또 한편 가장 바르게 해야 하고, 가장 조심해야 하는 처지다. 그렇기 때문에 군자의 도가 부부에서 발단이 된다고 한다. 그런데도 세상 사람은 모두 예와 존경함을 잊어버리고 서로 버릇없이 친하여, 마침내 모욕하고 거만하며 인격을 멸시해버린다. 이러한 일은 서로 손님처럼 공경하지 않은 때문이다.

이황은 이론이나 말로만 교육하지 않았다. 가족이나 친척 간에도 반드시 몸소 모범을 보이고 실천을 함으로써 본받게 했다. 생일날 며느리가 버선을 기워 보내자 참빗을 사서 답례를 했고, 손부가 옷을 지어 보내자 편지와 함께 바늘을 사서 보냈다. 이처럼 가족에게도 은혜에 대한 보답을 반드시 실천했다.

그는 또 어진 사람이나 어리석은 사람, 늙은이나 젊은이, 양반이나 중인·상인을 차별하지 않았다. 누구에게나 같은 예로 대했다. 어떤 손님이든 모두 뜰 아래에서 맞았으며, 자신의 신분이 높고 나이가 많다고 해서 자신을 높이는 일이 없었다.

정문봉은 '사람과 교제할 때 처음에는 담담하지만, 오래 지낼수록 점점 믿게 되어서 지성으로 감복하지 않은 사람이 없었고, 마음속으로 기뻐하지 않는 이가 없었다'라고 기록하고 있다.

이황은 별세 후 바로 영의정에 추증追贈(사후에 관직을 높여줌)되고, 1575년에는 조정에서 '문순文純'(도와 덕이 있고 널리 듣는 것을 '文'이라 하고, 중립해서 바르고 순수한 것을 '純'이라 함)이라는 시호를 내렸다.

퇴계의 묘소 앞에 있는 비석. 퇴계의 유언대로 앞면에는 '退陶晚隱眞城李公之墓'(퇴도만은진성이공지묘 : 늘그막에 도산으로 물러나 은거한 진성이공의 묘)라고 새겨져 있다.

'퇴계 불천위' 이야기

이황은 1610년 문묘文廟에 배향되면서 불천위에 오른 것으로 보인다. 당시 김굉필, 정여창, 조광조, 이언적과 함께 문묘에 배향되었다.

이황의 기일은 12월 8일(음력)이며, 불천위 제사는 퇴계종택(안동시 도산면 토계리)의 추월한수정秋月寒水亭 대청에서 자시(밤 1시)에 지낸다. 참석 제관은 100명 정도이다. 퇴계 16대 종손 이근필 씨(1932년생)는 "예전에는 숙박 등의 문제로 50명 정도 참석했는데, 교통이 편리해진 요즘은 제사 후 바로 돌아갈 수 있게 되면서 제관이 더 늘어나 100여 명이 참석한다"라고 말했다. 추월한수정 뒤쪽 사당에는 불천위 신주와 4대조 신주가 봉안돼 있다.

다른 종가와 달리 제수 진설 때 중포中脯(포를 제상 가운데 진설)로 하는데, 그 사연을 종손이 들려 주었다. 이황의 손부가 일찍이 혼자되어 아들 없이 20여 년 동안 직접 집안의 제사를 지내야 하는 상황에서, 잔을 올리려고 할 때 제상의 서쪽 끝에 차려 놓은 포가 자꾸 옷자락에 스쳐 떨어지자 상 가운데로 옮겨 진설하면서 그렇게 되었다고 했다.

과일 진설은 조동율서棗東栗西, 이동시서梨東柿西 순으로 하고, 도적都炙은 게나 조개를 가장 아래 놓고 그 위로 비늘 있는 어물, 소나 돼지, 닭 순으로 쌓는다. 제수는 유밀과를 쓰지 않는 등 간소하게 하는 것을 원칙으로 한다고 했다.

제주는 1950년까지 가양주를 썼지만, 1951년 초상을 치를 때 제주를 담가 놓았다가 상감에 발각돼 벌금을 내게 된 일을 겪은 이후, 가양주는 범법 행위인 만큼 그런 일을 해서는 안 된다는 생각으로 술을 안 담갔다고 한다.

다음은 퇴계가 남긴 유훈이다.

첫째, 나라에서 베풀어 주는 장례는 사양하라.

둘째, 기름과 꿀로 만드는 과자를 쓰지 마라.

셋째, 비석을 세우지 마라.

넷째, 비문을 기고봉(기대승)한테 쓰게 하지 마라.

다섯째, 모든 예법은 현재에 마땅하게 하면서 옛날에서 멀게 하지 마라.

1 퇴계 불천위 신주가 들어 있는 감실의 모습.

2 퇴계종택의 사당. 사당 안의 서쪽 끝에는 퇴계의 신주가, 오른쪽에는 고조부터 4대조 신주가 모셔져 있다.

정파에 휘둘리지 않은 재상,   <u>05</u>
임금도 그에게 의지했다

노수신

종묘사직宗廟社稷을 지키는 데는 태산 같은 공적이 있고, 임금을 섬기는 데는 숨김 없이 극진하였으며, 백성을 위해서는 올바른 제도를 실시했다. 효심은 지극했으며 학문이 깊고 문장은 뛰어났다.

1694년, 숙종이 조선조 중기의 명신이자 학자인 소재穌齋 노수신(1515~1590년)에게 시호 '문간文簡'을 내리면서 보낸 사제문賜祭文에 담긴 내용이다.

노수신은 문과 장원급제 후 10여 년간 벼슬을 하다가 을사사화로 20년간 유배생활을 하게 되고, 선조 즉위 후 귀양지에서 풀려 나와 요직을 두루 거친 후 16년 동안 정승의 지위에 있었다. 그의 인품과 역량을 가늠하게 하는 일이다.

스스로도 '부끄러워 할 점이 없는 삶을 살았다'고 평가한 노수신은 자신이 직접지은 묘비명에 '소사小事에 흐리어 혹 죄가 되기도 했으나 대의가 분명하니 참으로부끄러움이 없도다'라고 적었다.

임금과 대신들의 지극한 신뢰를 받았던 노수신

선조 즉위(1567년) 후 유배 생활을 끝내고 다시 조정으로 복귀한 노수신은 승진을 거듭했다. 1568년 11월 부친상을 당해 고향으로 돌아가 상을 치른 그는 1571년 삼년상을 마치자 바로 사간원 대사간에 배명되었다가 다시 사헌부 대사헌으로 옮겨졌을 때, 노모의 봉양을 위해 사직하고자 했다. 그러나 왕은 받아들이지 않고 "경은 하루라도 내 좌우에 없어서는 안 되니 모친을 모시고 올라와서 나의 부족함을 보필한다면 경의 충효가 양전兩全할 것이다"라고 명했다.

1581년 9월 모친상을 당했을 때는 "경의 일신은 나 한 사람의 의지함이 아니고, 만백성의 사활이 매인 바다"라며 애통함을 자제할 것을 하교했다. 또한 노수신이 고향에 돌아가 여막살이를 하며 슬픔이 지나쳐 건강을 보전하지 못할 것을 염려해 여러 차례 "시묘를 하지 말고 서울로 반혼返魂하라"라고 명령했다. 이에 부득이 서울에 작은 여막을 짓고 상을 치렀다. 선조의 사랑이 어느 정도인지 짐작할 만하다.

1585년 영의정에 임명된 이후에도 거듭 사직을 간청했고, 1587년 여름에 면직을 더욱 간절히 청했으나 임금은 "전후 14회나 글을 올린 것이 지성에서 나오지 않은 것이 없으나, 억지로 만류하며 허락하지 않은 것은 꼭 막혀서 상통하지 못하는 듯하다. 나도 스스로 경을 대하는 도리가 아님을 안다. 그러나 다시 생각해본다면 오늘날 국사를 유지하는 것은 경의 교악喬嶽과 같은 공에 힘입은 것이라, 경이 한번 간다면 국사가 실패하리니 청컨대 경이 조금 더 머물러 상하上下의 소망을 위안하라"라고 답했다. 사퇴를 간청함이 무려 19회에 이르러 왕이 윤허했으나 좌·우상이 계啓를 올려 "지금 안팎으로 걱정거리가 많으며 시사가 매우 어려운데, 노수신은 여러 왕조를 거친 구신舊臣으로 물의를 진정하는 여망을 지고 있는지라 진퇴가 국사에 관계됨이 적지 않으니 가히 허락할 수 없다"라고 함에 따라 왕이 사관을 보내 유임하도록 권유했다.

1588년 10여 차례의 요청에 의해 겨우 한직인 영중추부사領中樞府事로 옮겼다.

조선의 선비, 인문학을 말하다

유배 생활 20년, 정승 벼슬 16년

서울에서 태어난 노수신은 남달리 총명했고 일찍부터 성숙한 모습을 보였다. 13세 때(1527년) 벌써 시부詩賦를 능숙하게 지을 수 있는 정도가 되었다. 당시 친구들과 함께 동호東湖로 나가 산보하던 중 호당학사湖堂學士가 기녀를 보내 노수신을 불렀다. 소재는 다음과 같은 시로 거절의 뜻을 전했다.

누가 기생을 보내 날 부르는가
나는 이런 것 즐기러 여기 온 게 아닌데
조각배 저어 돌아가야 할 시간 늦었구나
아름다운 산수가 세상 밖 그림이네

6세 때(1520년) 어떤 이가 붓을 선물로 주자 지었다는 시도 전한다.

그대가 이 붓을 주었으니
그대로 인해 내 글이 능해지리라
어떻게 보답해야 할까
훗날 청운의 꿈을 펼치리

1531년 탄수 이연경(1484~1548년)의 딸에게 장가들고, 이연경의 문하에서 공부를 한 노수신은 1534년(28세) 생원·진사 양시에 합격해 성균관에 들어갔다. 당시 첫 닭이 울면 일어나 반드시 의관을 갖추고 단정히 앉아 공부를 하고, 밤이 깊어야 잠자리에 들었으며, 언행을 조심함이 물이 가득한 그릇을 든듯이 했으므로 같이 생활하는 동료들도 그의 상투 머리를 본 적이 없었다고 한다.

1541년(27세) 회재 이언적이 서울에 온다는 소식을 접하고는 예를 갖추고 찾아가 존심存心의 방법을 물었다. 이에 이언적이 손바닥을 가리키며 "여기에 물건이 있는데 꽉 쥐면 깨어지고 쥐지 않으면 없어진다"라고 하자, 그 의미가 '물망물조勿忘勿助(잊지도 말고 조장하지도 말라)'임을 깨닫고 가르침에 따라 마음 수양에 더욱 힘썼다. 노수신은 평소 특히 존경하는 학자로 이언적을 꼽았다.

1543년 초시·회시·전시에 모두 장원으로 급제하고, 성균관 전적을 시작으로 벼슬길에 나아갔다. 1544년 가을에는 사가독서賜暇讀書 중 옥당에서 퇴계 이황을 만나 도의를 논했다.

인종이 승하하고 어린 명종이 즉위하자 명종 모후 문정대비가 수렴청정을 하게 되고, 외척인 윤원형 일파가 권세를 잡으며 마침내 을사사화(1545년)를 일으키니 노수신도 파직되었다. 파직 후 조부상祖父喪(1546년)으로 유배가 지연되다가 1547년 3월 결국 순천으로 유배된다. 6개월 후 양재역벽서사건으로 죄가 더해져 진도로 이배移配되었다. 진도 유배 생활은 19년간 계속됐다.

유배 기간은 고통의 나날이기는 했지만, 학문을 심화하고 글로 정리하는 시간이 되기도 했다. 1552년에는 주자의 '내가 내 책을 읽으니 병이 낫는 것 같다我讀我書 病得穌'라는 구절에서 '소穌' 자를 취해, 거처에 삼간모옥을 지어 '소재穌齋'라는 편액을 달고 그 안에서 독서하며 위안을 삼았다.

1558년에는 본인이 주해註解한 〈숙흥야매잠夙興夜寐箴〉을 퇴계에게 서신으로 보냈는데, 퇴계는 그것을 보고 "우리 동방에 유학이 없어지지 않는 한 이 주해는 후세에 반드시 전해질 것이다"라며 높이 평가했다. 1565년 괴산으로 이배되며, 1567년(선조 즉위) 유배 생활이 끝났다.

노수신의 학문과 문장

선조 즉위 후 노수신은 다시 요직에 임용되고, 사간원 대사간, 사헌부 대사헌, 이조판서, 예문관·홍문관 대제학 등을 거쳐 1573년 우의정에 임명된다. 이후 수없

조선의 선비들, 인문학을 말하다

이 거듭되는 사의 표명 속에서도 임금과 중신들의 권유로 좌의정·영의정을 16년 동안 맡아 국정을 총괄했다.

임금의 총애와 사림의 중망에 힘입어 재상의 자리에 오랫동안 머물면서도 어느 한편으로 기울지 않고, 당시 동서 붕당 속에서도 전체를 아울러 유지하려고 전력을 다했다.

1580년 겨울에는 환후가 생긴 왕이 노수신을 자신의 침실로 불렀다. 왕은 그의 손을 잡고 "경은 일대一代의 현상賢相이니, 나의 자식을 잘 보호하라"고 당부했다. 이에 노수신은 "신이 생사를 걸고 이행하겠습니다"라고 답했다.

1589년 기축옥사(정여립 모반사건)로 3월에 파직되고, 4월에 별세했다.

노수신의 사상체계를 이루는 사유와 관점의 특징은 다른 유학자들과 달리, 특정한 학문이 지닌 특수성을 전적으로 고집하기보다는 보편적 논리체계에 입각하고 있다는 평가를 받고 있다. 주기론을 주장하는 학자이면서도 주리론도 나름대로 논리가 있다는 상대주의적 입장을 인정했다. 여러 학문을 두루 섭렵한 점, 불교와 육왕학陸王學[송나라 육구연陸九淵(호 : 象山)과 명나라 왕수인王守仁(호 : 陽明)의 학설. '심학心學'이라고도 함]에 대한 관심은 그 좋은 증거다. 성리학의 기반 위에서 육왕학은 물론 선비사회에서 터부시되었던 불교의 선사상과 도가사상도 수용했던 것이다. 택당澤堂 이식은 노수신을 '조선의 육상산'이라고 평했다.

그는 문장으로 이름을 떨쳐 홍문관, 예문관 등의 문서 글을 가장 잘 지었던 조선 시대 대표적 문신을 말하는 관각삼걸館閣三傑(鄭士龍, 盧守愼, 黃廷彧) 중 한 사람으로 꼽히었고, 특히 시에서는 '조선의 두보'라 할 정도로 두시杜詩에 정통했다.

미수 허목은 노수신 신도비명神道碑銘에서 '도덕이 있고 박문하니 인仁이요, 나라를 위해 예를 다했으니 경敬이다. 말을 다해 숨김이 없으니 충忠이요, 바른 것을 지켜 의를 다했으니 정正이로다'라고 기록했다.

시호(1694년)는 '문간文簡(道德博聞曰文 正直無邪曰簡)'이다.

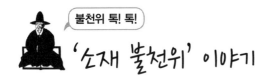

'소재 불천위' 이야기

소재 노수신의 불천위는 숙종 때(1694년) 시호文簡가 내리면서 불천위가 된 것으로 추정되고 있다. 불천위 제사는 종택(상주시 화서면 사산리) 뒤에 있는 사당 앞의 제청 '첨모재瞻慕齋'에서 지낸다. 제사 시간은 2000년경에 기일 초저녁으로 변경했다. 참석 제관은 20~30명이다. 소재 13대 종손인 노병학 씨(1961년생)는 "병풍은 아무것도 없는 백병풍을 사용하며, 제사에는 생고기를 쓰지 않는다. 탕은 5탕을 올린다"라고 말했다.

소재 불천위 신주를 모시고 있는 사당 '도정사道正祠' 옆에는 소재의 선조인 상촌桑村 노숭의 영정을 모신 사당인 옥연사玉淵祠가 자리 잡고 있다.

소재종가도 6·25 전쟁 때 불천위 신주를 모시고 얼마 동안 황간 쪽으로 피난해야 했다. 당시 선조들의 주요 문적이 거의 소실되었다. 종택은 인민군 집결 장소로 사용됐다.

노수신이 진도 유배시절, 어버이에게 음식물을 챙겨 보낸 후 지은 시의 구절이다.

내가 이 섬에 들어온 후부터
이 글을 몇 번이나 썼던가
한 번 쓰면 백혼이 끊어지니
혼이 있은들 얼마나 남았으랴
지금 이미 15년이나 되는데
…(중략)…
오늘 새벽 인편을 만나
모아두었던 것 모두 꺼냈네

…(중략)…
작은 전복 열 개나 익었고
큰 숭어 세 마리는 포 떠 두었지
제주 감귤도 열여섯 개
김이며 아홉 단 나물들
어찌 하루아침에 갑자기 구했을까
여러 날에 걸쳐 서서히 모아두었네

유배 생활의 어려움과 함께 그 효심을 읽을 수 있는 대목이다. 불천위로 영원히 기림을 받고 있는 소재의 삶은 이러한 효심이 근본이 되었을 것이다.

1	
2	

1 노수신이 세운 그의 조부 노후盧珝와 부친 노홍盧鴻의 신도비神道碑. 비문 글씨는 상주시 화북면 소곡리에 있었으나 1992년에 옮겨 지금은 소재종택(상주시 화서면 사산리) 뒤에 있다.

2 소재종택 사당인 도정사道正祠.

정치와 학문을 접목시킨 조선 후기
대표적 학자 관료

이원조

　　응와凝窩 이원조(1792~1871년)는 학자 관료의 전형을 보여 준 인물이라 할 만하다. 학자요, 문인이며, 행정가이기도 했던 그는 벼슬 생활 63년 동안, 항상 나아가기를 어렵게 여기고, 물러나기를 쉽게 여기는 마음자세를 지녔다. 공직에서 물러났을 때는 벼슬에 연연하지 않고 수신과 학문 연마를 게을리하지 않음으로써 큰 학문적 업적도 남길 수 있었다.

　　그는 유가儒家가 지향하던 학자적 소양과 경륜가로서의 능력을 겸비한 조선 후기의 대표적 학자 관료였다. 학자적 소양을 바탕으로 영남 주리학의 이론 정비와 학통의 수수授受에 기여하며, 생전에 이미 영남의 사표로 추앙받았던 그는 노론 집권기라는 시대적 제약 속에서도 관료로서도 능력을 발휘하여 남다른 업적으로 인정을 받았던 인물이다.

과거 급제 후 10년간 독서에 매진하며 인격 함양

　　이원조는 학문을 해도 단순한 답습이 아니라 살아 있는 학문을 중시했다. 다음은 당시 답습을 위주로 하던 영남학자들의 학풍에 대한 그의 신랄한 비판이다.

기호학자는 주로 스스로 터득하는 것을 일삼아 오류가 없을 수 없고, 영남학자는 오로지 답습하는 데 치중하기 때문에 전혀 참신함이 없다. 답습하기만 하여 실제로 깨닫는 바가 없는 것보다는 차라리 오류가 있더라도 스스로 터득해 깨달음이 있는 것이 좋다. 얼핏 보면 길을 따라가며 한결같이 정자·주자의 전통을 따르는 것 같지만, 자세히 살펴보면 공허한 말일 따름이니, 남에게 베풀어도 증세에 따라 처방하는 이익이 없고, 스스로 간직해도 심신으로 체험하는 효과가 없다.

자신이 퇴계 이황의 학통을 이은 영남학자이면서도 기호학풍의 장점을 인정했다는 점에서 그의 면모를 읽을 수 있다 하겠다.

학문의 길은 선과 악을 분별하여 착실하게 선을 실천하는 것일 뿐이다. 선이 무엇인지 아는 것보다 더 큰 지혜가 없고, 선을 지켜 나가는 것보다 더 큰 어짊이 없으며, 선을 실천하는 것보다 더 큰 용기가 없다. 그러므로 천하만사는 선을 따르는 것일 뿐이다.

이원조의 이 말도 그가 어떤 삶을 지향하고 실천했는지 잘 드러내고 있다.

이원조가 이처럼 삶과 학문에 대한 기틀을 확실히 구축할 수 있었던 것은 가학家學에 힘입었던 바가 컸던 것으로 보인다. 그는 10세에 《사서》 등을 통독하고 12세에 과거에 필요한 여러 문체를 두루 익혔는데, 문필이 빠르고 막힘이 없어 물 흐르듯 했던 모양이다. 이러한 그가 18세에 두 차례 향시에 합격하고 증광시에 급제하자, 그의 부친(양부) 농서農棲 이규진과 생부 함청헌涵淸軒 이형진은 어려서 등과하는 것은 불행한 일이라고 경계하면서, 조용히 머물러 10년 동안 글을 더 읽도록 분부했다. 이원조는 이 가르침에 따라 조급하게 나아가려는 마음을 내지 않으면서 공부를 게을리하지 않았다.

응와종택 사랑채인 사미당. 이 사미당 마루에 불천위 제사상이 차려진다.

'부득이하다', '어쩔 수 없다'는 나라 망치는 말

일찍 과거에 급제한 이원조는 순조·헌종·철종·고종의 4조四朝에 걸쳐 벼슬 생활을 하면서 국정의 폐단을 누구보다 잘 알았고, 그 폐단을 개혁하고 민생을 안정시키기 위해 각별히 노력했다. 특히 지방관에 임명될 때마다 폐정을 과감히 개혁하며 민생을 돌보는 데 최선을 다했다. 다음은 공직자로서 어떻게 임했는지 알게 하는 그의 말이다.

오늘날 나라 일을 맡은 자들은 오직 눈앞의 일만 처리하며 구차하게 세월 보내기를 계책으로 삼고 있다. 사사로움을 좇아 일을 처리하면서 '부득이하다不得已'라고 하고, 고치기 어려운 폐단이 있으면 '어찌할 도리가 없다無奈何' 하니, '부득이' '무내하' 이 여섯 자야말로 나라를 망치는 말이다. 요즘 같이 기강이 해이해진 시기

조선의 선비들, 인문학을 말하다

에 정령을 시행하는 일은 참으로 어려운 바가 없지 않지만, 위에 있는 자들이 만약 과감한 뜻으로 쇄신해 백관들을 독려한다면 천하에 어찌 끝내 고치지 못할 폐단이 있을 것이며, 어찌 참으로 부득이한 일이 있겠는가. 예를 들어 과거장에서 불법이 자행되는 폐단이 '부득이', '무내하'가 특히 심한 경우이지만, 이를 막으라는 어명이 내려질 때는 분명 실효가 있어 급제자 명단이 발표되기만 하면 사람들이 모두 공정하다고 생각하니, 이로 미루어보면 폐단을 고치고 바꾸기가 어렵지 않음을 알 수 있다. 그러나 기회를 놓치게 되는 까닭은 매번 규범을 지키고자 하는 마음이 견고하지 못하고 법의 시행이 엄격하지 못하기 때문이다.

오늘날 백성들의 생활이 곤궁한 것은 오로지 수령의 탐학으로 말미암은 것이지만, 탐학이 수령의 죄만은 아니다. 재상이 사치하는 까닭에 수령에게 뇌물을 요구하지 않을 수 없고, 수령은 재상의 요구 때문에 백성을 착취하지 않을 수 없다. 일년에 한 번 하던 문안 인사가 계절마다 하는 문안으로 바뀌고, 계절 문안은 매월 문안으로 바뀌었다. 옛날에는 음식이나 의복으로 하던 문안이 지금은 순전히 돈으로 변해 약값이라는 명목을 삼는데, 많으면 1천 냥이요 적어도 1백 냥을 내려가지 않는다. …(중략)… 뇌물을 받는 재상부터 먼저 형벌로 다스리는 것이 사치한 세태를 혁파해 질박하고 검소한 풍속으로 되돌리는 발본색원의 방법이 될 것이다.

자신의 본령은 참된 학문에 있음을 잊지 않아

이원조는 비록 벼슬길에 발을 디뎠으나 자신의 본령은 학문에 있음을 늘 자각하고 있었다. 그러므로 언젠가는 그가 좋아하는 자연으로 돌아가 학문과 더불어 생을 마감하리라는 생각을 잊지 않고 있었다. 오랜 준비 기간을 거쳐 1851년 가야산 북쪽 포천布川구곡 끝자락에 만귀정晩歸亭을 지은 그는 그 후 벼슬길을 오가며 이곳에서 학문 연구와 저술, 후학 지도로 만년을 보냈다.

그는 자신의 공부 과정을 술회하기를 "젊은 날에는 과거문科擧文을 익히다가 중년에는 문장학文章學에 힘썼으며, 늦게서야 성리학性理學에 뜻을 두었다"라고 했지만, 과거 급제 후부터는 본격적으로 성리학을 공부했다.

21세에 서료書寮를 마련한 후 지은 명문銘文에서 문장을 다듬는 버릇에 빠져 진정한 학문을 소홀히 함을 반성하고 있다. 다음 글에서도 그의 갈등을 엿볼 수 있다.

서료명을 짓고 난 이듬해 《주자서절요朱子書節要》를 읽었다. 깊고도 그윽한 맛이 있었다. …(중략)… 평생 동안 이 경지를 추구하기로 작정했다. 그러나 병이 심해져 전념해 읽을 수 없게 되자 손가는 대로 《당송팔가문》을 한 권 잡고 한가하게 읽어 내려갔다. 처음에는 송구스런 마음으로 놀라울 따름이었는데, 읽어 내려가는 도중에 달콤히 취했다가 끝내는 황황히 추구하여 얻지 못할까 두려워하며 전에 무슨 책을 읽었는지조차 잊어버렸으니, 어물전에 오래 있다가 비린내를 느끼지 못하는 지경이 되었다. …(중략)… 오호라 반성하리로다.

그는 이처럼 거듭된 반성의 과정을 거치면서 인격의 완성이 독서의 본질임을 깨닫고 성리학자로서의 길을 걷게 되었다.

《응와문집》22권, 《응와속집》20권, 《성경性經》4권, 《응와잡록》, 《탐라록耽羅錄》, 《근사록강의》등 방대한 저작을 남긴 그는 정통 유학을 하면서도 현실적인 정치사회에 관한 학문도 소홀히 하지 않은, 현실을 알고 접목하는 이상적인 학자였다. 이원조의 학문은 그의 조카 한주寒洲 이진상(1818~1886년)으로 이어져 이진상이 대석학이 되게 하는 바탕이 되었다.

1871년 이원조가 별세하자 조정은 3일 동안 조회를 폐하고 애도했으며, 장지에 모인 이들이 1천여 명이었다. 시호(1881년)는 정헌定憲(순정한 품행이 법도에 어긋나지 않음을 '定'이라 하고, 선을 행하여 모범이 될 만함을 '憲'이라 함)이다.

'응와 불천위'이야기

경북 성주의 한개마을에 있는 응와종택은 '북비北扉고택'이라고도 불린다. 이 명칭은 이원조의 증조부인 이석문이 사도세자를 애도하는 마음으로 남향의 문을 북향으로 바꾼 데서 유래한다. 사람들은 그의 충절을 기려 '북비공'이라 불렀다. 이원조가 사랑채인 사미당을 갖추고 북비채를 중건, 오늘날 종택의 규모를 대부분 이루었다.

응와 5대 종손 이수학 씨는 2010년 9월 "60년 전 중학교 3학년 때 도남서원에서 유림들이 불천위를 결정했다. 국가불천위 자격은 충분하나 당시 나라가 없는 상황이라 도불천위가 될 수밖에 없었다"라고 설명했다.

응와 불천위 제사(기일은 음력 8월 2일)는 응와종택 사랑채인 사미당에서 지낸다. 응와종택은 1990년대 후반부터 제사 시간을 기일 밤 9시로 바꿨다. 당시로서는 파격적이었다. 시대 환경에 맞추기 위해서였다. 당시 종손은 4대조 기제사도 2대조까지로 축소, 주위로부터 혁명이라는 말을 듣기도 했다. 절친한 친구가 그 일 때문에 절교를 선언할 정도였다고 한다.

평소 제관은 40여 명이며, 제사 절차 등은 별 차이 없으나 제수로 집장을 꼭 사용한다. 이원조가 평소 좋아하던 음식이기 때문이다. 술잔을 올릴 때 도적·어적·계적을 순차적으로 올리는 점이 다른 종가와 달랐다.

응와종가는 2010년 9월 9일 불천위 제사를 일반인에게 처음으로 공개했다. 한개민속마을보존회의 요청으로 이날 공개적으로 진행된 불천위 제사에는 제관이 평소보다 많은 60여 명이 참례했고, 전통 예법과 음식에 관심 있는 사람 등 일반인 70여 명이 참관했다.

오후 8시에 시작된 제사는 40분 정도 진행됐고, 참석자 모두에게 음복을 제공했다. 향후 불천위제사 공개에 대해 종손은 쉽지 않을 듯하다는 뜻을 내비쳤다.

한편 응와종가는 2011년 2월에 응와영정, 《응와문집》 목판(441점), 고문서 등 응와 유물 500여 점을 한국국학진흥원에 기탁했다. 2001년 개관한 국립제주박물관에 대여했던 유물로, 이번에 대여 기간이 만료되면서 응와종가가 국학진흥원에 기탁하기로 함에 따라 제주박물관에서 인수해오게 되었다.

<table>
<tr><td>1</td></tr>
<tr><td>2</td></tr>
</table>

1 응와 불천위 제사는 신주와 함께 응와 이원조의 초상을 모셔놓고 지낸다.

2 2010년 9월, 처음 공개적으로 진행한 불천위 제사 모습. 종택 사랑채인 사미당(1845년 건립) 마루에 제상을 차리고, 제관들은 마당에서 참례한다.

인재를 알아보는 특출한 혜안, 07
이순신을 지켜내다

류성룡

2011년 3월 24일, 울산 현대중공업 조선소에서 대한민국 해군의 이지스구축함인 '서애류성룡함' 진수식이 진행됐다. 국방부장관, 해군참모총장 등이 참석한 가운데 해군의 전통 진수식 절차에 따라 함정명 명명, 진수 테이프 자르기 등의 순서가 이어졌다.

우리나라 세 번째 이지스함의 이름인 '서애류성룡함' 명명과 관련, 국방부장관은 "우리 후손들이 다시는 전란의 고통을 당하지 않도록 《징비록懲毖錄》이라는 역사적 저작을 남긴 조선의 명재상 서애 류성룡 선생이 그 위대한 이름과 함께 바다의 수호신으로 부활했다"라고 말했다. 다른 두 이지스함 명칭은 '세종대왕함'과 '율곡이이함'이다. 여기에서도 알 수 있듯이 서애西厓 류성룡(1542~1607년)은 조선의 대표적 명재상으로, 임진왜란이라는 미증유의 국난을 특출한 지혜와 충성심으로 극복한 전략가·경세가經世家이자 평생 학문을 닦으면서 걸출한 제자들을 많이 길러낸 대학자이기도 하다.

류성룡이 임진왜란 후 고향 안동 하회에서 집필한 임진왜란 회고록인 《징비록》은 여러 가지 면에서 높은 가치를 지닌 저서다. 국보 제132호로 지정돼 있다.

《징비록》에 담긴 서애의 절절한 애국심

《징비록》의 내용 일부를 통해 당시의 상황과 류성룡의 심정을 들여다보자.

조선 전역이 굶주림에 허덕이고 있었으며, 군량 운반에 지친 노인과 어린아이들이 곳곳에 쓰러져 있었다. 힘이 있는 자들은 모두 도적이 되었으며, 전염병이 창궐하여 살아남은 사람도 별로 없었다. 심지어 아버지와 아들이 서로 잡아먹고, 남편과 아내가 서로 죽이는 지경에 이르러 길가에는 죽은 사람들의 뼈가 잡초처럼 흩어져 있었다.

한양 수복 후의 일이다.

나도 명나라 군사들과 함께 들어갔는데, 성 안의 백성들은 백에 하나도 남아 있지 않았다. 살아 있는 사람조차 모두 굶주리고 병들어 있어 얼굴빛이 귀신 같았다. 날씨마저 더워서 성 안이 죽은 사람과 말이 썩는 냄새로 가득했는데, 코를 막지 않고는 한 걸음도 떼기가 힘들었다. 건물은 관청과 개인 집을 막론하고 모두 없어져버렸고, 왜적들이 거처하던 숭례문에서 남산 밑에 이르는 지역만 조금 남아 있었다. 종묘와 대궐, 종루 등 대로 서쪽에 자리 잡은 모든 것은 하나도 남김없이 재로 변해 있었다. 나는 먼저 종묘를 찾아 엎드려 통곡했다.

100년에 걸친 태평성대로 인해 우리 백성들은 전쟁을 잊고 지내다가 갑자기 왜적의 침입을 맞게 되자 우왕좌왕하다가 혼비백산하고 말았다.

당시 적은 파죽지세로 몰아닥쳐 불과 10일 만에 서울까지 들이닥쳤으니, 아무리 뛰어난 사람이라도 손을 쓸 겨를이 없었으며, 아무리 용감한 장수라도 과감한 행동을 할 수 없었다. 그런 까닭에 민심 또한 흩어져 수습에 어려움을 겪었다. 이 방법이 서울을 함락시키는 데 뛰어난 계략이었던 것이다. 이때부터 적은 항상 이긴다고만 생각해 뒤를 돌아보지 않았다. 그러다 보니 여러 갈래로 흩어져 마음대로 날뛰었다. 그러나 군사는 나누면 약해지기 마련이다. 천 리에 걸쳐 전선을 형성하고 시간이 지나니, 아무리 강한 화살이라 해도 멀리 가다 보면 헝겊 한 장 뚫지 못하는 이치와 같았던 것이다. …(중략)… 왜적의 계략이 잘못된 것은 우리에게는 천우신조였다.

류성룡은 이러한 왜적의 잘못된 전술을 잘 역이용해 하나도 살려 보내지 않음으로써 수십 년, 수백 년 후에도 우리 강토를 넘볼 생각을 하지 못하게 했어야 하는데, 우리는 너무 약하고 명나라 장수들도 유능하지 못해 그저 적을 내쫓을 수는 있어도 응징하거나 두려운 마음을 갖도록 하지는 못했다고 한탄하면서 '지금 생각해보아도 이가 떨리고 주먹이 불끈 쥐어진다'라고 표현했다.

《징비록》의 '징비'는 《시경》에 나오는 '여기징이비후환予其懲而毖後患(자신의 잘못을 거울삼아 후환을 대비한다는 의미)'에서 유래한다. 류성룡은 이러한 집필 목적에 따라 임진왜란의 전황은 물론, 자신의 잘못과 조정 내의 분란, 백성들의 원망 등을 가감 없이 소상하게 기록하고 있다.

보기 드물게 뛰어난 행정 능력

류성룡은 황해도관찰사를 지낸 입암立巖 류중영의 아들로 의성 외가에서 태어났다. 그는 21세(1562년)에 안동 도산의 퇴계 이황 문하로 들어가 《근사록》 등을 배우며 학문을 닦았다. 학봉 김성일과는 동문이다. 퇴계 이황은 당시 류성룡에 대해 "이 젊은이는 하늘이 내린 사람이다. 훗날 반드시 국가에 큰 공을 세울 것이다[此人天所生也, 他日所樹立必大]"라고 말했다.

1566년에 문과에 급제한 류성룡은 승정원 권지부정자權知副正字로 벼슬을 시작한다. 1569년 사헌부 감찰이 된 그는 서장관으로 명나라 연경燕京(지금의 베이징)에 가서 연경의 학자들과 당시 학계의 추세에 대해 문답하면서 '진백사陳白沙(이름 獻章)은 도를 깨달은 것이 정밀하지 못하고, 왕양명王陽明은 선학禪學으로 얼굴만 바꾸었으니, 설문청薛文淸(이름 瑄) 학문의 순정純正함만 못하다'라고 설파해 그들을 놀라게 했다. 세 사람은 모두 명나라의 대표적 유학자들이다.

1591년 좌의정에 오르고 이조판서를 겸하게 된 류성룡은 그해 2월, 조정의 많은 반대를 물리치고 왜국의 침공 조짐을 명나라에 통고하도록 하고, 7월에는 왜란에 대비해 정읍현감으로 있던 이순신을 전라좌수사로, 형조정랑이던 권율을 의주목사로 임명하도록 했다. 이 파격적인 인사에 대해 반대가 엄청났으나 그는 끝까지 밀고나가 성사시켰다.

그는 인재를 알아보고 적재적소에 활용하는 능력이 탁월했다. 특히 이순신에 대해서는 조정 중신은 물론 국왕까지 의심의 눈길을 보냈음에도, 언제나 간곡하게 그렇지 않다는 점을 설명해 구국의 재목이 되도록 했다.

다른 조정 관료나 정승과 달리 류성룡은 행정 능력도 탁월했다. 《선조수정실록》은 류성룡에 대해 '경연經筵에 출입한 지 25년 만에 상신相臣(재상)이 되었으며, 계사년에 수상으로서 홀로 경외京外의 기무機務를 담당했다. 명나라 장수들의 자문과 게첩揭帖(문서)이 주야로 폭주하고, 여러 도의 보고서들이 이곳저곳으로부터 몰려들었는데도 성룡은 좌우로 수응酬應함에 그 민첩하고 빠르기가 흐르는 물과 같았다'라고 적었다.

임진왜란 때 영의정으로 탁월한 역량 발휘

1592년 4월 임진왜란이 일어나고, 류성룡은 좌의정으로서 특명에 따라 병조판서를 겸임하게 된다. 그리고 도체찰사로 임명돼 군무도 총괄하게 된다. 5월에는 국왕을 모시고 개성으로 피난했다. 당시 선조가 동파역에서 국난 타개책을 신하들에게 묻자 "의주로 피난했다가 사태가 위급할 경우에는 즉시 압록강을 건너 요동으로 가서 명나라에 내부內附(다른 나라 안으로 들어감)해야 한다"라고 주장하는 이들이 적지 않았다.

류성룡은 이에 대해 "임금의 수레가 우리 땅을 한 발자국이라도 벗어나면 조선은 우리 것이 아닙니다[大駕離東土一步地, 朝鮮非我有矣]. …(중략)… 지금 동북東北의 여러 도는 그 전과 변함이 없고, 호남 지역의 충신의사忠臣義士들이 며칠 안에 벌떼처럼 일어날 것이온데, 어찌 경솔하게 나라를 버리고 압록강을 건너간다는 일을 의논해야 하겠습니까?"라고 강력하게 제지하면서 국난 타개책을 세웠다.

한편 류성룡은 개성에서 영의정에 임명됐으나 일부의 모함으로 파직되기도 했다. 그러나 얼마 후 1593년 10월, 다시 영의정에 임명되고 사도도체찰사四道都體察使를 겸무하면서 군무, 외교, 민정 등의 업무를 수행하며 전란의 국가를 이끌어갔다. 그는 1598년 10월까지 영의정으로서 모든 분야에서 종횡무진하며 탁월한 역량을 발휘하여 전쟁을 승리로 이끌었다.

류성룡은 정유재란 이듬해인 1598년 10월, 북인北人들의 탄핵으로 파직당하고, 12월에는 모든 관작이 삭탈당한다. 1599년 2월, 고향 안동의 하회로 돌아간 그는 조용히 제자를 가르치며 학문과 저술에 몰두한다. 청백리였던 그가 고향에 돌아왔을 때 마땅한 거처도 마련되지 않았고, 타고 다닐 나귀조차 없었다. 1600년 관작이 회복되었으나 다시는 관직에 나아가지 않았다. 《징비록》 저술은 1604년 7월에 완료했다.

류성룡은 1607년 5월 고향의 농환재弄丸齋에서 별세한다. 그 부음이 서울에 전해지자 그의 옛 집터에 1천여 명의 조문객이 몰려가 통곡했고, 조정은 사흘간 조정의 회의와 시장을 정지했다.

그는 평생 나라에 충성하고, 부모에게 효도하며, 학문을 닦는 데 최선을 다했음에도 만년에 '세 가지 회한三恨'이라는 글을 남겼다.

　　나의 한 평생에 세 가지의 회한이 있으니, 군주와 어버이의 은혜에 보답하지 못한 것이 그 첫째 한이요, 관작과 위계가 너무나 지나쳤는데도 일찍이 물러나지 못한 것이 그 둘째 한이요, 도道를 배울 뜻을 가졌음에도 이를 성취하지 못한 것이 셋째 한이다.

　　1627년에 나라에서 내린 시호는 '문충文忠'이다.

'서애 불천위' 이야기

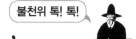

대부분의 다른 불천위 인물과 마찬가지로 서애 불천위에 대한 기록도 없어 어떤 과정을 거쳐 불천위가 결정됐는지, 언제부터 불천위로 모시고 있는지는 정확히 알 수 없다. 서애종가 류영하 종손(85세, 2011년)도 잘 모른다고 했다.

서애 불천위 신주는 종택(안동시 풍천면 하회리) 내 사당에 모셔져 있다. 류영하 종손은 "6·25때 피난하면서 사당에 봉안하고 있던 신주 중 4대조 신주는 조매해 버리고, 불천위인 서애 부부 신주만 모시고 피난했다. 복귀해서도 불천위 신주만 다시 봉안하고, 4대조 선조는 신주 없이 지방으로 제사를 지내고 있다"라고 말했다.

불천위 제사(음력 5월 6일)는 기일 자시에 종택 안채 대청에 제상을 차리고 지낸다. 요즘 참석 제관은 50여 명이며, 제관들은 마루와 안마당에 자리를 잡는다. 종택은 '충효당忠孝堂'이라 부르는데, 이 당호는 류성룡이 평소에는 물론 유언으로 충忠과 효孝를 강조한 점을 받들어 정한 이름이다.

제수 중 다른 종가와 다른 것으로 '중개仲介떡'이라는 것이 있다. 밀가루와 술, 꿀 등으로 만드는 중개떡은 서애가 생전에 즐기던 음식이라고 종부가 설명했다. 큼직한 건빵 같은 모양새다.

제주는 다른 대부분의 종가와는 달리, 아직까지 집에서 직접 담가 사용한다. 제사 한 달 전에 찹쌀과 누룩으로 담그는데, 그 맛이 일품이어서 모두가 맛보고 싶어 한다. 타지의 친척들 사이에 충효당에 가면 제주를 반드시 맛보라고 말할 정도라고 한다.

밤 10시경, 미리 와 기다리는 제관들을 위해 야식을 의미하는 '야화'를 내놓는다. 제관들은 떡과 술로 간단하게 차려 낸 야화를 먹으며 담소를 나눈다.

1	
2	3

1 서애 류성룡의 위패가 모셔진 병산서원(안동시 풍천면 병산리) 입교당에서 바라본 만대루와 병산 풍경.

2 서애 불천위 제사상에 오르는 중개떡. 밀가루와 술, 꿀 등으로 만들며, 류성룡이 생시에 좋아했던 음식이다.

3 제수가 진설된 서애 불천위 제사상.

벼슬보다 학문, 퇴계 학맥 이은 영남 유림의 거목

류치명

벼슬보다는 학자로서 명망이 높았던 정재定齋 류치명(1777~1861년)은 퇴계 이황, 학봉 김성일, 대산 이상정 등의 학맥을 계승, 19세기 영남 이학理學을 발전시키고 꽃 피우는 데 크게 기여한 인물이다. 영남 이학의 주석主席에 있었던 류치명의 가르침을 받은 직계후손과 많은 제자들은 조선 말기에서 일제 강점기 초에 이르기까지 일어난 영남 유림의 상소운동과 위정척사운동, 의병운동, 독립운동 등에서 주도적 역할을 했다.

그는 사람의 일상생활이 학문 아닌 것이 없다고 보았다. 죽음을 앞둔 그에게 문인들이 유언을 듣고 싶다고 하자 "세상일은 다만 평상平常이니, 평상 속에 저절로 묘처妙處가 있다"라고 했다. 그의 제자들이 나라의 위기를 맞아 일신을 돌보지 않고 애국활동을 두드러지게 할 수 있었던 것은 정재가 이처럼 인의仁義의 구체적 내용과 실천적 삶에 대한 교육을 했기 때문이었다.

욕심 없었지만 벼슬 맡으면 백성 위해 최선 다해

류치명은 평생 욕심 없이 맑게 살았다. 29세(1805년)에 과거에 급제했지만, 과거를 본 것은 집안의 기대를 생각해 마지못해 따른 것이었다. 과거 급제 이후 77세 때 병조참판에 이르기까지 벼슬살이는 간헐적으로 계속되었지만, 그는 벼슬길에 나서더라도 벼슬 자체에는 별 뜻이 없었다.

39세 때 성균관전적에 임명되었으나 10여 일만에 사퇴하고 돌아왔으며, 사헌부지평·사간원정언 등에 제수되었으나 나아가지 않았다. 56세 때는 홍문관수찬에 임명되었으나 하루 만에 돌아왔고, 77세 때 동지의금부사·오위도총관·병조참판 등의 벼슬이 잇따라 내려왔으나 나아가지 않았다. 류치명의 뜻은 학문에 있었다.

그의 집안은 늘 곤궁했다. 흉년이 들면 부모의 끼니 근심이 따를 정도였다. 그런 상황임에도 불구하고 옳지 않은 길은 결코 가지 않았다. 집안 일가 중 이조吏曹에 근무하던 류정양柳鼎養이 그에게 어버이를 봉양할 수 있도록 하기 위해 벼슬자리를 주려고 했으나 거절했다. 그는 "내 일생 동안 빈한할지라도 요행을 희구希求하는 마음은 없다"라고 말했다.

당시 흔히 내직이 아닌 외직을 나라에서 내릴 때는 적당히 살림을 장만하라는 의미도 포함돼 있었다. 그러나 류치명은 모든 정성과 경륜을 다해 오로지 백성의 편에서 일을 했다. 그런 만큼 늘 생활은 궁핍했지만, 마음만은 가을하늘처럼 청명할 수 있었다.

그런 그였기에 63세 때(1839년)부터 평안도 초산부사로 재임할 시절에는 그곳의 백성들로부터 '초산부모楚山父母', '관서부자關西夫子'라 불리었다. 그리고 초산부사로 재직하던 65세 때 나라에서 다시 대사간으로 임명했으나 사임하고 이듬해 고향으로 돌아오자, 초산의 백성들은 그의 선정을 기려 그의 초상화를 그리고 사당을 세워 제사를 지냈다.

산 사람을 제사지내는 일이 벌어진 것이다. 류치명은 그 소문을 듣고 급히 사람을 보내 초상화를 철거하고 제사를 지내지 못하게 했다. 하지만 그 후에도 백성들은 계속 제사를 지냈다.

옳은 일에는 두려움 없이 나서는 성품

집안이 곤궁하다보니 류치명의 부인이 모시치마를 한 번 입어보는 것이 소원이었던 모양이다. 그래서 류치명이 초산부사로 부임하게 되자 모시치마를 입어볼 수 있겠다는 기대를 했으나 결국 입어보지 못했다. 죽고 나서야 입어볼 수 있었다.

전주 류 씨 수곡파 가문의 역사를 집안 부녀자들에게 교육할 목적으로 만든 《가세영언家世零言》에 그 사연이 나와 있다.

초산서 회가回駕하실 때 진지 지을 쌀이 없어서 아랫마을 망지네 댁에 가서 쌀을 꾸어 밥을 지었나니라. 부인께서는 평생에 모시치마를 입어보지 못하였다가 선생이 초산부사를 가시게 되자 말씀하시기를 사랑에서 지금 만금태수를 가시니 모시치마를 얻어 입어보겠다 하셨으나 불행히 돌아가시니 관 안에서 모시치마를 썼나니라.

초산부사로 근무하던 시절이다. 어사 심승택沈承澤이 고을에 들어왔을 때 온 고을 사람들이 놀라고 두려워했지만, 류치명은 조금도 동요됨이 없이 어사를 맞았다. 그런데 어사를 따라온 자들의 요구가 한이 없었다. 이에 류치명은 그들에게 장형杖刑의 벌을 내렸다. 어사의 관속을 치는 일은 보통 용기가 아니고는 할 수 없었지만, 부당하다고 판단했을 때 류치명은 거침없이 그렇게 할 수 있었던 것이다.

그런 그의 행동에 대해 어사도 할 말이 없었으며, 오히려 그의 행동을 치하했다. 어사가 떠날 때 류치명이 말했다. "어사가 행차할 때 고을 수령의 불법만을 살피는 것에 그쳐서는 안 됩니다. 데리고 다니는 추종자들의 횡포도 방임하는 일이 없어야 할 것입니다."

어사는 이 말에 "사실 그렇다"며 솔직히 동의한 후, 돌아가면 바로 류치명의 선정을 포상하도록 상달하겠다고 약속했다.

1855년에는 장헌세자의 추숭追崇을 요청하는 상소를 올린다. 이 일은 나라의 종통에 관한 일이기에 정치적으로 매우 민감한 사안이었지만, 그는 영남 사림을 대표해 과감하게 직언을 했다. 이 상소로 인해 삼사의 탄핵과 노론의 공박을 받고, 결국 그는 전라도 지도智島로 유배된다. 그러나 이 일을 계기로 류치명의 위상은 더욱 높아졌다.

명단에 오른 제자만 600여 명이나 되는 영남 유림의 거목

안동 소호리 외가(한산 이 씨 가문)에서 13개월을 어머니 뱃속에 있다가 태어난 류치명은 친가와 외가 양가로부터 기대를 한몸에 받았다. 대산大山 이상정(1710~1781년)은 외증손인 류치명이 태어나자 류치명의 증조부 류통원에서 편지를 보내, '외손의 골상이 범상치 않다'라고 하례하면서 이름을 '치명致明'이라 지어 주었다.

류치명은 5세 때 종증조부인 동암東巖 류장원(1724~1796년)에게 글을 배우기 시작한다. 20세가 되어 학문의 깊이를 더해갈 무렵, 가학의 전수자이자 대산의 학문을 이어받은 류장원이 별세한다. 류치명은 류장원의 학문을 모두 전수하지 못한 것을 통탄했다.

21세 때 류치명은 부친의 편지를 받들고 상주에 거주하던 손재損齋 남한조(1744~1809년)를 찾아가 가르침을 구한다. 이때 그는 학문의 요결을 물었는데 남한조는 "안을 곧게 하고 사욕을 이겨, 시비 이해의 생각이 어둡고 어두운 속에 소리 없이 가라앉아 사라지게 하라"라고 당부했다. 류치명은 이를 절실하게 받아들였고, '마음을 곧게 하고 사사로움을 이기는 것[直內勝私]'은 이후 류치명의 '삶의 철학'이 되었다. 이후 입재立齋 정종로(1738~1816년) 문하에도 드나들며 강론에 참여하기도 했다. 33세 때 남한조도 작고한다.

24세 때 퇴계의 《주자서절요》를 읽으면서 그 핵심 구절을 뽑아 주제별로 재분류한 《주서휘요朱書彙要》를 편집한 이후, 류치명의 저술과 편찬은 죽을 때까지 계속

된다. 50대 이후에 대부분 완성된 저술들을 보면 학문의 지향점은 경학과 성리학, 예학에 집중돼 있다. 그는 또한 현실적이고 실천적인 학문 태도를 견지한 것으로 파악된다.

전라도 유배에서 풀려난 후인 80세(1856년) 이후에는 비교적 한가한 만년을 보낸다. 류치명의 학덕을 기려 문인과 자제들이 집 근처에 건립한 만우정晚愚亭에서 그는 독서와 강학에 전념했다. 만우정에서는 학문 토론이 활발하게 이루어졌고, 84세 때는 문하생들과 주자의 '인설仁說'을 강론했다. 그는 죽음의 문턱에서도 주위에 편지를 보내 강학이 계속될 수 있도록 당부했다. 후진을 가르치는 일에 얼마나 깊은 관심을 가졌는지 짐작할 만하다.

만우정은 그의 생전에는 물론, 사후에도 그의 문인들이 모여서 학문하는 공간으로서 중요한 역할을 했다. 그가 별세하자 900여 명의 유림이 모여들어 애도했고, 그의 제자는 〈급문록及門錄〉(제자 명단)에 기록된 문인만 600여 명에 이른다.

정재 불천위 신주 감실과 신주(정재와 두 부인 신주). 신주 덮개 색깔은 원칙이 있으나 종가별로 그 색깔이 다양하다.

'정재 불천위' 이야기

정재 불천위는 1963년에 결정됐다. 정재 가문의 역사를 기록한 《가세영언》을 보면 '선생은 그 후 계묘년 9월 25일 본가 길사吉祀(종손이 부친 삼년상을 마치고 정식 종손이 되는 의식) 시 도유道儒 향유鄕儒 문친門親 600여 명이 모인 도회석상에서 불천위로 결정하여 봉사하게 되었나니라'고 적고 있다.

정재 6대 종손인 류성호 씨(1949년생)가 중학교 3학년 때의 일이다. 류 씨는 길사 당시 타성만 1천여 명이 참석했고, 그때 유림이 정재를 불천위로 모셨다고 들려주었다.

임하댐 주변 산비탈에 외따로 있는 현재 정재종택(안동시 임동면 수곡리)은 임동면 수곡2동에 있던 것을 임하댐 건설로 인해 1987년에 옮겨온 것이다. 류치명의 고조부인 양파陽坡 류관현(1692~1764년)이 1735년(영조 11년)에 건립한 집으로, 대문채와 정침, 행랑채, 사당 등으로 이루어져 있다. 종택 옆에 류치명이 학문을 하던 만우정이 있다. 이 건물도 댐 건설로 1988년에 이건해 보수한 것이다.

정재 불천위 제사(기일은 음력 10월 6일)는 두 부인(김 씨와 신 씨)의 신주를 함께 모시는 합설로 지내며, 아헌은 종부가 올린다.

제사는 초저녁(8시)에 안동시내 종손의 거처인 아파트에서 지낸다. 종택 안채 대청에서 지냈으나 이런저런 사정으로 지금은 안동시내 아파트에서 신주를 모시지 않고 지방으로 대신해 제사를 지내고 있는 상황이다. 전통을 지키기 어려운 종가 불천위 제사의 현실을 보여 주는 사례라 하겠다.

제주는 종부가 대를 이어 담그는 송화주를 쓴다. 국화와 솔잎을 사용하는 데 손이 많이 간다. 1차 발효 후 이를 밑술로 해 2차로 고두밥을 섞어 다시 발효시키며, 국화 대신 금은화(인동초)를 사용하기도 한다. 송화주는 경상북도 무형문화재 20호로 지정돼 있다.

조선의 선비들, 인문학을 말하다

1	2

1 정재종택(안동시 임동면 수곡리) 전경. 불천위 제사를 지내던 곳이나 지금은
종손이 사는 안동시내 아파트에서 지낸다.

2 정재종택 사당. 불천위 신주(맨 서쪽)와 4대조 신주가 모셔져 있다.

09 평생 후학 양성하며 성리학을 꽃피운 '작은 퇴계'

이 상 정

조선 후기 안동 출신의 문신文臣이자 대표적 성리학자인 대산大山 이상정(1711~ 1781년)은 '소퇴계小退溪'라 불릴 정도로 출중한 선비였다. 진정한 학문 수행에 천착함 으로써 도학道學(성리학)을 다시 꽃피우고 기라성 같은 제자들을 길러낸 그는 조선 후기 영남학파의 대표적 거유巨儒로, '퇴계 이후 제일'이라는 평을 받고 있다.

퇴계 이황을 제일 존경하고, 평생 도학을 공부하며 퇴계학 정립을 위해 노력한 그는 방대한 저술을 남겼고, 그의 제자 인명록인 〈고산급문록高山及門錄〉에 올라 있 는 문하생만 273명에 이른다.

외조부이자 대학자인 밀암密庵 이재에게 학문의 기초 닦아

이상정의 조부(석관) 때 이야기다. 하루는 석양 무렵에 한 나그네가 석관의 집 대 문을 두드렸다. 석관은 길손을 사랑방으로 안내하고 며느리에게 저녁상을 차려오 게 했다. 그런데 과객은 저녁상을 윗목으로 옮겨놓은 채 먹을 생각을 하지 않았다. 왜 식사를 안 하는지 묻자 과객은 머뭇거리다 대답했다.

"사실은 오늘이 아버님 제삿날입니다. 먼 길을 떠돌다 보니 제사를 모실 형편이

못 돼서, 좀 있다가 시간이 되면 이 밥상으로 제사를 모시고 먹으려 합니다."

"그런 곡절이 있었군요. 국이 식기 전에 어서 식사를 하시오. 제사상은 다시 보아 오도록 하겠소."

과객이 손사래를 치며 사양했으나 석관은 "제사를 그렇게 허술하게 모셔서야 되겠느냐. 새로 제사상을 마련하도록 할 테니 미안해하지 말고 식사를 빨리 하라"라고 권했다. 그리고는 며느리를 불러 사정을 이야기한 후 제사상을 따로 마련할 것을 부탁했다. 며느리는 흔쾌히 대답한 후 정성껏 상을 마련했고, 석관은 옆에서 제사를 도왔다.

그날 밤 며느리의 꿈속에 백발의 노인이 나타나 "오늘 당신이 차려준 음식을 잘 먹었다"는 말과 함께 흰 구슬 2개를 주기에 치마폭으로 받았다. 그 후 태기가 있게 된 며느리가 낳은 아들이 '이상정'이다. 이상정에 이어 나중에 대산의 동생 소산小山 이광정이 태어났다.

이상정 집안에 전해 오는 이야기다. 이렇게 태어난 이상정은 5세에 글자를 배우기 시작했고, 14세가 되어서는 외할아버지인 밀암密庵 이재(1657~1730년)에게 공부를 본격적으로 배우기 시작했다. 《시경》, 《서경》, 《중용》, 《맹자》, 《태극도설》, 《주자서절요》, 《근사록》, 《가례》 등 성리학과 예학에 대한 공부를 함으로써 학문적 기반을 다졌다.

20세 때 외조부이자 스승인 이재가 별세한 후, 그는 달리 스승을 정하지 않고 동생과 함께 서로 탁마하며 공부에 열중했다. 23살 때는 《대학》을 읽고 "학자는 젊은 시절에 공부에 매진하되, 한 책에 마음을 기울여 앞뒤가 통달하게 되어야 뒷날 다시 읽어도 번거롭지 않다. 이치를 깨닫는 것이 자연스럽게 흐르는 물과 같아야 한다"라고 했다.

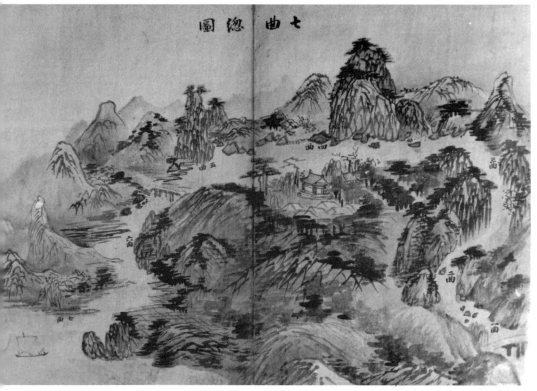

고산정사·고산서원 주변의 풍광을 그린 고산칠곡도 중 '칠곡총도七曲總圖'. 고산칠곡도는 이상정 제자의 후손인 김양손(1788~1864년)이 그리고, 이상정 손자 이병운·이병원 형제가 발문을 썼다.

참다운 학문 탐구와 제자 가르치는 데 평생 매진

1735년 과거(대과)에 합격한 이상정은 이듬해에 외교 문서를 다루는 승문원의 권지승문원부정자라는 관직을 처음 맡았으나 1개월 남짓 후에 벼슬자리를 그만두고 고향으로 돌아갔다. 그 후 여러 자리를 거쳤으나 사직을 반복, 실제 관직 생활은 급제 이후 45년 동안 6년 정도에 불과했다. 이처럼 짧은 관직 생활은 정치적 환경 탓도 있었겠지만, 벼슬보다는 학문에 침잠하고 후진을 양성하는 일이 이상정의 적성에 더 맞았기 때문일 것이다.

이상정에게 벼슬이나 권세는 학문과 자유로운 생각을 구속하는 존재에 불과했다. 선비가 벼슬을 하지 않으니 생활은 곤궁하여 쌀독이 자주 빌 수밖에 없었다. 그러나 그는 그것을 별로 개의하지 않았다. 생계를 꾸려가기가 심하게 어려울 때는 소장하고 있던 소중한 책들을 팔기도 했다. 그는 자신도 넉넉하지 않았지만, 자신보다 어려운 친척이나 이웃을 돕는 데도 솔선수범했다.

벼슬이 제수되어도 병 등을 이유로 부임하지 않거나 어쩔 수 없이 부임하더라도 부모 봉양을 구실삼아 곧 물러났다. 근무 기간을 채워 자리가 옮겨지는 경우는 찾기 어려울 정도였다. 관직에는 뜻이 없었기 때문이다.

관직을 떠나서는 학문을 닦고 저술을 하며, 제자를 가르치는 데 열성을 다했다. 더 앞선 학자를 찾아가서 탁견을 구하고, 동학들과 학문을 토론하며, 후학들에게는 자신의 학식과 체험을 가르쳤다. 그것이 그에게는 즐겁고 행복한 일이었다. 고향 마을의 대산서당大山書堂, 고향 마을 인근의 고산정사高山精舍와 고운사 등이 그의 학문 공간이었다.

이러는 가운데 그의 학문은 더욱 익어갔고, 그를 찾는 제자들 발길은 더욱 잦아졌다. 이렇게 오로지 참된 학문의 길을 갔기에 그의 문하에서 '호문삼노湖門三老'로 불리던 동암東巖 류장원·후산後山 이종수·천사川沙 김종덕이나 호문삼종湖門三宗(후산 이종수·천사 김종덕·입재 정종로)을 비롯해 손재 남한조, 묵헌 이만운 등 뛰어난 학자들이 줄줄이 배출되었다. 호문湖門은 이상정 문하를 말한다.

그리고 문집을 비롯, 선현들의 도학을 정리하고 주요 내용에 대해 자신의 견해를 밝힌《이기휘편理氣彙編》, 인간의 칠정에 대해 논한《약중편約中篇》, 퇴계의 학문 요체를 결집한《퇴계서절요退溪書節要》, 선현들의 심신수행에 대한 글들을 채집·분류하고 약주略注한《경재잠집설敬齋箴集說》등 높은 수준의 성리학 연구물들을 누구보다 많이 남겼다.

일상 속에 진리 있으니, 일상을 떠나 별다른 것은 구하지 마라

평생 심신을 닦는 학문을 해온 선비가 생을 마칠 때가 다가왔다. 숨을 거두기 며칠 전인 1781년 12월 1일(음력) 아들 완에게 말하기를 "내가 정력을 시험해 보고 싶어서 평소에 잘 알던 경전을 외어 보았는데 평소와 차이가 없었다"라고 했다.

7일에는 동생 광정이 가르침을 청하자 "일상 가운데 묘한 진리가 있으니 일상을 떠나서 별다른 것을 구하지 마라"라고 말했다. 8일에는 조카 윤에게 "지인들이 오랫동안 머물면서 병세를 묻고 있으니 진실로 고마운 일이다. 감사의 뜻을 전하라"라고 말한 후, 자고 싶다며 물을 받아서 양치를 하고 수염을 씻고 누웠다.

9일이 되자 이상정은 숨이 곧 끊어질 듯해 말을 마칠 수가 없었다. 등에 통증이 있은 후로는 평소 누울 때 몸을 옆으로 하고 손발을 가지런히 했는데, 이날은 이른 아침에 몸을 돌려 거의 바른 자세로 누웠다. 그러나 하체는 옆으로 하였다. 모시는 아이가 부축해 다리를 바로 하자 정신은 맑고 기상은 온화하였다. 얼마 후 이상정은 편안하게 눈을 감았다. 그 자리에는 그의 아들과 손자, 그를 따랐던 제자 70여 명이 지키고 있었다.

이상정의 제자 김종섭과 류범휴가 그의 죽음을 기록해 남긴 《고종일기考終日記》에 실려 있는 내용 중 일부다. 마지막 순간까지 마음공부를 점검하고 제자들과 학문에 대해 문답을 나누며 편안하게 죽음을 맞는 모습은 그가 참다운 학문을 했음을 드러낸 일이라 하겠다.

이듬해 3월 사림 1천 200여 명이 모인 가운데 장례가 치러진다. 이상정은 사후 35년이 흐른 1816년 이조참판에 증직되고, 1882년에는 이조판서에 증직된다. 그리고 1910년 시호 '문경文敬'이 내린다.

조선의 선비들, 인문학을 말하다

'대산 불천위' 이야기

대산 불천위는 지역 유림에서 뜻을 모아 결정된 것이며, 후손의 4대 봉제사가 끝나는 시점부터 불천위로 계속 모셔온 것으로 보인다. 대산 종손 이방수 씨(1950년생)는 "시호가 내리기 전부터 불천위로 모셔왔다"라고 말했다.

불천위 제사는 대산 기일(음력 12월 9일)에는 대산 신주와 부인의 신주를 함께 모시고 지내지만, 부인 기일 제사 때는 부인 신주만 모셔와 지낸다. 제사는 이상정 조부 때 건립한 현재의 대산종택(안동시 일직면 망호리) 사랑채 제청에서 지내며, 참석하는 제관은 30명 정도이다. 제사는 기일 자시子時에 시작된다.

제수 진설에서 탕을 사용하지 않는 것이 다른 종가와의 차이점인데, 가난하게 살아서 그랬던 것 같다는 것이 종손의 설명이다.

대산 불천위 신주는 종택 사당에 종손 4대조 신주와 함께 봉안돼 있다. 신주는 사당 보수 공사로 한동안 고산서원에 옮겨 봉안했다가, 2011년 2월에 다시 종택 사당으로 옮겨와 모셨다.

"벼슬에는 뜻이 없었던 대산 선조는 항상 학문에 매진하고 제자를 가르치는 데 정성을 다했으며, 평생 동안 어떤 허물도 없었던 분으로 알고 있습니다. 대산 선조의 제자는 모두가 얼굴빛이 화평하게 빛나 다른 지역의 사람들이 그 얼굴빛만 보고도 대산의 제자임을 알아볼 정도였다고 합니다. 그리고 하인들에게도 하대를 하지 않았던 분이고, 또한 당시 예절에 대해서라면 소호리(망호리의 옛 지명)에 가서 배워야 한다는 이야기가 회자되기도 했습니다. 이와 같은 선조의 삶은 후손들의 귀감임은 물론입니다." 이방수 종손의 말이다.

1 　이상정 신주를 봉안하고 있는 대산종택 사당. 종손 4대조 신주가 함께 봉안돼 있다.

2·3 　이상정의 대표적 저술 중 하나인 《이기휘편理氣彙編》과 이상정의 글씨인 '만수재晚修齋' 현판.

퇴계 이황과 남명 조식, 양대 석학의 가르침을 받아 학자의 길을 가다

오운

죽유竹牖 오운(1540~1617년)은 조선 중기 문신文臣이자 학자였다. 그는 다른 선비들과 달리 당대의 대학자인 퇴계 이황과 남명 조식의 문하에 동시 출입하면서 그들의 장점을 취하며 자신의 학문을 형성했던 인물이다.

그는 또한 자신을 돌보지 않고 전란에서 나라를 구하고자 노력했고, 지식인들이 중국만 숭상하던 분위기에서 우리 역사를 제대로 알게 하기 위해 오랜 기간 공을 들여 역저 《동사찬요東史纂要》를 편찬·간행하기도 했다.

죽유는 평생 아래의 아전들과 귀를 대고 말한 적이 없다. 이 점이 다른 사람들이 미치기 어려운 점이다. 또한 자기를 굽혀서 귀한 사람을 받들지 않았다. 아첨하지도 않았고, 자신을 더럽히지도 않았으니 어찌 군자가 아니겠는가.

오운을 가까이서 보아왔던 선비의 평이다.

퇴계와 남명, 양대 석학의 가르침 받아

경남 함안에서 태어나 의령으로 이거해 살았고, 만년에는 경북 영주로 옮겨 머물렀던 오운은 19세 때 남명의 문하에 들어가 제자가 되었다. 25세 때는 퇴계의 제자가 되었다. 남명의 제자가 먼저 된 것으로 전하나 오운에게 퇴계는 처고모부이고, 조모의 종제이므로 어릴 적부터 퇴계에 대해 익히 들어 잘 알고 있었을 것이다. 따라서 영향을 받은 것도 퇴계가 먼저일 것으로 보인다.

그는 이황과 조식 모두에게 배웠지만, 학문적으로는 이황의 영향을 더 받았다. 이급李級이 《죽유집》 서문에서 오운에 대해 '뇌룡정 앞에서 출발해 암서헌 마당에서 졸업했다'라고 표현했듯이, 학문의 입문은 조식에게 해서 최종적으로 이황에게서 결실을 맺었던 것이다. 오운은 퇴계를 존숭尊崇하여 "그 도덕과 문장은 태산북두泰山北斗와 같아 이 세상의 모범이며, 주자 이후 제일인자다"라고 했다.

이황과 조식 양문을 출입한 제자들은 대부분 시간적 차이를 두고 양문을 출입했던 데 비해, 오운은 청년 시절부터 두 사람이 별세할 때까지 계속 출입했다. 따라서 두 사람의 가르침을 가장 많이 받았다고 할 수 있다.

광해군이 오운에게 내린 사제문賜祭文에서 '도학은 퇴계를 존모하고, 학문은 남명을 으뜸으로 삼았다[道慕退陶 學宗山海]'라고 했다. 오운의 학문적 성격을 대변하는 말이라 할 수 있다. 그의 제자이자 사위인 조형도趙亨道는 '산해의 마루에 오르고 퇴계의 방에 들어갔다[升山海堂 入退溪室]'라고 표현했다.

오운은 이처럼 두 석학의 학문적 훈도 속에서 남다른 학자로 성장해 큰 성취를 얻었다.

그가 과거를 통해 관계에 진출했으면서도 절조를 지켜 물러나기를 좋아하고, 주자학을 중시하며 저술을 많이 한 점은 퇴계의 영향일 것이다. 성격이 강직하여 시세에 영합하지 않고, 벼슬살이를 탐탁하지 않게 여기며, 국난을 당해 창의했다는 점 등은 남명으로부터 받은 영향으로 볼 수 있다.

조선의 선비들, 인문학을 말하다

그는 양문을 출입하면서 문하의 많은 제자들과 사귀었다. 학봉鶴峯 김성일, 한강寒岡 정구, 서애西厓 류성룡, 소고嘯皐 박승임, 망우당忘憂堂 곽재우 등이 대표적인 인물이다.

새로운 지평의 역사서 《동사찬요》 저술

사학에 조예가 깊었던 오운은 기전체紀傳體와 편년체編年體를 절충한 《동사찬요》를 저술, 생전에 간행했다. 《동국통감》, 《삼국사절요》, 《고려사》, 《동국여지승람》 등을 참고해 단군부터 고려 공양왕까지 우리나라 역사를 서술한 책이다.

그는 영주에서 은거 생활을 하던 중이던 1606년, 67세의 나이에 《동사찬요》를 저술했다. 처음에는 7권으로 엮었으며, 서애 류성룡이 이를 보고 크게 찬탄하고는 한 본本을 선조에게 봉진했다. 선조는 '유림의 표준이 될 만하다'는 하교를 내렸다.

이 《동사찬요》의 출현으로 한백겸이 《동국지리지》라는 역사지리서를 저술하게 되었던 만큼, 《동사찬요》의 편찬編纂과 개찬改纂은 우리나라 학술사에서 중요한 의미를 지닌다. 수정·보완한 개찬본 완성은 75세 때인 1614년의 일이다. 한백겸은 《동사찬요》를 정독한 후 "죽유의 사서 저작이 사체史體를 얻었다"라고 칭찬했다.

오운이 《동사찬요》를 저술하게 된 동기는 우선 우리나라 사람이 중국의 역사는 잘 알면서 우리의 역사에는 관심이 없고 잘 모르는 풍조를 바로잡고, 옛 사실을 밝혀 당시의 일을 해석하는 데 거울로 삼으려는 것이었다. 그리고 인물들을 좋은 사람과 나쁜 사람 등으로 구분해 권선징악을 도모하려 했다. 또한 그 당시까지 나와 있던 사서의 문제점을 시정하려는 의도도 있었다.

특히 이 책 가운데 〈지리지地理志〉는 고대 인문 지리서로서 가치가 크다. 김부식의 《삼국사기》 중 〈지리지〉는 신라 위주로 된 한계가 있는데, 이를 극복해 삼국의 지리지를 따로 편찬했다. 그리고 당시 지명을 중국식 지명이 아니라 원래 군현의 명칭 그대로 편찬했다. 이는 고구려가 통치했던 요동 지방을 우리 영토로 인식한 새로운 발상이라 할 수 있다.

이 책은 내용 자체도 중요하지만, 여러 번 관련 내용을 수정하고 보충해 나갔다는 점이 주목할 만하다. 수정본을 통해 단군이나 기자의 강역을 확대하거나 그 위상을 높이는 모습을 보이고 있다. 그의 《동사찬요》 편찬은 역사를 통해 도학적 삶의 기준을 정립하는 계기를 마련했다는 평가도 받고 있다.

오운은 글씨 또한 명필이었다. 그는 왕희지의 글씨를 배웠는데, 특히 초서에 능했다. 최흥벽崔興璧은 오운 글씨에 대해 '수경瘦勁이 고고高古하여 마치 키 큰 소나무나 늙은 회나무가 껍질은 다 벗겨지고 뼈만 남은 것 같다[瘦勁高古 如長松老檜 皮盡而骨露]'라고 평했다.

망우당 곽재우를 도우며 임진왜란 의병 활동

임진왜란 발발 이후 최초로 의령에서 의병을 일으켰던 망우당 곽재우가 초반에 경상감사 김수와 경상병사 조대곤에게 토적討賊으로 몰리면서 휘하의 장병들이 다 흩어져 버렸다. 곽재우는 어떻게 할 수가 없어 한 때 모두 포기하고 지리산으로 들어가 숨어 지내려고 했다.

이때 곽재우가 의령 가례嘉禮 마을을 지나다가 오운을 만나게 되었다. 오운은 곽재우가 창의한 일을 칭찬하며 동참할 것을 약속했다. 그리고 자신의 전투용 말과 노비 8명을 내어 주었다. 그는 인근 마을의 선비들에게 권유해 장정들을 내놓게 하고는 곽재우를 다시 의병장으로 추대했다. 자신은 곽재우 밑에서 군사를 모으고 군량을 조달하는 일을 맡아 의병 활동을 도왔다.

그 당시까지만 해도 곽재우는 향촌의 선비에 불과했지만, 오운은 이미 정3품까지 오른 고관이었고, 나이도 12세나 더 많았다. 그런데도 그 휘하에서 수병장收兵將을 맡아 곽재우를 도운 점은 오운의 인격을 잘 드러내는 일이다. 그는 자신의 재산뿐만 아니라 처가의 재산까지 동원해 의병 활동을 도왔다.

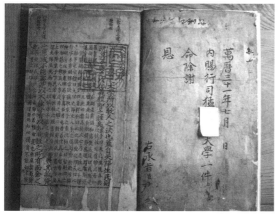

<table>
<tr><td>1</td><td>2</td></tr>
</table>

1 임금이 오운에게 하사한 《대학》. 가려진 부분에 오운 이름이 쓰여 있다.
2 죽유종택에 전해 내려온 돌화로. 오운이 사용한 것으로 추정된다.

또한 학봉 김성일이 의령에 초유사招諭使로 부임해 왔으나 안동 출신이라 의령 지역의 사족들과 유대 관계도 없고 지리에도 어두웠다. 오운은 이처럼 지역 사정에 생소하던 김성일을 도와 지역의 사족들과 연계시켜 주고, 지리적 상황을 안내하며 초유사의 임무를 잘 수행할 수 있도록 도왔다.

1597년 정유재란이 일어나자 오운은 다시 호남을 공격하던 왜적 가토 기요마사加藤淸正군을 곳곳에서 격파하는 전과를 올렸고, 도원수 권율이 이러한 사실에 대해 포상할 것을 요청해 특별히 통정대부通政大夫에 오르기도 했다.

오운은 1600년 이후에는 영주에 머물면서 학문과 저술에 몰두했다. 영주는 장인의 전장田莊이 있던 곳으로, 그는 장인의 재산을 상속받아 별장을 마련해 두었다. 영주에 머물며 《퇴계집》을 편찬한 데 이어, 진성 이 씨 족보인 〈도산보陶山譜〉의 편찬을 주도하며 서문을 쓰기도 했다.

1920년 대홍수 후 이건한 현재의 죽유종택(고령군 쌍림면 송림리). 오른쪽 건물은 사당이고, 왼쪽 건물은 사랑채다. 이건 전의 죽유종택(쌍림면 매촌리)은 죽유 오운 아들이 처음 건립했다.

'죽유 불천위' 이야기

죽유 불천위 신주에는 가슴 아픈 일화가 서려 있다. 현재 죽유종택은 고령군 쌍림면 송림리 야산 아래에 있다. 이 죽유종택은 독립만세운동을 모의한 곳이고, 6·25 전쟁 때는 북한 인민군 본부로 사용되기도 했다. 이 종택은 1920년 대홍수 때 이건한 것으로, 그 전에는 현 종택에서 조금 떨어진 쌍림면 매촌리에 있었다.

당시 수해 때 죽유 15대 종손인 오용원 씨(1965년생)의 증조모가 아기를 업은 채 불천위 신주 감실을 안고 마을 앞 송림천을 건너게 된다. 하지만 거친 물살을 헤치며 내를 건너다 아기와 신주를 모신 감실을 다 지키지 못한다. 결국 아기는 물살에 떠내려가 버리게 되고, 감실만 안고 건너게 되었다. 죽유 불천위 신주와 감실은 이처럼 종부가 목숨 걸고 지킨 덕분에 홍수 후 이건한 지금의 죽유종택 사당에 다시 봉안될 수 있었다. 죽유 신주 감실은 매우 정교하고 훌륭해 보물급 문화재로 평가받고 있다. 그래서 이 감실은 종택 내 유물관에 보관하고, 사당에는 새로 똑같이 만들어 대체했다.

죽유 불천위 제사(기일은 음력 3월 3일)는 기일 초저녁에 지낸다. 2008년에 종손이 종회를 열어 문중 어른을 설득해 변경했다. 종손은 "제사를 마치면 밤 10시경이 되는데, 참석한 제관들이 모두 귀가할 수 있게 되면서 시간 변경 후 참석하는 제관들이 많이 늘어나게 됐다"라고 말했다.

"생활 환경이 바뀐 상황에서 새벽 제사를 계속하다 보니 제사를 경건하고 즐거운 마음으로 모셔야 하는데 여자들은 짜증을 내기도 하고, 소임을 맡길 제관이 부족할 정도로 제관도 줄어들었습니다. 그리고 제사를 마치고 새벽 4시가 돼야 귀가하게 되는데 귀가하다 졸려 사고를 당할 뻔한 일도 생기고 해서 종회를 통해 변경하게 되었습니다. 초저녁에 지내니 제관도 40~50명으로 늘고, 즐거운 마음으로 덕담도 나눌 수 있게 되었습니다"

불천위란?

사후 수백 년이 지난 지금도 그 제삿날이면 많은 후손과 후학들로부터 최상의 추모를 받는 이들이 있다. 불천위 인물이다.

이렇게 모든 이들이 추앙하며 본받으려 했던, 노블레스 오블리주 실천의 모범을 보였던 불천위 인물들의 가르침과 덕행은 시공을 초월한다. 물질만능주의와 개인주의가 지배하는 가운데 가치관의 혼란으로 많은 이들이 어떻게 살아갈 것인가에 대한 답을 찾지 못하고 있는 이 시대에 이러한 불천위 인물의 삶과 그 문화를 재조명하는 일은 각별한 의미가 있다고 하겠다.

불천위 개념과 종류

유교 문화의 산물인 불천위不遷位 제도는 제사 문화와 직결된다. 보통 4대조까지 신위를 모시고 제사를 지내지만, 불천위는 말 그대로 사자死者의 신위(神位·位牌 '神主'라고도 함)를 4대 봉사奉祀가 끝난 후에도 없애지 않고 계속 제사를 지내며 모시는 것을 말한다.

다시 말하면 '큰 공훈이 있거나 도덕과 학문이 높은 인물에 대해 신주를 땅에 묻지 않고, 사당祠堂에 영구히 모시면서 제사를 지내는 것이 허락된 신위'를 말한다.

불천위는 일반적으로 나라에서 인정한 국가불천위國家不遷位와 유림에서 결정하는 향불천위鄕不遷位(유림불천위), 문중에서 뜻을 모아 정한 사불천위私不遷位(문중불천위)로 구분한다.

불천위로 특히 의미가 있는 것은 왕이나 왕족이 아닌 일반 인물이 불천위에 오르는 경우다. 국가불천위가 되는 것은 왕이라도 쉽지 않았던 만큼, 양반 사대부에게는 하늘의 별 따기였다.

불천위는 국가 주도로, 또는 유림의 건의에 따라 국가에서 인정하는 국가불천위가 원칙이었지만, 조선 중·후기에는 향촌의 유림이 자체적 공론을 거쳐 불천위로 정하는 경우가 많아졌고, 이 유림불천위를 더 귀하게 여기기도 했다. 또한 문중에서도 조상 가운데 훌륭한 인물을 불천위로 모시기도 했다.

일반인 중 국가불천위로는 우선 문묘文廟에 배향돼 있는 인물을 꼽을 수 있다. 모두 18명으로, 신라의 설총·최치원, 고려 시대 안향·정몽주, 조선 시대 김굉필·정여창·조광조·이언적·이황·김인후·이이·성혼·김장생·조헌·김집·송시열·송준길·박세채이다. 문묘에 배향된 불천위의 상당수가 사화士禍와 관련이 있다. 사화 같은 역사적 위기 속에서 그 인물의 됨됨이가 입증되었기 때문이다.

불천위 역사

불천위는 고대 중국의 분봉제分封制에서 유래했다. 진시황의 통일 이전에 중국은 각지의 제후들에게 토지를 나누어 주고 이를 세습시켰다. 당시 최초로 토지를 받고 제후에 봉해진 사람을 태조로 삼아, 종묘에 모시고 불천위로 삼았다. 불천위는 후계자의 정통성이나 권위를 상징하는 것이었다. 후계 왕 중에서도 탁월한 공덕을 세운 사람은 불천위로 해 그 공덕을 기리게 했다.

이 같은 불천위 제도는 유교문화권의 동양 각국에도 전파돼 탁월한 공덕의 왕이 불천위가 됐다. 삼국 시대부터 종묘가 있었던 우리나라에도 불천위가 있었다. 예를 들면 신라 종묘에는 삼국통일의 대업을 이룬 태종무열왕 김춘추가 불천위로 모셔졌고, 고려 때는 건국 시조인 태조 왕건을 비롯해 개국 직후 나라의 기틀을 잡은

혜종과 거란의 침략을 물리친 현종이 불천위로 모셔졌다.

조선 시대 종묘에는 유난히 불천위가 많았다. 본래 불천위는 현재 왕의 5대가 되어 정전에서 별도의 사당인 영녕전으로 신주를 옮겨야 할 차례가 되었을 때, 조정 신료들의 공론에 의해 결정됐다. 대체로 예조나 신료들이 불천위로 할 것을 왕에게 요청하면, 왕이 대신·백관들과 상의해 결정했다. 하지만 조선 후기에 이르러서는 불천위는 다분히 의례적인 행사로 변질되고, 남발됐다.

조선 시대에는 불천위가 양반 사대부 가문에도 생겨났다. 국가불천위는 왕과 마찬가지로 인정받기가 쉽지 않아 소수에 불과했고, 향불천위도 엄격하게 결정됐으나 후기에는 향불천위와 사불천위가 급격히 늘어나고, 그 구분도 불명확하게 혼재하면서, 권위와 질서가 문란해지는 결과를 낳기도 했다.

경북에 불천위가 많은 이유

불천위는 그 행적에 따라 고려 말 절의를 지킨 인물, 조선 전기 공신으로 책정된 인물, 문묘에 배향된 인물, 사화와 관련된 인물, 임진왜란 당시 의병 활동을 한 인물, 퇴계 학맥에 속하는 인물 등으로 구분된다. 경북의 경우 퇴계 학맥에 속하는 불천위가 가장 많은 것이 특징이다.

경북 지역에 학문(유학)으로 인한 불천위가 특히 많은 데는 이유가 있다. 영남 사림은 장기간 권력에서 밀려나 있게 되면서 중앙 정치에 의존하지 않고 향촌을 기반으로 자급자족의 경제 체제를 구축하게 되고, 벼슬 고하로 인물을 평가하던 기호 사림과 달리 학문으로 인물을 평가하려는 경향이 강했다.

이러한 성향의 영남 선비들은 다투어 글을 읽었고, 학문을 통해 삶의 철학과 원칙을 습득했다. 그들은 경쟁적으로 학문을 격려했으며, 아는 것과 행동을 고집스러울 만큼 일치시키려 했다. 이러한 성향은 수세기를 내려오면서 더욱 강화됐을 것이다. 3대가 벼슬을 못해도 학행이 뛰어나면 선비로 대접받았고, 이러한 풍토는 끊임없이 학문적·정신적 문화를 지향하게 했다.

경북을 중심으로 한 영남 지역 선비들이 이러한 환경에서 특히 향불천위를 통해 독자적 세계를 확립한 것은 중앙 정치에 대한 독립을 의미하는 것이고, 이러한 문화가 낳은 경북 지역 불천위 인물의 삶이기에 현대에도 불천위 문화가 다른 지역과 달리 유독 잘 유지되고 있다고 본다.

최근 경상북도의 지원으로 경북대 영남문화연구원이 조사한 바에 따르면, 경북 지역 불천위는 135위에 이른다. 이 중 안동 지역이 가장 많으며, 3분의 1을 차지한다.

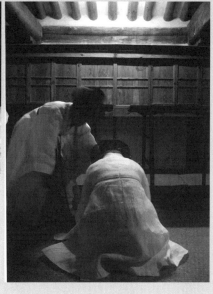

| 1 | |
| 2 | |

1 불천위 문화의 근간인 불천위 제사는 종가의 사당에 봉안된 불천위 신주를 제청으로 모셔오는 출주(出主) 의식으로 시작된다. 사진은 서애종택인 충효당(안동 하회마을)의 불천위 제사 때 신주를 모셔오는 모습(2010년 6월).

2 불천위 신주(신위)는 일반적으로 종택의 사당에 모셔진다. 서애종택인 충효당(안동 하회마을) 사당에서 불천위 제사를 고하며 신주를 모셔 가기 위해 예를 표하는 모습(2010년 6월).

2부

정의義를 위해서는
목숨도 돌보지
않는 선비정신

11 선비의 '절의'가 무엇인지 제시하다

권 벌

조선 시대 선비들이 가장 중요시했던 수신 지침서로는 《소학》과 더불어 《근사록》이 있다. 이는 중국 송나라 때 유학자 주희와 여조겸이 편집한 책으로, 앞선 유학자들의 글 가운데 학문에 필요한 요점과 일상생활에서 반드시 실천해야 할 내용을 주제별로 모아놓았다.

책 이름인 '근사近思'는 '가깝고 쉬운 것에서부터 생각해 본다'라는 의미다. 《논어》에 '널리 배우지만 뜻은 돈독하게 하고 간절하게 질문하면서 가까운 일에서 생각해 보면, 인이 그 속에 들어 있다[博學而篤志 切問而近思 仁在其中矣]'라고 한 데서 가져왔다. 《근사록》의 초점은 유학의 핵심인 사랑[仁]의 원리는 가깝고 쉬운 일상의 일들 안에 들어 있고, 무엇보다 중요한 것은 그것을 머리로 아는 것이 아니라 실천하는 데 있다는 것이다.

《근사록》을 누구보다 각별히 수신의 지침서로 삼아 평생 손에서 놓지 않았던 인물이 충재冲齋 권벌(1478~1548년)이다. 수차례의 사화로 격변하는 소용돌이 정세 속에서도 그는 그 가르침대로 올바른 일이라면 어떠한 경우라도 회피하지 않고 실천하며 절의를 관철하는 삶을 살았다. 후덕한 면모 속에 '죽음으로도 뺏을 수 없는 절의'를 지녔던 대표적 인물이었다. 그는 평생 흐트러짐 없는 절의 정신과 '공公'에 입각한 신념으로 일관한 삶을 살았다.

'公'을 생명처럼

권벌은 벼슬길로 나선 이후 오랜 관료 생활 동안 줄곧 '공公'을 우선시했다. 1512년(중종 7년) 8월 권벌은 경연經筵(임금에게 경서나 역사를 강론하는 자리)에서 "무릇 시종侍從하는 신하는 생각한 것이 있으면 반드시 말하는 것이니, 말하는 것이 만약 '사私'라고 하면 그르거니와 그것이 '공公'이라면 어찌 꺼려하며 말하지 않겠습니까. 임금은 마땅히 악한 것은 숨기고 착한 것은 드러내야 하는 것이니, 착한 말은 써주고 악한 말은 버리는 것이 마땅합니다"라고 역설했다. 그는 공에 해당하는 것이면 어떤 사안이라도 말해야 한다는 입장이었다. 아울러 그는 임금 역시 임금 자리를 공으로 여기는 군주관이 필요함을 강조했다. 1518년(중종 13년) 6월에 다음과 같이 말했다.

> 요순은 천하를 만백성의 소유로 보고, 자기 자신을 그것과 상관이 없는 것으로 여겼던 사람이었습니다. 임금이 그 자리를 천하의 공기公器로 여긴다면 그의 용심은 넓게 두루 미쳐서 백성에게 은혜를 입힐 수 있지만, 만약 천하를 자기의 소유물로 여긴다면 사사로운 일만을 생각하고 또 욕심이 일어나게 되어 자신을 위하고 욕심을 채우는 일만 하게 됩니다. …(중략)… 말세의 임금들은 그가 있는 지위를 자신의 사물로 여긴 나머지 조금만 급박한 일이 있을 것 같으면 사람들을 모조리 죽여 없앴는데, 이는 모두 그 사심에서 나오는 것입니다.

그는 공을 생각한다면 어떤 사안이라도 군주에게 말해야 하고, 옳다고 생각한 바를 꾸밈없이 말하는 것을 공이라고 간주했다. 그리고 어떤 환경에서도 자신의 안위를 돌보지 않고, 옳다고 믿는 바를 적극적으로 주장하는 면모를 보였다.

오직 '의'만 추구한 '무쇠 같은 인물'

을사사화 때 병조판서 권벌은 1545년(명종 즉위) 8월 중신 회의에서 문정왕후의 위세 속에 대다수 중신들이 처벌이 불가피하다고 해도 홀로 윤임 등을 처벌하지 말고 민심을 얻을 것을 주장했다. 이와 관련해 사신史臣이 다음과 같이 논평했다.

당시 사람들은 그들의 억울함을 알면서도 감히 구제하지 못했는데, 권벌만은 이에 맞서 그들에게 다른 마음이 없었음이 명백하다는 것을 힘껏 논계하였다. 충성스런 걱정이 말에 나타나고 의기가 얼굴색에 드러나 비록 간신들이 늘어서서 으르렁거리며 눈을 흘기는데도 전혀 되돌아보지 않고 늠름한 기상이 추상 같았으니, 절의를 굳게 지키는 대장부라 일컬을 만했다.

며칠 후 사화를 일으킨 주요 인물인 정순붕이 상소를 통해 권벌과 반대되는 입장을 피력하며 권벌을 몰아세우는데도, 권벌은 중신회의에서 다시 그들의 무죄를 적극 옹호한 후 회의 도중 물러나왔다. 이와 관련해 사신은 다음과 같이 논평했다.

정순붕鄭順朋의 소疎가 이미 올라갔으니 류관 등이 뼈도 못 추리게 되어 구제할 수 없는 형세였는데…(중략)… 권벌은 그들의 무죄를 주장하였으니 대개 머리를 베고 가슴에 구멍을 낸다 해도 말을 바꾸지 않을 실로 무쇠 같은 사람眞鐵漢이었다.

이후 권벌은 결국 파직되어 향리로 돌아갔고, 1546년에는 관직까지 삭탈됐다. 1567년 선조 즉위년에 삼정승의 요청으로 이전의 관직과 품계를 되찾게 됐다. 미수 허목은 '권 충정공忠定公은 후덕과 대절大節로 유림 학사들이 존경하고 사모하지 않는 이가 없다'라고 했고, 문익공文翼公 정광필은 '죽음의 어려움이 있더라도 가히 빼앗을 수 없는 절의[有死難不可奪之節]'를 지닌 인물로 평했다. 율곡 이이는 '권벌은 사직을 지킨 신하이며, 그가 계를 올리며 쓴 말은 밝기가 해나 별과 같았다'라고 했다.

권벌과 《근사록》

권벌은 평생 《근사록》을 손에서 놓지 않았다고 한다. 자신이 지닌 책으로 경연에서 중종에게 강의를 하기도 했다. 이황은 권벌 행장行狀에서 다음과 같이 적었다.

"평소 글 읽기를 좋아해 비록 관청에 숙직하는 자리에서도 책 읽기를 멈추지 않았고, 성현의 언행이 절실하고 요긴한 대목을 만나면 반드시 아들과 조카를 불러 펴 보이며 반복해 가르쳤다. 늘 말하기를 '학문은 반드시 자기를 위한 것이요, 과거 시험은 지엽적인 일일 뿐'이라고 했다. 말년에는 더욱 《근사록》을 좋아해 소매 속에서 떠나지 않았다. 중종이 재상 등을 불러 후원에서 꽃을 구경하고 각기 즐기면서 취하라고 한 적이 있었다. 공이 부축을 받고 나간 후 궁중의 어떤 이가 작은 《근사록》을 주웠는데, 누구의 것인지를 알지 못했다. 임금이 말하기를 '권벌이 떨어뜨린 것이다'하시고는 명하여 이를 돌려보냈다.

임금이 알 정도로 권벌이 《근사록》을 얼마나 가까이 했는지를 말해 주는 일화다. 후일 이러한 일화를 알게 된 영조는 1746년 중앙 관직에 근무하던 권벌의 후손 권만에게 그 《근사록》을 가져오게 해 열람한 후 새로 간행한 《근사록》 한 질을 따로 하사했고, 정조도 1794년 그 《근사록》을 본 후 어제御製서문을 써서 '심경' 한 질을 더 하사하며 돌려 주는 일까지 있었다. 이 《근사록》은 지금까지 전해져 내려오고 있고, 보물로 지정돼 있다.

권벌이 도포 소매에 넣어 항상 지니고
다녔다는 《근사록》. 보물로 지정돼 있다.

1
2

1 충재종택 사당 전경. 다른 종가와 달리 불천위 제사를
지내는 제청을 사당 옆에 별도로 건립해 사용하고 있다.
오른쪽이 제청이 있는 갱장각이다.

2 충재 불천위 제사 때 사용하는 동곳떡을 쌓고 있는 모습
(충재종가 제공).

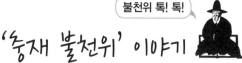

'충재 불천위' 이야기

권벌은 1592년 나라에서 불천위로 봉사奉祀하라는 '친진부조親盡不祧'의 은전이 나라에서 내림으로 써 불천위가 되었다.

불천위 제사(음력 3월 26일)는 종택 안채나 사랑채의 대청에서 지내는 대부분의 다른 종가와 달리, 사당 건물 경내에 있는 별도의 제청祭廳에서 지낸다. 제청이 있는 건물인 갱장각羹墻閣은 충재의 5 대손 권두인이 건립했다. 갱장羹墻이라는 말은, 요 임금 사망 후 3년 동안 순임금이 앉으면 담벽에 요 임금이 나타나고 밥 먹을 때는 국그릇에 보였다는 이야기에서 유래했으며, 선현을 추모하는 뜻 이 담겨 있다.

사당이 정침의 서쪽에 있는 점도 특이하다. 불천위 사당은 보통 정침의 동쪽에 위치한다. 차종손 권용철 씨(39세, 2010년)가 어릴 때는 제관이 200~300명이었다고 하나 요즘은 50여 명이다. 제사 는 기일 자시子時에 시작한다. 단설로 고위 신주만 모시며, 병풍은 옛날부터 글씨가 없는 백병풍을 사용하고 있다.

제수 중 편, 즉 떡(동곳떡)이 특별하다. 불천위 제사상의 중심 제물인 편은 아랫부분의 본편과 윗부 분의 웃기떡으로 이루어지는데, 충재 종가에서는 본편으로 시루떡 대신 작은 크기의 절편을 사용 해 만든 동곳떡(상투를 튼 후 풀어지지 않게 머리 위에 꽂는 장식인 '동곳'과 모양이 비슷해 붙은 명칭)을 쌓는다. 절편을 반으로 접고 비벼서 동곳처럼 만들어 사용한다. 굵은 머리 부분은 바깥쪽으로 향하고, 가 는 꼬리 부분은 안쪽으로 향하도록 둥글게 쌓아올린다.

예전에는 본편을 25켜(부인 제사 때는 23켜)로 쌓았다. 40켜 이상 쌓을 때도 있었다고 한다. 지금은 물 론 많이 줄었다. 그 위에 청절편, 경단, 송기송편 등 11가지의 웃기떡을 쌓아 완성한다.

동곳떡은 10여 명의 집안 할머니들이 하루 종일 걸려 완성한다. 그리고 숙련된 노하우가 필요한, 편 쌓는 일은 연로한 송재규 할머니가 담당했는데, 다행히 차종부가 최근 그 노하우를 전수받았다 고 한다. 현재(2010년) 제수 준비를 돕는 집안 할머니들 모두 여든 전후여서, 이 할머니들이 별세하 고 나면 제수를 제대로 마련하기도 어려울 것이라고 차종손은 걱정하고 있다.

12 뛰어난 학문과 인품, 청나라 대신도 탄복하다

이원정

귀암歸巖 이원정(1622~1680년)은 조선 현종·숙종 때 영남 남인을 대표하는 인물이었다. 서인 집권기의 어려운 시기임에도 불구하고 승진을 거듭하고, 요직에 오르면서 지속적으로 정계 활동을 할 수 있었던 것은 그의 인품과 정치적 역량이 뛰어났기 때문일 것이다. 하지만 그는 정쟁의 와중에서 결국 억울한 죽음을 당하면서 자신의 역량을 온전히 펼치지 못하게 된다.

그는 사후에도 오랜 기간에 걸쳐 부침을 거듭하다, 사후 200년 후에 그에 대한 평가가 일단락된다.

이러한 그의 일생은 비이성적 정치 공세가 난무하는 극심한 당쟁 속에서 한 인물이 생전과 사후에 겪게 되는 굴곡진 인생 역정을 잘 보여 주는 사례라 하겠다.

시를 지어 청나라 대신들을 놀라게 해

매우 총명하고 학문을 좋아했던 이원정은 글을 읽을 때 한눈에 여덟 줄씩 읽고 배우는 대로 외웠다고 전한다. 1648년 생원시에 합격하고, 1652년에 문과에 급제한 그는 동래부사, 도승지, 대사헌, 병조참판 등 요직을 두루 거쳐 숙종 5년에 이조판서

조선의 선비들, 인문학을 말하다

에 오른다.

전주판관全州判官 재임 시절의 일이다. 전임자가 미뤄놓은 미결 문서와 해결하기 어려운 송사를 처리함에 있어 눈으로 문서를 읽으며, 귀로는 송사를 듣고, 입으로는 판결문을 부르며, 한편으로 찾아오는 손님을 맞이했다. 네 가지 일을 한꺼번에 처리하는 데도 조금도 소홀하거나 잘못되는 점이 없이 처리함으로써 보는 이들을 탄복하게 했다 한다.

이렇게 신속하고 공정하게 송사를 처리함으로써 백성들이 잘 살고 편안하게 지낼 수 있도록 해 그들의 신임과 존경을 받았다. 당시 송사를 처리한 판결문이 2권의 책으로 전해지고 있는데, 그 공정한 판정과 문장이 뛰어나 문화재로 지정돼 있다.

1670년 청나라에 갔을 때 사은부사謝恩副使로 청나라 대신들과 시를 지었는데, 그 글이 뛰어나 청나라 대신들을 놀라게 했으며, 이로 인해 외교 업무를 원만하게 수행할 수 있었다. 그때 지은 시는 청나라 당대의 유명한 시와 한데 엮어져《화인문초華人文抄》라는 책에 실려 전해지고 있다. 한편 귀국할 때는 청나라 대신들이 이원정의 뛰어난 학문과 인품에 탄복해 중국의 열두 달 풍속을 그린 열두 폭 화폭을 선물로 받았으며, 이 또한 문화재로 지정됐다.

이원정이 학문을 좋아함을 알고 임금이 규장각에서 발간한 서적을 하사하기도 했다.

당파싸움으로 귀양 가고 결국 목숨 잃어

1680년(숙종 6년) 당파싸움과 왕권 강화 전략의 산물인 경신환국庚申換局이 일어난다. '경신대출척'이라고도 부르는 이 사건으로 남인이 제거되고 서인이 득세하게 된다.

이 해 3월, 당시 남인의 영수이자 영의정이던 허적의 집에서 허적의 조부 허잠이 시호를 받은 것을 축하하는 연시연延諡宴이 베풀어졌다. 이날 비가 오자 숙종은 궁중에서 쓰는 용봉차일龍鳳遮日(기름을 칠해 물이 새지 않도록 한 천막)과 장막을 보내려고 했는데, 내시가 "허적이 궐내에서 쓰는 막幕과 궁중 잔치에 쓰는 판자, 새끼 등을 모두 가져갔다"라고 말했다. 숙종은 노하여 잔치에 가서 살피게 했더니 내시가 말한 대로였고, 남인은 다 모였으나 서인은 몇 사람뿐임을 확인했다. 이 일로 숙종은 귀양 갔던 김수항을 불러 영의정으로 삼는 등 요직을 모두 서인으로 바꾸었다. 당시 이조판서이던 이원정은 관직을 박탈당하게 된다.

4월에는 정원로의 고변告變으로 허적의 서자인 허견의 역모가 발각되는 사건이 일어난다. 허견이 숙종의 5촌인 복선군福善君 형제와 결탁해 역모를 했다는 것이다. 이로 인해 환국에서 역모로 확대되어 옥사가 발생하기에 이르고, 많은 남인들은 결국 죽거나 귀양을 가게 된다.

이원정은 윤휴와 함께 체찰부體察府(체찰사가 군무를 보던 곳)를 복설해 군권을 장악하려 했다는 혐의를 이유로, 친국親鞫(임금이 문초에 직접 임석하는 것)을 받게 되고 평안도 초산으로 유배의 길을 떠나게 된다. 이때 아들 이담명은 부친을 모시기 위해 관직을 그만두고 초산으로 따라 갔다. 그해 8월 '정원로 옥사' 사건이 일어나면서 이원정은 다시 친국 국청鞫廳에 불려와 심한 형벌을 받다가 결국 목숨을 잃게 된다. 음력 8월 21일의 일이다.

사후에도 복관과 삭탈 반복

당쟁의 결과로 국청의 현장에서 목숨을 잃게 된 이원정은 사후에도 복관復官과 삭탈削奪을 반복하게 된다.

명백한 혐의도 없이 형벌을 받다가 목숨을 잃은 이원정의 후손들은 그 원통함을 말로 표현할 수 없을 정도였다. 사후 10년 세월이 흘러 숙종 15년(1689년)이 되고, 숙종과 장희빈의 사이에 태어난 원자의 이름을 정하는 문제로 서인이 밀려나고, 남인이 다시 집권한다.

이 기사환국으로 이원정의 아들 이담명도 정계에 복귀한다. 이담명이 부친 이원정에 대한 원통함을 상소하니 숙종은 비답을 내려 위로하고, 이어 간곡한 치제문致祭文을 내려 혼령을 위로한다. 그해 11월에는 이원정이 영의정으로 추증追贈된다.

하지만 이러한 복권도 오래 가지 않는다. 숙종 20년(1694년), 갑술환국(甲戌換局)으로 남인이 재차 실권하게 되면서 이원정의 관직 역시 추탈된다. 정국 변화에 따라 저승에 있는 사람의 지위조차 부침을 거듭하던 시대였다.

갑술환국 이후 18년이 지난 후인 1712년(숙종 38년)에 이르러 이원정의 손자 이세원의 노력으로 이원정의 관작이 다시 회복된다. 이세원은 당시 무단으로 대궐에 잠입해 격쟁擊錚(징을 치고 자신의 억울함을 궐 안에 알리는 일)이라는 방법을 통해 이원정의 억울함을 호소했다.

이후 사헌부와 사간원 등에서 이원정에 대한 복관을 환수해야 한다는 요청이 2년 동안 이어졌지만, 왕은 '윤허하지 못한다' 등의 말로 계속 물리쳤다.

이원정은 1871년(고종 8년)에 이르러 시호를 얻기에 이른다. 시호는 문익文翼이다. 시호의 의미는 '학문에 힘쓰고 묻기를 좋아하니 문이요[勤學好問曰文], 신중하게 생각하며 깊고 멀어서 익이다[思慮深遠曰翼]'이다. 늦은 시기에 이렇게 시호가 내려짐으로써 이원정의 지위나 행적에 대한 평가는 일단락된다.

이원정의 피 묻은 적삼 9년 동안 입은 아들

귀암 이원정의 아들 정재靜齋 이담명(1646~1701년)도 부친과 함께 치열한 당쟁 속에서 부침을 거듭하면서 활동을 하다가 당쟁으로 희생당한 인물이다.

20세에 생원 1등, 24세에 대과 2등으로 합격하는 등 출중한 재능을 보인 그는 도승지, 대사헌 등을 거쳐 이조참판에 이른다. 그는 1680년 경신환국으로 부친이 유배되고 얼마 후 장살杖殺(형벌로 매를 쳐서 죽임)되는 억울한 화를 처음부터 지켜보면서, 너무나 억울하고 원통해 아버지의 피 묻은 적삼을 9년 동안 입고 다녔다 한다.

1689년 기사환국으로 남인이 다시 집권하면서, 이담명은 높은 벼슬을 얻고 부친도 복권된다.

하지만 숙종 20년 갑술환국으로 다시 정권은 서인에게 넘어가면서 이담명도 평안도 창성으로 유배된다. 유배돼 가면서 그가 한글로 남긴 《사친곡思親曲》12장은 시조문학사에 중요한 작품으로 평가되고 있다.

봄은 오고 또 오고 풀은 푸르고 또 푸르네
나도 이 봄 오고 이 풀 푸른 것처럼
어느 날 고향에 돌아가 노모를 볼 수 있으리요

이러한 와중에서도 이원정은 대동법을 경상도에 실시해 백성의 세금 고통을 줄여주고, 이담명은 기사환국 이듬해 경상도관찰사로 부임해 미증유의 가뭄으로 아사 직전에 놓인 영남 지역 70개 고을의 백성을 구휼하는 업적을 남긴다. 백성 구휼을 위해 얼마나 노심초사했던지 구휼 작업 몇 개월만에 머리가 모두 희어졌다고 한다. 이 선정을 기려 백성과 유림이 영세불망비永世不忘碑를 세웠고, 그 비는 지금도 왜관에 남아 있다.

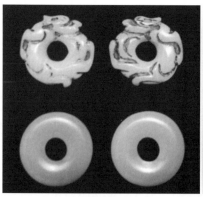

조선의 선비들, 인문학을 말하다

		4
		5
1	2	3

1·2 이원정의 유품 중 갓 끈을 꿰는 관자貫子와 갓 장신구인 옥로.

3 귀암종택 사당 내 귀암 이원정 부부 신주와 감실. 부부의 신주가 별도의 함에 봉안돼 있다.

4·5 최근 중건한 귀암종택 사당과 사당 내부 모습.

'귀암 불천위' 이야기

당쟁의 희생물이 된 이원정은 사후 얼마 지나지 않아 유림에 의해 불천위로 모셔지다가, 1871년 나라에서 시호가 내려오면서 국가불천위가 되었다는 것이 귀암 13대 종손 이필주 씨(1943년생)의 설명이다.

귀암 불천위 제사(음력 8월 21일)는 귀암종택(경북 칠곡군 왜관읍 석전리) 안채 대청에서 지낸다. 이원정의 신주만 모시고 지내는 단설로 지내며, 비위 제사(음력 1월 24일)도 단설로 따로 지낸다. 제사 시간은 1990년경부터 기일 오후 8시경에 지내는 것으로 바꾸었다. 귀암 불천위 제사 때 참석 제관은 50~60명이다.

제주祭酒는 예전에는 종부가 담근 가양주(샘물로 술을 담근 후 댓잎을 넣어 대밭에 반쯤 묻어 숙성시켜 사용했다고 함)를 썼으나 지금은 집안의 다른 며느리가 담근 전통주(백련을 이용한 연담주)를 쓴다고 했다.

최근 중건한 사당은 종택 서쪽 뒤쪽에 위치하고 있고, 사당에는 불천위(서쪽)와 4대조가 봉안돼 있다. 이원정의 신주에 쓴 글자 수는 98자(벼슬을 쓴 부분)로, 그동안 본 신주 중 글자 수가 가장 많았다.

이원정의 아들 이담명도 불천위로 모셔오다, 경제 사정상 신주를 땅에 묻고 불천위 제사를 중단할 수밖에 없었다고 한다. 부자 두 위를 불천위로 모시다 보니 제관은 많고, 경제력은 뒷받침이 안 되는 상황이어서, 나중에는 곡식이 모자라 국수로 제사 지내다 결국 이담명 불천위 제사는 중단했다는 것이다. 그때 이후로 지금까지 국수로 제사를 지내고 음복도 국수로 한다고 했다.

임금에게도 직언을 서슴지 않은 13
'대궐 안 호랑이'

김성일

류성룡과 조목, 김성일은 이황의 문하에서 배웠다. 김성일은 마음가짐이 굳세고 꿋꿋하며 학문이 독실했다. 모습은 고상하고 위엄이 있으며, 행동거지는 가지런했다. 바른 말이 조정에 받아들여지지는 않았으나 그 충성과 절개가 빼어나게 남달라서 다른 사람들이 감히 다른 의견을 내지 못했다.

학봉 김성일(1538~1593년)을 평한《조선왕조실록》의 기록이다.

임금의 잘못도 거리낌 없이 간한 '대궐 안 호랑이'

김성일이 1574년(선조 7년)에 사간원정언에 제수되었다. 어느 날 임금이 경연에 나와 "경들은 나를 전대의 제왕들과 비교해 볼 때 어떤 임금과 비슷하다고 생각하는가" 하고 물었다. 그러자 어떤 이가 "요 임금이나 순 임금 같은 분입니다"라고 했으나 학봉은 대답하기를 "요순 같은 성군도 될 수가 있고, 걸주桀紂 같은 폭군도 될 수 있습니다"라고 했다.

선조가 그 이유를 묻자 김성일 대답했다. "전하께서는 천부적 자질이 높고 밝으시니 요순 같은 성군이 되시기 어렵지 않으나, 스스로 똑똑하다고 여겨 신하가 간하는 말을 받아들이지 않는 병통이 있으십니다. 이는 걸주가 망한 까닭이 아니겠습니까?"

선조가 얼굴빛을 바꾸고 바르게 앉았으며, 신하들은 임금이 화가 났다는 것을 알고 모두 벌벌 떨었다. 이에 류성룡이 나아가 말했다.

"두 사람 말이 모두 옳습니다. 요순 같다고 한 것은 임금을 그렇게 인도하려는 말이고, 걸주에 비유한 것은 경계하는 말이니 모두 임금을 사랑해서 한 말입니다."

선조가 겨우 얼굴빛을 고치고 술을 내리게 한 다음 자리를 파했다.

김성일은 임금과 왕실의 잘못에 대해서도 서릿발 같은 비판을 가했던 만큼, 신하들의 잘못에 대해서는 더 말할 것도 없었다. 대상이 누구든 잘못이 있으면 직접적으로 비판했다. 1578년 홍문관 교리로 있을 때, 권세 있는 신하가 뇌물을 받은 일이 있자 임금 앞에서 하나하나 이름을 거론해 아뢰니 신하들은 벌벌 떨었다. 거론된 이들은 모두 그 자리를 떠나게 되었다.

그는 임금이 싫어하는 기색을 보여도 거리낌 없이 간하였고, 조정 관리의 불의와 부정이 있으면 사정 없이 탄핵해 바로잡았다. 그래서 사람들은 그를 '대궐 안 호랑이殿上虎'라 불렀다. 1579년에는 사헌부 장령이 되었다. 선조의 형이 주색에 빠져 멋대로 행동하며 폐단을 많이 끼치자 김성일은 그 집의 종을 잡아다가 엄하게 형벌로 다스렸다. 그 소식을 들은 사람들은 위험한 짓을 했다며 후환을 두려워했으나 그는 조금도 동요하는 빛이 없었다.

선조 앞에서 대신이 뇌물을 받은 일을 지적해 그 자리에 있던 정승 노수신이 자신의 잘못을 고백했다. 임금은 이를 보고 "대간의 바른 말에 대신이 허물을 책임지니 둘 다 잘했다. 조정의 신하들이 서로 책려하기를 이와 같이 한다면, 나라 다스림에 있어서 무슨 어려움이 있겠는가"라며 칭찬했다.

그에게는 오직 옳고 그름만이 언행의 잣대였다. 그의 올곧은 자세가 널리 알려

조선의 선비들, 인문학을 말하다

지면서 1579년 9월 김성일이 함경도 순무어사巡撫御史가 되어 온다는 말을 듣고는 일부 수령들은 인수印綬를 끌러 놓고 달아나기도 했다. 당연히 백성들은 '우리 부모이시다'라며 칭송했다.

자신의 성품이 너무 강함을 알고 '관홍寬弘' 써 붙여 놓고 반성

김성일은 일찍이 "내가 평생에 걸쳐 얻은 한마디 말은 '나의 허물을 공격하는 자는 나의 스승이고, 나의 아름다움을 말하는 자는 나를 해치는 자다[攻吾過者 是吾師, 談吾美者 是吾敵]'라는 것이다"라고 했는데, 이 열 네 글자로써 항상 자신을 깨우쳤다. 또한 '관홍寬弘' 두 글자를 벗에게 크게 써 달라고 하고는, 그것을 벽에 붙여놓고 보면서 반성했다. 자신의 성품이 너무 강직한 것을 스스로 알기 때문이었을 것이다.

읽지 않은 책이 없을 정도였으나 퇴계 이황의 《주자서절요》를 가장 애독했다. 마음속으로 깊이 탐구하고 가슴에 새겨 두며 삶의 지침으로 삼았으며, 마음을 가라앉혀 음미할 때는 침식까지 잊어버렸다. 강독할 때는 마치 선현을 직접 대하는 듯한 자세로 앉아서 정밀하게 생각하고, 명확하게 분변하며, 조금도 방과放過하는 바가 없었다.

배움을 청하는 이가 있으면 온 마음을 쏟아 간절하고 지극하게 가르쳐 주었고, 문장을 지으면 명백하고 전아하였다. 사람들을 놀라게 할 만한 험하고 기괴한 말은 쓰지 않았다.

내외의 집안 친족 가운데 스스로 먹고 살 수가 없는 사람이 있을 경우에는 모두 보살펴 주었다. 얻은 것이 있으면 모두 나누어 주었는데, 더 궁핍한 사람부터 먼저 나누어 주었다. 반드시 온 정성을 다해 보살펴 주었으며 마을사람들에게도 나누어 주었다.

문인들에게는 "배우는 자가 걱정할 바는 오직 뜻을 세우는 것이 성실하지 못한 데 있는 것으로, 재주가 부족한 것은 걱정할 바가 아니다. 재주가 없더라도 군자가 되는 데 방해되지 않으며, 재주가 있더라도 소인으로 귀결됨을 면하지 못하는 것은 단지 학문을 함에 있어서 뜻을 세우는 것이 어떠하냐에 달려 있을 뿐이다"라고 강조했다. 또한 "자신을 속이지 말라는 '무자기毋自欺' 세 글자는 모름지기 종신토록 명심해야 하는 것이다. 선을 행하고 악을 제거함에 있어서 한결같이 성실하게 하지 않으면 이는 모두 자기를 속이는 일이다"라고 가르쳤다.

자제들에게는 "학문을 하는 자는 마땅히 심학心學을 우선으로 해야 한다. 만약 과거 공부만 힘써서 한다면 비록 과거에 급제하더라도 그 본심은 이미 먼저 이욕에 빠져들게 되니 두려워하지 않아서야 되겠는가"라고 훈계했다.

한글 편지로 부인에게 자상한 정 표시

1587년 8월, 안동 청성산에 석문정사石門精舍를 완공하고 그곳에서 깊이 사색하며 마음을 닦았다. 1천 500여 편의 시를 남긴 시인이기도 한 그는 "내가 원래 바라던 바가 이것이다"면서 남은 평생을 학문 연구와 제자 교육에 바치려고 했다. 배우고자 하는 이들이 구름처럼 모여들었다. 하지만 뜻대로 되지 않았다. 국난이 그를 조용히 지내게 놔두지 않았다.

온 가족이 서로 붙들고 울며 작별하는 가운데 전장으로 떠나면서 큰아들에게 이르기를 "공과 사는 구분이 있는 법이니 서로 돌아볼 수가 없다. 너는 돌아가서 너희 어미를 모셔라. 홀로 되신 큰어머니와 둘째 큰어머니도 너희들이 어미와 같이 종신토록 잘 섬겨라. 어찌할 도리가 없게 되었을 경우에는 온 집안이 한꺼번에 죽어 황천에서나 만나는 것이 옳다. 나라가 보존되면 함께 보존되고, 나라가 망하면 함께 망하는 것이다. 어찌 나라가 멸망했는데 집안이 보존되겠는가"라고 말했다.

그는 여러 진陣에서 왜적의 머리를 베어 바치면 몸소 검사했다. 옆에서 누가 더러우니 가까이 가서는 안 된다고 하자 "싸움터에서는 으레 거짓으로 속이는 일이 많은 법이다. 잘못해 우리나라 사람을 죽였을 경우, 그 죄는 실로 나에게 있다. 그러니 신중히 하지 않으면 안 된다"라고 했다. 그러자 머리를 베어 바치는 자가 감히 속임수를 쓰지 못했다.

임진왜란 중이던 1592년 12월, 싸움 준비로 눈코 뜰 새 없이 바쁜 와중에도 시간을 내어 안동의 부인에게 한글로 편지를 보냈다.

> 요사이 추위에 모두들 어찌 계신지 가장 염려하네. 나는 산음고을에 와서 몸은 무사히 있으나 봄이 오면 도적이 대항할 것이니 어찌할 줄 모르겠네. 또한 직산 있던 옷은 다 왔으니 추워하고 있는가 염려 마오. 장모 뫼시고 설 잘 쇠시오. 자식들에게 편지 쓰지 못하였네. 감사라 하여도 음식을 가까스로 먹고 다니니 아무것도 보내지 못하오. 살아서 서로 다시 보면 그때나 나을까 모르지만, 가필 못하네. 그리워하지 말고 편안히 계시오. 섣달 스무나흗날.

김성일의 또 다른 면모를 엿보게 하는 글이다. 이 편지는 결국 영원히 이별하는 편지가 되고 말았다. 4개월 후 그는 진주성 공관에서 삶을 마감했다.

1679년 시호 '문충文忠'을 받았다.

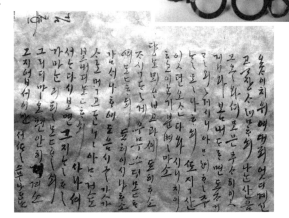

1   학봉이 사용하던 안경과 안경집.
2   학봉이 자신의 부인에게 보낸 한글 편지.

'학봉 불천위' 이야기

학봉 불천위가 언제, 어떤 과정을 거쳐 결정되었는지에 대한 기록은 남아 있지 않다. 김종길 종손 (1941년생)도 학봉의 불천위 역사에 대해서는 잘 알지 못한다고 말했다.

학봉 불천위 신주는 학봉종택(안동시 서후면 금계리) 안채 동쪽 뒤쪽에 위치한 사당에 봉안돼 있다. 학봉 김성일 부부 신주가 가장 서쪽에 있고, 종손의 4대조 신주가 그 동쪽에 모셔져 있다.

학봉 불천위 제사(기일은 음력 4월 29일)는 기일 0시 30분경 출주出主를 시작으로 진행된다. 학봉종택 안채 대청에서 열리며, 참석 제관은 50여 명에 이른다. 아헌은 종부가 올린다. 김성일 부부의 제상 이 따로 차려지며, 제청에는 '중류지주中流砥柱'(난세에도 의연하게 절의를 지키는 일 또는 그런 인물 비유하는 말)와 '백세청풍百世清風'(영원토록 변치 않는 선비의 절개, 후세인의 모범이 될 만한 훌륭한 사람을 일컫는 말) 글씨 가 있는 대형 탁본 족자가 내걸린다.

제수로 약과 위에 산마를 익혀 올리는 것이 특징이다. 이는 김성일이 전쟁터에서 전염병(장티푸스)이 도는 병사들에게 직접 미음을 먹이다 본인도 전염돼 며칠 만에 사망하게 되는데, 그때 마를 먹은 것으로 전해지는 데서 유래한 것 같다고 했다. 그리고 송기를 이용한 송편을 쓰고 있다. 이는 독야 청청한 소나무의 기상을 닮은 학봉의 기개를 기리기 위해서라는 설명이다. 또한 소금장을 올리는 데, 더운 여름에 별세해 초혼招魂할 때 부패 방지를 위해 소금을 쓴 데서 비롯된 것 같다는 이야기 였다.

학봉종택 불천위 제사와 관련하여 새로운 전통이 생겨났다. 1995년경부터 학봉 불천위 제사 때 그해 가문을 빛낸 후손들의 일을 사당에 고하는 고유제가 열리고 있는 것이다. 후손 중 중요 국가 고시 합격자나 훈장 받은 사람, 고위 공무원 승진자 등이 그날 참석한 모든 후손들과 함께 불천위 제사 전인 밤 10시경에 그 사실을 사당에 고하는 의식을 갖는다.

1   안동시 임하면 임하리에 있는 백운정에서 바라본 반변천 풍경. 백운정은 김성일의 형인 귀봉 김수일이 지었으며, 김
      성일이 형제들과 학문을 닦던 정자다.

2   학봉종택(안동시 서후면 금계리) 안채 대청에 차려진 학봉 불천위 제사상. 제청에 내걸린 대형 탁본('中流砥柱', '百世淸
      風') 족자가 인상적이다.

14 불의와 타협하지 않은 강직한 삶, 선비의 사표가 되다

김일손

대의명분에 따라 준엄하게 사실을 기록하는 춘추필법을 구현하며, 선비정신의 전형을 보였던 탁영濯纓 김일손(1464~1498년)은 문과 장원 급제 후 10년 정도 벼슬을 하면서 특출난 자질로 일찍부터 재상감으로 촉망을 받은 인재였다. 왕의 특별한 호의로 호당湖堂에서 두 번이나 사가독서賜暇讀書하는 혜택을 누렸고, 한림翰林·사관史官직에 6년간 근무할 정도로 신뢰를 받았다. 이처럼 그는 성품이 매우 맑고 강직했다. 옳다고 믿는 바를 굽히거나 타협할 줄 몰랐던 그의 인품은 자신은 물론 많은 선비들이 참화를 당하게 하는 단초를 주기도 했다. 하지만 정의는 때가 되면 살아나는 법이다. 김일손이 죽음을 무릅쓰고 주장했던 정의는 그의 사후 10여 년 만에 이루어지고, 또한 그는 죄인에서 의인으로 되살아났다.

불의와는 타협을 몰랐던 그의 삶은 자신의 목숨마저 앗아갔지만, 아무나 살 수 없는 삶이었기에 그야말로 천추에 빛날 수밖에 없다. 맑은 물에 갓 끈을 씻고 흐린 물에는 발을 씻는다는 데서 유래한 '탁영'이라는 호는 그의 삶을 잘 드러내고 있다.

추강秋江 남효온은 김일손에 대해 "계운季雲(김일손의 자)은 참으로 세상에 드문 재사才士요, 정승의 그릇廟堂之器이다. 국사를 논의하고 인물의 시비를 논할 때는 마치 청천백일靑天白日과 같이 밝도다. 붕우 가운데 제일이로다"라고 평했다.

점필재 김종직 문하에서 공부

김일손은 그의 고조가 터를 잡아 살아오던 청도 이서면 서원리에서 태어났다.

그는 1471년 8세 때 부친金孟으로부터 《소학》을 배우기 시작했고, 15세에 단양 우 씨를 부인으로 맞았다. 김일손이 일찍이 말하기를 "나는 14~15세 때 《주자통감 강목》을 읽었는데 옛사람들이 입조立朝(벼슬 생활)하여 충언과 직론을 펴며 기개와 절 개를 굽히지 않은 대목을 접할 때마다 거듭거듭 감탄했다"라고 말했다.

17세 때 형인 매헌 김기손과 함께 밀양의 점필재 김종직 문하에 들어가 공부를 시작했다. 이때부터 한훤당 김굉필, 일두 정여창 등과 함께 교유하며 학문을 닦았 다. 김종직은 김일손에게 "군君은 시문에 있어서 능하지 않은 데가 없다. 나의 의발 을 전할 사람은 군 이외에 아무도 없다. 후일 문병文柄(대제학)은 반드시 군에게 돌아 올 것이다. 조정의 상문上文이 되기 위해서는 반드시 먼저 창려집昌黎集을 많이 읽어 야 한다"라고 말했다.

김일손은 "나는 18세 때 한창려韓昌黎의 문장을 읽고 기뻐했다. 손은 잠시도 쉬 지 않고 열린 입은 글 읽기를 끊이지 않았는데 1천 회에 이르도록 계속했다. 그런 연후에 문장에 진전이 있었다"라고 고백한 적이 있다.

그의 문장들은 자유분방하고 웅장하며 박식해 물 흐르듯 했다. 막히거나 그침 이 없어 보는 사람이 마치 태양을 바라보는 것 같았다. 중국 사람들은 이러한 김일 손에 대해 '이 사람은 동국의 한창려'라고 칭송했다. 한창려는 당나라 대문호로 당 송 8대가 중 한 사람인 한유韓愈(768~824년)를 말한다.

1486년에는 생원시 1등·진사시 2등으로 합격한 데 이어 식년式年 문과 초시初試 에 장원하고, 시제試題가 '중흥책中興策'이었던 복시復試에서도 1등으로 합격했다. 복 시 고시관이었던 사가四佳 서거정이 주위 사람들에게 말하기를 "이번 방榜에서 장원한 김일손은 틀림없이 비상한 인물이다. 그의 언론을 들으면 추상같이 삼엄하고, 그의 문장을 보면 대해와 같이 왕양汪洋(문장의 기세가 좋고 큰 모양)하다. 우리는 이제 조정을 위한 인물을 얻었다"라고 했다.

향시로부터 문과 급제까지 6번의 시험에서 연달아 수석을 차지하면서 그의 명성도 자자해졌다. 한편 그는 4년 전 두 형과 같이 문과에 도전했으나 두 형에게 장원급제를 양보하고자 아프다는 핑계로 시험장을 빠져나왔고, 둘째 형인 김기손이 장원을, 큰 형인 동창 김준손이 2등을 차지했다. 그의 또 다른 면모를 엿볼 수 있는 일화다.

임금이 수상감으로 키우려 했던 인재

김일손은 문과 급제 후 10년 남짓 벼슬 생활을 하면서 언관직言官職이나 인사직人事職과 같은 청요직淸要職을 두루 거쳤다. 그리고 본인의 사양에도 불구하고 임금은 춘추관직春秋館職·예문관직藝文館職·경연직經筵職을 늘 겸임하게 했다. 그에 대한 신뢰를 말해 주는 일이다.

1490년 승정원 주서注書 겸 예문관 검열檢閱에 제수되자 그 두 직책을 겸직한 예가 없다며 세 차례 소를 올려 사양했으나 허락되지 않았다. 1492년에는 이조좌랑의 부름을 받고 상소를 통해 다음과 같이 청했으나 임금은 허락하지 않았다.

옛말에 '40세는 되어야 벼슬살이에 힘쓸 수 있다'라고 했는데 …(중략)… 지금 신은 나이 30미만이온데 화려한 요직인 한원翰苑(예문관), 옥서玉署(홍문관), 사관, 이조전랑 등을 거치면서 승진해왔습니다. 세상 사람들이 '청선淸選'이라고 합니다. 신이 무슨 재능이 있어 이 분에 넘치는 직책들을 감당하겠습니까. …(중략)… 속히 신의 직임을 교체해 물러나게 하여 주십시오. 그리고 10년의 여가를 주시어 독서함으로써 수도하고 학업의 발전을 얻은 다음에 종사하게 하여 주소서.

이처럼 각별한 신뢰로 김일손은 한림과 사관의 자리에 6년간이나 있었으며, 그 간의 기사記事는 시정時政의 득실, 인신人臣의 충간忠奸을 직필하는데 춘추필법을 본 받아 거리낌 없이 행하였다. 군자들은 '양사良史'라 칭송했으나 소인배들은 매우 싫 어할 수밖에 없었다. 그는 알고 있는 바를 말하지 않음이 없었고, 말하게 되면 다 말하지 않음이 없었다.

1494년 그의 능력을 알고 아껴주던 성종이 승하했다. 성종은 탁영에 대해, 경연 에서 참찬관參贊官 조위曹偉에게 이렇게 말한 적이 있다.

김일손은 문장과 학문이 모두 뛰어나며 재능과 기량을 겸비했고…(중략)… 또한 지략이 넓고 깊어 가히 낭묘廊廟(의정부)의 직책을 맡길 만하다. 나는 그의 언론을 듣 고자 누차 백부栢府(사헌부)의 요직을 맡긴 바 있고…(중략)… 비록 다른 관직에 제수 하더라도 반드시 경사經史(홍문관과 춘추관)의 직임을 겸하도록 했는데, 장차 보상지관 輔相之官(수상)으로 크게 쓰고자 함이다. 그런데 다만 그의 나이가 젊어 그의 뜻은 크고 성품은 너무 준엄하며, 기상은 너무 날카롭고 언론은 심하게 곧으며 행적은 너무 고상하니 마땅히 그의 노성老成을 기다려 쓸 수밖에 없구나.

무오사화로 능지처참 당해

성종 승하 때 김일손은 사국史局에 있으면서 시정時政을 기록했는데, 그 가운데 전라감사로 있던 이극돈李克墩이 분향을 하지 않고 기생과 함께 행락한 사실을 그 대로 기록했다. 이 사실을 알게 된 이극돈이 사람을 시켜 삭제해 주도록 요청해왔 으나 김일손은 "공자는 춘추를 지어 나라를 어지럽게 하는 신하와 불효불충하는 자들을 두렵게 했는데, 나는 이러한 공자를 배운 사람이다. 내 머리를 자를 수 있을 지언정 이 기록은 고칠 수 없다"라고 말했다.

이에 앞서 1490년 사관으로 사초史草를 닦으면서 스승 김종직이 1457년에 지은

〈조의제문弔義帝文〉을 수록했다. 김종직이 1457년 세조에게 죽음을 당한 단종을 초나라 의제義帝에 비유하며, 항우項羽에게 죽은 의제를 조상한 글이다. 김일손은 사기를 초하면서 그 전말을 기록하고 이 〈조의제문〉을 실었다.

1489년(연산군 4년) 《성종실록》을 편찬하는데 마침 이극돈이 춘추관감사監事가 되어, 김일손이 사초에 자신의 비행을 빠짐없이 수록한 것을 확인하고 세조조世祖朝의 〈정사편政事編〉에 수록된 〈조의제문〉을 빌미로 유자광, 윤필상 등과 함께 직언을 일삼는 선비를 싫어하는 연산군을 부추겨 무오사화라는 대참사를 일으켰다.

이 사화로 김종직은 부관참시를 당하고 김일손과 권오복, 권경유는 능지처참凌遲處斬을 당했으며, 수많은 사림파 인물들이 유배를 가고 파직을 당했다. 의금부 도사가 체포 영장을 지니고 청도에 도착했을 당시 김일손은 일두 정여창과 함께 함양에 있었다. 조카 대유大有가 말을 달려 이 변고를 전하자 김일손은 안색도 변하지 않고 "이는 필시 극돈이 일으키는 《사기史記》에 관한 사건일 것이다. 나는 거기서 돌아오지 못할 것이다"라고 말했다. 김일손이 처형되던 날, 그의 고향 청도 운계雲溪의 물이 3일간 핏빛으로 변했으며, 그 이후로 운계를 자계紫溪라고 불렀다 한다.

한편 김일손의 두 번째 부인 예안 김 씨(당시 31세)는 김일손이 능지처참을 당한 후 3년 내내 베옷을 벗지 않고 정성과 예를 다했으며, 지나친 슬픔으로 피골이 상접해지고 부축해야만 겨우 기동할 수 있을 정도가 되었다. 탈상하는 날 김일손의 조카 대유大有가 호남에서 당도하자 "나는 자식이 없으니 너의 아우 대장大壯으로 하여금 너의 계부季父 제사를 받들게 해 주기 바란다. 그리고 내가 죽거든 꼭 나를 너의 계부 유해 옆에 묻어다오"라고 말했다. 말을 마친 후 통곡을 하고 옷을 갈아입은 다음, 자리에 누워 운명했다. 김일손이 운명한 날이었다.

김일손 사후 9년 후인 1507년(중종 2년)에 이극돈의 관작은 추탈되고 김종직, 김일손, 권오복 등의 가산을 다시 돌려주라는 명이 내렸다.

1834년에 시호 '문민文愍(博文多見曰文 使民悲傷曰愍)'을 받았다.

조선의 선비들, 인문학을 말하다

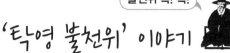

불천위 톡! 톡!

'탁영 불천위' 이야기

탁영종가는 불천위 제사를 기일(음력 7월 27일) 초저녁에 지내고 있다. 탁영 18대 종손 김상인 씨
(1949년생·포항 거주)의 부친이 유언으로 초저녁 제사로 바꿀 것을 주문한 것에 따른 것이다.

종손의 부친(1990년 별세)은 자신의 시신을 화장할 것, 초저녁 제사로 바꿀 것, 100일 만에 탈상할
것 등을 유언으로 남겼다. 종손은 "화장 유언은 모친의 요청으로 실천하지 못하고 묘를 썼다"라고
말하면서 자신은 화장할 것이라고 밝혔다.

탁영종택(청도군 화양읍 토평1리)의 사당에는 불천위인 김일손 부부 신주만 봉안돼 있다.

다른 종가의 경우 불천위 제사 때 원근의 후손과 다른 문중 사람들도 참석하는 것에 비해, 김일손
불천위 제사에는 옛날부터 종택이 있는 마을의 후손들만 참석한다. 참석 제관은 20여 명이다. 묘
제 때는 150~200명이 참석한다.

그리고 제사를 사당에서 지내고 출주出主를 하지 않는 점도 차이가 있다. 제수는 조율이시·어동육
서 순으로 진설하고, 합설로 지낸다. 제주는 담가 사용했으나 지금은 충청도에 사는 후손이 담가
보내는 청주를 사용한다.

한편 불천위 제사를 위해 1988년 문중 후손들이 영모회를 결성해 운영하고 있다. 33명이 회원으
로 있고, 불천위 제사 제수비와 종택 관리비 등을 지원한다.

김상인 종손은 "'나는 밖으로 요즘 것을 취하고 안으로 옛것을 취하고자 한다[余欲外今而內古]'는 말
씀을 남긴 탁영 선조의 생각처럼 시대 변천에 따라 종가문화도 바뀌어야 한다는 생각"이라고 말했다.

김일손이 애용하던 거문고 '탁영금'(보물 제957호).

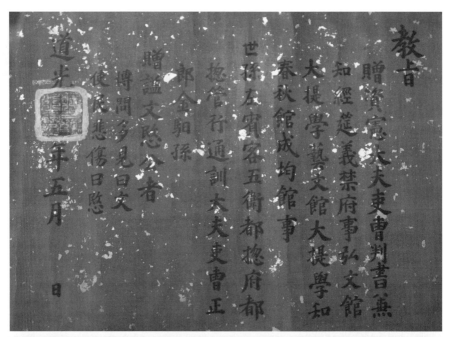

1 김일손 시호(文愍) 교지(1835년). 보기 드물게 금박을 섞어 만든 붉은 장지를 사용했다.

2 성종이 김일손에게 하사한 벼루 '매화연'.

천하의 임금에게도 정론을 이야기한
'신하의 정석'

정 경 세

조선 중기 문신인자 대학자였던 우복愚伏 정경세(1563~1633년)는 50년에 가까운 벼슬 생활을 통해, 오직 나라가 태평하고 백성의 생활이 안정되는 왕도 정치가 구현되도록 하는데 매진한 인물이다. 정치 권력의 당파색에 상관없는, 오로지 애국애민과 진충보국의 삶을 실천했다.

서애 류성룡의 수제자로, 예론의 대가이자 조선유학사에 큰 족적을 남긴 대표적 유학자였던 그는 영남학파의 중심적 인물이면서도 기호학파 인물과도 밀접한 관계를 가진 인물이기도 하다.

임금의 덕을 보양하는 것을 임무로 삼아

대사헌과 대제학, 이조판서 등을 지내면서 오랫동안 국왕을 보필하며 국정을 논했던 정경세는 뛰어난 학문과 경륜으로 국왕이 선정을 펼치도록 하는 데 큰 역할을 했다. 수많은 상소와 차자箚子(간단한 서식의 상소문)를 통해 국왕에게 간언, 반성과 깨우침을 주었다. 차자 중에는 내용이 특히 뛰어나 신하들이 돌려가며 외우기도 한 글들이 하나 둘이 아니었다.

다음은 1623년(인조 1년) 인조가 반정으로 친정하게 되고, 정경세가 홍문관 부제학에 임명된 후에 올린 차자 내용 중 일부다.

　　전하께서 덕을 닦고 뜻을 세움에 있어서 능히 게을리함이 없다고 보장할 수 있겠습니까. 당파를 짓는 습속이 그대로 남아 있어 서로 협력하는 공효는 드러나지 않았으며, 무비武備를 강화하는 계책이 정해지지 않아서 적들을 토벌할 기약은 아득하기만 합니다. 그러니 전하께서 어진 이를 구하고 계책을 정하는 일에 능히 해이해지지 않았음을 보장할 수 있겠습니까. …(중략)… 삼가 바라건대, 굳은 신념으로 변하지 말고 힘써 덕을 지켜 일신의 사욕으로 공도公道를 해치지 말고, 안일로 태홀怠忽을 싹틔우지 말고, 목전의 성과를 생각하며 서둘지 말고 끊임없이 뜻을 견지하소서. 그렇게 하신다면 자연히 날로 성상의 덕이 새로워지고 정치의 교화가 높아질 것입니다. 혹시라도 구습을 그대로 따르면서 방심해 지나치거나 점차 안일을 탐해 세월을 허송하는 버릇이 생긴다면, 뜻은 날로 나태해지고 기운이 날로 위축되어 세월은 유수처럼 흐르는데 만사는 아득하여 일찍이 품었던 뜻을 하나도 이룰 수 없을 것입니다. 그리된다면 다만 신들만이 전하를 위해 애석해할 뿐만 아니라, 천년 후에도 반드시 전하를 위해 길게 탄식을 토하는 자가 있을 것입니다.

이에 대해 임금이 직접 비답을 써서 내리기를 '내가 즉위한 후 한 사람도 나의 허물을 말하는 자가 없었는데, 지금 이 차자의 말을 보니 나도 모르게 경탄스러워 탄복하는 마음이 생긴다'라고 했다.

정경세는 자신을 알아 주며 특별히 예우해 주는 임금을 위해 마음과 정성을 다해 섬겼다. 그는 선善을 개진해 임금의 잘못된 마음을 바로잡는 것을 우선으로 삼았다.

이에 앞서 1594년 정경세가 사간원정언正言, 춘추관기사관記事官, 경연검토관檢

　　　　　　　　　　　　　　　조선의 선비들, 인문학을 말하다

討官 등을 겸직하고 있을 때, 당시 큰 난리를 겪은 후의 국정과 주역 이치 등에 대해 여러 차례 진언한 그의 이야기를 경청한 선조는 크게 칭찬한 후 '국사國師'로 호칭하며, 하루도 경연을 떠나지 말 것을 주문하기도 했다. 백사白沙 이항복은 이러한 그에 대해 '정경세는 참으로 뛰어난 시강의 인재侍講才'라고 표현했다.

정경세는 임금의 덕을 보양하는 것을 자신의 임무로 삼았다. 임금을 대할 때는 미리 재계하여 마음을 전일하게 하고, 정성을 다해 시정時政의 잘잘못과 민생의 기쁨과 근심, 의리와 공사의 분변 등에 대해 경전을 인용하고 고금을 오르내리며 사안에 따라 남김 없이 규간規諫했는데, 그 말이 온후하고 화평하며 자세하고 간곡하였다. 이에 당시 사람들은 범순부范淳夫(강론을 잘한 송나라 인물)에 비겼다.

임진왜란 때 왜적 칼에 어머니와 동생 잃어

1563년 상주군 청리면 율리에서 태어난 그는 7세 때부터 글을 배우고 16세에 향시에 급제한다. 18세 때는 상주목사로 부임한 류성룡을 찾아가 본격적으로 학문을 배우게 된다.

1586년(24세) 봄, 정시庭試에 합격하고, 9월에 알성시에서 을과 2등으로 급제한 그는 그해 10월 승문원 권지부정자를 시작으로 관직 생활을 시작한다. 26세(1588년)에는 예문관검열 겸 춘추관기사관에 임명되고, 겨울에는 경연에 입시했다. 그때 강론에서 선조 임금의 질문에 여러 경연관들이 대답하지 못한 것을 말단 관직자인 그가 설명을 함으로써 주목을 받기 시작했다. 1589년 가을에는 사가독서賜暇讀書의 혜택을 받아 독서당에서 학문을 닦았다. 또한 현직 관료를 대상으로 치르는 문신정시文臣庭試에서 장원을 차지해 더욱 촉망을 받게 되었다.

1592년 임진왜란이 일어나자 정경세는 의병을 모아 항전했으나 중과부적으로 큰 성과를 거두지는 못하고, 안령산 전투에서 어머니와 동생이 왜적에게 화를 당해 목숨을 잃게 된다. 본인도 화살을 맞아 절벽 아래로 떨어져 죽다시피했다가 다시 살아났으나 그 후에도 의병 활동을 계속했다.

1593년 조정으로 돌아온 그는 여러 벼슬을 거쳤고, 1602년에는 율리에서 이웃 유지들과 더불어 '존애원存愛院'이라는 의료재단을 만들어 사람들의 병을 무료로 진료하며 이웃을 도왔다. 1603년에는 우산愚山에 계정溪亭을 짓고 '청간정聽澗亭'이라 이름 붙였다.

1607년 대구부사에 임명된 우복은 향교와 서원을 통한 학문 진작에 역점을 두었고, 넓은 수성들의 가뭄 문제 해결을 위해 지금의 수성구 지산동에 저수지를 축조, 가뭄으로 인한 물 부족 문제를 해결하기도 했다. 이후 주민들은 저수지 제방(현재 녹원맨션 자리)에 송덕비를 세우고 해마다 감사제를 지냈다.

광해군 조정의 실정을 신랄하게 지적한 만언소萬言疏

광해군이 즉위한 1608년, 광해군이 전교를 내려 구언求言하자, 광해군 조정의 실정을 조목조목 신랄하게 지적하는 만언소萬言疏를 올렸다.

백성을 도탄에서 구해내는 일은 힘을 관대하게 쓰고 후생에 노력함으로써 이루어져야 하고, 그 두 가지의 근본은 절검節儉에 있습니다. 듣건대 근년에 국가의 세입이 세출을 감당하지 못한다고 하니 나라꼴이 말이 아닙니다. 이러함에도 불구하고 관혼상제는 날로 허례허식에 빠지고, 시정 상인들의 돈을 빌려 다음 해의 세입으로 끌어들여 쓰면서도 오히려 절검할 줄 모르는데, 어찌 군주로서 마치 추운 날씨에 구걸하는 어린아이가 살아갈 방책을 궁리하는 식으로 나라를 다스릴 수 있단 말입니까.

무려 1만 여 자나 되는 상소문인데, 유명한 무신소戊申疏다. 광해군은 이를 보고 크게 노하면서 불에 태워버리라고 명하고, 정경세를 국문하려 했다. 이에 당시 영의

조선의 선비들, 인문학을 말하다

정 이원익과 좌의정 이항복 등이 '그 말이 비록 과하나 지극한 충성심을 품지 않고는 그렇게 말할 수 없으며, 또한 처벌을 하면 언로가 막힌다'는 이유를 들어 극력 변호, 삭직만으로 겨우 수습되었다.

광해조의 혼미한 정국 속에 강릉부사 시절, 대북파의 무고로 두 차례의 옥사에 연루되어 옥고를 치르기도 했다. 이후 향리에 칩거하는 불행한 시기였으나 학문적으로는 큰 성과를 거둔다. 여러 편의 시문을 지으며 저술 활동을 했다. 특히 그의 저술 중 백미로 꼽히는 《주문작해朱文酌海》(주자대전 중 좋은 글을 정선한 저서)'를 저술했다.

61세 때, 서인들이 정권을 잡은 인조반정(1623년)으로 인조가 등극한 후, 그는 홍문관 부제학에 임명되었다. 이후 별세한 71세까지 10년간은 우복에게 영광의 시기였다. 인조반정 이후 이괄의 난, 이인거의 난 등 내란이 거듭 일어나는 혼란기이고, 대외적으로는 정묘호란이 일어난 어지러운 시기였다. 이처럼 혼란스런 시기였음에도 불구하고 정경세 개인에게 있어서는 인조의 전폭적인 우대 속에 양관兩館(홍문관·예문관) 대제학과 이조판서 등 당시 출사자에게 선망의 대상이었던 여러 청현직淸賢職을 모두 역임하면서 자신의 뜻을 펼친 시기였다.

1633년 그가 별세한 후, 동궁이 거애擧哀(사람의 죽음에 머리를 풀어 슬피 곡하는 의식)하려고 할 때, 예관禮官이 '빈객賓客의 상에 거애하는 규례가 없다'라고 아뢰자, 임금은 '이 사람은 마음을 다해 동궁을 가르치고 일깨운 공이 있다. 비록 전례가 없더라도 거애해서 안 될 일이 있겠는가'라며 거애하도록 했다. 1개월 후 의정부 좌찬성에 추증하고, 예조좌랑 이조李稠를 파견해 제사를 지내도록 했다. 또한 동궁이 별도로 부의를 내리고 궁관을 보내기도 했다.

정경세는 항상 어버이의 원수를 갚지 못하고 한 하늘 아래에서 그 원수와 함께 살고 있는 것을 지극한 통한으로 여겨, 일본 물건은 전혀 집안에 들여놓지 못하게 했다.

우복종택 사당(상주시 외서면 우산리). 이 사당은 종택 울타리 안에 있고, 역시 불천위인 우복 정경세의 6대손 입재 정종로 신주는 종택 울타리 밖의 별도 사당에 모시고 있다.

　　그는 청렴하고 공사를 엄격히 구분하는 정신으로 평생을 보냈다. 우암 송시열은 이러한 정경세에 대해 '선생은 재상 40년에 들에는 밭이 없고, 서울에는 집이 없으며, 오직 우복산 중에 산수 하나가 있을 뿐이다'라고 표현했다.

　　1663년 시호 '문숙文肅'이 내려졌고, 1693년에 유생들의 건의로 시호가 '문장文莊'으로 바뀌게 되었다.

'우복 불천위' 이야기

우복 정경세는 체천遞遷 없이 바로 불천위에 오른 것으로 전하고 있다.

우복종택(상주시 외서면 우산리)은 불천위 두 분을 모시고 있다. 정경세와 그의 6대손 입재立齋 정종로다. 우복 불천위 신주는 종가 울타리 안에 있는 가묘家廟에 종손의 4대조 신주와 함께 봉안돼 있고, 입재 불천위 신주는 울타리 밖에 따로 지은 별묘別廟에 봉안하고 있다.

우복 불천위 제사(기일은 음력 6월 17일)는 2000년경부터 기일 초저녁에 지내고 있다. 다른 종가처럼 참석 제관이 줄어들면서 시간을 변경했다. 일반 기제사는 1980년경부터 기일 초저녁에 지내고 있다. 불천위 제사에 참석하는 제관은 40~50명이다.

제사는 종택 안채 대청에서 진행되며, 아헌은 종부가 올린다. 우복 15대 종손 정춘목 씨(1966년생) 모친인 이준규 노종부(1943년생)는 우복 불천위 제사에는 7탕을 올리는데, 이는 우복이 국가불천위이기 때문이라고 설명했다. 향불천위인 입재 불천위 제사에는 5탕을 올린다고 했다. 그리고 우복 제사 때만 구이를 세 틀 올리는데, 초헌 때는 해물, 아헌에는 소·돼지, 종헌에는 닭을 올린다고 했다.

노종부는 "제사를 줄이라는 일가 어른의 말씀이 있었지만, 후대에는 몰라도 할 수 있는 데까지 하겠다고 말씀드리고 지금까지 자부심을 갖고 정성을 다해 모시고 있다. 하지만 며느리한테까지 그렇게 하라고는 못하겠다"라고 말했다.

1	2

1 정경세가 아들(심)에게 보낸 편지 글씨.

2 우복종택 사당에 걸린, 우복 정경세를 위한 사제문 현판. 정조가 내린 사제문이다.

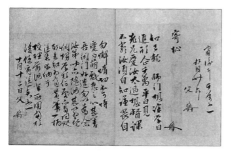

16 대의명분을 위해 목숨도 돌보지 않는 선비의 삶을 살다

조덕린

1725년(영조 원년) 임금이 '바른 말을 구한다'는 교지를 내렸다. 옥천玉川 조덕린 (1658~1737년)이 홍문관 교리校理에서 사간원 사간司諫으로 자리를 옮겼을 때다. 옥 천은 이에 응해 십조목의 상소문十條疏를 올렸다.

우리나라는 땅이 좁은데 그 속에서 또 당론이 갈라져 화합하지 못하고 공평하 지도 못한 상황이며, 그것이 이미 고질이 되었습니다. 근자에는 둘이 셋이 되고, 셋 이 넷이 되어 한 쪽만 뽑아 쓰고 셋을 버리며, 발령을 내기도 전에 당색을 먼저 정 하게 되니, 어찌 어진 이를 얻을 수 있으며 정치가 바르게 될 수가 있겠습니까.

백성 생활과 밀접한 관리가 수령인데, 그들 대부분이 부호의 자제들로 젊은 나 이에 그 자리에 앉아서 교만하고 사치하여 백성의 고통을 돌보지 않고 부역과 징세 에만 가혹하므로, 나라의 원기가 상하고 근본이 무너지고 있습니다. 그 까닭은 전 하께서 근원을 맑게 하지 않고, 한갓 그 지엽만 다루고 있기 때문입니다.

조선의 선비들, 인문학을 말하다

우리나라는 중국·일본과 국교를 맺어 해마다 막대한 경비가 소요되고, 근래에는 흉년이 거듭되어 조세 수입이 감소돼 국고는 거의 고갈 상태이고, 군수 비축도 바닥이 났으나 낭비되는 비용이 바닷물처럼 과다해 돈 쓰기를 분토糞土처럼 하면서도 책임 있는 관리는 그 자리를 물러나지도 않습니다. 이래서야 천승天乘의 나라라도 어찌 가난을 면할 수 있겠습니까.

조덕린이 올린 십조소 중 일부다. 십조소는 ▲ 서민을 보호해 나라의 근본을 튼튼하게 할 것 ▲ 근검 절약으로 국가 경비를 줄일 것 ▲ 옥사獄事를 자제하고 형벌을 삼갈 것 ▲ 기강을 잡아 풍속을 가다듬을 것 ▲ 공평의 도리를 세우고 사사로움을 없앨 것 등 10개 항목으로 나눠 진심어린 충간의 내용을 피력하며 국정 전반에 걸친 개혁을 단행할 것을 요청했다.

이 중 특히 탕평책을 주창한 대목이 눈길을 끈다. 그는 마지막 부분에서 거듭 당쟁의 폐해를 열거하며 탕평의 필요성을 논하고, 오로지 임금이 호오好惡의 사심을 버리고 공정한 도리에 따름으로써 탕평의 실효를 거둘 것을 간청했다.

이 십조소에 대해 번암樊巖 채제공(1720~1799년)은 다음과 같이 평했다.

그때를 당하여 조정은 뒤숭숭하고 어지러워 당론만 제멋대로 주장하니 나라를 걱정하고 근심함을 참으면서 보고 넘길 수가 없어서, 간장의 피를 토해 티끌만큼이라도 효과가 있기를 도모하고자 했다.

탕평책 담은 십조소로 일흔 앞둔 나이에 함경도 귀양

하지만 당쟁이 극심하던 정세 속에서 이 같은 상소는 무사히 넘어가게 될 사안이 아니었다. 조덕린은 이 십조소로 조정 대신들의 탄핵을 받아, 삭탈 관직에 이어 일흔을 앞둔 나이에 함경도 종성으로 유배당하게 된다.

상소가 올라가니 임금은 충성스런 지적으로 받아들이려 했지만, '조덕린의 소가 그 지적함이 불측하니 관직을 삭탈해야 한다', '소어疎語가 흉패兇悖하니 섬으로 유배 보냄이 옳다' 등 권신들의 요구가 잇따르자 임금도 어쩔 수가 없었던 것이다. 조덕린이 귀양길에 오르던 날 영조는 "공에게 죄가 없는 줄 내가 잘 알지만, 이 많은 화살촉과 빽빽한 칼날을 나라고 한들 어찌하겠는가"라며 탄식했다.

이만유李萬維는 이 일과 관련, 다음과 같은 시를 읊기도 했다.

이로부터 영남의 사기가 더 한층 돋구어졌으니 [從此矯南增士氣]
세상에는 바야흐로 글 읽는 인물 있음을 알았도다 [世間方有讀書人]
하지만 그대는 험한 귀양길을 예사로이 잘도 가시니 [猶然視若康莊去]
평생에 쌓은 수양의 힘을 알겠노라 [定力平生見左符]

그는 유배 생활 중 매일 《주역》의 〈괘사卦辭〉를 공부하고 《근사록》을 읽는 것을 일과로 삼았다. 그리고 70세 봄에는 고향에 있는 아들에게 편지해 사미정四未亭을 건립하도록 했다. 자제들은 정미丁未 년·월·일·시에 맞춰 정자를 세웠다. 같은 해 (1727년) 7월에 풀려났는데, 돌아오는 도중에 사헌부 집의에 제수되고 다시 홍문관 응교로 옮겨졌으며, 서울에 이르렀을 때는 또 사간원 사간에 임명되었다. 그러나 사은 후에 신병을 이유로 취임하지 않고 귀향했다. 하지만 십조소로 인해 옥천과 그의 자손이 당하게 되는 후환은 이것으로 끝나지 않는다. 시작일 뿐이었다.

'재주와 문장에서 앞설 사람이 없다'는 평 들어

조덕린은 1658년 일월면 주곡리(주실마을)에서 태어났다. 주실은 옥천의 증조부인 호은壺隱 조전이 입향해 터를 잡은 마을이다. 그는 어린 시절 형인 덕순과 함께 숙부 조병 밑에서 공부했고, 하회의 외조부 유세장에게도 가르침을 받았다. 12세 때는 청량산에 들어가 공부하기도 했다.

1677년에는 진사시에 합격했으며, 34세 때인 1691년에 문과에 합격해 승문원 정자正字에 임명됐다. 승문원 정자로 일할 때 '근년에 기주관記注官(역사의 기록과 편찬을 담당하던 춘추관 하급 관리) 중 많은 인재를 보았으나 기사記事가 유창하고 체재體裁를 구비한 인재로 조덕린 같은 사람이 없었다'라는 평을 들었고, 영상 권대운은 한림을 추천할 때 '재주와 문장이 조덕린을 앞설 사람이 없다'라고 칭찬했다.

37세 봄에 소론 정권이 들어서면서 사임한 후 고향으로 돌아왔고, 그해 겨울에 예조좌랑에 제수되었으나 부임하지 않고 고향에 독서당인 '초당草堂'을 짓기 시작했다. 이듬해(1695년)에 초당을 완성, 그곳에서 《주자서》 등을 읽으며 학문에 빠져들었다.

양친을 여읜 후 벼슬에 더욱 뜻이 없었으나 51세 때 강원도사江原都事에 제수되자 평소 관동의 산수를 유람하기를 원했던 터라 드디어 부임, 오대산과 금강산을 둘러보고 청평산에 오르는 등 관동의 산수를 탐방한 후 기행문과 시를 남기기도 했다. 간성에 이르렀을 때는 감사의 지시를 받고 양전量田하는 일을 감독하게 되었다. 그때 관찰사가 모든 밭을 정전으로 하여 높은 등급으로 세금을 부과하라고 하므로, 밭의 특성을 고려하지 않은 일률적 전세 부과는 부당하다며 철회할 것을 요구했으나 감사는 듣지 않았다. 이에 조덕린은 직책을 다하지 못해 백성을 대할 면목이 없다며 사직했다. 결국 얼마 후 원성이 크게 일어 관찰사는 탄핵을 받아 파직당하게 되었다. 그제서야 관찰사는 "내가 조도사의 말을 들었다면 이러한 결과가 오지 않았을 텐데"라며 후회했다.

관동에서 돌아온 후에는 더욱 독서와 정양靜養에 힘썼다. 고산현감에 제수되었으나 "백수白首로 현감의 녹을 먹는 것이 태백산중의 한 끼 밥만 같지 못하다"며 부임하지 않았다.

1725년 홍문관에 발탁되었는데, 당시 대신이 그를 추천하며 "40년을 산림에서 독서하여 문장과 경학이 당세 제일"이라고 했다. 사직 상소를 잇달아 올리는 가운데 그해 3월 이후 홍문관 수찬·교리, 시강원 필선 등이 연달아 제수됐다. 그리고 사간원 사간에 임명되자 십조소를 올린다.

십조소로 다시 제주 귀양 가다 결국 별세

79세(1736년) 때 지평持平 김한철이 다시 십조소를 재론하며 무고했다. 이에 임금은 "또 당론이냐. 듣기 싫다"라고 했으나 양사兩司가 들고 일어나 결국 절도 위리안치 명이 내려졌다. 이때 풍원군 조현명의 상소로, 사실 심문을 위한 체포령으로 바뀌게 되었다. 왕이 압거관押去官에게 명하기를 "조덕린은 보통 죄수와 다르니 수갑을 채우지 말고 가택을 수색하지 말 것이며, 압송 도중에도 구박해 노인의 기력을 손상하게 하지 말라"고 했다.

조덕린이 하옥되고 국청이 열렸다. 그의 요청으로 필답筆答을 통해 심문이 진행됐고, 심문이 끝나자 새벽 4경(오전 1~3시)이었다. 대신 김대로는 "잘못했더라면 정인군자正人君子를 억울하게 해칠 뻔했다"라고 말했다.

이튿날 아침 상황을 보고받은 왕은 '이번 기회에 쾌히 의혹을 타파했으므로 특별히 방환放還하라'는 명을 내리고 미곡과 역마를 하사하며 호송하게 했다.

하지만 이듬해 다시 십조소가 그의 운명을 시험한다. 1737년 6월에 제산霽山 김성탁이 스승 갈암葛庵 이현일의 원통함을 송사하는 내용이 담긴 사직소를 올렸는데, 임금이 이로 인해 매우 노하여 국청을 열 것을 명했다. 이 기회를 타서 대간臺諫이 옥천의 십조소를 거론하며 '조덕린이 영남의 영수이므로 이번 상소도 그가 모를 리가 없다'라는 계를 올렸고, 임금은 결국 제주도에 위리안치하라는 명을 내렸다.

조덕린은 "내 나이 팔십인 만큼 죽은들 여한이 있겠느냐. 다만 천명에 따를 뿐이다"며 담담하게 받아들였다. 안동에 들렀다가 7월에 가족 친지와 이별하고 옥과, 광주, 영암을 거쳐 강진에 도착했다. 7월 17일 강진의 후풍관侯風館에서 3일간 머물며 기운이 실오라기 같았으나 손수 집에 있는 두 아들에게 편지를 썼다.

조덕린이 이인좌의 난(1728년) 평정에 참여하고 고향에 돌아온 후에 세워 제자를 가르치던 창주정사滄洲精舍. 영양 청기에 있었으나 현재는 옥천종택 옆에 있다. 창주는 조덕린의 호다.

인생이 만났다가 헤어질 때가 있는 것이니 어찌 한탄하리오마는 몸에 악명을 입었으니 세상에 욕이 되었다. 비록 내가 이 지경에 이르렀으나 오히려 너희들이 더욱 힘써 수양하는 밑거름이 될 것이다.

조덕린은 7월 20일 오시에 아들과 손자의 부축을 받고 일어나 의관을 갖추고 앉은 후 "생사에는 한도가 있으니 천명을 어길 수는 없다. 목욕은 깨끗하게 하고 염하고 묶는 것은 반드시 단조롭게 한 후, 엷은 판자와 종이 상여를 만들어 말에 실어서 돌아가도록 하라"는 마지막 유언을 남기고 세상을 하직했다.

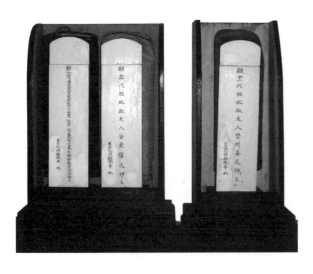

1 옥천종택 사당(영양군 일월면 주곡리). 이 사당에
는 옥천 조덕린 불천위 부부 신주만 봉안돼 있다.

2 옥천 조덕린 신주(왼쪽)와 두 부인의 신주.

'옥천 불천위' 이야기

▶

옥천 조덕린은 사후에도 여러 차례 삭직과 복관을 거듭했다. 영조 당시 네 차례나 직첩 환급의 명이 내렸으나 반대 세력에 의해 실천되지 못했고, 영조 36년(1760년)에는 조덕린의 손자(진도)가 문과에 급제했으나 합격자 명단에서 제외되는 일도 있었다. 정조 때에 들어 다시 후손과 유림이 두 차례 소원訴冤(원통한 일을 관에 호소함)한 끝에 1789년 복관復官되었고, 이듬해 복관 관직 내용 개제고유改題告由 때는 사림 1천여 명이 참석했다.

이후 순조 때 한 번 더 관직이 삭탈되었다가, 고종 때(1890년) 6대손 병훈·병희 등의 소원이 있었고, 1900년 마침내 복관 명령이 내렸다. 이듬해 개제고유 행사에는 3천 여 명이 모여들었다.

조덕린은 이러한 과정을 거치는 가운데, 후손의 4대 봉사가 끝나면서 유림에 의해 바로 불천위에 오른 것으로 추정된다.

옥천종가는 일찍부터 제사 시간 등을 파격적으로 바꿨다. 불천위 제사는 기일(음력 7월 20일)에 지내다가 1988년부터 양력으로 환산한 8월 15일 오시(오전 11~오후 1시)에 지내고 있다. 그리고 고·비위 따로 모시던 것을 옥천 기일에 함께 모시는 것으로 바꿨다. 제사 날짜와 시간을 이와 같이 바꾸면서 제관들도 늘어나 보통 70~80명이 참례한다. 여자들을 포함하면 120~130명이나 된다고 한다. 제사는 옥천종택(영양군 일월면 주곡리) 사당에서 지내며, 사당에는 불천위 신주만 모시고 있다. 옥천 11대 종손 조우철 씨(1967년생)는 서울에 살고 있다.

조덕린 후손인 조필수 씨는 주실 조 씨 가문의 가훈으로 알려진 '삼불차三不借(재물·사람(양자)·문장 세 가지를 빌리지 않는다)'는 마땅하지 않다며, 대대로 전하고 있는 옥천종가의 가훈은 '지행상방 분복하비[志行上方 分福下比], 즉 행실이나 정신은 자신보다 훌륭한 사람을 본받고 경제적·물질적인 부분은 자신보다 못한 사람과 비교하며 살아라'라고 소개했다.

17 이순신의 인품과 능력을 알아본 선비, 그의 목숨을 구하다

정탁

약포藥圃 정탁(1526~1605년)은 서애 류성룡, 소재 노수신과 함께 '영남 3대가'로 불리며 학문과 경륜면에서 최고의 인물로 칭송받았다.

특히 임진왜란 때 재상으로 큰 활약을 했던 명재상이자 대학자였던 그는 성리학뿐만 아니라 천문, 지리, 상수, 복서, 음양 등 여러 분야에 능했고 병법도 깊이 연구했다. 벼슬길에 45년 동안 있었고, 요직은 두루 다 거쳤다. 6조 중 5조의 판서를 지냈고(이조판서는 세 번을 역임), 우의정과 좌의정을 거쳐 영중추부사로 벼슬을 마쳤다. 그리고 경연經筵(임금 앞에서 경서를 강론하며 정치문제 언급)에 참여한 것이 40년에 이르렀는데, 충성을 다해 나라를 다스리는 훌륭한 계책과 의견을 개진했다. 임금도 그의 인품과 학덕을 알기에 마음을 비우고 경청했다.

약포가 별세하자 선조 임금이 칙사 예조좌랑 조정을 보내 제사 지낸 글賜祭文의 일부다. 약포가 어떤 삶을 살았는지 그 면모를 알 수 있게 하는 내용이다.

벼슬자리 두루 두루 거쳤으나
여러 사람의 바람에 다 부합되었네

132　　　　　　　　　　　　　　　　　　　　조선의 선비들, 인문학을 말하다

재상의 자리에 오르고

정권 핵심부서에 발탁되었지만

치우침도 기울어짐도 없어서

공정한 도리와 균형을 유지했고

과격하지도 부화뇌동하지도 않아서

훌륭한 명성 오래도록 누리었네

많은 관료들이 모범으로 삼았고

과인의 덕을 의지하여 이루었으니

물을 건널 때의 배와 같았고

가물 때 소낙비와 같았네

예전에 있었다고 들었던 것을

오늘날 그것을 보았네

충심어린 상소로 경각에 달린 이순신 목숨 구해

정탁은 임진왜란 동안 사심 없는 충정으로, 특히 뛰어난 인재를 천거하고 모함에 빠진 걸출한 장군들을 구해내 왜적을 물리치는 공을 세우게 함으로써 누란의 위기를 벗어나게 했다.

자신의 위험을 무릅쓰고 죽음 직전에 처했던 충무공 이순신을 구해낸 일은 그 대표적 공로로 꼽힌다.

1597년 3월, 이순신은 엄청난 전공에도 불구하고 당파 싸움 속에서 이런저런 모함과 음해로 인해 투옥되기에 이른다. 당시 임금도 오해 속에 이순신에 대해 좋지 않은 감정을 갖고 있었다. 따라서 당시 이순신을 반대하는 세력의 기세가 높은 데다 임금의 감정도 더 악화될 수 있는 형국이라, 누구도 이순신을 위해 나서는 사람이 없어 그의 목숨은 광풍 앞의 촛불과 같았다.

정탁은 이러한 일을 그냥 모른 채 할 성품이 아닌 사람이었다. 무엇보다 나라를 먼저 생각하고 남의 억울한 일이 있으면 자신의 일보다 더 적극적으로 나서 해결하던 그는 죽음을 무릅쓰고 상소를 올렸다. 이때 올린 상소가 이순신이 목숨을 구하고 큰 공을 세워 나라를 구하게 한 '신구차伸救箚'이다.

인재란 것은 나라의 보배로운 그릇이라 비록 통역관이나 회계 맡은 사람도 진실로 재주와 기술이 있기만 하면 모두 사랑하고 아끼는 것이 마땅하거늘, 하물며 장수의 자질을 가진 자로서 적을 막아내는데 가장 관계 깊은 이에 대해서 오직 법률만을 논하고 조금도 용서함이 없을 수 있겠습니까. 순신은 참으로 장수의 재질을 가졌고, 또한 해전과 육전에 재주를 겸비해 못하는 일이 없는 바, 이러한 인물은 쉽게 얻지 못할뿐더러 변방 백성들이 의지하고 적들이 무서워하는 사람입니다. 만일 죄명이 엄중하여 조금도 용서할 도리가 없다며 공로와 허물을 비교해 보지도 않고, 또 공로를 더 세울 만한 능력이 있고 없음도 생각하지 않으며, 그리고 그간의 사정을 찬찬히 살펴봄도 없이 끝내 큰 벌을 내리는 데까지 이르게 하면, 앞으로는 다른 모든 공로 있는 자들도 스스로 더 나아가지 않을 것이며, 능력 있는 자들도 또한 스스로 더 애쓰지 않을 것입니다.

일개 순신의 죽음은 아깝지 않으나 국가에 관계됨이 가볍지 않으니 어찌 우려되는 중대 사안이 아니겠습니까. …(중략)… 비옵건대 은혜로운 하명으로 문초를 특감해 주어 그로 하여금 공로를 세워 스스로 보람 있게 하시면 성상의 은혜를 천지부모와 같이 받들어 목숨을 걸고 은혜를 갚으려는 뜻이 반드시 누구 못지않을 것입니다.

남의 억울한 일을 보면 못 참는 성품

정탁의 간절하고 충심어린 상소문 덕분에 다행히 임금이 마음을 돌리게 되고,

이순신은 백의종군하게 되었다. 이때 원균의 대패로 경상도와 전라도가 왜군에게 점령당하고 수군에 남은 배는 거우 12척뿐이었다. 이순신은 거의 전멸 상태의 수군을 수습, 세계사에 길이 남을 명량대첩으로 제해권을 다시 회복했다.

이러한 정탁에 대해 이순신은 '나를 추천한 이는 서애요, 나를 구해준 이는 약포'라고 했다. 그리고 '약포가 없으면 충무공도 없다'라는 말이 회자되기도 했다.

이순신의 일 외에도 김덕령 장군이 사람을 죽인 일과 모함으로 옥에 갇혀 극형에 처해질 위험을 당했을 때, 나라를 위하고 장군을 아끼는 충정으로 상소문을 올려 선조 임금이 감형하라는 특명을 내려 석방하도록 했다.

특히 노수신, 이산해, 권율, 정언신 등 국가 최고위직 여러 인사들이 탄핵이나 옥사를 당했을 때도 정탁은 억울함을 호소해 사면이나 감형을 이끌어냈다.

당쟁이 극심한 상황에서 모함을 당할 수도 있는 이러한 일들을 서슴 없이 하는 것은 쉬운 일이 아니다. 그의 면모를 엿볼 수 있는 일들이다.

또한 임진왜란 당시 세자를 도와 분조分朝(임진왜란 때 두었던 임시 조정으로, 세자가 있던 곳)를 이끌면서 뛰어난 통찰력으로 당파와 귀천을 초월해 전국의 인재를 고루 찾아 천거, 국방력을 보충하는 데 큰 역할을 했다. 곽재우, 김덕령, 박명현, 사명대사, 홍경신, 변홍달 등이 대표적인 인물이다.

그는 원칙과 대의명분을 위해서는 목숨을 두려워하지 않고 직언하는 강직한 면모와 함께 대범하고 바다처럼 넓은 도량을 지닌 인물이었다. 또한 천성적으로 억울한 일을 당한 사람이 있으면 그냥 지나치지 않고 그 억울함을 풀어 주는 성품이었다. 그래서 억울한 죄를 뒤집어쓴 사람들 사이에 '약포공만 있으면 살 수 있다'라는 말이 널리 퍼지기도 했다.

이황과 조식의 문하에서 수학

정탁은, 1526년 예천군 용문면 금당실 외가에서 태어났다. 13세 때 백담栢潭 구봉령과 함께 금사사金沙寺에서 공부했고, 15세 때는 중부仲父 정이홍에게 글을 배웠다. 17세 때(1542년)는 퇴계 이황 문하에 들어가 공부했다.

정탁은 남명 조식 문하에서도 공부를 했다. 정탁이 떠나는 날 남명이 그에게 "내 집에 소 한 마리가 있는데, 자네가 끌고 가게"라고 했다. 정탁이 무슨 의미인지 몰라 머뭇거리자 "자네의 언어와 의기意氣가 너무 민첩하고 날카롭네. 날랜 말이 넘어지기 쉬운지라 소처럼 더디고 둔한 것을 배워야 비로소 능히 멀리 갈 수 있을 것이므로 소를 주는 것이네"라고 말했다. 그 후 정탁은 소의 지둔遲鈍함을 가르침으로 삼았고, 훗날 그는 "평생 대과 없이 국사를 비롯한 모든 일을 수행할 수 있었던 것은 남명 선생의 가르침 덕분이다"라고 술회했다.

1552년 성균관 생원시에 합격하고, 1558년에 대과에 합격해 교서관 정자로 벼슬길에 들어섰다. 교서관 정자 시절, 향실香室에서 숙직을 하고 있을 때 수렴청정하던 실질적인 권력자 문정왕후가 불공을 드리기 위해 향실의 향을 내오라고 했다. 이에 정탁은 "이 향은 종묘사직에 쓰는 물건이지 불사에 쓰는 향이 아니다"라고 답하며 응하지 않았다.

사간원 헌납, 사헌부 지평 등 삼사三司(사간원, 사헌부, 홍문관)의 관직을 5년여 역임한 후 이조정랑, 예문관 직제학, 공조판서, 이조판서, 예조판서 등을 지내고 1595년 우의정에 올랐다. 1600년에 좌의정에 오른 후 두 번에 걸친 상소를 통해 사임을 허락받은 후 귀향, 예천(고평)에 터를 잡고 머물렀다.

다음은 이 무렵 그가 지은 시 '우회寓懷'다. 말년에 사임한 후 고향에 돌아와 자신의 임무를 다하지 못했음을 스스로 경책하고 있다.

평생의 독서는 늘 시국의 어려움을 구제하기 위한 일이었는데 [讀書常擬濟時艱]
분주한 벼슬살이로 얼마나 오랜 세월 보냈던가 [奔走紅塵幾暑寒]
왜구의 난리 칠년 동안 한 가지 계책도 내지 못하고 [寇亂七年無一策]

조선의 선비들, 인문학을 말하다

도리어 백발이 되어서야 비로소 고향에 돌아온 것이 부끄럽도다 [還慚白髮始歸山]

별세하기 전 해인 1604년에 임진란 공적으로 호성공신扈聖功臣이 되었다. 임금은 충훈부 화사畵師를 예천에 보내 그의 초상화(보물 제487호)를 그리게 하여 하사하고, 그를 서원부원군西原府院君에 봉했다.

그리고 이 초상화는 나중에 영조 임금이 왕궁으로 가져오게 하여 그의 공덕을 기리는 글을 지어 싣게 되는 사연을 얻게 된다. 영조는 1756년 경연 도중에 정탁의 덕행이 훌륭함을 듣고 정탁 5대손 정옥에게 초상화를 모셔 오게 한 후 다음과 같은 화상찬을 지어 정옥에게 화상축 머리에 쓰게 했다.

경연 중에 우연히 듣고 영정을 모셔와 보니 그 모습이 거룩하고 의연하구나. 선조조의 유명한 재상이 별세한 지 100년이 지난 후에 화상으로나마 다시 왕궁에 들어왔으니 특별히 그 명을 써 넣어 영남 사람의 귀감이 되게 하노라.

외교관으로 명나라에 수차례 다녀온 정탁은 사료적 가치가 높은《용만문견록龍灣聞見錄》과《용사일기龍蛇日記》,《용사잡록龍蛇雜錄》등의 저술을 남기기도 했다.

1635년에 '정간貞簡(淸白守節曰貞, 一德不懈曰簡)'이라는 시호를 받았다.

정탁이 사용하던 벼루.

1   약포 정탁을 기리는 도정서원道正書院(예천군 호명면 황지리) 전경.
1640년 약포 사당이 세워졌고, 1697년 도정서원으로 승격했다. 약
포의 셋째 아들 청풍자淸風子 정윤목도 함께 배향하고 있다.

2   정탁의 초상화(보물 제487호). 1604년 어명에 의해 화사畵師가 그
렸다.

'약포 불천위' 이야기

약포 15대손 정경수 씨(1948년생)는 약포 불천위에 대해 국가에서 별세 후에 사제문을 내려 제사를 지내도록 하고, 나중에 시호도 내린 것 등을 볼 때, 4대 봉사에 이어 불천위로 모셔진 것으로 추정했다.

불천위 제사는 기일(음력 9월 19일) 자시에 종택(예천군 예천읍 고평리)에서 지낸다.

종택에는 종손이 혼자 기거하고 있으며, 제수는 서울에 살고 있는 종부가 내려와 마련한다. 제수로 5탕 5채를 쓰며, 제주는 정종을 사서 쓴다. 종손은 "조모 때까지는 제사를 제대로 지냈으나 조모가 별세한 이후에는 여러 가지 사정으로 실질적으로는 불천위 제사의 맥이 끊겼다고 볼 수 있다"며 안타까워했다.

종손은 청빈했던 약포 선조 당시부터 가족이 항상 초가에서 가난하게 살았고, 제대로 된 종택도 없었다고 말했다. 지금 종택도 양옥 단층이다.

정탁이 말년에 낙향해 고평리에 살던 때 이야기다.

정탁이 내성천에서 낚시를 하고 있었다. 그때 그를 찾아온 한 초립동이 허름한 촌로 모습의 정탁을 보고는 "노옹, 저 건너에 약포 선생이 사시는가" 하고 물었다. "예 그렇습니다만……" "약포 선생에게 볼 일이 있어서 가는 길인데 나를 좀 업어 건너 주게나." 약포는 태연하게 초립동을 업고 물을 건너기 시작했다. 내성천을 다 건널 무렵 초립동이 또 정탁에게 물었다. "요즘 약포 선생은 무슨 일로 소일하는가?" "예, 낚시를 즐기다가 이렇게 초립동을 업어 건네 주기도 한답니다." 초립동은 그만 깜짝 놀라며 사죄를 했다.

18

죽음과 바꾼 불사이군의 절개,
'신하의 길'을 보여 주다

하 위 지

　세종 때 집현전 학사로 발탁돼 '인재 중 제일'이라는 촉망을 받던 단계丹溪 하위
지(1412~56년)는 불의에 항거, 단종 복위에 나섰다가 실패하고 형장의 이슬로 사라진
인물이다.

　세조의 잔인한 왕위 찬탈에 분개하며 단종 복위를 도모하다가 계획이 누설돼
죽임을 당한 6명의 주동자 신하들인 '사육신死六臣' 중 한 사람이다. 사육신의 이름
과 당시 벼슬은 하위지(예조참판)를 비롯해 성삼문(승지), 박팽년(형조참판), 이개(집현전
부제학), 유응부(무인), 유성원(성균사예)이다.

　하위지는 사후 235년이 지난 후(1691년) 관작이 회복되며, 1758년에는 자헌대부
이조판서로 증직되고, 시호 '충렬忠烈'이 내려진다. 그리고 사후 348년이 지난 1804
년 나라에서는 단계를 불천위에 오르게 하는 영광을 내린다.

단종 복위 거사 실패해 거열형 당해

　세조 원년인 1456년 5월 사육신을 중심으로 한 단종 복위 거사가 진행됐다. 하
위지는 집현전에서 박팽년, 성삼문 부자, 유응부, 이개, 류성원, 허조, 권자신, 김질

등과 함께 상왕으로 물러나 있던 단종을 복위시키기로 모의했다. 세조가 중국 사신을 청해 창덕궁에서 갖기로 한 연회에 마침 유응부와 성승(성삼문 아버지)이 별운검別雲劍(조선 시대 운검雲劍을 차고 임금의 좌우에 서서 호위하는 임시 벼슬아치)으로 임명되자, 그 연회 자리에서 거사하기로 했다.

하지만 연회 당일 임금이 별운검을 파하라고 명했고, 박팽년과 성삼문 등의 주장으로 다른 날을 기다리기로 하면서 거사는 불발했다.

이때 모의에 참여했던 김질이 거사가 성공하지 못할 것으로 생각하고 장인 정창손에게 거사 모의 사실을 알렸다. 정창손은 바로 김질과 함께 대궐로 나아가 반역 사실을 고발했고, 세조는 사육신 등 주동자들을 잡아들여 친히 국문鞫問을 했다.

국문장에서 세조는 개인적으로 친한 사이인 하위지를 살리기 위해 그에게 음모에 가담하지 않았다고 말하면 죽음을 면할 수 있다고 달랬다. 그는 웃으면서 "기왕에 반역의 죄명을 씌웠으면 당연히 그 죄가 죽음일 것인데 따로 물을 것이 무엇이 있겠소"라고 말했다. 하지만 세조는 마음을 누그러뜨려 단계에게는 낙형烙刑(불에 달군 쇠로 맨살을 지지는 형벌)을 가하지는 않았다.

하위지는 세조의 수차례 설득에도 불구하고 자신의 생각을 굽히지 않았으며, 옥에 갇힌 지 7일 만에 처형당하게 된다. 다른 사육신 등과 함께 거열형車裂刑(죽은 시체나 생명이 있는 상태에서 사지와 목을 다섯 수레에 따로따로 매달고 말을 달리게 하여 찢어서 토막내는 형벌)을 당했다.

하위지가 처형되면서 그의 아우 소지紹地, 그의 아들 호琥와 박珀도 연좌되어 함께 죽게 되었다. 작은 아들 박은 당시 약관弱冠의 나이였으나 두려워하는 기색도 없이 금부도사에게 어머니와 인사할 시간을 청한 후 허락이 떨어지자 어머니 앞에 꿇어앉아 말했다. "아버님이 이미 돌아가셨으니 자식이 홀로 산다는 것은 옳지 않습니다. 다만, 시집 갈 나이의 누이는 비록 노비가 되더라도 어머님은 부인의 의리를 지켜 오로지 한 남편을 섬기며 몸을 마치는 것이 옳다고 생각합니다."

사람들은 '그 아버지에 그 아들이다'라며 감탄했다.

동생 아들을 살려 가문의 핏줄 이어

한편 하위지는 거사 모의가 탄로나 체포당하게 되자 가족들과 결별하면서 멸족당할 것을 대비, 후사를 도모했다. 그는 "장차 우리 집안은 멸족될 것이다. 혹시 귀동龜童(7세)은 어려서 죽음을 면할 수 있을지 모른다"라고 이야기한 후, 직접 서울과 고향의 집에 있는 사소한 물건 수십 가지(솥, 낫, 끌, 활, 신발, 보자기 등)를 적은 후 끝에 '귀동에게 보인다示龜童'라 쓰고 그 밑에 '국石+國'자를 적었다. 그리고 서명했다. 귀동은 하위지의 동생(소지)의 아들이다.

이는 유산을 귀동에게 전한다는 뜻이고, '국'이라 쓴 것은 장성한 후에 이름을 '국'으로 할 것을 주문하면서 후사를 맡기려 한 것이었다. 그리고 사소한 물건을 적은 것은 전답이나 노비, 장서 등은 몰수될 것임을 알았기 때문이다.

그 후 하위지의 부인이 손수 그 유서를 여종의 옷깃 속에 꿰매어 귀동에게 전해지도록 했다. 귀동은 어려서 그의 외가인 봉화 금 씨 집에서 기르게 되었는데, 마침 금 씨 집에 '귀동貴同'이라는 아이 종小奴이 있었다. 그래서 사자使者들이 와서 귀동龜童을 수색할 때 아이 종을 대신 내주었고, 사자가 종의 이름을 심문하니 '귀동'이라 대답하는지라 같은 귀동인 줄 알고 잡아가면서 화를 면할 수 있었다.

귀동은 장성해서 감히 '국'이라 하지 못하고 원源으로 개명해 사용하며 하위지의 제사를 받들었다. 그리고 숙종 때인 1705년에 신하들이 사연을 아뢰고 하원河源을 하위지의 양자로 삼아줄 것을 청하자, 임금이 허락했다. 그의 사망 후 249년 만에 공식적으로 자손이 있게 된 것이다.

이와 관련된 양자 문서繼後事 敎旨는 지금도 전하고 있다.

세종, 하위지를 비롯한 집현전 학사에게 원손(단종) 부탁

선산에서 태어난 하위지는 27세 때(1438년) 문과에 장원급제한다. 이때 성삼문, 동생 하기지와 같이 합격했다. 그리고 그해에 집현전 부수찬에 임명되었다. 이때 그는 경연을 맡아 박팽년, 성삼문, 이개, 류성원 등과 함께 아침, 저녁으로 세종의 경연에 참석해 고금의 경사經史를 강론했다. 특히 그는 치국治國과 시무時務를 다루는 대책과 소장疏章이 뛰어나 세종으로부터 '인재 중에서 제일'이라는 칭찬을 받기도 했다.

당시 세자(문종)는 특히 학문을 좋아해 집현전을 자주 찾았는데, 세자는 달이 밝고 고요한 밤이면 혼자 책을 들고 집현전 숙직실에 와서 모르는 것을 묻곤 했다. 하루는 늦은 밤중이라 세자가 오지 않을 줄 알고 옷을 벗고 누웠더니 갑자기 문밖에서 발자국 소리가 나면서 인기척을 하기에 학사들이 당황하며 나가 절하며 맞은 일도 있었다.

1442년에는 임금의 명으로 삼각산 진관사津寬寺에서 사가독서賜暇讀書하며 학문에 전념했다. 이때 박팽년, 이개, 성삼문 등과 함께 사가독서하게 돼 공부하는 틈을 타 함께 어울려 시를 지어 읊으며 우정을 더욱 두텁게 했다.

1444년에는 세종의 명을 받들어 농사를 장려하는《권농교서勸農敎書》를 지어올리고, 이듬해에는 집현전 신하들과 함께《치평요람治平要覽》을 지었다.

세종은 1448년 원손元孫(단종)을 왕세손으로 책봉했다. 여덟 살인 원손을 왕세손으로 책봉한 것은 세자가 있으나 몸이 약한 데다 그 아래 여덟 왕자 대부분 야심이 있고, 특히 수양대군 주위에는 한명회 같은 모사와 문객이 많아 민심이 흉흉했으므로 미리 왕통을 확립해 둘 필요가 있었기 때문이다.

세종은 왕세손을 안고 집현전을 찾아 신하들을 돌아보며 "과인이 죽은 후에 경들이 모름지기 이 아이를 보호하도록 하라"고 당부했다. 2년 후 세종이 승하하고 문종이 즉위했으나 세종의 염려대로 2년 후 사망하게 된다. 문종은 사망하기 전에 집현전 학사들이 참석한 가운데 영의정 김종서와 좌의정 황보인 등에게 세자를 부탁했다. 그러나 수양대군은 1453년 김종서, 황보인 등을 죽이고 야심을 드러냈다.

세조 때는 나라에서 받은 녹봉을 모아 두고 쓰지 않아

이러한 상황이라 하위지는 더욱 벼슬에 뜻이 없어졌고, 단종 원년 1453년 집현전 직제학에 이어 사간원 좌사간에 제수됐으나 병을 이유로 사퇴했다. 임금(단종)은 의사를 보내 병을 치료하게 하고 술과 고기도 내렸다. 1455년에는 단종이 수양대군에게 자리를 내 주고 물러났다. 세조가 즉위하자 박팽년은 경회루 못에 빠져 죽으려 하고, 성삼문은 이를 말리며 후일을 도모하자고 했다. 세조는 즉위 후 하위지에게 간절히 도와줄 것을 청하며 예조참판에 임명했다. 그는 할 수 없이 취임했으나 이때부터 받는 녹봉은 별도로 한 곳에 모아두고 사용하지 않았다.

당시 하위지는 박팽년이 도롱이를 빌려달라고 한 데 대해 화답하는 시答朴彭年借蓑衣를 다음과 같이 지어주었다.

남아의 득실 예나 지금이나 같고 [男兒得失古猶今]
머리 위에는 분명히 해가 비치고 있네 [頭上分明白日臨]
도롱이를 빌려주는 것은 뜻이 있으니 [持贈蓑衣應有意]
오호五湖의 부슬비 속에서 다시 만나리 [五湖煙雨好相尋]

박팽년의 뜻을 알아차리고 임금(단종)에 대한 충성을 다하며 선비의 지조를 지켜 세조 일파를 제거할 뜻을 읊고 있다.

하위지는 문종의 고명顧命 자리에 참석했던 집현전 동료 학사들과 함께 1456년 드디어 거사를 하기로 뜻을 모았으나 배반자의 밀고로 고귀한 목숨들만 희생하게 되었다. 하지만 불의에 항거했던 그 정신은 후에 모든 신하와 백성들의 사표로 공인

받게 되었다.

　1468년 남효온이 《육신전六臣傳》을 완성해 그들의 고귀한 희생을 후세에 전하게 되었다. 그리고 1691년 사육신을 정식으로 국가에서 공인, 복관復官시키고 사당을 만들어 제사지내게 했다.

| 1 | 2 |

1　하위지 부부 신주. 신주 글씨는 세로 한 줄로 쓰는 것이 원칙이어서 글자 수가 많아질수록 글씨가 작아질 수밖에 없다.

2　예조에서 작성한 하위지 불천위 문서(1804년 5월)

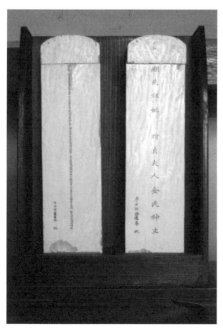
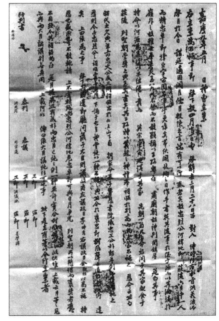

불천위 톡! 톡!

'단계 불천위' 이야기

불천위에는 국가에서 정한 국가불천위가 있고, 유림의 뜻을 모아 정한 유림불천위(향불천위)가 있으나 불천위에 오른 과정이 기록으로 남아 있는 경우는 매우 드물다.

하위지는 국가불천위임을 확인시켜 주는 공문서가 전해 내려오는 드문 사례다.

하위지는 사육신으로 무참한 죽음을 당했지만, 후에 관작이 회복되고 시호도 받게 된다. 그리고 사후 348년이 지난 1804년에는 나라(예조)에서 하위지를 불천위로 모실 것을 결정했다.

1804년 5월 예조가 작성하고, 담당 관리들이 서명한 불천위 관련 문서는 하위지 후손들의 봉사奉祀 내력과 하위지의 충성심 및 절개, 성삼문과 박팽년을 불천위로 정한 사례 등을 고하며 하위지를 불천위로 인정하는 은혜를 베풀 것을 신하들이 청한 것에 대해 임금이 이를 허락하는 내용을 담고 있다.

단계 불천위 제사(기일 음력 9월 8일)는 창열서원(안동시 서후면 교리) 강당에서 자시에 지낸다. 단계 18대 종손 하용락 씨(1950년생)는 "불천위 제사 제수는 유사들이 준비하며, 아헌은 종부가 올린다"라고 말했다. 참석 제관은 15~20명이다. 서원 강당 건물 뒤에 있는 사당의 불천위 신주를 모셔와 제사를 시작한다. 종택도 서원 곁에 있다.

조선의 선비들, 인문학을 말하다

죽음을 무릅쓴 선비의 도, 언행일치의 삶을 살아가다

19

이 해

영남 유생 300여 명이 온계溫溪 이해(1496~1550년)에게 시호諡號를 내려 줄 것을 나라에 청했고, 그에 따라 시장諡狀이 작성됐다. 시장에 담겨 있는 내용 중 일부다.

공은 덕성이 너그럽고 도량이 넓었다. …(중략)… 남과 더불어 말을 할 때는 온화하고 정성스러워 사납거나 거만한 기색이 없었다. 그러나 조정에서 옳고非 그름非, 나아감進과 물러남退 등을 논의할 때는 남달리 두드러지고 꼿꼿한 면이 있었다. 일찍이 화복禍福과 이해利害를 비교해서 남보다 앞서 나가거나 뒤로 물러나 숨는 일이 없었다. 군자들은 이러한 점 때문에 그를 흠모하고 사랑했으나 소인들은 이러한 점 때문에 그를 원수처럼 미워했다.

이 시장의 내용을 검토해 1784년 나라에서 시호를 내리니 '정민貞愍'이다. 의미는 '절조를 지키고 청렴하니 정이요守節淸白曰貞], 백성들로 하여금 슬프게 하였으니 민이다使民悲傷曰愍]'라는 의미다. 백성을 슬프게 했다는 것은 억울한 죽음을 당한 사실을 의미하는 듯하다.

이해는 이러한 사람이었다. 부당한 일을 외면하지 않고 선비가 가야 할 길을 올곧게 갔다. 그래서 잘못된 권력에 의해 혹독한 고문을 당한 후 유배를 가는 도중, 고통 속에서 최후를 맞게 되었다.

이러한 이해는 그의 아우인 퇴계退溪 이황과 비교되기도 한다.

올곧은 언행으로 집권 세력에 밀려 귀양 가다 별세

1545년의 을사사화는 그 여진이 5년 가까이 계속됐다. 번암樊巖 채제공은 당시의 일을 '명종이 나이가 어렸을 때인데 역신賊臣 이기李芑와 윤원형尹元衡이 선동하고 옭아넣어서, 단아한 사람과 정직한 선비로서 그 그물에 옭아들지 않은 자가 드물었다. 이러한 데도 나라가 망하지 않은 것은 천운이었다'라고 표현했다.

1544년 사헌부 대사헌으로 임명된 이해는 이듬해 정월 윤원형의 심복인 이기가 우상右相으로 임명되자 사간원 헌납獻納인 이치李致와 더불어 양사(사헌부와 사간원)가 함께 나서 탄핵, 자리에서 물러나게 했다. 이기는 자신을 탄핵한 주동자가 이해와 이치인 것으로 보고 앙심을 품게 되었다. 이는 을사사화의 근원이 되고, 이해의 앞날을 불행으로 이끄는 원인이 된다.

이해는 1550년 결국 그들에 의해 죄를 뒤집어쓰고 사지에 몰리게 된다. 이기가 주동이 되어 억지로 역적으로 몰아 이치와 함께 금부에 하옥시켰다. 이에 앞서 신임 대사헌이 이해를 만나보고자 했다. 주위 사람들이 이해에게 그를 만나보고 화를 면할 수 있도록 권했다. 하지만 이해는 "나는 그의 사람됨을 알고 있다. …(중략)… 하물며 나를 살리고 죽이는 것이 대사헌에게 있지 않은데, 그 집 문간에 가서 애걸하는 것은 비루할 뿐이다"며 거절했다.

옥에 갇히게 되었다는 소문을 듣자 온 집안사람이 놀라 울부짖었으나 그는 얼굴빛도 변하지 않으면서 "경동하지 마라. 나는 일찍부터 이러한 일이 있을 줄 알았다"라고 말했다. 의금부에 가서 왕명을 기다리는데 친구들이 와서 위문慰問하자

조선의 선비들, 인문학을 말하다

"화를 더 무겁게 하지 마라"며 만류했다.

양사에서는 이해가 형장刑杖이 가벼워 자복하지 않는다며, 형벌을 더하기를 잇따라 청했다. 그리고 공술서供述書를 억지로 갖추어 서명하도록 협박했으나 그는 "모르는 사실인데 어찌 거짓 자복할 수 있겠느냐"며 거절했다.

이치가 마침내 형장 아래에서 죽게 되고, 추관推官이 이해에게 형을 더 가하기를 청했으나 임금은 사형을 감해 갑산甲山에 유배보내도록 특명을 내렸다.

옥에 갇혀 있는 8일 동안 위태하게 생각하지 않은 사람이 없었으나 이해가 옥에서 나오자 정신과 기색이 평소와 별 다름이 없어 보는 이들이 이상하게 생각할 정도였다. 그는 "처음 신문할 때 심신心神이 산란함을 느꼈으나 곧 지기志氣를 굳게 정했더니 독한 형장도 고통스럽지 않고, 마지막 형장을 맞을 때는 마음이 새벽 해 같았다"라고 말했다.

귀양길을 떠날 채비를 하면서 집안을 살펴보니 남아 있는 쌀 두어 섬 말고는 아무것도 없었다. 조정에서 벼슬한 지 20년이 넘고, 번진藩鎭을 두 번이나 역임했으나 그 청빈함이 이와 같았다.

귀양길에 올라 양주에 이르렀을 때 병이 심해 더 이상 가지 못하고 결국 별세했다.

뛰어난 자질로 동생 이황과 함께 '금곤옥제'로 불려

안동시 도산면 온혜리 노송정종택 태실에서 태어나 7세 때 부친을 여의고, 고아가 된 이해는 8세 때 아우 이황과 함께 숙부 송재松齋 이우의 각별한 가르침을 받으며 학문의 기초를 닦는다. 6 형제 중 이해와 이황은 특히 자질이 뛰어나 칭찬에 인색한 숙부로부터도 종종 "우리 형님에게 이 두 아이가 있으니 형님은 죽지 않은 것이다"라고 칭찬하며 훌륭한 인물이 될 것으로 내다봤다.

두 형제는 어릴 때부터 '금곤옥제金昆玉弟', '금곤옥계金昆玉季'라고 불리며 주위로부터 촉망을 받았다. 곤제昆弟나 곤계昆季는 형제를 뜻한다.

이해는 1525년 진사시에 합격하고 1528년 문과에 급제, 권지승문원정자로 벼슬길에 올랐다. 관직 생활을 시작한 후 능력을 인정받은 그는 1542년 경상도진휼어사에 임명되었다. 당시 삼도三道에 기근이 크게 들어 백성들이 고통을 겪고 있었는데, 임금이 유능한 적임자를 선발해 구제하도록 했다. 이해가 그중 한 사람으로 발탁돼 영남 지역으로 가게 되었다. 그는 기대에 어긋나지 않게 기민 구제에 지혜와 열성을 다해 수많은 백성들이 혜택을 입게 되었다.

그는 아무리 깊숙한 골목과 궁벽한 곳이라도 찾아가지 않는 곳이 없었다. 지나는 길에 평소 가보고 싶었던 명산과 절경이 있어도 탐방할 겨를이 없었다. 거쳐 가는 고을에서 간혹 맞이해서 유람을 청하면 "백성을 구하는 일이 나에게 달려 있고 굶어죽은 송장을 직접 보고는 유람할 마음이 진실로 없다"며 사양했다. 백성들은 이러한 그를 자애로운 부모처럼 우러러 보았다.

임무를 마치고 복명하자 임금이 고마워하며 통정대부 벼슬로 승진시켰다. 이후 1543년 도승지로 승진하고 다음해 사헌부 대사헌으로 근무할 때 우상右相이 된 이기를 탄핵, 물러나게 했다. 그리고 이기와 윤원형에 의해 사지로 몰려 죽게 된다.

1567년 관작이 회복되고, 1691년 자헌대부 이조판서로 증직되었다.

벼슬에서 물러나 심신 수양하려던 꿈 못 이뤄

이황은 이해의 묘지명에서 '공은 조정 벼슬을 하고 몸가짐에 있어, 자신의 도리를 지키기에 힘쓰며 시론時論에 따르거나 권세에 아부하는 행위는 절대 하지 않았다. …(중략)… 평생 남을 해쳐서 자신을 이롭게 하려는 마음이 없었고, 남의 급함을 구제하는 데는 반드시 최선을 다했다'라고 평했다.

이해는 일찍이 "벼슬길에 올라 2품에 이르렀으니 포의布衣로서 영광이다. 그러나 나는 이것에 즐거움이 없다"라고 말했다. 서울에서 벼슬 생활을 할 때 이황이 이해의 집을 찾아가 '함께 청산을 기약한다'라는 시를 두고 가자 이해는 '돌아가서 함께 휴양하기를 기대한다'라고 답했다. 이처럼 이해는 동생 이황과 함께 벼슬에서 물러나 수양하려는 뜻을 지니고 있었으나 그 꿈은 실현되지 못했다.

이해는 서울에 있으면서(1533년) 남산 밑 한적한 곳에 작은 집 하나를 마련, '취미翠微'라는 현판을 걸고 조정에 물러나오면 항상 문을 닫고 그 집에 있으니 사람들은 높은 벼슬을 하는 사람의 집인 줄 몰랐다. 비록 벼슬살이로 외지에 있으면서도 항상 돌아갈 것을 생각했던 그가 변을 당하지 않고 이황과 함께 고향에서 살려던 원을 이루어 산수에 고요히 머물며 학문을 토론하고 제자를 기르며 살았더라면 '하남부자河南夫子(송나라 정명도·정이천 형제)의 집'으로 불렸을 것이다.

이황은 이해가 뜻을 이루지 못하고 변을 당한 것을 슬퍼하여 이해가 별세한 후부터는 더욱 벼슬길에 뜻이 없어지고, 학문을 닦고 후학을 가르치는 데 심혈을 기울였다. 후인들은 그래서 '온계가 퇴계의 올바른 학문을 계발啓發했다'라고 말했다.

번암 채제공은 이해 신도비명에서 '임금을 섬기면서 충절을 다하고, 다시 처음 옷初衣(벼슬하기 전에 입던 옷)을 찾아 주정主靜하는 공부를 궁구했더라면 하남 양 정 씨 兩程氏(정명도·정이천)라는 아름다운 일컬음이 옛날에만 있지는 않았을 것이다'라며 그가 귀향의 뜻을 실현하지 못했음을 안타까워했다.

1784년에 시호 '정민貞愍'을 받았다.

이해 부인 신주의 안쪽. 보기 드물게 부인의 이름이 적혀 있다.

불천위 톡! 톡!

'온계 불천위' 이야기

온계 17대 종손 이목 씨(1949년생)는 이해도 그 후손의 4대 봉사奉祀가 끝나면서 바로 불천위에 오른 것으로 보고 있다.

불천위 제사(기일은 음력 8월 14일)는 2011년 5월 복원 낙성식을 가진 온계종택(안동시 도산면 온혜리) 별당 대청에서 자시에 지낸다. 별당의 당호이자 온계종택의 별칭이기도 한 삼백당三栢堂은 온계 손자인 이유도의 호다.

온계종가는 1896년 종택이 일본에 의해 불탄 후 종택이 없는 상황에서 그동안 불천위 제사를 모시느라 어려움이 적지 않았다. 온계종택은 1896년 7월, 온계 12대 종손 이의화의 동생으로 예안 의병장인 이인화의 항일 의병 활동 근거지라는 이유로 일본군에 의한 방화로 소실되었다. 다행히 사당은 피해를 면했다. 덕분에 사당에 봉안돼 있던 불천위 신주도 온전하게 보존될 수 있었다.

종손의 배려로 이해 부인 신주의 뒷면後身의 안쪽(전신·후신이 합쳐져 있는 신주를 분리하지 않으면 볼 수 없음)을 볼 수 있었는데, 보기 드물게 부인의 이름淑貞이 적혀 있었다. 전체 내용은 '고 정부인 김 씨 휘 정숙 신주[故貞夫人金氏諱淑貞神主]'이다.

100여 년 동안 제대로 된 종택도 없이 지내다가 국비와 지방자치단체 예산, 자부담 등 14억 원을 들여 2011년에 복원한 종택에서 모신 첫 불천위 제사에는 50~60명의 제관이 참석했다. 그 전에는 분정(소임 정하는 일)을 하기 어려울 정도로 제관도 적었다. 종손은 향후 불천위 제사는 가양주를 담가 제주로 사용하는 등 제사를 더욱 정성을 들여 지낼 것이라고 말했다.

1
2

1 이해와 동생 이황이 태어난 노송정종택 태실(안동시 도산면 온혜리).
2 온계 이해의 신도비. 온계종택 부근에 있다.

20 탁월한 언변과 문장력,
대명 외교의 달인되다

황여일

1598년, 명나라 사신 정응태丁應泰의 무고사건이 일어났다. 정응태가 조선의 왜 란 중에 명나라 황제에게 글을 올렸다. 명나라가 빼앗아 차지하고 있는 요동 땅은 옛 고구려 땅이어서 조선이 다시 회복해야 한다고 하면서, 조선이 왜병을 불러들여 함께 명나라를 치려고 한다는 것이 그 요지다. 그래서 본보기로 조선의 국왕과 신 하를 문책해야 하고, 조선을 토벌해 제거해야 한다고 극언했다. 이러한 내용의 글이 명나라 황제에게 전해졌으니 명 황제와 조정이 가만히 있을 수가 없었다. 당시 우리 나라 실정은 일본과의 오랜 전쟁으로 피폐해질 대로 피폐해져 있는데 정응태의 주 문대로 우리 강토를 토벌한다면 국운은 바람 앞의 등불인 상황일 수밖에 없었다.

명나라가 당시 여러 가지 상황으로 조선을 의심할 수밖에 없는 상태에서 조선 은 이 엄청난 사건을 해명·설득할 사신을 선발해 보내야 했다. 이때 변무진주사辨 誣陳奏使로 정사正使에 백사白沙 이항복(우의정), 부사副使에 월사月沙 이정구(이조판서), 서장관書狀官으로 해월海月 황여일(사헌부 장령)이 뽑혔다. 인품과 문장으로 가장 촉망 받는 황여일(1556~1622년)이 함께 선발된 것이다.

조선 국왕이 석고대명席藁待命, 즉 '거적을 깔고 엎드려 처분을 기다리니 용서를 간걸懇乞한다'는 치욕적인 주문奏文을 지니고 가는 중차대한 사명을 띤 사신들은 문제를 해결하지 못하고는 살아돌아오기 어려운 상황이었다.

황여일은 문제 해결을 위해 수많은 관리와 접촉하는 등 온갖 노력을 다했고, 명나라 재상과 고위 관리들은 해월의 설득력 있는 언변과 예의바른 태도에 감탄하며 호의적으로 대함으로써 결국 문제를 해결할 수 있었다.

백사 이항복은 당시의 일을 문집에서 황여일의 문장력과 노력, 선견지명으로 거의 혼자 힘으로 사건을 처리했음을 밝혀놓았다.

임제·차천로와 문장으로 이름 높았던 황여일

황여일은 1556년 10월, 울진군 기성면 사동리에서 태어났다. 5세에 독서를 시작한 그는 8세 때 집에서 10여 리 떨어진 곳에 있던 중부仲父인 대해大海 황응청에게 공부를 배웠다. 한 번 본 글을 모두 외우고, 문리를 이해할 줄 알아서 다른 아이와는 비교가 되지 아니하니 대해공이 기특하게 생각하며 황여일의 아버지에게 "우리 집안을 일으킬 사람은 이 아이가 분명하다"라고 말했다.

14세 때 처음 간성杆城 향시에 응시해 진사 1등을 차지했다. 돌아오는 길에 삼척 죽서루竹西樓에서 시 한 수를 지었다.

어젯밤 은하수 신선 쪽배에 내려와 [銀河昨夜下靈槎]

취한 객 진주(삼척)로 드니 흥이 점점 더하는구나 [醉入眞珠興漸多]

홀로 죽서루에 오르니 아무도 없는데 [獨上竹樓人不見]

옥피리 부니 그 소리 물결 위로 퍼지노라 [還吹玉篴向凌波]

당시 봉래蓬萊 양사언이 삼척부사로 있었는데 이 시를 보고 깜짝 놀라 만나보기를 청해 만나본 후 기특하게 생각하며 크게 칭찬했다.

20세에 수일守一 김귀봉의 딸과 혼인했다. 처가인 안동에 머물 때 경상도감사가 안동에 와서 백일장을 열었다. 이때 학봉鶴峯 김성일이 지필을 준비해 주며 황여일에게 시험장에 가서 응시하기를 권유해 늦게 시험장에 들어갔다. 모두 붓을 들고 글을 짓느라 바쁜데 그는 한쪽에서 조는 듯이 있다가, 석양 무렵 혼자 앉아 단번에 붓을 휘둘러 출품했다. 시관이 그 글을 보고 깜짝 놀라며 장원으로 뽑았다. 그 글이 '치술령부'로, 당시의 광경이 영남 사림의 입에 회자되기도 했다.

1577년 성균관에서 수학하였고, 당시 백호白湖 임제와 오산五山 차천로 등과 더불어 시와 문장으로 이름이 높았다.

28세 때 김성일을 찾아가 《근사록》 강의를 들었고, 이때부터 성리학을 본격적으로 공부했다. 당시 금난수, 김부륜 등과 같이 토론하며 공부했다.

1585년 30세 별시에서 을과 1등으로 합격하고, 예문관검열 겸 춘추관기사관에 발탁되었다. 이때 출사하면서 집안의 아우들에게 다음과 같은 시를 지어 주었다.

만 리 푸른 바다 백구의 몸으로 우연히 인간의 추잡한 세계에 들어가네
[滄波萬里白鷗身 偶落人間滿目塵] …(후략)…

1588년 정월에는 임금이 불러 편전에서 여러 차례 야간 강의를 하면서 국론 분열을 지적하며 조정의 화합을 도모할 것을 주문하고, 류성룡 같은 인재를 중용할 것을 권유했다. 같은 해 4월에는 고향에 해월헌海月軒을 낙성했다. 해월헌 현판은 영의정이던 아계鵝溪 이산해가 썼고, 백사와 상촌象村 신흠, 월사 이정구, 약포藥圃 정탁, 지봉芝峰 이수광 등이 시와 글을 남겼다.

일본에 통신사를 보낼 필요없다고 주장

1589년 11월 일본 사신 현소玄蘇가 와서 통신사를 보낼 것을 청하니, 조정 대신

들이 대부분 허락하자는 쪽으로 기울었으나 황여일은 홀로 불가함을 역설하며 "통신사를 두어도 전쟁은 나고, 두지 않아도 날 것이다. 그러니 차라리 통하지 않고 난에 대비하는 것이 좋다"라고 했다. 김성일이 이 소문을 듣고 시를 지어주었다.

> 동해에 노련자 있어 그 사람 또한 바른 말을 하였네. 많은 사람이 진을 높이는데 너 홀로 주나라 섬겼네. 변설로 삼군을 물리치니 무기 아닌 석 자 혀였지. 나의 일편심도 천추에 그대와 같다네 [東海有魯連 其人亦抗節 擧世欲宗秦 爾獨戴周日 談笑却三軍 其機在寸舌 我有一片心 千秋與君說]

이에 황여일은 '즐겁게 십년 벗 만나니 한줄기 절개 서로 같구려…(후략)…'라는 시로 화답했다.

1590년 초여름 어느 날, 친한 사이인 백호 임제의 집을 방문하니 그가 무슨 책을 저술하고 있다가 황여일을 보고는 책을 감추었다. 황여일이 정색을 하며 "무슨 책이기에 우리 사이에 감춘다는 말인가"하자, 임제도 그의 강개한 성품을 아는지라 책을 보여 주었다. 그 책 제목이 《원생몽유록元生夢遊錄》인데, 왕위를 찬탈한 세조에게 아부하며 권력을 휘두르는 정치판의 비정함을 파헤친 야심작이었다. 황여일은 비분강개하며 그 자리에서 붓을 들어 발문을 지었다. 그리고 시 한 수를 지었다.

> 만고의 비장한 뜻으로, 새 한 마리 창공을 지나네. 찬 연기 동작銅雀대를 가리고, 장화章華(초나라 궁전 이름)는 가을 풀에 묻혀 있네. 요순보다 앞선다고 경탄하고, 탕무湯武와 같다고 야단들이네. 상강湘江에 둥근달 밝은데, 눈물로 죽지가竹枝歌 듣고 있네.

당시로서는 모두 감추고 피하는 사안인데도 분연히 발문을 지은 점은 그의 강개한 성품을 보여 준다고 하겠다.

한강에서 시를 주고받으며 명나라 사신 접대

1606년 여름 명나라 군이 철병하기 위해 중국 사신으로 상사上使 주지번朱之蕃과 부사副使 양유년梁有年이 와서 소칙을 반포하게 되었다. 이때 조선 조정에서는 시문이 훌륭한 관리를 뽑아 사신 일행을 접대하게 했다. 황여일이 여기에 선발돼 한강에 배를 띄우고 유람하며 사신과 시를 주고받았다. 이 시들은 《해월문집》에 기록돼 있다.

1607년에는 임진왜란 때의 공으로 선무원종훈宣武原從勳 2등의 녹錄을 받았다.

1612년 창원부사에 제수되고, 이듬해 봄에는 벼슬을 버리고 집으로 돌아왔다. 다음은 이때 지은 시다.

도성을 나오니 학을 탄 것처럼 가볍고 [出郭身如駕鶴]

동문 밖 십리는 그림 속에 흘러가네 [東臺十里畵中行]

새로 보는 금수강산 화려하기만 하고 [新開錦繡山容淡]

넓게 펼쳐진 물은 유리처럼 맑구나 [厚展琉璃水面淸]

한 발만 나와도 그 아름다움 알겠는데 [一步卽知丘壑美]

2년 동안 왜 그렇게 얽매였는지 [兩年胡被簿書縈]

송어국 국화술에 노어회 생각하니 [松羹菊露鱸魚膾]

고향 생각이 더욱 간절하다네 [怱憶吾鄕興益生]

1615년 동래부사에 부임한 그는 왜적의 소굴로 피폐해진 지역의 주거 시설 정비 등 민생 안정과 교육에 심혈을 쏟으니 백성들은 물론 왜인들도 감동했고, 임기가 끝난 후 사표를 내고 귀향했으나 백성들의 청원으로 다시 1년 더 근무했다.

1618년 8월에 벼슬을 마치고 집으로 돌아와 '해월헌'이라는 헌軒의 이름을 만귀헌晚歸軒으로 바꾸어 걸었다. 9월에 통정대부 공조참의를 제수받았으나 '…(전략)…

조선의 선비들, 인문학을 말하다

해월종택(울진군 기성면 사동리) 내 해월헌海月軒. 해월이 33세 때(1588년) 처음 지어 공부하고 수양하던 건물로, 63세 때 벼슬을 마치고 돌아와서는 '만귀헌晩歸軒'으로 이름을 바꾸었다.

고기 잡고 나무 지며 야인과 벗하고, 왜가리 갈매기와 강가에 놀겠네…(후략)…'라는 시를 지어 은퇴의 뜻을 분명히 했다.

1622년 3월 병을 얻었다. 어느 날 한 지인에게 답장 편지를 썼는데 요지가 '병중에 수시로 손을 꼽아 친구들을 세어 보면 몇 사람 남지 않았는데, 축지縮地라도 해서 아침, 저녁으로 만나 보았으면 좋겠다'라는 것이었다.

그해 4월 2일 해월종택 정침에서 운명했다. 운명 전 병세가 조금 덜할 때 부인에게 "죽는 것은 모두의 운명이니 슬퍼할 것은 없소. 자식들을 잘 훈계하고 문호를 잘 보호하시오. 이것이 내가 바라는 바요"라고 마지막 말을 남겼다.

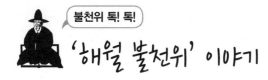

'해월 불천위' 이야기

해월 13대손 황의석 씨(1938년생)는 해월 불천위에 대해, 기록은 없으나 유림 발의로 불천위에 오른 것으로 본다고 이야기했다.

불천위 제사는 기일(음력 4월 2일) 자시에 합설로 지낸다. 부인이 두 사람인데, 두 번째 부인 제사 때는 비위 신주만 모시고 지내고, 고위(해월) 제사 때도 첫째 부인 신주만 같이 모신다.

제청은 제관 수에 따라 종택(울진군 기성면 사동리) 사랑채慕古窩나 별당海月軒, 안채 마루를 사용했다. 요즘은 안채 마루에서 지낸다.

제관은 10여 명이며, 제수로 올리는 탕은 5탕이다. 일반 기제사에는 3탕을 올린다.

제주는 맛있다고 소문난 청주를 빚어 올렸으나 지금은 한국국학진흥원에서 보내 주는 두 병의 경주법주를 사용한다.

종택과 사당은 전쟁 때도 피해를 입지 않았다. 종택 별당인 해월헌은 해월이 1588년 종택 뒷산 위에 처음 건립했으나 1847년에 후손들이 지금의 위치로 이건했다. 사당은 이 해월헌 뒤에 있다.

사당에는 불천위 내외 신주와 종손의 4대조 내외 신주가 모셔져 있다. 불천위 신주는 서쪽에 별도의 특별한 감실에 모셔져 있고, 4대조 신주는 모두 벽감에 봉안돼 있다.

종손은 '칠불七不(일곱 가지 하지 말 것)'을 가훈으로 삼고 있다고 말했다. 칠불은 '거만하지 마라, 교만하지 마라, 방만하지 마라, 태만하지 마라, 오만하지 마라, 기만하지 마라, 자만하지 마라'이다.

1 해월종택 사당(울진군 기성면 사동리). 불천위인 황여일
부부 신주와 해월 종손 4대조 신주가 봉안돼 있다.

2 해월 불천위 신주를 봉안하고 있는 감실. 다른 종가의
감실과는 형태가 많이 다른 점이 눈길을 끈다.

불천위 문화의 핵심 '불천위 제사'

불천위 제도는 불천위 제사에 의해 실질적으로 유지된다. 불천위 제사는 불천위 조상의 기일忌日에 지내는 제사를 말하며, '불천위대제不遷位大祭' 또는 '불천위기사不遷位忌祀'라고도 한다. 제사의 절차는 가문에 따라 다를 수 있으나 통상적으로 일반 기제사의 절차에 준한다.

불천위 제사에는 지방의 유림이나 유지도 참여하기 때문에 종손이 주재하되, 문중의 후손뿐만 아니라 유림에서도 제관이 선정된다는 점이 일반 기제사와는 다르다. 요즘은 대부분 문중 후손들만 참례하는 것이 현실이다.

제사를 앞두고 심신을 깨끗이 하며 금기를 범하지 않도록 하는 일을 '재계齋戒'라고 하는데, 이를 매우 중요시했다. 이러한 재계를 통해 몸과 마음이 순수하고 밝은 상태에서 조상신을 맞이할 수 있도록 했던 것이다. 제사에 쓰는 제반 기구인 제구는 오직 제사에만 사용하는데, 제사를 지내기 전 깨끗이 씻어 두어야 함은 물론, 다른 용도로는 쓰지 말아야 한다. 남에게 빌리거나 팔지도 말아야 한다. 제수도 다른 기제사와 달리 최대한 정성과 솜씨를 발휘해 성대하게 준비한다.

불천위 제사를 모시는 과정과 절차는 기제사와 별로 다를 게 없다. 그리고 그것은 16세기 이후 주자가례를 중심으로 고착화된다. 주자가례에서 제시한 과정과 절차가 공식적인 제사의 절차로 인정받았고, 각 가문은 이를 바탕으로 제사를 지냈다. 이러한 전통은 그대로 계승돼 경북 종가들 대부분 주자가례에서 규정하는 절차와 과정을 따르고 있는 것으로 조사됐다. 그러나 가문이 처한 상황과 시대에 따라 절차와 내용은 조금씩 바뀌어 왔다.

불천위 위패를 모시는 공간

불천위 위패(또는 신주)는 그 대상에 따라 종묘宗廟와 문묘文廟, 가묘家廟에 봉안된다. 종묘는 왕이나 왕족의 위패를 모신 사당이고, 문묘(조선 시대에는 성균관과 향교에 세워짐)는 유학의 종통을 세우고 정신적 지주가 된 인물의 위패를 모신 사당이다. 종가(종택)의 사당인 가묘는 불천위를 비롯한 조상의 위패를 모신 곳이다.

종가의 불천위 신주는 4대 봉사奉祀의 대상인 신주가 있는 일반 사당이 아니라 별묘를 세워 따로 모시기도 하고, 4대 신주와 함께 모시기도 한다.

종가는 통상 안채와 사랑채, 부속채, 행랑채 등으로 이루어진 주거 공간과 불천위 신주를 모시는 사당 공간으로 구분된다. 불천위를 모시는 사당을 특별히 '부조묘不祧廟'라고 부르기도 한다. 가묘는 고려 말부터 설치하기 시작한 것으로 파악되고 있으며, 조선 후기에는 일반화되었다. 불천위 사당은 대부분 정침正寢(가옥의 본채)의 동편 뒤쪽에 위치하고 있다. 가례 규정에도 정침의 동쪽에 위치할 것을 명시하고 있다. 동쪽은 생명의 근원을 상징하고, 해가 뜨는 방향이니 조상이 가장 먼저 햇볕을 받도록 하려는 뜻에서 잡는 위치라 하겠다.

한 집안에 한 사람 이상의 불천위 위패를 두지 못했던 조선 전기의 원칙에 따라 불천위 위패를 서원에 봉안한 경우나 따로 사당을 지어 봉안한 경우도 있었다. 그리고 불천위 신주는 밤나무로 만드는 것이 원칙이다. 세월이 아무리 흘러도 땅속의 씨앗이 형태를 그대로 유지하는 밤나무처럼 근본을 잊지 않는다는 의미라고 한다.

불천위 제사 순서

불천위 제사는 일반적으로 사당에서 신주를 제사 장소인 제청으로 모셔오는

'출주出主'—사당에서 가져온 신주를 교의에 모시고 개봉한 다음, 참사자 전원이 신주에 인사를 드리는 '참신參神'—향을 피워 천상의 혼을 부르고 술을 부어 지하에 있는 백을 모셔와 혼백魂魄을 일치시키는 의례인 '강신降神'—음식을 올리는 '진찬進饌' (현재 대부분의 종가는 출주하기 전이나 출주한 후 참신하기 전에 메와 갱을 제외한 모든 제수를 올림) —술잔을 올리는 초헌·아헌·종헌—신에게 식사를 권하는 '유식侑食'—식사하는 동안 잠시 문을 닫고 기다리는 '합문闔門'—신의 식사가 끝난 후 문을 열고 들어가 차를 올리는 '계문啓門'—절차를 끝내고 신을 보내드리는 '사신辭神' 등 순서로 진행된다. 사신례가 끝나면 신주는 주독主櫝(위패를 넣어두는 궤)에 모시고 다시 사당에 안치한다.

불천위 제사의 변천

제례에서 구체적 절차나 과정을 생략하거나 바꾸는 시도는 쉽지 않다. 반면, 시간과 공간 등 제례를 진행하는 기반 조건은 변화가 쉬운 편이다. 경북의 종가들도 환경과 시대 변화에 따라 점차적으로 변화의 모습을 보이고 있다.

● 제사 시작 시간

주자가례에는 제삿날인 기일의 새벽에 제사음식을 진설한다고 되어 있다. 대체로 자시가 되면 제사를 지내도 되는 것으로 판단, 밤 12시에서 1시 사이에 시작한다. 경북의 많은 종가는 아직도 이 시간에 제사를 지낸다. 그러나 현실적 어려움과 종가의 유지·발전을 위한 선택 등을 이유로 시간을 기일 초저녁으로 바꾸는 사례가 갈수록 늘고 있다.

제례 시간을 이렇게 바꾸게 되는 계기는 다양하지만, 가장 큰 이유는 제사 참석자의 수가 줄어들고 있기 때문이다. 농경 생활 위주의 전통적 삶이 파괴되면서 후손들이 대부분 외지로 흩어짐에 따라 제관의 수가 줄어들 수밖에 없는 상황인 것이다. 시간을 바꾸면서 제사에 대한 관심도 늘고, 참석하는 제관의 숫자도 훨씬 늘었다고 한다.

기일을 양력으로 바꾸고, 대낮에 지내는 것으로 바꾼 옥천종택(영양)의 경우는 혁신적 변화라 할 수 있다. 이러한 변화는 갈수록 가속화할 것으로 보인다.

● 제사 장소 등

제례 공간도 변화하고 있다. 불천위 제사는 통상 사당이 있는 종택의 정침에서 지낸다. 이와 함께 사랑채, 제례를 위해 만든 제청이나 사당 등에서 지내는 경우도 다수 있다. 최근 들어 종손이 종택에 거주하지 않는 경우도 생기면서, 종손이 있는 곳에서 제사를 모시기도 한다. 종손이 종택만을 지키며 살 수가 없는 경우도 생기기 때문이다. 종가의 고민거리다. 제관의 많고 적음 등 환경에 따라 사랑채에서 사당 등으로 장소를 옮긴 경우도 있다.

그리고 최근 들어 경제적 여건, 종교 문제 등으로 불천위 제사를 지내지 못하게 됨으로써 유명무실한 불천위도 늘어나고 있는 실정이다.

| | 1 | 2 |
| | | 3 |

1 불천위 제례 문화의 중심 공간은 불천위 위패를 모시는 종택의 사당이다. 사진은 회재종택 무첨당의 사당
(경주 양동마을).

2 불천위 제사는 불천위 신주를 사당에서 제청으로 모셔오는 것으로부터 시작된다. 사진은 학봉 불천위제
사 때 불천위 신주를 모셔오기 위해 안동 학봉종택의 사당으로 향하는 제관들(2010년 6월).

3 종택 사당이나 별묘에 불천위 신주를 모신다. 사진은 학봉 김성일 부부 불천위 신주.

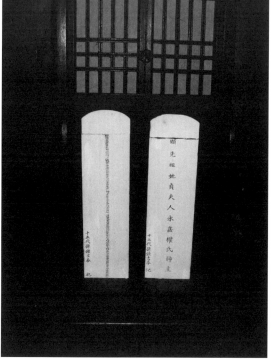

3부

백성民의 행복이
나의 행복이다

녹봉까지 털어 가난한 백성을 구휼한 공직자의 자세

김양진

허백당虛白堂 김양진(1467~1535년)은 아호에서 읽을 수 있듯이 재물에 대한 욕심을 버리고, 관리로서 청백淸白과 애민愛民의 일념으로 평생을 산 인물이다. 자신의 봉급인 녹봉祿俸까지 털어 가난한 백성을 구휼하는 등 선정을 베푼 그는, 무슨 일을 계획하고 실천함에 있어서 언제나 덕을 먼저 생각하고 앞세웠다.

40년간의 관직 생활에서 재물은 물론, 벼슬을 탐하지 않고 백성을 위해 일만 한 그가 청백리로 선정되었음은 당연한 일일 것이다.

선정에 감읍한 완산 주민들 노복 자청

이러한 인물인 만큼, 불편부당不偏不黨하고 옳은 일에만 정성을 다하니 권신權臣들의 미움을 받아 외직으로 밀려 나거나 귀양을 가는 일도 있을 수밖에 없었다.

1520년 전라감사로 완산(지금의 전주)에 부임했던 그가 이듬해 겨울, 임기를 마치고 완산을 떠나게 되었다. 완산을 떠나 한참 가다가 뒤를 돌아보니 망아지 한 마리가 따라오고 있었다. 김양진이 "저 망아지는 누구의 것이냐?"라고 물으니, 부임할 때 타고 온 말이 완산 감영에서 낳은 것이라 했다. "그렇다면 그것은 내 것이 아니고 전라도의 산물産物이니 돌려 보내라"라고 말한 후, 망아지를 감영 동문 앞 버드나무에 매어 놓게 하고 떠났다.

김양진이 완산을 떠나게 되자, 그를 전송하는 사람들이 탄 수레와 말이 수백리나 이어졌다. 그리고 눈물을 뿌리며 자꾸만 따라오는 백성들이 너무 많아 그들을 타일러 보내느라 애를 먹었다. 그중 노복이 되기를 자원하며 따라오는 30여 명은 알아듣도록 타이르고 꾸짖어도 막무가내여서 그냥 둘 수밖에 없었다.

얼마나 그들을 위해 선정을 베풀었으면 그 정도일까? 완산 백성들은 망아지를 매었던 곳에 생사당生祠堂(수령, 감사 등의 공적을 백성들이 고맙게 여겨 그 사람 생시生時에 그를 기리기 위해 지은 사당)을 지어 그 덕을 기렸고, 호남 사대부들은 김양진이 떠난 후 그 선정을 잊을 수 없어 전송 때의 장면을 그린 한 폭의 그림을 그의 집으로 보냈다. 또한 시를 지어 그 덕을 칭송한 것도 많았다. 하지만 그 그림이나 시는 임진왜란 때 모두 불타거나 잃어버려 전해오지는 않는다.

완산을 떠나올 때 막무가내로 따라왔던 이들은 어떻게 지냈을까? 그들은 김양진이 별세한 후 상복을 입고 장례를 적극적으로 도왔으며, 부득이 문중의 노비안奴婢案에 올리게 되었다. 하지만 그 후 1761년 문중의 어느 어른이 발의해 그 노비안을 모두 불태워 버렸다. 요즘도 김양진 같은 고급 관료나 정치인을 많이 볼 수 있으면 얼마나 좋을까 싶다.

각박한 풍습과 기운을 바꾼 김양진

1529년 봄에는 황해도관찰사로 해주에 부임했다. 당시 해주는 연산군의 폐정弊政 후유증이 가시지 않아 탐관오리들로 인한 백성의 고통과 피해가 말이 아니었다. 해안 지방에도 수령들이 수탈하고 가버린 수만 석의 곡식들이 장부에 숫자로만 남아 있었다.

김양진은 빨리 바로잡기가 쉽지 않은 폐단들이었지만, 반드시 바로잡겠다고 마음먹고 백성들의 억울한 호소를 모두 받아들여 공정한 처리로 억울함을 없애 나갔다. 거짓으로 써 놓은 장부는 사실대로 기록하도록 하고, 자신의 녹봉까지 털어 청산해 가며 가난한 백성을 구휼했다.

또한 노인을 모아 잔치를 베풀고 고령의 노인들에게는 매월 쌀과 반찬을 나누어 주었다. 그리고 고을의 사부士夫 자제를 모아 《소학》과 《근사록》, 《사서》 등을 가르치고, 재주나 학식이 뛰어난 자와 효성·우애가 지극한 자를 발굴하여 조정에 추천해 상을 내리도록 했다. 노복일지라도 효행과 우애가 두터운 이는 칭찬하고, 각별히 뛰어난 사람에게는 그들의 신역身役을 면제하기도 했다.

김양진이 이처럼 정성을 다해 충과 신을 깨우치니 6개월도 채 안 되어 각박한 지방의 풍습과 기운이 크게 달라지고, 백성들은 그를 부모처럼 존경하며 따랐다.

이에 앞서 1526년 가을, 경주부윤으로 부임해서는 지난날 농작물이나 해물에 대한 세稅를 너무 과도하게 거두어 폐해가 많았음을 파악하고, 부임 후부터는 한성(서울) 대궐에 보내는 것과 관아에서 쓰는 것 외에는 세를 더 거두지 못하게 했다.

황해도관찰사 시절에는 큰 흉년에도 불구하고 백성을 골고루 구휼하며 양로연養老宴도 자주 베풀었다. 양로연에 참석하지 못하는 노인에게는 쌀과 고기, 지팡이 등을 보내주도록 했다. 사족士族 노인은 당상堂上에, 그 밖의 사람들은 당하에 자리 잡게 하고 성악聲樂을 베풀고 성덕聖德(임금의 덕화)을 노래하며 춤도 추도록 했다. 해가 저물고 대부분 물러간 후, 남은 사람들이 한껏 취한 모습으로 춤을 추므로 김양진도 같이 춤을 추면서 답례한 다음, 차례로 악수를 하고 전송했다. 감영에서 구경하던 화가가 감동을 받아 그 광경을 그려 보내 오기도 했다.

김양진은 1535년(중종 30년) 가을, 임금이 제릉齊陵(조선 태조 부인 신의왕후 무덤)을 참배하기 위해 송도로 갈 때 동지중추부사로서 유도재상留都宰相이 되었는데, 숙위宿衛에 대비하기 위해 입직入直하다 병을 얻어 집으로 돌아와 별세하게 된다. 서거 직후 향도 사림鄕道士林의 공의公議에서 불천위로 선허選許되었다.

후손들은 지금의 경북 예천군 호명면 직산1리의 묘소 아래에 사당과 재사를 지어 모시고 있다. 김양진은 물계서원勿溪書院(예천군 감천면)에 배향되었다.

풍산 김 씨 세거지 '오미동' 유래

김양진은 풍산 김 씨 시조인 김문적의 11대손이다. 풍산 김 씨 김양진의 후손들인 허백당 문중의 대표적 집성 세거지가 안동시 풍산읍 오미동(오미 1리)이다. 허백당 종가와 후손들의 고택 등 60여 호가 있는 오미동은 '오릉촌五陵村' 또는 '오릉동'으로 불리다가, 1545년 김양진의 아들 잠암潛庵 김의정이 을사사화 후 낙향해 은거하며 오묘동으로 바꿨다. 지금의 동명인 오미五美는 인조 때인 1629년에 지어졌는데, 사연이 특별하다.

김의정의 손자인 유연당悠然堂 김대현이 많은 아들을 잘 키우면서 온 나라에 이름을 떨치게 되었다. 일찍 사망한 술조를 제외한 8형제가 모두 사마시에 합격하고, 이들 중 5형제(봉조, 영조, 연조, 응조, 숭조)는 문과에 급제한 것이다. 그러자 인조는 소과 합격자가 5명이고, 그중 대과 합격자가 5명이 나온 일을 8개의 연꽃과 5개의 계수나무에 비유해 '팔련오계지미八蓮五桂之美'라며 크게 칭찬하고, 마을 이름을 '오미동'이라 사명賜名했다. 이때부터 오미동으로 불리게 된 것이다.

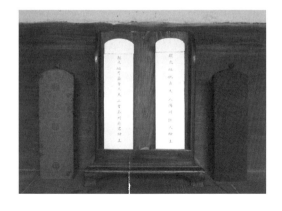

김양진 부부 신주. 신주에 종손 이름을 쓰지 않은 점이 다른 종가의 불천위 신주와의 차이점이다.

1   허백당 불천위 신주가 단독으로 봉안돼 있는 대지大枝
    별묘別廟(예천군 호명면 직산리).
2   허백당 불천위 사당인 대지별묘 내부 모습.

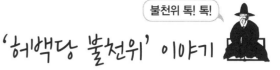

불천위 톡! 톡!

'허백당 불천위' 이야기

허백당 김양진은 별세 직후, 유림의 공의公議에 의해 불천위로 결정된 것으로 전하고 있다. 허백당 과 관련된 고금의 자료를 집대성해 1999년 편찬한 〈풍산 김 씨 허백당세적(豊山金氏 虛白堂世蹟)〉 96쪽 에 나오는 내용이다.

허백당 불천위 신주는 다른 종가와 달리, 별도의 사당을 지어 단독으로 봉안하고 있다. 허백당 불 천위 신주는 오미동종택(유경당) 사당에 봉안돼 있었으나 1647년 대지별묘大枝別廟로 옮겨 봉안했다. 지금까지 이곳에 신주가 봉안돼 있다. 이 별묘에는 허백당 내외 신주가 모셔져 있다. 이 신주에는 종손의 이름이 쓰여 있지 않은 점이 다른 종가의 신주와 차이점이다. 증손자인 김대현이 사후에 유 림의 공의로 불천위가 되면서, 허백당 불천위 신주는 별묘를 만들어 봉안한 것이다.

불천위가 한 종가에 둘 이상이 있을 경우, 그 신주는 한 사당 안에 모시지 않는 것이 원칙이었기 때문으로 보인다.

경북 예천군 호명면 직산리 대지大枝(행갈)에 자리한 이 불천위 별묘는 1647년에 창건됐으며, 1994 년 8월에 중건돼 지금에 이르고 있다. 별묘別廟와 묘소, 신도비각을 수호하고 관리하는 대지재사大 枝齋舍(경상북도 유형문화재, 1558년 창건) 뒤쪽에 자리 잡고 이 재사는 풍산 김 씨 집성촌인 오미동에서 1.5km 정도 떨어져 있고, 일제 강점기에는 항일 인사들의 야간 모의 장소로 활용되기도 했다.

오미동 풍산 김 씨 허백당 문중의 종택인 유경당의 사당에는 김의정의 증손자인 김대현(1553~1602 년)의 불천위 신주와 4대조 신주를 봉안하고 있다. 이 사당은 1576년에 창건됐다. 종택 당호인 유경 당幽敬堂은 김양진의 맏아들 김의정의 아호이기도 하다. 당호 현판 글씨는 조선 후기 서화가인 정학 교(1832~1914년)가 썼다.

허백당 불천위 제사(음력 9월 16일)는 자시에 시작해 지내왔으나 수년 전부터 기일 오후 8시에 지내 고 있다. 삶의 환경 변화에 따른 것이다. 제주祭酒도 가양주家釀酒를 사용하다 요즘은 구입하여 사용 하고 있다. 불천위 제사 참석 제관은 30명 정도이다.

22 권세가를 찾아가지 않고, 사사롭게 공무를 처리하지 않은 관리의 길

류중영

경북 안동 하회마을의 인물로 겸암謙菴 류운룡과 서애 류성룡 형제를 아는 이는 많아도, 그 아버지인 입암立巖 류중영(1515~1573년)에 대해서는 아는 이가 드물다. 류운룡이 중앙 각 부처의 관리로서 능력을 발휘하고 지방 행정관으로 훌륭한 치적을 남기며, 류성룡이 국가 경영 전략을 잘 수립·수행해 전례 없는 국난을 극복한 능력과 인품의 근원은 류중영에게 있다 하겠다.

류중영은 정직하고 성실했을 뿐만 아니라 넓은 아량을 바탕으로 벼슬 생활을 하고, 일상을 살았다. 자식들이 본받음은 물론 모두가 추앙할 만한 삶을 살았던 것이다.

다음은 그가 남긴 글인 '자기 양심을 속이지 말라[毋自欺賦]' 중 일부다.

나가고 들어감에 일정함이 없으니
간혹 밝았다가 어두워지기도 하네
나쁜 것은 숨김으로 몰래 점점 더 자라나고
착한 것은 사물을 접하며 도리어 감소되네

…(중략)…

뜻은 항상 겉과 속이 일치되도록 하고

생각은 간사함을 경계해 잡됨이 없게 하고

감정은 방자함이 없이 경敬을 지키라

한낮에는 여러 사람의 눈을 경계하며

어둠 속에서는 자신을 돌이켜 보라

무슨 일을 맡든지 마음을 다했다

류중영은 1540년 26세에 문과에 급제한 후 바로 벼슬길로 들어선다. 그는 직무가 아니면 권세가를 찾아가지 않았고, 사사롭게 공무를 처리하는 일이 없었다. 또한 어떤 일이든 누구보다 매끄럽고 빨리 처리했고, 어떤 일을 당하더라도 굴종하는 자세를 보인 적이 없었다. 그리고 무슨 일을 맡든지 마음을 다했다.

1551년 10월에는 임시 병조좌랑假兵曹佐郞이 되어 군안軍案(병적)을 바로잡고 군무를 세밀하게 처리하니 아전들이 감히 속이지 못했다. 병조에서 오래 일한 아전들은 "일찍이 이 같은 명관은 없었다"라고 서로 말하면서, 임시 관리라고 혹 소홀히 대우하는 자가 있으면 "너희들이 종전의 관리처럼 대접해서는 안 된다"라고 질책하며 진심으로 복종했다.

1553년 9월에 사헌부 장령으로 부임했는데, 그때 대사헌이 일을 너무 벌려 비난이 있었음에도 불구하고 모두 겁을 내 아무도 바른 말을 못했다. 그러나 류중영은 끝까지 항변하고 논쟁했다. 서얼의 무과 허통許通 문제를 놓고 논의하는 회의에서 대사헌과 격론을 벌이자, 후환을 염려한 동료가 류중영의 팔꿈치를 뒤에서 잡아당기며 제지를 했으나 굽히지 않았다. 결국 대사헌이 뜻을 굽히고 류중영의 뜻을 따랐으며, 뒤에도 종종 그런 일이 있었다.

옳다고 생각되면 뜻을 굽히지 않았다

류중영은 평소 자신의 마음만 믿었으며, 남에게 아부할 줄 몰랐다. 일을 당하면 오직 가부만 가려서, 옳다고 생각되면 단행하고 뜻을 굽히지 않았다. 비록 세상 사람들이 아무리 비방해도 개의치 않았다. 조정에 있을 때는 언제나 홀로 서 있고, 뒤를 밀어 주는 사람이 없어 오랫동안 외직에 있었는데, 식자들이 애석하게 여겼다.

그 무렵 퇴계 이황이 서울에 있었는데, 류중영이 외임에 나가는 것을 애석해 하며, 그림 병풍 위에 '조정 안에는 사람이 남아돌아 발붙일 곳이 없으나 시골에는 할 일이 많아 다시 관심을 두는 구려'라는 시구를 써 주었다.

또한 그는 풍악을 즐기지 않는 성품이라서 공적인 연회석이 아니면 술을 마시지 않고, 매일 새벽에 일어나며 의관을 갖추어야 출입을 했다. 공무는 병으로 눕지 않는 한 쉬지 않았고, 여름에는 갈증이 심해 가족이 건강을 염려해도 듣지 않았다. 밤이면 손님이나 아들들과 고금의 경서와 역사, 그리고 백성의 고통과 풍속 등을 열심히 토론하고, 닭이 울 때가 되어 옆에 있는 사람은 잠이 와서 못 견디어도 그는 여전히 단정하고 엄숙하며 흐트러지는 기색이 없었다.

평생 아무리 고단한 일을 해도 앉아서 조는 일이 없었던 그는 스스로 이야기하기를 "나는 천성이 하루도 한가로이 쉬지 못한다"라고 했다.

이처럼 자신에게는 철저한 인물이었다.

훌륭한 선생 있으면 반드시 자식을 보내

자제들에게 의를 지키고 태도를 항상 단정하게 하는 등 도의에 어긋나지 않도록 가르치고, 항상 학업에 힘쓰도록 독려했다. "나도 젊었을 때 학문에 뜻이 있었으나 중간에 벼슬길에 올라서 크게 성취하지 못한 것을 부끄럽게 생각하고 후회도 한

1	2

1 류중영의 아들인 겸암 류운룡이 스스로 학문을 연구하고 후학을 가르치기 위해 지은 겸암정사. 하회마을 건너편 강 언덕 위에 자리하고 있다.

2 입암고택 사당 건물은 두 채이다. 한 곳에는 입암 불천위 및 4대조 신주가, 다른 한 곳에는 겸암 불천위 신주가 봉안돼 있다.

다. 너희들은 앞날이 많으니 조석으로 깨우치고 조금이라도 나아가기 바라되, 다만 화려한 문장이나 개인의 이익을 도모하는 것은 귀한 일이 아니다"라고 훈계했다.

훌륭한 선생이나 덕망 있는 어른의 소문이 있으면 반드시 보내어 배우게 하고, 돌아오면 피로를 잊고 배운 것을 물어보고는 소득이 있으면 기뻐했다. 만약 분명하지 못하면 꾸중했다. 그리고 벼슬할 때는 반드시 정성을 다해 직무를 수행하며, 지지 않으려고 다투거나 패거리를 짓지 말 것을 강조했다.

그는 덕망 있는 인물에 대한 존경심도 각별했다. 회재 이언적이 경상감사로 있을 때 류중영이 가도사假都事(임시 도사, 도사는 관리의 감찰과 규탄을 맡아 보는 종5품 벼슬)로 같이 있으면서 그 인품에 탄복하며 존경했는데, 1552년 어사로 평안도에 갔을 때 회재가 강계에서 귀양살이를 하고 있었다. 사람들은 모두 더불어 화를 입을까 두려워 비록 평소에 알던 사람도 그 앞을 지나며 들르지 않았지만, 류중영은 그곳에 가서 만나고 나왔다.

퇴계가 고향집에서 도학을 가르치자 류중영은 그에 대해 '신명神明 같이 훌륭한 사람'이라고 칭찬을 아끼지 않으면서 다른 사람들이 따르지 못할 것이라고 자제들에게 이야기했다.

남에게는 너그러운 사람

류중영의 아들인 류성룡은 행장에서 '곁에서 모신 지 30여 년 동안 한 사람에게라도 감정이나 원한을 품은 일을 보지 못했다'면서 여러 사례를 들었다. 다음은 그중 하나의 사례다. 류중영이 황해감사로 있을 때 어느 날 감영의 관리가 공무로 한양에 가서 대궐 앞에 이르러 여러 사람에게 큰소리로 류중영이 도정 처리를 잘 못하고 있다고 하고, 터무니없는 말을 꾸며 헐뜯고 돌아왔다. 자제가 그 소문을 듣고 진상을 힐문할 것을 청하니 웃으며 "내가 도정을 행하는데 사람들이 어찌 그 마음에 한두 가지의 불편함이 없겠느냐. 그래서 비방한 것으로 짐작되니 괘념할 바 없다"며 끝내 힐문하지 않았다.

류중영은 또 가난한 백성들이 어려움을 겪고 있으면 알지 못하는 사람이라도 반드시 불쌍히 여기며 힘이 닿는 대로 도와주었다. 그리고 남의 장점이나 재능은 비록 사소하더라도 애써 칭찬하고, 착한 일을 보면 즐거워하고, 선비를 좋아하기는 시종 변함이 없으나 억지로 함께 하려 하지 않았으므로 아는 사람이 또한 적었다.

모든 일의 처리에 있어서 사리에 합당하고 부족함이 없다고 판단되면 외부의 훼예毁譽나 이해에 구애됨이 없이 시행했고, 늘 이야기하기를 "사람이 처세에 있어서 다소의 역경에 흔들려 그 일시의 괴로움을 이겨내지 못하면 반걸음도 내어 디딜 수 없을 것이다"라고 말했다.

'입암 불천위' 이야기

입암종택인 양진당(안동 하회마을)의 사당은 다른 종가와 달리 두 채의 건물로 되어 있다. 한 채에는 입암 불천위 신주와 종손의 4대조 신주가 함께 모셔져 있고, 다른 한 채에는 입암의 아들 겸암 류운룡의 불천위 신주가 봉안돼 있다. 한 종가에 두 위의 불천위가 있게 되면서 한 불천위를 별묘別廟에 봉안하게 되었는데, 다른 종가와 달리 아들인 류운룡의 불천위를 별묘에 봉안한 점이 눈길을 끌었다.

입암 불천위 제사(음력 7월 13일)는 자시子時인 밤 1시에 진설을 하고, 1시 30분에 제례를 시작한다. 3시쯤 음복 등 모든 절차가 마무리된다. 제사는 단설로 지내며, 요즘 입암 불천위 제사에 참석하는 제관은 60여 명이다. 음복은 종손부터 제주祭酒를 한 잔 먼저 마신 후에 시작된다.

입암 17대 종손 류상붕 씨(1951년생)는 음복 음식이 한꺼번에 나오는 것이 아니라 제주가 따로 먼저 나오고, 이어서 밥(요즘은 비빔밥으로)과 떡, 과일, 어물 등 순으로 나온다고 설명했다.

제주는 종부가 직접 담근 가양주를 사용하며, 가양주는 다른 첨가물 없이 찹쌀과 누룩, 솔잎이나 국화 등을 재료로 담근다. 맑은 것은 제주로 쓰고, 나머지는 막걸리로 만들어 사용한다. 제수로 미역을 쓰는 것(조기나 명태 밑에 놓음)이 특징이다.

6·25 전쟁 때 16세 종손이 사당의 위패 13위를 묶어 등에 지고 피난했으나 불천위 조상에 대한 예의가 아니라고 생각해 3일만에 다시 집으로 돌아왔다고 한다.

그리고 2년 동안 종택을 수리할 때 서애종가인 충효당에서 양진당의 불천위 제사를 지내자는 의견이 있었으나 신주가 집 밖으로 나갈 수 없다는 종손의 생각에 따라 사당에서 제사를 지냈다고 한다.

23 조선 시대판 행동하는 지식인, 실사구시의 전형을 보여 주다

최흥원

백불암百弗庵 최흥원(1705~86년)은 대산大山 이상정(1711~81년), 남야南野 박손경(1713~82년)과 함께 영남삼로嶺南三老라고 불리며, 당대 유림의 존경을 받았던 대구 지역의 대표적 인물이었다.

최흥원은 과거시험을 위한 글공부나 실생활과 동떨어진 지식 활동을 비판했고, '거경居敬'과 '실천의 학문'을 중요시했다. 그렇게 '실천궁행實踐窮行'과 '실사구시實事求是'의 삶을 살았던 그는 정계에 나아가지 않고 평생 향촌에 살며 향촌을 유교적 이상공동체인 '낙토樂土'로 만드는 데 매진함으로써 모범적 모델을 구축, 시대에 부응하는 새로운 선비상을 보여 주었다.

벼슬길 접고 이상적 향촌사회 건설에 매진

최흥원은 몇 차례 벼슬을 받았으나 한 번도 나아가지 않고, 고향에서 가문과 향촌을 경제·문화적으로 번영시키는 데 혼신의 노력을 다하며 평생을 보냈던 것으로 보인다. 서인이 집권하던 시기라 영남의 남인이 진출하는 데는 한계가 있었던 시대 상황도 그가 벼슬길을 접고 향촌을 이상적 공동체로 만드는 데 매진하게 했을 것이다.

가학家學으로 학문을 다진 최흥원은 1722년 향시에 합격하지만 이는 어버이의 요구에 의한 것이고, 자신의 뜻은 아니었다. 1729년에도 과거시험에 응시하게 되나 시험관이 시험장에서 합격의 대가로 뇌물을 요구하자 "임금을 섬기고자 하면서 그 정도를 벗어나서야 되겠는가"라며 거절한다. 그리고 그 사실을 부친에게 알리고 다시는 과거에 응시하지 않았다. 그는 과거시험을 위한 글공부를 비판하면서 실천적 학문을 중시하는 삶을 살아간다.

백불암 가문에는 무武에서 문文으로 가풍을 전환하기를 주문하는 유명遺命이 전해 내려왔다. 고려 말 이후 대대로 무신 집안으로 내려오던 가문인데, 임진왜란 때 초유사招諭使 학봉 김성일로부터 대구의병장에 임명돼 공을 세운 최계崔誡는 임란 후 무인에 대한 차별 인사를 보면서, 가풍을 '무에서 문으로 바꾸기[變武爲文]'로 작심한다. 학사學舍를 짓고, 자녀 학업을 위한 전답과 서적, 양식을 확보한 후 자식들에게 거기서 나오지 못하게 했다.

최계는 최흥원의 6대조다. 이후 변무위문은 가문의 최대 과제가 된다. 최흥원도 선조의 유명을 받들어 학사를 설치하고 학량學糧을 마련하는 등 가문의 문풍 확립에 매진했다. 그는 향촌에 은거하며 학문과 농사로 가문 부흥과 이상적인 향촌사회 만들기에 헌신했다.

실천적 학문을 지향한 그의 삶과 사상은 당시 제대로 평가를 받지 못하던 류형원의 《반계수록》을 최고의 경륜지학으로 평가한 데서도 나타난다. 그는 《반계수록》을 베끼고 연구하며, 또 경상감영에 권하여 보게 하였다.

이러한 연유로 영조는 1770년 이 《반계수록》을 경상감영에서 발간하게 하고, 최흥원에게 교정을 보도록 지시하였다. 최흥원은 종택 내에 교정청을 마련해 문인들과 함께 교정했으며, 그 교정본은 지금도 전하고 있다.

조선 후기 대표적 향약, 대구 부인동향약

대구 칠계漆溪(옻골)에 살던 최흥원은 1735년 부친이 죽자 삼년상을 마친 후 1738년 부인동夫仁洞(대구시 동구 신무동·용수동 일대)을 방문한다. 그는 5대조인 대암 최동집(옻골 입향조)이 은거하며 향약을 시행하던 것을 계승, 1739년 '부인동동약夫仁洞洞約'을 제정·실시했다. 부인동동약은 일반 향약과 같이 4개 강령(德業相勸, 過失相規, 禮俗相交, 患難相恤)으로 구성돼 있다.

부인동동약은 효제충신孝悌忠信을 기본으로 하면서 상부상조를 교화하고 있다. 부인동동약과 더불어 같은 해 강사절목講舍節目을 만든다. 이는 선부후교先富後敎, 즉 먼저 부를 축적한 후 교육을 실시할 목적으로 강사講舍를 운영하는 것에 대한 규정이다. 최흥원은 7개 항목을 만들었으며, 6년 후인 1745년에 강사를 만든 것으로 기록돼 있다.

1753년에는 선공고절목先公庫節目을 만들어 세역으로 고통을 받던 동민을 대납 등을 통해 경제적으로 안정시키고자 노력했다. 선공고라는 공전公田을 마련해 여기서 나오는 소출로 향약에 참여하고 있는 동민들의 세금田稅를 대납하는 제도다. 세역에 시달리는 동민의 경제적 안정을 도모하기 위해 선공후사先公後私로 세역을 대납하는 창고를 설치한 것이다.

최흥원은 이처럼 부인동동약을 중심으로 강사절목講舍節目, 선공고절목先公庫節目, 휼빈고절목恤貧庫節目 등 7개 규약을 만들어 실시, 향촌을 유교 이념에 입각한 태평 사회로 만들려고 노력했다. 그의 이 같은 업적에 대해 많은 이들이 특별한 관심을 표하며 높게 평가했다. 18세기 지식인들에게 부인동동약은 주요 관심사 중 하나로 부각되었고, 당시 정조와 우의정 이병모는 최흥원의 사창제도를 성공적인 사례로 평가했다. 부인동동약은 100년 이상 가장 오랫동안 지속된 조선 후기의 대표적 향약으로 평가받고 있다.

조선의 선비들, 인문학을 말하다

전 영남 도백이 말하기를 '최흥원은 재물을 내어 빈궁한 사람을 구제했으며, 집 안에 선공후사의 창고가 있어서 이웃 사람들이 조세부역이 무엇인지 모르고 있다. 또한 향약으로 권장하고 가르친다'라고 했다.

이는 《정조실록》의 기록이다.

임종 직전까지 성리학 마음공부법인 경敬 수행

이러한 삶을 살았지만 그는 평생 자신을 여러 가지 점에서 모자라는 사람으로 여기며, 겸손한 삶으로 일관했다.

그의 호 백불암은 환갑 때 스스로 지은 것으로, 주자朱子의 '백 가지를 모르고 백 가지가 능하지 못하다[百弗知百弗能]'는 말에서 '백불百弗'을 취한 것이다. 스스로 보잘 것 없는 사람으로 생각하며, 알고 행함에 끝없이 노력하겠다는 겸손의 의미를 담고 있다.

20세 때는 호를 자신의 많은 허물을 항상 생각하며 살겠다는 의미에서 '수구數咎'로 짓고, 당호堂號로 함께 사용했다. 그는 1747년 이 호에 대해 '나는 효도하지 못하고, 우애롭지 못하고, 어리석으며, 즐거울 줄 모르

백불암이 자신의 방 벽에 걸어두고 보면서 마음 수행의 도구로 삼았던 '경敬'자 패牌.

고, 덕이 얕고, 일에 정성을 다하지 못하는 허물이 있어 이 여섯 가지 허물을 좌우에 크게 써 붙여 남들이 모두 알게 하면서 스스로 성찰하는 좌우명으로 삼는다'는 글 '수구암소서數咎庵小敍'를 남겼다.

이러한 그의 삶은 경敬의 실천을 위한 노력에서도 드러난다. 마음을 챙기는 경을 수행의 최고 방편으로 삼았던 그는 1747년부터는 거처의 좌우에 '敬' 자를 크게 써 놓고 보면서, 항상 경계하고 반성하는 수단으로 삼았다. 그는 '경은 다만 방과放

過하지 않음을 이르는 것이니 두려워하지만 가까이 한다는 설명이 가장 사람들이 쉽게 알도록 하는 것이다'라고 설명했다.

그는 뒷날 '敬' 자를 나무에 새겨서 자신의 방 벽에 걸어두었다. 이는 백불암종 가를 '경패지가敬牌之家'로 부르기도 한 연유다. 그는 아플 때나 죽는 날까지도 이 경 패를 보며 경의 상태를 잃지 않으려고 노력했다. 별세하기 하루 전 경패 위에 옷이 걸린 것을 보고는, 손을 들어 치우게 한 후 한참을 응시했다.

제자가 글씨를 쓴 이 경패는 현재 종택 유물각에 보관돼 있으며, 종택 사랑채에 는 모작이 걸려 있다.

또한 그는 수많은 요청에도 불구하고 남의 비문이나 행장을 지어 준 적이 없었 다. 그 인물을 미화하지 않으면 후손이 싫어할 것이고, 그렇게 미화하기 위해서는 과장이나 거짓이 들어가게 되는데, 그런 일을 용납할 수 없었기 때문이었다. 언행이 일치하는 삶을 살았음을 보여 주는 단적인 예라 하겠다.

그리고 최흥원은 보기 드물게 유림이 정한 시호인 사시私諡를 받은 인물이다. 시호는 '문정文正'이다.

'백불암 불천위' 이야기

백불암종택(대구시 동구 둔산동)에는 2위位의 불천위 신주가 있다. 백불암 최흥원과 백불암의 5대조 대암 최동집이 주인공이다. 최흥원 신주는 종택 사당에 4대조 신주와 함께 봉안돼 있고, 최동집 신주는 제청 건물인 보본당報本堂 뒷편 별묘에 봉안돼 있다.

백불암 불천위는 종손의 고조부 당시인 1800년대 말 영남 유림이 뜻을 모아 유림불천위로 결정했다는 것이 백불암 9대 종손 최진돈 씨의 설명이다.

백불암 불천위 제사(기일은 음력 8월 22일)는 종택인 백불고택 사랑채 마루에서 지낸다. 제사 시간은 20여 년 전에 기일 오후 8시경으로 변경해 지금까지 이 시간에 지내고 있다. 제관은 50~60명이며, 설과 추석 명절에는 200여 명이 참석한다고 한다. 대암 내외 제사는 보본당에서 지낸다.

제수나 절차는 매우 간소한 편이며, 과일은 네 종류만 쓴다고 한다.

제수로 감떡이 특별하다. 최흥원의 손부(입재 정종로 딸)가 친정인 상주의 감나무를 가져와 심은 이후 감나무를 많이 심었고, 당시부터 감떡을 만들었던 것으로 보고 있다. 추석 때 따는 감(생감도 아니고 완전히 익지도 않음)을 사용해 떡을 만들면 정말 맛이 좋다고 한다. 감을 중심으로 밤, 대추를 쌀가루 사이에 켜켜이 넣어 쪄내는 이 시루떡은 제사 때 제관들에게 가장 인기가 높다고 한다.

종손 최 씨는 "종손으로 제사를 모셔 보니 지킬 것은 지키는 것이 좋다는 것을 느낀다. 전에는 간편하게 하고 싶다는 생각도 했지만, 지금은 가능한 옛 전통을 지키려 한다. 제사 때 곡을 하는 것도 한 예다"라고 말했다.

1	2

1 최흥원이 영조의 명으로 류형원의 《반계수록》을 교정한 보본당. 백불암종택(대구시 동구 둔산동) 경내에 있는 이 건물은 최흥원의 5대조 대암 최동집의 불천위 제사를 모시기 위해 1753년에 건립했다. 대암 별묘別廟는 이 건물 뒤에 있다.

2 백불암 최흥원의 신주가 봉안돼 있는 백불암종택 사당 전경. 1711년에 창건된 이 사당에는 백불암 신주와 4대조 신주가 함께 모셔져 있다.

24

청렴과 결백의 삶, '선비의 정석'을 보여 주다

김 계 행

조선의 선비들은 성리학 이념에 따른 삶을 지향했다. 그들은 빈곤을 참으면서 인격을 도야하고 학문에 전념해야 한다고 생각했다. 관직에 나아가면 임금을 보필해 올바르게 정사를 펼 수 있도록 최선을 다하려고 했다. 설령 그러한 행동으로 인해 임금의 눈밖에 나더라도 신경 쓰지 않았다. 끝내 임금이 잘못을 고치지 않고 올바른 정치가 행해지지 않는다면, 그때는 미련 없이 관직을 떠나 은거하면서 후진 양성에 힘쓰는 것이었다.

이것이 조선 시대 선비들의 삶의 방식이었고, 보백당寶白堂 김계행(1431~1517년)의 삶은 그 전형이었다. 그는 남처럼 후손에게 많은 재산을 물려주지는 못했다. 그가 물려준 것은 청렴하면서도 방정方正했던 삶의 자세였다. 그러나 그 정신적 유산은 오랫동안 후손과 지역 사람들에게 기억되었고, 삶의 지표가 되었다.

우리 집에 보물이 있다면 '청백淸白'뿐

이러한 김계행의 삶은 자신의 호이자 당호堂號인 '보백당寶白堂'의 의미를 해설한 시에도 잘 드러난다.

우리 집에는 보물이 없네 [吾家無寶物]

보물이 있다면 오직 청백뿐이네 [寶物惟淸白]

자기 가문의 보물은 '청렴하고 결백한 삶'이라는 것이다. 그리고 87세의 나이로 자신의 거처 보백당에서 임종하면서, 자손들에게 다음과 같이 당부했다.

"대대로 청백한 삶을 살고 돈독한 우애와 독실한 효심을 유지하도록 하라. 세상의 헛된 명예를 얻으려 하지 마라."

이어 자신의 삶을 평가하면서 다음과 같은 유언을 남겼다.

나는 오랫동안 임금을 지척에서 모셨다. 그러나 조금도 임금의 은혜에 보답하지 못했다. 살았을 때 조금도 보탬이 되지 못했으니, 장례 역시 간략하게 치르는 것이 좋겠다. 또한 절대 비석을 세워 내 생애를 미화하는 비문을 남기지 마라. 이는 거짓된 명성을 얻는 것이니, 매우 부끄러운 일이다.

자신이 모시던 연산군이 반정으로 쫓겨났다는 소식을 듣고 눈물을 흘리며 탄식했던 그로서는, 임금을 잘 보필하여 성군聖君을 만들지 못한 자책만 남은 삶이라고 생각했기 때문이었다.

무오사화(1498년) 이후 고향인 안동으로 낙향해 은거한 김계행은 1501년부터 장남으로 하여금 미리 터를 잡아 마련하게 한 지금의 보백당종택(안동시 길안면 묵계리)에 정착하고, 말년에는 근처 산속 계곡 폭포 위에 만휴정晩休亭을 지어 후학을 가르치며 산수와 더불어 보냈다.

수시로 관직에서 물러나게 만든 그의 직언直言

김계행은 17세 때 생원시에 합격하고 성균관에 들어갔으나 문과는 많이 늦어져 51세가 되어서야 급제하였다. 하지만 과거 급제에 연연하거나 관직에 나아가려고 하지 않았다. 당대의 대학자였던 점필재佔畢齋 김종직 등과 교유하며 학문과 도덕 수양에 전념했다.

51세의 늦은 나이에 과거에 급제한 그가 1년이 지나도록 관직에 임명되지 못하자, 이를 안타깝게 여긴 시독관侍讀官(임금에게 경서를 강의한 관직) 정성근鄭誠謹이 국왕에게 그의 등용을 직접 건의했다. 그의 건의가 계기가 되어 1481년(성종 12년) 사헌부 감찰에 제수되었다. 그러나 강직한 충언 때문에 미움을 사 고령현감으로 밀려났다. 그는 고령에서 인정仁政을 베풀고 치적을 쌓아 다시 중앙관직으로 돌아온 후에는 언관 관직을 중심으로 다양하고 화려한 관직을 거친다.

그의 유별나게 다양한 관직 생활은 불과 17년 동안에 이루어진 일이었다. 그만큼 관직 교체가 잦았던 것이다. 그가 임금의 노여움을 두려워하지 않고 직언直言을 했기 때문이었다.

그는 아무 하는 일 없이 관직이나 보전하는 것을 매우 부끄럽게 생각하였다. 그리고 정책에 잘못이 있거나 비판받을 일이 일어나면 평소의 소신과 학문을 바탕으로 조리 있게 비판하였고, 조금도 시류나 인기에 영합하는 모습을 보이지 않았다. 외척의 전횡이나 총신寵臣의 부정부패, 제도적인 병폐에 대해서는 더욱 단호한 모습을 보였다. 그들의 행위로 인한 백성들의 피해와 국정의 혼란상을 비판하며, 조금도 머뭇거리지 않았다.

이 때문에 임금의 노여움을 사서 자주 관직에서 물러나야 했던 것이다. 하지만 머지않아 다시 등용되었고, 그때마다 관직은 조금씩 높아졌다. 그를 아끼는 동료들의 비호가 있었기에 가능한 일이었다.

그에 대한 동료들의 애정은 두 차례의 사화에서도 잘 드러난다. 1498년(연산군 4년) 그의 친구였던 김종직이 지었던 〈조의제문〉이 원인이 되어 일어났던 무오사화 때, 그 역시 연루되어 국문鞫問을 받았다. 1504년(연산군 10년)에 벌어진 갑자사화 때

조선의 선비들, 인문학을 말하다

도 연루되어 국문을 받았다. 이때는 연산군의 처형인 신수근이 그가 평소 외척과 내시의 부정부패에 대해 강경한 비판을 일삼은 데 앙심을 품고, 갑자사화에 그를 끌어들여 해치려 했었다. 또한 그 이듬해에는 내수사內需司 노비의 횡포를 지적했다는 이유로 연산군이 직접 그를 국문하라고 명하기도 하였다.

이처럼 그는 연산군 말년의 몇 년 사이에 세 차례나 국문을 당하며 생사의 기로에 섰었다. 하지만 그때마다 그의 성품과 인격을 흠모하고 그의 희생을 안타까워하는 선후배 관원들의 적극적인 비호에 힘입어 목숨을 구할 수 있었다. 정작 본인은 동료들과 죽음을 함께 하지 못한 것을 죄스러워 했다.

권세가 대단했던 조카를 피나게 매질한 강직한 성품

그는 권력에 연연하지 않았다. 이는 그의 조카이자 국왕의 총애를 받던 국사國師 학조學祖와의 일화에서 잘 드러난다. 학조는 늦은 나이에 향학鄉學 교수라는 낮은 관직에서 묵묵히 일하고 있는 숙부를 안타까워했다. 그래서 일이 있어 성주에 가게 되자 향교로 그를 찾아가 인사를 하려고 했다. 그런데 성주목사가 김계행을 불러오게 할 테니 갈 필요 없다고 만류, 사람을 보내 그를 오게 하였다. 그는 가지 않았고, 학조는 어쩔 수 없이 직접 찾아가 뵈었다. 그러자 김계행은 "네가 임금의 은총을 믿고 방자하게 구는구나. 나이든 숙부에게 찾아와 인사하지 않고 도리어 나를 부르느냐" 하고 나무라면서, 살집이 터져 피가 날 정도로 회초리를 때렸다.

조금 후 학조가 변명하면서 "숙부께서 오랫동안 문과에 급제하지 못하셨는데, 혹 관직에 뜻이 있으면 힘을 써 보겠습니다"라고 하였다. 그러자 화를 내면서 "네 덕으로 관직에 오른다면 다른 사람들을 무슨 면목으로 보겠느냐"라고 하면서 엄하게 꾸짖었다. 당시 학조의 권세가 대단해서, 그가 성을 내면 주변 분위기가 싸늘해질 정도였다. 그럼에도 보백당은 조금도 염두에 두지 않았을 뿐 아니라, 오히려 학조가 권세를 믿고 방자한 행동을 할까 봐 준엄하게 꾸짖었던 것이다.

이러한 성품은 연산군이 즉위한 이후 간언에 귀를 기울이지 않자, 사직하고 고향으로 은거한 데서도 잘 드러난다. 그는 연산군 즉위 이후 대사간으로 재직하면서 외척과 권신權臣이 국왕의 총애를 믿고 온갖 횡포를 자행하자 여러 차례 지적하며 잘못을 시정할 것을 건의했다. 그러나 건의가 받아들여지지 않자 사직 상소를 올리고 고향으로 내려갔다. '임금의 잘못을 세 차례 간언하고 받아들여지지 않으면 사직한다'는 선비의 도리를 실천한 것이었다. 그리고는 고향에 '보백당'이라는 조그만 집을 짓고, 후진 양성과 자손 교육에 전념하면서 여생을 마쳤다.

조선의 선비들, 인문학을 말하다

1 김계행 사후 약 400년이 지난 1909년 왕이 내린 불천위 칙명 교지.

2 1706년 지역 유림이 김계행을 기려 건립한 묵계서원. 종택 부근에 있다.

3 김계행 불천위 신주가 봉안돼 있는 보백당종택 사당.

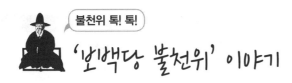

'보백당 불천위' 이야기

김계행 사후 오랜 세월이 흐른 후인 1858년, 사림은 그동안 묻혀 있던 그의 삶과 학덕을 기려 포상을 청하는 상소문을 올린다. 조정에서는 검증과 심의를 거쳐 가선대부 이조참판(종2품)을 증직했다. 그의 충효와 청백한 인품, 학덕을 인정한 것이다.

사림과 가문에서는 종2품 증직으로는 그의 공적이 충분히 인정을 받지 못했다고 여기고, 1859년 다시 1품계 이상의 증직과 시호를 받게 해달라는 상소를 올렸다. 이에 대해 이조에서는 같은 해 5월 예조에 청원, 판서의 증직과 시호를 내리는 것이 합당한 일이라며 심의를 권하고, 예조는 드디어 이조판서 증직의 교지를 내렸다. 곧이어 사림은 김계행의 시호를 받기 위한 시장諡狀을 왕에게 올려 '정헌定獻'이라는 시호 교지를 받게 되었다. 그리고 1909년에는 불천위 칙명 교지도 받았다. 불천위 교지는 매우 드문 사례다.

불천위 제사(기일은 음력 12월 27일)는 1990년대 말까지 자시子時에 시작했으나 제관 불편 등을 고려해 기일 저녁 8시에 지내는 것으로 변경했다. 제사 시간을 바꾼 후 30여 명으로 줄었던 제관들은 70~80명으로 늘어났다. 아헌은 종부가 올리며, 제수로 전은 안 쓴다고 한다.

다른 대부분의 종가와 달리 고위 기일에만 제사를 지내고, 고위 기일에 비위 2위의 신주를 함께 모신다.

보백당종택(안동시 길안면 묵게리)은 6·25 전쟁 때 건물 대부분이 불타고, 사당과 사랑채인 '보백당'만 남았다. 현재의 다른 건물은 그 후에 다시 지었다. '보백당' 건물은 제청으로 사용된다.

불천위 교지는 1909년에 내려왔지만, 그 전부터 불천위 제사는 지냈다는 것이 차종손 김정기 씨(1954년생)를 비롯한 후손들의 설명이다.

조선의 청백리, 21세기의 복지를 제시하다

25

조 정

공은 하늘의 이치와 사람의 욕심, 옳고 그름의 사이에 털끝만큼이라도 틈이 있으면 일도양단一刀兩斷한다. 그렇기에 그 출처와 거취가 의義에 비추어 늘 너그럽고 여유가 있었다.

평원平原 이광정이 쓴 검간黔澗 조정(1555~1636년)의 행장 중 그를 평한 부분이다. 조정의 삶을 기록한 행장과 연보年譜를 살펴보면 그의 평이 명실상부함을 알 수 있다.

조정은 학봉 김성일과 한강 정구 등으로부터 정통 성리학을 공부하고 그 이론과 실천윤리를 터득, 그 덕목의 핵심인 충과 효를 누구보다 모범적으로 실천했다. 나라를 위해 임금에 대한 직언을 서슴지 않았고, 부모 봉양 또한 극진해 주위를 감동하게 했다. 벼슬 생활을 할 때는 언제나 백성들의 교화와 경제적 안정을 위해 최선을 다했고, 어려움에 처하거나 가난한 이들이 있으면 반드시 도움을 주었다.

조정은 선유先儒의 가르침에 관한 요체를 책 앞에 적어 두고, 항상 눈으로 보고 경계하며 자성하는 자료로 삼았다. 독서를 특히 좋아했던 그는 언제나 손에서 책을 놓지 않았다.

부친 묘소 아래 하천 이름 '검천黔川'에서 따온 호 '검간黔澗'

조부의 엄격한 가르침 속에 자랐던 조정은 어릴 때부터 언행이 남달리 반듯해 또래 아이들 중에서 단연 두드러졌다.

11세 때 서울 거주 시절의 일이다. 개암開巖 김우굉, 송파松坡 조휘 등 영남의 유학자 8명이 권력에 붙어 횡포를 부리는 승僧 보우를 참수할 것을 요청하는 상소문을 지니고 서울에 왔다가 조정의 조부인 직장공直長公을 찾아왔다. 마침 조부와 부친인 승지공承旨公 모두 출타 중이어서 조정이 그의 아우 익翊과 함께 어른들을 대접하게 되었다. 주과酒果를 갖추어 극진한 예의로 대접했는데, 모두 감탄하며 칭찬해 마지않았다.

5세 때 글을 배우기 시작한 조정은 16세 때(1570년)부터는 한강 정구 문하에 들어가 《소학》, 《심경》 등의 글을 배웠다. 17세 때는 서애 류성룡을 찾아가 가르침을 받았으며, 18세에는 향시에 합격하기도 했다. 20세 때도 하회에 머물던 서애를 찾아가 성리학과 심경의 난해하고 의심스러운 부분에 대해 문답을 나누었다.

22세 때 향교에 나아가 공부하던 시절 일이다. 어떤 가난한 이가 얇은 옷을 입고 있었는데, 한 친구가 조정을 시험해 보고자 그의 새로 지은 솜두루마기를 그 사람에게 주어버렸다. 그러나 조정은 아까워하는 기색도 없이 오히려 기뻐했다.

1587년에 조부의 상을 당했고, 그 이듬해에는 조부의 여막廬幕을 지키던 부친도 병을 얻어 별세했다. 조정은 한결같이 주문공朱文公의 가례家禮에 따라 상을 치렀고, 부친 묘소 아래서 여막을 지키며 모친을 찾아뵙는 일 이외에는 여막 밖을 나가지 않았다.

1591년 상喪을 마치고 집으로 돌아와서는 스스로 호를 '검간'이라 지었다. 부친 묘소 아래 있는 작은 하천 이름인 '검천黔川'에서 따온 것이다. 묘가 있는 곳을 차마 잊을 수가 없다는 뜻에서였다. 검黔은 검儉과 음이 같으므로, 화려하지 않고 검약함을 취하려는 뜻도 있었다.

자식 둘 모두 전장에 보낸 우국충정

38세 때 임진왜란이 일어나고 왜군이 상주로 접근하자, 조정은 우선 모친을 모시고 속리산으로 피난한 후 수시로 왜적의 동태를 파악하면서 대응책을 모색했다. 그해(1592년) 7월말에는 창의倡義하기 위해 뜻을 같이 하는 이들과 함께 함창 황령사黃嶺寺에 모여 대책을 논의했다. 청주 사람 이봉李逢을 추대해 대장으로 삼은 창의군의 참모 겸 서기를 맡은 조정은 대장과 더불어 삼장(三章 : 적과 마주쳐 먼저 물러나는 자는 참한다, 약속을 한 후 물러나기를 꾀한 자는 참한다, 명령을 어기고 실기한 자는 참한다)을 만들어 공표하고 서약한 후 "…(전략)… 이제 뜻을 같이 하는 동지와 더불어 약장約章을 만들고 나라를 위해 같이 죽기를 맹세했다. 그러나 우리가 모의한 것은 요로에 복병을 심어 적은 무리의 적을 토멸하는 데 불과해 나라의 흥망에는 큰 영향은 없을 것이나 부족하나마 우선 할 일을 하는 것이 바로 애국하는 길이 아니겠는가"라고 말하자 모두 감격의 눈물을 흘렸다.

이후 조정은 임진왜란 동안 위험을 무릅쓰고 적진을 드나들며 정보와 상황을 파악하고, 군량과 병기를 확보하는 등의 활동을 통해 의병과 아군이 기회를 놓치지 않고 적을 토멸할 수 있도록 하는 데 지대한 역할을 했다. 그럼에도 조정은 상작償爵을 논할 때는 그 공을 모두 다른 사람에게 돌리고 사양했다. 이러한 사양지심은 1634년 자식들이 수작壽爵(80세가 되면 나라에서 은전으로 내리는 벼슬)을 구하고자 했으나 끝내 허락하지 않는 데서도 여실히 드러났다.

1593년 5월에는 19세·17세가 된 두 아들을 도체찰사(서애 류성룡) 진영에 보내 종군하게 했고, 1597년에는 두 아들을 화왕산성 의병 진영에 보내 국난 극복에 힘을 보태도록 했다.

한편, 1597년에 세 차례에 걸쳐 친정親征을 요청하는 상소를 올렸다. 하지만 그 상소는 끝내 실행되지 않았고, 눈물을 머금고 돌아와야 했다.

목민관 시절에는 주민 교화와 구휼에 매진

조정은 늦은 나이에 여러 벼슬을 역임했다. 주위의
사람들이 역량에 비해 벼슬의 지위가 낮음을 매우 안
타까워했으나 어떤 직책이든 그 직분을 충실하게 수행
해 칭송을 받았다. 특히 지역민의 교화와 구휼에 역점
을 둠으로써 백성들의 삶의 질 향상을 위해 최선을 다
했다.

1600년에는 광흥창廣興倉(관리 녹봉을 관장하던 관청)
부봉사副奉事로 임명되자 큰 난리 후 어수선한 분위기
를 틈타 서리들이 문서를 조작해 전곡을 도적질하는
상황을 보고, 창고를 굳게 잠그고 감시를 철저히 함으
로써 국가 재정이 남아돌게 했다. 이에 임금이 특별 승
진을 명하였고, 주위에서는 그 청렴한 처신과 곧은 절
개를 찬탄했다.

연평부원군 이귀는 "조정은 오죽장烏竹杖이다. 어찌
단지 황죽黃竹과 비교하겠는가"라고 말했다. 1603년에
는 광흥창 봉사로 재직하며 국가 재정을 더욱 건실하게 만들었다.

또한 같은 해에 임금의 명으로 난리 후 특히 많은 옥사獄事가 미결된 호남 지방
에 해결사로 파견돼 1천여 건의 옥사를 물 흐르듯이 판결해 주민들을 기쁘게 하기
도 했다.

1608년 해남현감으로 부임해서는 유생들에게 《소학》을 집중적으로 가르치고
향교를 중수했다. 세제를 고쳐 시행함으로써 백성들이 가난에서 벗어나게 하고, 예
법을 행해 풍속을 교화했다. 1611년 12월부터 6년간 청도군수로 있으면서도 유생
교과 과정을 만들고, 양노례養老禮를 행하는 등 교육과 교화 사업에 매진했다. 청도

조선의 선비들, 인문학을 말하다

검간종택인 양진당(상주시 낙동면 승곡리) 전경.

군수를 마치고 고향으로 돌아올 때 조정이 지닌 것은 오직 몇 그루의 대나무 뿌리뿐이었다. 청도 고을 사람들은 이러한 그의 덕을 기려 비를 세웠다.

그는 항상 "학문을 부흥하고 노인을 봉양함은 수령으로서 먼저 힘써 수행해야 할 일"이라고 강조했다.

그런 조정은 가솔을 거느림에는 화기애애하게 하고, 벗에게는 반드시 성실과 신의로 대했으며, 타인을 대할 때는 자상하고 너그러우며 친소에 차별을 두지 않았다.

1627년 정월 오랑캐가 침범해 왕(인조)이 강화로 몽진할 때 호종했으며, 9월에는 봉상시奉常寺(국가의 제사, 시호 등의 업무를 관장하던 관청) 정正(기관장)에 임명돼 관리들의 부정부패를 일소하고 업무가 정상적으로 돌아가게 했다. 봉상시 임기가 만료되면서 통례에 따라 승진할 수 있었으나 '늙은 몸이 승진을 바라는 것은 병'이라며 질병을 이유로 고향으로 돌아왔다.

1628년 고향으로 돌아와 거처인 양진당養眞堂과 사당을 짓고 한가롭게 거처하면서 독서로 소일했다. 1636년, 82세의 나이로 양진당에서 별세했다.

검간 조정이 만년에 독서를 하며 주변을 소요하던 옥류정玉流亭(상주시 낙동면 승곡리). 앞에 내가 흐르고 고목이 우거져 주변 풍광이 수려하다. 근처 암벽에 '검간선생 장구지소[黔澗先生 杖屨之所]'라는 음각 글씨가 새겨져 있다.

조선의 선비들, 인문학을 말하다

'검간 불천위' 이야기

▶

검간 조정은 후손의 4대 봉사가 끝나면서 바로 불천위로 모셔진 것으로 그 후손들은 보고 있다. 검간 불천위 기일은 음력 7월 21일(비위 6월 7일). 제사는 예전에는 기일 새벽 3~5시에 지냈으나 현재는 새벽 6시경에 지내고 있다. 제관들이 당일 새벽에 참석하는 경우가 늘면서 시간을 조금 늦췄다고 한다. 불천위 제사는 종택인 양진당(보물 제1568호·상주시 낙동면 승곡리) 부근에 있는 추원당(현재 장천서당)에서 지냈으나 2008년부터는 양진당 옆에 복원한 사당에서 지내고 있다. 참석 제관은 30~40명이다. 검간 14대 종손 조대희 씨(1950년생)는 서울에 살며, 불천위 제사 때 참석한다.

제수로는 다른 종가와 달리 방어를 쓰는 것이 눈길을 끈다. 방어는 날 것 그대로 올린다. 그 내력에 대해서는 잘 모르고 있으며, 묘사 때도 방어를 사용한다고 한다. 이러한 연유로, 상주 지역에서는 옛날부터 '조 씨 문중 때문에 상주에 방어가 있다'는 이야기가 회자되고 있다고 한다. 또한 편을 가장 정성을 들여 장만해 올리는데 본편(시루떡), 경단, 송기송편, 잡과떡 등 일곱 종류를 11켜로 쌓는다.

조정희 씨(상주 오작당 종손)를 비롯한 검간 후손들은 "여러 차례 마땅히 받을 수 있는 벼슬도 사양하고, 임진왜란 후 공적이 남 못지않은 데도 불구하고 공신록에 자신의 기록은 다 빼고 다른 사람을 챙긴 점 등 검간 선조의 사양지심은 청백리 정신과 함께 높이 사야 하며, 누구나 본받아야 할 덕목"이라고 강조했다.

26 "공무를 수행하다 죽어도 여한이 없다" 자신보다 백성의 안위를 생각하다

배삼익

　　임연재臨淵齋 배삼익(1534~88년)이 1587년 10월 황해도관찰사에 임명되었다. 그 전에 승정원 우승지에 임명됐으나 병으로 부임하지 못하다가 건강이 약간 회복되자, 임금이 다시 관찰사에 임명한 것이다. 당시 황해도는 기근이 8~9년 계속되어 굶어죽은 사람이 속출하는 등 심각한 상황이어서 임금이 조정 여론에 따라 특별히 배삼익을 기용한 것이다.

　　이때 주위에서는 그의 건강을 염려해 사임하고 휴식할 것을 권했으나 그는 "나라에 바친 이 몸이 기민饑民을 구제하라는 명을 받고서 신하의 의義로 감히 병이 있다고 해서 사양할 수 있겠느냐"라고 말한 후 병든 몸을 수레에 의탁하고 임지로 떠났다. 그리고 심혈을 기울여 빈사 상태에 놓인 주민들을 소생시켰다.

　　과로로 인해 건강이 악화되었고, 이에 좌우에서 휴양할 것을 권하면 "민생의 고통이 이와 같은데 기식氣息이 붙어 있는 동안 어찌 스스로 안일을 구하겠는가"라며 건강을 돌보지 않고 주민의 생활 안정을 위해 매진했다.

　　배삼익은 이러한 인물이었다. 그는 관리로서 국가와 백성을 위해 자신을 돌보지 않고 헌신했다. 그리고 관청 재산을 사재보다 더 아끼고, 청탁에 응한 적이 없었던 그는 녹봉이 부모 봉양하는데 미치지 못하는 것을 항상 마음 아파했다.

직무 수행하다 죽더라도 꺼려할 것이 있겠는가

배삼익은 조정에 청하여 호남 지역 곡식 7천 석과 호서 지역 곡식 8천 석을 지원받아 와서 각지에 배급소를 마련, 기민 1만 1천188명에게 배급했다. 그리고 재령과 봉산의 둔전屯田을 감사해 수확량을 평등하게 분배, 가렴주구의 폐를 막는 등 어려운 백성 구휼을 위해 최선을 다했다. 이를 통해 어느 정도 민생이 안정되었지만, 그의 건강은 혈변이 나오는 등 점점 악화되었다. 그래서 그를 아끼는 조정의 관리들이 사직하고 돌아가기를 권하니 마지못해 사직을 청했으나 허락되지 않았다.

이에 아들이 다시 사직을 권하자 배삼익은 "사람이 반드시 처자 앞에서 죽어야 마음이 편한가. 내가 이미 조정에 몸을 맡겼으니, 비록 직무를 수행하다 죽더라도 꺼려할 것이 있겠는가. 사람의 명이 있는데 어찌 벼슬이 갈린다고 하여 목숨을 보존할 수 있겠는가. 임금님이 이미 허락하지 않았는데 어찌 감히 번거롭게 할 수 있겠는가"라고 말했다.

또한 아들이 소고기가 원기를 돕는다는 이야기를 듣고 구해와 올리니 물리치고 말하기를 "한 지방의 법을 집행하는 사람으로 있으면서 어찌 금하는 고기를 먹을 수 있겠는가. 나를 불의의 함정에 빠뜨리지 말라"라고 했다.

얼마 후 다시 병으로 사직을 청해 첨지중추부사로 체직遞職하는 명이 떨어져, 바로 길에 올랐으나 병으로 더 이상 갈 수 없었다. 그래서 도중의 촌가村家에서 유숙하였다. 이곳은 감영에서 30리 떨어진 거리에 위치했는데, 감영의 관리들이 해주로 돌아가서 병을 조섭하고 치료하기를 청했다. 이에 아들이 들어가서 아뢰자 배삼익은 언성을 높이며 "무슨 쓸데없는 말을 하는가. 이른 아침에 수레를 청단靑丹으로 향해 나아가야 되니 출발 준비를 하라"라고 거듭 명령했다. 그리고 청단으로 가는 도중에 더욱 위중하게 되어 수레에서 내려야 했고, 몇 시간 후 세상을 떠났다.

그의 별세 소식이 전해지자 임금은 예조좌랑 박경신朴慶新을 보내 제사를 올리게 하고, 공문을 각 관부官府에 띄워 배와 수레를 조달해 주도록 지시해 집으로 운구하는 데 불편함이 없도록 했다.

과거시험 때 시간이 남아 류성룡의 답안 글씨 대신 써 줘

1534년 안동 외조부 집에서 태어난 배삼익은 11세 때 부친을 따라 서울에 유학했고, 1558년에 생원시험에 합격했다. 1560년에는 퇴계 선생을 찾아 《심경心經》과 《시전詩傳》을 배우고, 학문의 요체를 들었다. 1564년 31세에 과거(대과)에 급제하고, 이듬해 성균관 학유學諭를 시작으로 벼슬길에 오른다.

배삼익과 교분이 두터웠던 서애 류성룡(1542~1607년)이 지은 〈배삼익 신도비명〉에 두 사람이 함께 과거 보던 때(1557년)의 이야기를 기록하고 있어 임연재의 면모를 엿볼 수 있다.

내 나이 열여섯 살 때 한성漢城 감시監試를 보았는데, 그해 가을에 임연재가 시골에서 서울로 올라와 두각을 나타내 동료들의 추앙을 받았다. 그는 고금의 일을 논하는 데 막힘이 없고, 나는 그의 처소로 가서 그 이야기를 들었다. 시험을 치던 전날 밤 나는 그의 처소에 가서 잠을 잤다. …(중략)… 닭이 홰를 치자 그가 박차듯이 나를 일으켜 나란히 말을 타고 시험장으로 들어갔다. 뜰 가운데 큰 회나무 아래서 나무를 우러러보니 불빛 속에 겹겹의 녹색 나뭇잎이 아름답게 빛났다. 시제詩題가 나오자 그는 그다지 생각하지도 않고 날이 저물기 전에 두 편 모두를 완성하고도 왕성하게 힘이 남아 있었다. 나는 시는 완성했으나 쓰지는 못하고 있는데 그가 대신 썼다. 채점을 하자 나는 다행히 합격했지만, 그는 뜻을 펴지 못했다. 그가 고향으로 돌아감에 내가 다시 술을 지니고 가서 전송하면서 요행과 불행이라는 말로 작별했다.

조선의 선비들, 인문학을 말하다

1575년 풍기군수에 임명돼 이듬해부터 춘추관春秋館 편수관編修官을 겸하면서 보기 드물게 임기(60개월)를 채워 1580년까지 근무했다. 1581년에는 안동현감에 제수되었으나 출신지 벼슬이어서 사양하니 다시 양양부사에 임명되었다.

풍기군수로 재직할 동안 부정을 저지르는 교활한 아전을 반드시 법으로 다스려 조금도 용서하지 않으니 규율이 바로 서고, 절약과 검소로 직무를 수행하니 관청 창고의 곡식에는 여유가 생겼다. 또한 관청에 빚진 세금이나 곡물 문서들을 내어 놓고 말하기를 "남에게 이름 내기를 좋아하는 사람은 백성을 모아놓고 불사르나 그것은 내가 하지 않은 바이며 유용하게 쓰일 것을 쓸데없는 것으로 돌리는 것을 싫어하기에 모두 벽을 바르는 데 쓸 것이다"라고 했다.

그가 임기를 마치고 떠날 때는 모두가 칭찬했고, 그로 인해 좌절을 당한 이들도 추모하지 않은 이가 없었다.

중국 사신으로 가서 조선 왕조 숙원사업인 종계변무宗系辨誣 마무리

배삼익의 공직 생활 중 가장 빛나는 업적은 중국 사신으로 가서 대명회전大明會典에 잘못 기록된 태조 이성계의 계통을 바로잡는 일인 '종계변무宗系辨誣'를 마무리한 일이다.

명나라 태조가 천하를 차지한 후 열국列國 왕가王家의 세계世系가 포함된 명나라 행정법전인 《대명회전大明會典》에 조선 왕의 계통도 실었는데, 태조 이성계가 고려 권신 이인임의 자손으로 잘못 기록돼 있었다. 조선의 역대 왕들은 사신을 보내 이를 바로잡기 위해 200년 동안 애썼으나 마무리짓지 못하고 있었다.

배삼익이 사신으로 갔을 당시 수정 작업이 시작됐으나 수정본이 반포되기 전이었다.

그는 1587년 봄에 진사사신陳謝使臣의 정사로 명나라에 갔다. 그 전 해에 사신들이 방물方物(중국에 바칠 우리나라 토산품)을 잃어버리고 관사를 불태우는 등의 잘못을 저질러 생긴 마찰을 무마하기 위해 특별히 차출된 것이었다. 사신으로 떠나는 그에게 왕이 "진사의 처지로 종계宗系의 일을 주문奏文에 삽입하는 것이 불가하나 드러나지 않게 탐지하여 최선을 다해 주선하라"는 유시를 내렸다.

배삼익은 사신의 일을 마친 후 담당 관리를 따로 만나 관련 문서를 올리고 대명회전 내에 고쳐진 조선 부분을 구할 수 있도록 요청했고, 시랑侍郎은 배삼익의 정중하고도 간절한 언행에 감동하며 최선을 다해 보겠다고 약속했다. 배삼익은 다시 예부에 문서를 올렸고, 마침내 황제로부터 종계 초본草本 등서謄書를 허락받을 수 있었다. 당시 수정된 인쇄본은 발간되지 않은 상태여서 배삼익의 외교적 노력으로 초본을 입수할 수 있었던 것이다.

신종 황제는 선조에게는 곤룡포를, 정사인 배삼익에게는 옥적玉笛과 앵무배鸚鵡盃, 상아홀象牙笏을 하사했다.

소식을 먼저 전하자 선조는 기뻐하며 친히 모화관慕華館까지 나와 맞이하겠다고 했다. 임연재가 귀국해 각별한 노력 끝에 바로잡은 내용을 담은 대명회전 조선조 종계 초본을 왕에게 올리니 선조는 "사신으로 가서 독자적인 판단으로 일을 처리하는 충성이 아니면 어찌 얻을 수 있었겠는가. 나로 하여금 선왕의 누명을 씻었음을 알게 했으니 심히 기쁘다"라고 칭찬하며 내구마內廐馬를 하사했다.

종계변무와 관련해 많은 관리들이 광국공신光國功臣에 올랐으나 정작 배삼익은 제외됐다. 사신으로 동행한 그의 하인이 대도大盜 이산李山과 결탁해 중국 종묘의 보물을 도적질한 일이 나중에 밝혀지고, 이에 연좌連坐돼 배삼익은 별세 후(1590년) 생전의 관작을 모두 박탈당하는 삭직削職의 명을 받았고, 공신에도 들지 못하게 됐던 것이다. 그 후 후손(아들 금역당琴易堂 배용길)의 신원소가 받아들여져 관작은 회복되었으나 공신에 오르는 일은 후손이 대를 이어 억울함을 호소했음에도 불구하고 받아들여지지 않았다. 그후에도 후손이 1824년부터 4년 동안 임금의 수레 앞에서 녹훈錄勳과 시호 증직 청원을 상주上奏했으나 뜻을 이루지 못했다.

1 임연재종택 내 사당(안동시 송천동) 내부. 맨 왼쪽(서쪽)에 불천위 신주가 봉안돼 있고, 그 오른쪽에 종손의 4대조
   신주가 모셔져 있다. 사당과 종택은 원래 안동 월곡면 도목리에 있었으나 1973년 안동댐 건설로 현재 위치로 옮겼다.

2 임연재 배삼익의 친필. 함께 공부한 설월당雪月堂 김부륜(1531~98년)을 전송하는 내용을 담고 있다.

3 임연재종가의 불천위 제사 홀기笏記. 홀기란, 불천위 제사 등 의식의 절차를 적은 글을 말한다.

'임연재 불천위' 이야기

임연재 불천위는 유림불천위이고, 여러 정황으로 보아 1823년경에 불천위에 오른 것으로 추정된다. 임연재 14대손 배재진 씨(1933년생)의 이야기다. 배재진 종손은 임연재 선조가 모범적인 삶을 살고 우뚝한 업적을 남겼음에도 불구하고, 가당치 않은 이유로 인해 끝내 공신에도 못 오르고, 시호를 받지 못한 점에 대해 매우 한스러워했다.

임연재 불천위 제사(기일 음력 7월 1일)는 임연재종택(안동시 송천동) 별당인 금역당琴易堂 대청에서 자시子時에 지낸다. 요즘 참석 제관은 20여 명이며, 단설로 지낸다. 일반 기제사는 종택 정침에서 지낸다. 종택 사당에는 맨 서쪽에 불천위 신주가 모셔져 있고, 그 동쪽으로 4대조 신주가 봉안돼 있다.

임연재종택은 '백죽栢竹고택'이라고도 불리고, '금역당종택'이라고도 불린다. 이 종택은 배삼익이 1558년 낙동강 변에 위치한 월곡면 도목리에 지은 집으로, 현재의 종택은 안동댐 건설로 1973년 현재의 위치로 이건한 것이다. 배삼익의 7대조인, 흥해 배 씨 안동 입향조 백죽당栢竹堂 배상지(1351~1413년)를 기려 '백죽고택'이라고도 하고, 임연재의 아들 금역당琴易堂 배용길(1556~1609년)의 호에서 따와 '금역당종택'으로도 불린다.

고려 말 문신인 백죽당은 혼란한 정국을 보며 머지않아 변혁이 있을 것을 깨닫고, 사직한 후 외조부가 머물던 안동으로 와서 집을 짓고 살았다. 고려의 운이 다하게 되자 백죽당은 추운 겨울에도 시들지 않는 잣나무와 대나무를 심어 자신의 뜻을 나타내고, 그 집을 '백죽당栢竹堂'이라고 했다. 은거 중 구미 금오산에 숨어 살던 야은冶隱 길재와 교유했다. 배재진 종손은 종택 명칭에 대해 임연재 종택으로 부르는 것이 옳다고 했다.

백성의 삶을 알고 선비의 도리를 지킨 27
지식인의 전형을 보이다

김응조

    학사鶴沙 김응조(1587~1667년)는 인조반정, 병자호란 등 심각한 내우외환의 혼란기에 관직 생활과 은거를 반복하며 모범적 지식인의 삶을 보여 준 선비였다.

    명망 높은 가문의 가학과 훌륭한 스승들의 가르침을 체득한 그는 80 평생을 그 가르침대로 선비의 떳떳한 도리를 지키며 살다 갔다. 외유내강의 성품을 지녔던 그는 평생 가난하고 굴곡 많은 벼슬 생활을 계속하면서도 국가와 백성을 위해 최선을 다했고, 심신을 수양하면서 유유자적하는 생활을 통해 내면적으로 충만한 삶을 살려고 했다.

    우뚝한 가시적 업적이나 학문적 성과는 남기지 않았으나 당대의 지식인으로 부끄럼 없는 삶을 보여 준 김응조는 말년에 평생을 회고하며 지은 〈자명自銘〉에서 다음과 같이 말했다.

    학문을 일삼았으나 천기天機를 알지 못하고, 관직에 있었으나 시정時政에 통달하지 못했다. 선비는 사람이 지켜야 할 떳떳한 도리의 근본을 견고하게 하는 것을 사모하고, 해바라기가 햇빛 쪽으로 기우는 것은 사물의 본성이다. 인간의 삶은 남가

일몽에서 깨어남과 같고, 만 가지 계책은 그림자를 잡으려는 것과 같아라. 저 학가산鶴駕山과 사천沙川을 바라보니 물은 맑고 산은 푸르러, 천년만년 혼백을 비추리라.

겸손하게 자신을 낮추면서 선비로서 충과 효의 삶을 살았음을 드러내는 한편, 덧없는 삶을 자각한 심경을 밝히고 있다.

독서와 산수 유람을 꿈꾸었던 선비

김응조의 다음 말에서도 삶의 면모를 엿볼 수 있다.

'나는 본래 책 보기를 좋아해 무한한 취미를 갖고 있는데, 눈이 어두워서 마음껏 찾아 나가지 못해 옛사람이 끼친 끄트머리나마 엿볼 수가 없으니 이것이 첫 번째 한스러움이다. 또한 평소 산수 유람에 취미가 있어서 만년에 학사鶴沙에 마치 신선이라도 살 듯한 집터를 가려 두고 그곳에 이를 때마다 번번이 흥이 일어나고 즐거워서 배고픔도 잊어버리거늘, 속인들에게는 그 즐거움을 말하기 어렵고 또한 그 곳에서 늙어 죽을 때까지 항시 거처하며 세월을 보내지도 못하니 이것이 두 번째 한스러움이다. 그리고 손님 좋아하기를 그저 주리고 목마른 사람이 물과 먹을 것을 구하듯 하는 정도이지만, 집이 가난해서 기장 넣은 닭요리를 대접하지 못하고 흰 망아지를 문간에 묶어 둘 수도 없으니 이것이 세 번째 한스러움이다.'

그의 부친은 유연당悠然堂 김대현이다. 산음현감 등을 역임한 김대현도 불천위에 오른 인물이다. 그는 9형제를 두었는데, 일찍 세상을 떠난 여덟째를 제외한 8형제 모두 사마시에 합격하고, 그중 5형제가 대과에 합격해 세상에 널리 알려진 가문이 되었다. 당시 인조 임금은 마지막 김숭조가 대과에 급제하자 '팔련오계지미八蓮五桂之美'라고 칭찬하고, 마을 이름을 '오미동五美洞'이라고 지어주었다.

김응조는 김대현의 여섯째 아들로, 영주에서 태어났다. 7세 때 《소학》을 배우기 시작했고, 10세 때부터는 다른 형제들과 권호신·권두문의 가르침을 받았다. 16세

조선의 선비들, 인문학을 말하다

에 부친을 여읜 그는 맏형인 봉조를 가장으로 받들며 학업에 매진했다. 부친 삼년상을 마친 1604년 5월에는 소백산의 한 산사에 들어가 독서했다.

매일 밤늦도록 책 읽기를 게을리하지 않는 그에게 한 승려가 자신도 밤을 새우는 데는 자신 있다고 하면서, 10일 동안 잠을 자지 않기로 약속했다. 9일째가 되던 날 함께 밤을 새우던 승려는 피를 토하며 방바닥에 쓰러졌다. 하지만 김응조는 잘 버티었다. 날이 밝자 승려는 일어나 그에게 절하며 훌륭한 인물이 될 것이라고 말했다.

1606년에는 형 연조와 함께 서미동에 은거 중인 서애 류성룡을 찾아가 배움을 청했다. 다음해 5월 류성룡이 별세함에 따라 오랫동안 가르침을 받은 것은 아니었으나 학문의 발단과 요체에 대한 깨달음은 이때 비롯되었다.

1613년 생원시에 합격했으나 광해군의 혼정 때라 더 이상 과거에 응시하지 않고 위기지학爲己之學에만 힘썼다. 인동의 대학자 여헌旅軒 장현광을 찾아가 배움을 청하고, 성리학 학문 탐구에 전념했다. 10년 후, 인조가 즉위한 1623년 5월 알성시에 비로소 응시해 병과에 급제한 후 승문원 권지부정자를 시작으로 벼슬길에 들어섰다.

1626년 2월 모친상을 당하고, 거상 중에 슬픔이 지나쳐 건강을 해칠 정도였다. 특히 눈을 크게 상해 거의 실명 상태에 이르러 수년 동안 사물을 보지 못하기도 했다. 이후 시력을 회복해 1628년 7월 병조정랑에 제수되었고, 1631년 홍덕현감으로 발령받는 등 벼슬을 이어갔다.

청나라 연호인 '北'자 일상생활에 쓰지 않아

1633년 선산부사로 재직하면서 이웃 고을 인동에 있던 장현광을 수시로 찾아가 학문의 깊이를 더하면서 여가에 글도 지었다. 다음해 홀연히 벼슬을 버리고 고향 영주로 돌아왔다. 그는 영주 갈산에 세 칸의 소박한 남애정사를 짓고, 두 칸의 방 이름은 명재冥齋로, 마루 이름은 '아헌啞軒'이라 지었다. 눈 감고 입 닫고서 지내겠다는 의미였다.

명재 앞에는 '청향지淸香池'라는 못을 파고 연꽃을 심었다. 학사는 늘 연꽃을 바라보며 광풍제월光風霽月의 맑고 밝은 기상을 닮고자 했고, 그에 짝하도록 매화·대나무·소나무·국화를 심어 마음을 가다듬으며 즐거움으로 삼았다.

1635년 9월 사헌부 지평이 되었고, 이듬해 병자호란이 일어나자 휴가를 얻어 고향에 머물던 학사는 형님(영조)과 함께 달려갔으나 성이 함락되자 곧바로 돌아왔다. 이후 더욱 벼슬을 멀리하며 지내고자 했던 그는 문을 닫고 자신을 지키며 일상생활에 '북北(청나라 연호)'이라는 글자를 쓰지 않았고, 관의 문서를 받아도 청의 연호가 적힌 첫 장을 떼어내고서야 눈길을 주었다.

1640년 사간원 헌납에 제수되자 사양하고 인동부사로 부임했으며, 이듬해 벼슬을 그만 두고 학가산과 사천이 만나는 지점 기슭에 학사정사鶴沙精舍을 짓고 만년을 보내고자 했다. 호도 '학사'로 정했다. 두 칸의 방은 완심재玩心齋, 네 칸의 마루는 '성심헌醒心軒'이라 명명했다. 학사정사에서 지내며 《학사정사기》를 짓고, 손수 지은 시에다 여러 명사들의 시를 받아 《학사잡영》을 남기기도 했다.

1643년 이후 여러 벼슬을 거쳤고, 1659년(효종 10년) 4월 공조참의로 임명받아 상경하다가 효종이 승하하자 인산因山 후에 병을 이유로 사직하고 귀향했다.

학사는 처음 벼슬에 나설 무렵 공신들이 국정을 좌지우지하며 경학을 하는 선비를 좋아하지 않았기 때문에 항상 진퇴에 조심했으며, 병자호란 후에는 벼슬이 더욱 탐탁지 않아 오래 머물지 않고 곧 물러나곤 했다. 효종 때는 임금의 신뢰가 두터워 학사의 건의는 중의衆議를 물리치면서까지 채택하기도 했다.

1662년 조정에서 그를 사간원 대사간으로 불렀으나 고령을 이유로 나아가지 않았고, 1664년에는 78세 노인인 그에게 갑자기 체포령이 떨어졌다. 수년 전 담양부사를 지낸 적이 있는데 그 고을의 환곡미 질이 너무 떨어진 것이 문제가 되었다. 이

일 때문에 그 고을 수령을 지낸 이들 10여 명에게 책임을 물었고, 학사도 포함된 것이다. 그러나 당시 예조판서가 그를 극구 변호, 고신告身(관직 임명장)을 환수하는 선에서 일이 마무리되었다. 그러나 평생 개결하게 살았던 그에게 이 사건은 적지 않은 충격이었다. 이 일 직후에 그는 자신의 평생을 회고하는《자명》을 지었다.

2년 후인 1666년(현종 7년) 조정은 두 해 전에 빼앗은 고신을 돌려주며 다시 서용하라는 명과 함께 종2품 가선대부로 승진시켜 명예가 회복되기는 했다. 그 다음해 1667년 동지중추부사에 임명되었으나 사양했고, 몇 개월 후 다시 한성부윤에 제수됐으나 이 또한 사양하고 나아가지 않았다. 그해 12월에 별세했다.

백성의 찡그린 눈썹 펴 주려 했던 애민정신 돋보여

김응조는 사대부 지식인으로서 자신이 할 일에 대해 '처음에는 도를 배우고, 중간에는 임금을 그리워하며, 마지막에는 시대를 근심하는 것'이라 규정했다. 37세에 시작된 그의 관직 생활은 인조, 효종, 현종 세 임금에 걸쳐 나라와 백성을 위하는 일로 일관했다. 내직에 있을 때나 외직에 있을 때나 더 나은 백성의 삶을 위해 힘을 다했다.

그가 외직으로 나간 다섯 고을(흥덕, 선산, 인동, 밀양, 단양)에는 모두 선정비가 세워졌으며, 그 고을 주민들은 학사의 자손이나 마을 사람을 만나면 반드시 학사의 선정을 언급하며 눈물을 흘리곤 했다.

그의 애민정신을 잘 보여 주는 예로 '찰미당察眉堂' 이야기를 들 수 있다. 1641년 인동부사 시절, 김응조는 관사를 옮겨 지으며 '찰미당'이라고 명명한 후 지은 기문에서 '백성들이 관청에 올 때 크거나 작거나 늙거나 어리거나 할 것 없이 그들의 눈썹을 보면 모두 찡그리고 있으니 촌리村里에 있는 자들임을 알 수 있었다. 찰미察眉로 이름 지은 것은 그런 실상에 뜻을 둔 것이다. …(중략)… 조세가 무겁다고 성내기도 하고, 노역이 빈번하다고 성내기도 하며, 심지어 형벌이 지나치다고 성내기도 하며, …(중략)… 백성들이 나에게 성이 나서 찡그리는 것은 그 단서가 한 가지가 아니지만, 이렇게 된 까닭은 나의 마음에서 비롯된 것에 지나지 않을 것이다. …(중략)… 내가 찡그리게 했다면 반드시 펴줄 사람이 있을 것이니, 뒷날 그런 군자를 바라며 쓰노라'고 했다.

백성들의 찡그린 눈썹을 통해 그들의 실상을 알고, 자신을 반성하며 훗날의 군자를 기다린다고 썼지만, 그의 애민정신을 읽을 수 있다. 그 즈음 지은 시 '찰미당'이나 '춘첩春帖' 등에서도 목민관의 마음가짐에 따라 백성들이 눈썹을 찡그리거나 펴게 된다고 읊었다.

이광정은 학사 행장行狀에서 '매일 새벽에 일어나 세수하고 의관을 바로한 후 방을 치우고서는 마치 엄한 스승과 벗을 마주 대한 듯 하루 종일 반듯하게 앉아계셨다. …(중략)… 항상 고매古梅 화분 하나를 놓아 두고, 곁에 오죽 몇 그루를 심어서 바라보며 조식하셨다. 혹 피곤해서 졸리더라도 안석에 기대거나 베개를 베지 않고 눈을 감은 채 단정히 두 손을 맞잡아, 잠시라도 옷을 벗고 마음을 풀어놓은 때가 없으셨다'라고 묘사했다.

1·2·3·4·5 학사 김응조의 유려한 초서 작품 '남애정사잡영南厓精舍雜詠' 일부. 학사가 1634년 영주 갈산 남쪽에 남애정사를 짓고, 주변 8곳의 풍광을 읊은 내용이다. 그중 1수는 없어지고 나머지는 한국국학진흥원에 기탁돼 있다.

조선의 선비들, 인문학을 말하다

'학사 불천위' 이야기

학사 김응조가 언제 불천위에 올랐는지에 대한 기록은 없고, 후손의 4대 봉사가 끝나면서 바로 불천위에 모셔진 것으로 추정된다.

불천위 제사는 학사 기일(음력 12월 1일)에 부인 신주도 함께 모셔 지내며, 부인 제사는 따로 지내지 않는다. 제사는 낮 시간(11~12시)에 지내고 있다. 학사종택 사당(봉화군 물야면 오록1리)에서 지내며, 참석 제관은 50여 명이다.

학사종가는 근래 곡절을 겪으면서, 학사 13대 종손 김재활 씨(1948년생) 조부 때 종택이 남(일가)에게 넘어가면서 사당만 따로 근처로 옮겨지게 됐다. 객지에 떠돌다 2009년에 귀향한 종손은 사당 앞에 종택을 새로 지을 계획이지만 여의치 않아 걱정이 많은 상황이라고 털어놓기도 했다.

종손을 비롯한 종가 어른들은 후손이 본받아야 할 학사의 덕목으로 청렴결백 정신과 검소, 애민정신을 꼽았다. 학사의 검약정신은 그가 남긴 유언에서도 읽을 수 있다.

'상을 치를 때 절대로 무당을 부르지 마라. 눈을 감고 좌우 손을 끼고 관에 눕게 되더라도 절대로 비단을 써서는 안 된다. 곽槨은 야산의 목재로 만든 얇은 널을 쓰도록 하고, 절대로 송지松脂는 사용하지 마라. 칠漆을 바르지도 말고 석회를 넣지도 마라. 높이와 너비는 세 치를 넘지 않게 하고 흙계단을 쌓으면 된다. 석인과 상석을 사용하지 마라. 단지 짧은 비갈碑碣을 사용하라. 비갈 앞면에는 '학사모옹풍산김공지묘'라고만 적고, 갈음碣陰에는 자명自銘을 적어라. 자손과 서족이 스스로 새길 것이지 석공에게 새기도록 하지 마라. …(중략)… 절대로 남에게 돈을 꾸거나 가재를 팔아서 제수를 마련하지 마라. 만일 조금이라도 유언을 어겨서 혼령을 불안하게 한다면 신이 흠향하지 않을 것이다.'

암행어사 이몽룡의 실제 인물,
애민의 삶을 살다

28

성이성

　11월 8일=아침에 외정원外政院에 나아가 패패牌를 받았다. 봉서封書를 받아 나와 남관왕묘南關王廟(중국의 관우를 모시기 위해 한양 남대문 밖에 세운 사당)에서 개봉해 보니 나는 호남으로, 이해창은 영남으로 암행하게 돼 있었다. 오시午時에 한강을 건너 신원新院에서 말을 먹이고, 밤 2경에 용인 땅에 도착했다.

　11월 10일=말을 바꾸어 타고 마두馬頭, 대마부大馬夫, 복마부卜馬夫, 중마부中馬夫를 거느리고 천안 아래 5리쯤 되는 주막에서 아침을 먹었다. …(중략)… 이날은 100리를 왔다.

　11월 13일=집집마다 양반이라 하여 집안에 행인이 들어오는 것을 허락하지 않아, 아주 작은 집에 들어가니 11세 정도 되는 작은 아이가…(후략)…

　11월 14일=고창의 윗마을 이득립의 집에서 묵었다. 고창의 여러 가지 일을 자세히 물어보았다. …(중략)… 감사에 대해 매우 자세하게 말해 주었다. 감사의 치적을 부정적으로 말함이 역력했다. …(중략)… 백성을 침탈하는 일은 별로 없으나 취하지 않은 날이 없으며 취했을 때는 정사를 살피지 않는다. 행동거지의 허물은 불문가지不問可知라.

12월 1일=광한루에 도착하니 노기老妓 여진女眞과 노리老吏 강경남이 와서 절했다. 날이 저물어 모두 물리치고 소동小童·서리書吏와 누각 난간에 나가 앉으니, 흰 눈빛이 들에 가득차고 대숲이 모두 흰색이었다. 소년시절 일을 생각하며 밤 깊도록 잠을 이룰 수가 없었다.

계서溪西 성이성(1595~1664년)이 1647년 암행어사(네 번째)로 호남 지역을 암행暗行하며 남긴 《호남암행록湖南暗行錄》 내용 중 일부다. 계서 문집인 《계서일고溪西逸稿》에 수록돼 있다. 계서는 네 차례에 걸쳐 암행어사로 떠났고, 그중 두 차례는 호남을 암행했다. 같은 지역에 두 번 암행어사로 보내는 것은 매우 파격적인 일이었다.

임금의 뜻을 거스르는 상소로 벼슬 물러나

신도臣道에 세 가지가 있으니, 임금을 섬김에는 충직하고, 백성에게는 자혜慈惠롭고, 벼슬에는 청백함이네. 공에게 능한 것은 진실로 이 세 가지이고, 공에게 능하지 못한 것은 명예와 지위를 취함이네.

오광운이 성이성의 행장을 통해 성이성을 평한 부분이다. 그의 인품과 삶이 어떠했는지 가늠할 수 있는 대목이라 하겠다.

1595년 봉화에서 태어난 성이성은 13세 때 부친(부용당 성안의)을 따라 남원 임소任所로 가면서 우복 정경세를 찾아가 가르침을 받았고, 1616년 생원시에 합격했으나 당시 광해군의 정사가 어지러운 때라 부친의 뜻에 따라 더 이상 과거 보는 것을 외면했다.

그후 1624년 이괄의 난이 일어나자 부친과 함께 공주로 피난하는 왕(인조)을 따라 호종했고, 난이 평정된 후 성균관에 들어가 과거공부를 시작했다. 1627년 식년 문과에 급제해 승문원부정자에 임용되면서 벼슬길로 들어섰다.

조선의 선비들, 인문학을 말하다

1634년 사간원정언이 되었을 때의 일이다. 인조의 아버지 정원군(선조 다섯째 아들)을 왕(원종)으로 추존하여 종묘에 들이려 할 때, 조정에서는 찬반이 엇갈려 논란이 있다가 결국 원종으로 추숭追崇되었다. 당시 간관이 된 성이성은 이에 대해 강경한 논조의 상소를 했다.

오늘의 일은 마땅히 조용히 강구하여 지극히 바른 곳으로 돌아가기를 구하기에 힘쓴 후에야 존친尊親의 도道와 종묘의 예禮를 온전히 할 텐데, 전하께서는 한갓 지정至情에 가리어 도리를 살피지 못하고 매양 엄중한 분부로 꺾어 말씀하시기를 '세력에 아부한다', '노리는 것이 있다', '사욕을 이루려 한다'라고 하십니다. …(중략)… 이미 그 지위에 두고 일을 맡겼으면서 하루아침에 뜻에 거슬린다고 하여 뜻밖의 말씀으로 억지로 그 죄를 정해 입을 열지 못하게 하니, 이것이 과연 성주聖主로서의 말씀일 수가 있으며, 예로서 신하를 부리는 도리라고 할 수 있겠습니까. …(중략)… 이번에 종묘에 드는 일이 전하의 뜻이므로 저들(영합하는 신하들)도 또한 행할 만하다고 말하지만, 만일 전하께서 행할 수 없다고 여기신다면 저들은 또 불가하다고 할 것입니다. …(중략)… 직언하는 선비가 물러나자 뜻이나 맞추며 아첨하는 사람이 나오고 충간忠諫의 길이 막혀서 영합하는 풍조가 만연하면, 전하의 욕망은 이룰 수 있겠지만 나라 일을 끝내 어떻게 되겠습니까.

상소가 들어가자 체직遞職되어 벼슬에서 물러났다. 그해 겨울 시강원 사서侍講院司書에 임명되었으나 나아가지 않았다.

백성 고통 해결, '관서 지방의 살아 있는 부처'로 불려

성이성은 옳은 일이면 자신의 이해 여부와 관계없이 행했다.

인성군(선조 일곱 번째 아들)이 역모에 휘말려 자결하게 되고, 그의 아들 용用도 처

계서종택(봉화군 물야면 가평리) 전경. 계서 성이성이 1613년에 지었으며, 집 서쪽에 하천이 있어 '계서溪西'를 자신의 아호와 당호로 삼았다.

형당할 처지였다. 당시(1635년) 시강원 수찬이던 그는 간곡한 뜻으로 상소를 올리고 경연에서도 여러 차례 반복하여 아뢰니, 왕이 감동해 용이 무사하게 되고, 같은 역률에 연좌되어 죄를 기다리던 사람들 모두 죽음을 면하게 되었다.

그런데도 성이성은 그런 사실을 전혀 말하지 않아 구원받은 사람들조차 그 까닭을 알지 못했다.

1636년 병자호란이 일어나고 이듬해 정월 마침내 왕이 성을 나와 적에게 항복하게 되었다. 왕이 성을 나온 후 성이성은 왕에게 달려갔고, 2월에는 진휼어사賑恤御使로 경상도 여러 고을을 두루 돌며 정사와 민정을 살펴 조치가 필요한 사항을 주달했다. 이어 호서湖西의 암행어사가 되어 탐관오리를 탄핵하고 선정이나 미행美行은 드러내 포상하게 하니 그 지역 일대에 기강이 서고, 활기가 살아났다.

조정에 돌아와서는 지평持平, 헌납獻納 등을 역임하며 불충한 신하의 죄를 극론極論했다.

이때 권신權臣들이 서로 알력을 빚어 공직公直한 인품과 능력으로 명망이 있던 성이성을 서로 이조정랑으로 삼으려고 했으나 그는 욕되고 부끄러운 일로 여겨 병을 이유로 사양하고 돌아왔다. 이후 벼슬 임명이 잇따르고 동료와 친지들도 복직을 권유했으나 응하지 않다가, 이듬해 봄 병조정랑으로 조정에 복귀했다. 이때도 대신들이 자기편으로 끌어들이고자 수찬을 제수하고 장차 전랑에 천거하려다가 자신들을 돕지 않을 것임을 알고는 포기하기도 했다.

얼마 후 호남에 암행어사로 갔고, 다시 사간·집의·교리를 거치고 어버이 봉양을 목적으로 외직을 구해 합천현감으로 부임했다. 그는 청렴하고 공정한 업무 처리를 통해 백성들을 성심껏 돌보았고, 자신의 봉록을 던져 전임 현감이 축낸 곡식 수천 석을 대신 충당하기도 했다. 교학을 일으키는 데도 힘을 기울였다. 당시 감사나 병사가 서슬이 대단했으나 이러한 계서에게는 감동하여 깍듯이 대했다.

강계 백성이 오랜 폭정에 시달리는 상황이었는데, 1660년 봄 조정 신하 중 중망重望이 있는 이를 천거하자는 중론에 따라 성이성이 강계부사로 임명되었다. 하지만 실제로는 그를 멀리 변방으로 내치는 조치이기도 했다. 강계부江界府는 관서關西의 거진巨鎭이었다. 백성들은 인삼 채취를 생업으로 삼고 있는데 원근의 상인들이 몰려들고, 관원이나 수령 등 권세가들도 끼어들어 이득을 탐하는 것이 상인보다 더 심했다. 이들에게 시달리는 백성들의 원성이 극심했다.

성이성은 부임 후 인삼세를 모두 없애고, 서울과 지방 각 관청의 공문을 지니고 인삼을 거래하는 일을 일체 막아버렸다. 백성들이 모두 기뻐해 마지않았다. 하지만 이득을 취할 수 없게 된 자들의 모함으로 그해 10월 계서에게 체포령이 떨어졌다. 이에 고을 주민들이 달려가 무죄를 탄원하고, 평안감사 임의백이 계서의 청렴함과 애민정신을 언급하며 '관서 지방에서는 살아 있는 부처關西活佛라고 불리고 있으니, 그 사람의 죄 없음을 알 것이다'라고 증언했으나 결국 단양으로 귀양을 가게 되었다. 곧 유배에서 풀려났고, 1663년 겨울에 비로소 서용敍用(다시 벼슬자리에 등용함)되었으나 이듬해 봄에 별세했다.

다스리는 고을마다 송덕비 세워져

깨끗한 지조를 지녔던 계서는 벼슬길에 나아가서는 최대한 교유를 삼갔고, 특히 권세 있는 인물은 피했다. 평생 어지럽고 화려한 것을 즐기지 않고 창기娼妓를 가까이 하지 않았으며, 남의 허물을 들추거나 스스로를 내세우지 않았다. 관아에 있을 때는 오직 절약하고 백성을 위하는 데 최선을 다하고 사사로움이 없었으니, 다스리는 고을마다 송덕비가 세워졌다.

다음은 강계의 〈청백인정비淸白仁政碑〉에 새겨진 글이다.

도덕 높은 우리 님은 성품도 굳세고 밝았다 [斯文我侯 天性剛明]
뜻은 청렴에 있으니 씀씀이도 검약하였네 [志存淸儉 自奉簡約]
정사는 공평하고 송사는 이치에 맞으니 온 고을 어려운 사람 모두 살렸고 [政平訟理 閭境蘇殘]
형벌은 줄고 세금은 가벼우니 관리와 백성 모두가 편안했네 [省刑薄斂 吏民俱安]
한 해의 다스림에도 이 세상 다하도록 잊을 수 없도다 [居官一載 沒世不忘]

그는 다섯 고을을 다스렸는데 합천을 제외하고 다른 네 곳(담양, 진주, 창원, 강계)

조선의 선비들, 인문학을 말하다

모두에 청백인정비가 세워졌다. 현재는 진주의 비석만 남아 있다.

다음은 담양의 〈청백인정비〉에 새겨진 글이다.

맑고 희도다 백옥의 깨끗함이여 [淸耶白耶 白玉之白]

사랑하고 어루만지니 백성의 어버이로다 [慈之撫之 民之父母]

한 고을 묵은 일 하루아침에 새롭게 했도다 [一朝維新 百里太古]

세 해를 다스렸으나 영원토록 사모하네 [三載居官 萬世永慕]

그는 1695년에 청백리에 올랐다.

1	2

1 계서종택 사랑채에 딸린 간이 소변소. 노인들의 편리를 위해 특별히 만들었다.

2 계서종택 사당 내부. 성이성 부부 신주를 비롯해 종손 4대조까지의 신주가 벽감
형태의 감실에 모셔져 있다.

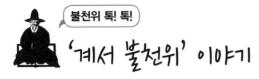

'계서 불천위' 이야기

계서 불천위 제사(기일 음력 2월 4일)는 계서종택(봉화군 물야면 가평리) 사랑채에서 기일 자시에 비위와 합설로 지낸다. 참석 제관은 20여 명이다.

종택 사당에는 불천위 신주(맨 서쪽)와 종손 4대조 신주가 봉안돼 있다.

계서 13대 종손인 성기호 씨(1941년생)는 대구에 살다가 2006년경 종택으로 들어와 정착했다.

계서종택은 계서 성이성이 소설 춘향전에 나오는 이몽룡의 실제 주인공이라는 사실이 알려지면서 많은 관광객들이 찾는 명소가 되고 있다. 가을에는 하루 200~300명이 찾아오고, 겨울에도 사람이 찾아오지 않는 날이 없다는 것이 종손의 이야기다.

소설 속 이몽룡이 바로 '성이성'이라는 주장은 10여 년 전에 제기됐다. 연세대 문과대학 설성경 교수는 1999년 논문을 통해 소설 춘향전의 주인공 이몽룡은 실존 인물이며, 그 당사자가 '성이성'이라고 밝혔다. 그는 관련 자료와 설화 등을 분석, 이와 같이 주장했다. 호남암행록 중 '소년시절 일을 생각하며 밤 깊도록 잠을 이룰 수가 없었다'라는 대목을 옛 연인을 그리워한 것이며, 그 상대는 춘향이었다고 판단했다.

그리고 계서 4대손 성섭이 지은 《필원산어筆苑散語》에 나오는, 호남 함행어사로 활동할 때 호남 열두 읍 수령들이 베푼 잔치 자리에서 성이성이 지은 한시가 춘향전에서 이도령이 내보인 한시와 일치하는 것도 증거로 보았다.

> 독 안의 좋은 술은 천 사람의 피요 [金樽美酒千人血]
> 소반 위 기름진 안주는 만백성의 기름이다 [玉盤佳肴萬姓膏]
> …(후략)…

29

360년간 후세의 물 걱정을 덜게 한 정책을 실천하다

신 지 제

오봉梧峰 신지제(1562~1624년)는 1589년 문과에 급제한 후 사섬시司贍寺(닥나무 종이로 만든 지폐인 저화楮貨의 발행과 노비의 공포貢布 업무를 관장한 조선 시대 관청) 직장直長을 시작으로 벼슬길에 들어섰으나 벼슬 생활의 대부분을 외직外職으로 보내며 민생을 위해 봉사하는 삶을 살았다. 강직한 성품이었던 그는 광해조의 비정상적인 중앙 정치는 멀리 하며 지방 근무를 통해 각별한 애민정신으로 화적火賊을 다스리고, 수리시설을 대대적으로 정비하는 등 남다른 치적을 남긴 인물이다.

그는 당시 광해조의 권력자인 정인홍(1535~1623년)의 근처에 있기도 했지만, 6년 동안 한 번도 부끄러운 행동을 하지 않았다. 그래서 정인홍은 마음속으로 탄복하며 감히 그와는 불화를 일으키지 않았다고 한다.

의리와 신의가 두터웠던 신지제

1562년 의성에 태어난 신지제는 어려서부터 학문에 대한 열정이 남달랐다.

이웃집에 나이 많은 선생이 있었는데, 신지제가 책을 끼고 찾아가 배움을 청하자 늙은 선생은 보지도 않고 밭에서 호미질만 계속했다. 이에 신지제는 울타리 밖에 서서 눈물을 흘리며 기다렸다가 반드시 수업을 받은 이후에야 하직 인사를 하고 돌아가곤 했다.

그는 유일재惟一齋 김언기와 학봉 김성일의 문하에서 본격적으로 학문을 수학했다. 오봉은 어릴 때부터 신의가 두터웠고, 심지가 굳었다. 김언기 문하에서 공부할 때 문도들과 함께 산에서 땔감을 구해 서당에 불을 지피곤 했다. 하루는 권태일, 박의장과 함께 땔감을 구하러 갔는데, 마침 한 노인이 산에서 나무를 하고 있었다. 그는 벗들과 함께 그 노인에게 땔감을 얻으려 했다. 그러자 노인이 떨떠름한 표정을 짓다가 욕을 했다. 그런데 한 친구가 노인을 밀쳤고, 노인이 그만 낭떠러지에 떨어져 죽게 되었다. 노인의 아들이 관가에 고소해 밀친 친구가 끌려갔다. 그는 다른 벗에게 "우리 세 사람이 함께 갔으니 한 사람에게 죄를 씌울 수 없다"며 함께 관가에 가서 서로 자신이 밀쳤다고 주장했다.

수령이 이 모습을 한참 동안 지켜보다가 노인의 자식에게 "이 세 명은 훗날 재상감이다. 네 아비의 죽음은 안타깝지만 한 번 용서하도록 해라"며 타일렀고, 신지제 일행에게는 노인의 장례를 함께 치를 것을 명했다.

이러한 일도 있었다. 17세 때 절에서 공부를 하는데, 하루는 한 시골 여성이 절에 와서 깊은 밤이 되어도 돌아가지 않고 머뭇거리고 있었다. 그러자 엄숙한 얼굴로 "왜 밑도 끝도 없이 이곳에 와서는 밤이 깊어도 돌아가지 않고 있습니까. 당신은 음심이 있어서일 텐데, 그런 생각을 못 이겨 인생을 더럽히려고 하니 어찌 안타깝지 않을 수 있겠습니까"라고 훈계한 후 그 여성을 돌려보냈다.

며칠 후 한 남자가 술과 음식을 갖고 찾아왔다. 평소 안면이 없는 사람이었기에 찾아온 까닭을 묻자 남자가 "그대가 큰 덕이 있어 시골 여성을 바른 도로 훈계한 것을 들었기에 찾아와서 인사하는 것입니다"라고 했다. 그 여성이 신지제의 말에 마음을 돌이키고 집으로 돌아가서 남편에게 전말을 이야기한 것이다.

도산서원 왕래를 위해 예안현감 자청

1589년 4월 증광문과에 급제했고, 그해 5월 사섬시 직장에 임명되었다. 그리고 사헌부 감찰을 거쳐 1591년 11월 예안현감에 임명되었다. 신지제는 5년간 예안현감으로 재직했다.

그는 퇴계 이황의 문하에 나아가지 못한 것을 안타깝게 여기며, 스스로 예안현감을 자청한 것이었다. 예안현감으로 있을 때 수시로 도산을 왕래하면서 많은 사우士友들과 함께 학문을 닦았다.

임진왜란이 일어나자 예안 지역 유생들에게 거의擧義를 촉구하는 격문을 돌렸으며, 예안 지역의 의병과 함께 왜적을 토벌하는 데 적극적으로 나섰다.

그는 임진왜란 때의 공을 인정받아 원종공신 1등에 녹훈되었다.

1604년 10월 춘추관春秋館 기주관記注官으로 재직할 때, 선조 임금의 명으로 그 서문을 지은 〈선조대왕교서〉가 전한다. 〈임진란공신책훈교서壬辰亂功臣策勳敎書〉로 고희高曦를 호성扈聖공신 3등에 책훈策勳하는 이 교서는 고희가 당초에는 명단에 빠져 있다가 신하의 상소로 포함되게 되었음을 밝히고 있다. 이 교서의 글은 오봉이 짓고 석봉 한호가 글씨를 썼다. 다음은 교서 내용의 일부다.

선조宣祖께서 말씀하셨다. "아! 슬프도다. 내가 덕이 없고 어두워서 스스로 피하지 못하고 큰 난리를 당하게 되어 오직 너희들 문무제신文武諸臣이 서로 도와 나라를 구했으니 수고로움이 있었던 사람에게는 반드시 보답하고, 공이 있는 사람에게는 반드시 갚음이 있음을 사사로운 정에 끌려서 하는 것이 아니요, 참으로 공적인 의리에 말미암은 것이다. …(중략)… 조정의 유사有司에게 명하여 논공행상을 할 때 어찌하여 그대가 빠졌는지, 만일 지난번 조정으로부터 상소가 들어오지 않았더라면 옛날 진晉의 개자추介子推와 같이 면산綿山에 숨어 찾아내기가 어려웠을 것이다. 마땅히 위로하고 어루만지는 정성을 두텁게 하여 그 노고에 보답하는 온정을 베풀고 공훈을 호성공신 3등으로 기록하고, 특히 화상을 그려 후세에 전하도록 하며, 부조묘의 사당을 특별히 세우는 특전을 내리고, 또한 벼슬을 한 계급 더해 아들이 없을 때는 생질과 사위에게 계급을 더하여 적장손嫡長孫이 대대로 이어받아 그 녹을 잃지 않고 영구히 미치도록 하라"고 하셨다. 그리고 시중드는 사람 4명과 노비 7명과 말구종 2명, 밭 60결, 은자 5량, 옷감 1단, 내구마 1필을 하사하니 마땅히 수령할지어다.

이 교서에는 선조를 호위하는 데 공을 세운 호성扈聖공신(1등 이항복·정곤수, 2등 이원익 등 31명, 3등 정탁 등 53명)을 비롯해, 실제로 싸움에서 공을 세운 선무宣武공신(1등 이순신·권율·원균, 2등 5명, 3등 10명), 기타 군공이 있는 원종原從공신(수효가 많음)의 명단이 포함돼 있다.

그는 당시 영의정 서애 류성룡의 노선을 지지, 선조께 진언하다 사경에 처하기도 했다. 이순신에 대한 사형 선고를 면하게 할 것, 수군통제사 복권, 수군에 대한 과거시험의 독자성 인정 등을 요청했는데 이로 인해 왕권에 대한 도전으로 몰려 위기에 처했으나 결국 올바른 판단임을 인정받아 위기를 면할 수 있었다.

고향에 귀미보 축조, 인근 7개 동네 360년간 활용

1601년에는 정언과 예조좌랑 등을 지냈다. 이듬해 지평, 성균관 전적, 전라도암행어사 등을 거쳐 1604년에는 시강원 문학 겸 춘추관 기주관, 성균관 직강 등을 역임했다. 1613년 창원부사로 부임해 백성을 괴롭히던 명화적明火賊 정대립 등을 토벌하고 민심을 안정시켰으며, 그 공으로 통정대부에 올랐다.

그는 후진 양성에도 각별한 노력을 기울였다. 1610년에는 의성군 봉양면 장대리에 강당을 건립, 학생을 가르쳤다. 그가 별세한 후 45년이 지난 1669년에 사림에서 그를 경모하기 위한 경현사景賢祠를 세웠고, 1702년에 장대서원藏待書院으로 승격

조선의 선비들, 인문학을 말하다

했다. 이곳에는 신지제를 비롯해 김광수, 이민성, 신원록이 배향되었다.

서원 이름은 의성현령을 지냈던 여헌 장현광(1554~1637년)이 '장기어신 대시이용[藏器於身 待時而用]'이라는 현판을 써 준 데서 비롯되었다. 이 말은 공자의 말로 '군자는 그릇을 몸에 지니고 있다가 때를 기다려 쓴다'라는 의미다.

그의 특별한 업적 중 하나는 '귀미보龜尾洑 축조'다. 귀미보는 신지제가 귀미에 입향해 살면서 마을 몽리답에 물을 댈 수 있도록 하기 위해 길부촌(봉양면 문흥2리) 앞에 저수지를 쌓고, 그곳에서 귀미리까지 4km에 이르는 관개시설을 만들어 인근 7개 동의 전답에 물을 댈 수 있도록 하였던 것이다. 이 보는 신 씨 종가에서 관리하며 인근의 동네 주민 1천여 호로부터 사용료를 받았다. 귀미보는 1970년대 농지 정리사업 전까지 360년간 활용된 수리 시설이다.

1610년 9월에 작성된 〈귀미구보신장도목완의龜尾舊洑新粧都目完議〉에는 귀미보를 신지제가 축조한 사실과 경작면적, 경작자, 보의 운영 수칙 등이 기재돼 있다. 이 완의에는 '오봉이 귀미에 복거하면서 축조한 것이 길부촌 앞부터이고, 근방에 사는 7개동의 주민이 살 수 있는 관개 사업이며, 자자손손 대를 이어 돌아가며 주관해 도감을 역임하고 보를 보완하며 영구히 공유할 것이다. 아랫마을, 윗마을이 화합하여 조약을 정하고 조약대로 물을 관리할 것을 완의한다'라는 요지의 내용이 담겨 있다.

신지제는 임진왜란이 끝난 후 안동과 의성 지역의 의병 유가족 돕기와 직접 양육 등 원호 활동에도 각별한 정성을 쏟았는데, 귀미보는 이 사업에도 큰 도움을 주었다. 원호 활동 초기에는 자금난을 겪기도 했으나 귀미보의 사업 완성으로 그 수입이 많아 재정이 넉넉해졌던 것이다.

오봉의 귀미보 축조 사실 등이 기록된
〈귀미구보신장도목완의〉 중 일부.

1 오봉종택 사당(의성군 봉양면 귀미리). 6·25 전쟁 때 이 사당 마당
에 큰 독을 묻고 종택 유물을 보관, 피해를 막을 수 있었다.

2 오봉종택 사당 내부.

'오봉 불천위' 이야기

▶

오봉 불천위 제사는 오봉종택(의성군 봉양면 귀미리) 본채 대청에서 지낸다. 비위와 합설로 지낸다. 기일은 음력 1월 8일이며, 비위 기일도 같은 날이다. 제사는 자시에 지내다 2009년부터 기일 오후 8시쯤 시작한다. 제관은 20명 정도이다. 옛날 많을 때는 150여 명이 참례했다고 한다.

오봉 15대 종손 신영균 씨(1955년생)는 대구에 거주하고 있으며, 종택은 비워 놓은 상태다. 종손이 종종 들러 관리하며, 인근에 사는 친척이 수시로 종택을 방문해 살피고 있다.

불천위 제사를 위해 기일 하루 전에 종손과 종부 등 가족들이 종택을 찾아 안팎을 청소하고 사당도 청결히 한다. 제수는 대부분 대구에서 준비해오며, 메나 탕 등은 종택에서 마련한다.

종택 내 사당에는 오봉 불천위 신주와 함께 종손의 4대조 신주가 함께 봉안돼 있다. 사당은 신지제의 아들 고송孤松 신홍망이 1669년 8월 구舊 종택 뒤에 건립했고, 1841년 지금의 위치로 이건했다. 이 사당은 감실 없이 신주를 봉안하고 있다.

6·25 전쟁 때 피난 가면서 이 사당의 앞마당에 큰 독을 묻고 그 안에 교지와 고문서 등 유물을 보관했고, 다행히 피해를 면할 수 있었다고 한다. 그리고 종택이 인민군 병원으로 사용됐지만, 사당의 신주나 감실 등은 모두 무사했다.

오봉종가는 '연도지기硏道知機'를 가훈으로 삼고 있는데, '열심히 학문을 닦아라. 그리고 세상의 이치를 아는 사람이 되어라'는 의미로 해석하고 있다.

30 문무를 겸비한 선량한 관리로
역사에 기록되다

이 정

퇴계 이황의 선조인 이정李禎은 세종 때 평안도 영변의 판관判官으로 재임하면서 자신의 감독 아래 영변진寧邊鎭을 설치하고 약산藥山산성을 쌓아 여진족의 침입을 막는데 크게 기여하고, 선산부사 등을 역임하며 선정을 펼친 인물이다.

이정의 삶에 대해서는 상세한 기록이 남아 있지 않고, 정확한 생몰년도 역시 전하지 않는다.

이정은 가문의 후손이 중심이 되어 불천위로 모신 인물로, 불천위에 오른 시기(1565년)가 기록으로 남아 있는 드문 사례다.

증손 퇴계 이황이 기록한 이정의 삶

이정의 증손인 퇴계 이황이 남긴 기록贈 嘉善大夫戶曹參判 行 中直大夫善山都護府使 諱 禎 事錄을 통해 이정의 삶을 살펴본다. 일부를 제외하고 그대로 옮긴다.

공公은 안동부의 북쪽에 있는 주촌周村에 살았으며, 묘소는 주촌 서쪽 작산鵲山(안동시 북후면 물한동)에 있다. 작산은 속칭 가창산이다. 그곳에 재암齋庵이 있는데, '작암鵲庵'이라고 한다.

조선의 선비들, 인문학을 말하다

천성이 청렴간결하여 만년에 선산부사 벼슬을 마치고 돌아올 때 집이 너무도 가난해 항상 칭대稱貸(돈을 빌림)하며 자급하였다. 공은 또한 타고난 자질이 개제愷悌(얼굴과 기상이 화락하고 단아한 모양)하였다. 또한 빠르고 용감함이 알려졌고, 말타기와 활쏘기가 남보다 뛰어났다. 일찍이 상국相國(정승) 최윤덕에게 종군하여 건주위建州衛(명나라 영락제 때 여진을 다스리기 위해 설치한 행정 구역의 하나. 이 건주위 여진이 임진왜란 때 조선과 명의 세력이 약한 틈을 타 세력을 확장해 청을 건설함)를 정벌했을 때 일이다.

도중에 큰 호랑이가 험준한 산을 등지고 굴에 살면서 부근 사람과 가축을 잡아먹으니 사람들이 감히 접근하지 못했다. 그래서 최상공崔相公이 능히 잡을 수 있는 사람을 모집할 때 공이 자청해 나서며 '지금 북쪽 오랑캐를 멸망시키고자 하는 이때에 마땅히 호랑이를 잡아서 실증을 보이겠다'라고 말한 후 곧장 말을 달려 호랑이굴 앞에 이르렀다. 말을 타고 왔다갔다하며 자극하자 호랑이가 으르렁거리며 달려나와 말 뒤꽁무니로 뛰어오르려고 덤벼들었다. 공은 재빨리 말머리를 돌리며 활시위를 당겨 화살 한 대를 쏘아 죽여 버리니 전 군중軍中이 탄복했다.

안동부에서 서쪽으로 수십 리되는 곳에 '제비원'이라는 곳이 있다. 거대한 돌을 다듬어 미륵불상을 새기고 지붕을 덮었는데, 그 높이가 수십 백장數十百丈이나 된다. 그래서 여기에 올라보는 사람은 누구나 겁이 나서 감히 아래를 내려다보지 못했다. 공은 젊었을 때 여기에 올라가서 몸을 공중으로 솟구쳐 거꾸로 뛰어내리면서 발끝으로 들보에 붙어서 내려섰다. 그 용감하고 날쌔기가 이와 같았다.

그러나 자신은 항상 자랑하지 않고 겸손하며 조심했다. 공은 벼슬길에 오를 때 과거를 거치지 않고 음보蔭補로 고을 원이 되었다가 마침내 현달에 이르렀다. 여러 고을을 거치면서 가는 곳마다 훌륭한 치적을 남겼으며, 후세에까지 이름을 남겼으니 재식材識이 뛰어나지 않았다면 어찌 이와 같을 수가 있겠는가. 공은 세조조世祖朝에 원종공신原從功臣에 올랐다.

이정이 심은 뚝향나무 '경류정 노송'

진성 이 씨 종택인 주촌종택(안동시 와룡면 주하리) 마당에 천연기념물로 지정된 뚝향나무가 있다. 30여 개의 지주가 바치고 있는 이 나무는 '경류정노송慶流亭老松'으로 그 기록이 전해오는 데, 수령이 600년 정도 된다. 1.5미터 높이에서 사방으로 퍼진 줄기들의 지름이 13미터나 된다. 나무가 차지하는 마당 면적은 50평 가까이 된다.

이정이 영변에 영변진을 설치하고 약산산성을 쌓는 대역사를 감독, 성공리에 완성하고 귀향하는 길에 '약산 소나무藥山松'을 사랑해 세 그루를 갖고 왔다. 그 중 한 그루는 본가인 주촌종택(경류정)에 심었다. 그리고 다른 한 그루는 셋째 아들 이계양(호 노송정)이 온혜에 터를 잡을 때 주어 뜰에 심게 하고, 나머지 한 그루는 사위인 박근손의 집에 심게 했다.

세 나무 다 잘 자랐으나 노송정종택 나무는 임인년 폭설에 죽어버렸고, 박근손 집의 나무는 임진왜란 때 왜병이 뿌리까지 잘라 죽여 버렸다.

경류정노송은 최윤덕의 여진 정벌(1433년) 2년 후 10년생 나무를 가져와 심었다고 보면 그 수령을 대충 산정할 수 있다.

향나무의 일종인 이 뚝향나무는 서울나무종합병원의 보호 관리를 받으며 건강하게 자라고 있다.

이정의 후손인 이만인李晩寅은 '나무 심은 지 400

조선의 선비들, 인문학을 말하다

이정이 1435년경 평안도 영변에서 가져와 주촌종택 마당에 심은 뚝향나무(천연기념물 제314호).

년 후 정해년丁亥年 12월'에 '경류정 노송기慶流亭 老松記'를 남겼다. 다음은 그 일부다.

우리 종가 경류정 옆에 노송나무 한 그루가 있는데 가지와 줄기가 뱀처럼 꿈틀꿈틀하고 서리서리 넓적하게 얽혀서 임금이 타는 수레의 덮개처럼 되었는데, 그 높이는 두어 길이 될까말까하나 실로 신기한 소나무다. …(중략)… 공은 젊어서 큰 뜻이 있었으나 음사벼슬로 맴돌아 그 뜻을 펴지 못했다. 그러나 3대가 내려가 대현大賢(퇴계 이황)이 나서 우리 동방에 영원한 행운을 가져왔으니, 공은 우리 이 씨의 근본이시다. …(중략)… 원래 솔이란 추운 겨울에도 변하지 않는 지조인데, 때는 바야흐로 추운 철인지라 군君과 나는 아무리 곤궁할지라도 의리를 잃지 말고 만년의 절개를 지키기 위해 더욱 힘써 선조의 지조를 더럽히지 않는다면 이 소나무에 대해 부끄러움이 없을 것이니 서로가 힘써야 할 것이다.

이 나무를 소재로 한 유림들의 한시 120여 수를 수록한《노송운첩老松韻帖》1책도 전한다.

이황이 현판 글씨와 기문을 쓴 '경류정'

주촌종택의 별당인 경류정은 이정의 후손(고손자)인 경류정 이연李演(1492~1561년)이 영덕과 의성의 훈도訓導를 역임하고 만년에 종가 앞산 바깥쪽 동구에 창건했으나 관리가 어려워 그의 손자 송간松澗 이정회가 종가의 서쪽 정원수(뚝향나무) 상단에 이건했다.

이 정자는 퇴계 이황이 경류정에 대해 시를 지으면서 기록한 연도가 1556년으로 되어 있어 이때 창건된 것으로 추정된다.

이연의 재종숙되는 이황은 정자 이름을 '경류정'으로 지은 후 현판 글씨를 써주며 양각하게 하고, 시 한 수題慶流亭를 지어 주었다. 정자 내부 현판 '경류정'은 미수 허목이 전서로 썼다.

종택 사랑채 옆에 있는 경류정은 문중 사람들의 회합 장소, 불천위 제사 제청, 교육 공간 등으로 사용되어 왔다.

이황은 '제경류정題慶流亭' 시를 통해 경류정 주인에게 이곳이 문중의 구심점이므로 종가의 발전에 힘써 주길 당부하며 경류정의 아름다움을 읊고 있다.

적선으로 복과 경사가 불어나고 [積善由來福慶滋]

몇 대 전한 인후함이 온 집안에 넘쳐나네 [幾傳仁厚衍宗支]

군에게 권하노니 거듭 문호를 힘써 지켜 [勸君更勉持門戶]

화수회가 위 씨 집처럼 해마다 이어지도록 하오 [花樹韋家歲歲追]

산 아래 높은 정자엔 형세가 아득한데 [山下高亭勢入冥]

온 집안사람 함께 기쁨 나누는구나 [合宗筵席盡歡情]

더욱 어여쁜 명월 가을밤 [更憐明月中秋夜]

텅 빈 난간 연못이 참으로 맑구나 [虛檻方池分外淸]

맛난 술 높은 정자에 달빛이 깃드니 [美酒高亭月正臨]

한 말 술에 백편 시를 읊을 뿐이오 [何須一斗百篇吟]

작은 연못에 비춘 달은 차가운 거울 같으니 [小塘灩落如寒鏡]

진실로 은자임을 깨달아 마음이 편하도다 [眞覺幽人善喩心]

가정 병진嘉靖 丙辰(1556년) 중추中秋 전 대사성前 大司成 황황滉 삼가 지음奉稿

이황의 시를 비롯해 경류정을 읊은 여러 사람의 시를 수록한 《경류정운고慶流亭韻稿》 1책이 전하고 있다.

'이정 불천위' 이야기

이정 불천위에 대해서는 다음과 같은 기록이 있다. 1565년 문중에서 불천위로 모시기로 결정했다. 문중에서 결정한 것으로 나와 있는데, 유림이 그 과정에 참여했는지는 명확하지 않다.

1517년 이정의 증손자 이훈의 재종숙인 송재松齋 이우(1469~1517년)가 안동부사 재직 시 이훈에게 '사대부 집에서는 모두 4대 봉사를 하고 또 불천위를 받드는데, 우리 집은 이미 신주를 땅에 묻었으니 다시 신주를 만들 수는 없고, 가창 조부님(이정)은 본조(조선 왕조)의 원종공신이고 자손에게 음덕을 끼쳤으니 내가 체임될 때 족회를 열어 불천위로 모시려고 했으나 지금 병이 깊어 실행하지 못하니 죽어도 눈을 감지 못하겠다. 군은 종장宗長으로서 내가 죽음을 앞두고 하는 말을 잊지 말고 불천위로 모실 것을 논의해 내 뜻을 이루도록 하라'고 유언을 남긴 후 사망했다.

그후 주촌(이정 문중) 종손 훈(1538년)과 연(이정의 현손자·1561년)에 이어 5대손 희안이 1563년에 사망하고, 1565년 희안의 대상大祥이 임박하면서 윗대 신위에 대한 체천遞遷이 논의되었다. 그때 송재 이우의 유언을 근거로 불천위 추대가 본격화되었다.

이 해에 퇴계 이황은 이정의 6대손 이정회에게 '가창 증조부(이정) 신주를 모셔 오고자 했으나 군의 집에 상황喪患이 잇따라 결정하지 못했더니, 지금 친진親盡한 집에서 봉사하는 것은 옳지 않고 찰방察訪 형님께서 모셔올 것을 이미 결정했으니 군은 이 뜻을 알고 모든 일을 조치하라'고 했다.

이에 이우와 문중이 결정한 내용을 이황에게 고했더니, 이황은 재삼 '송재공께서 예서를 미처 상고하지 못하고 오직 정리情理로 결정하신 일이니 받들기 어렵다'라고 했다.

이정회가 종가로 돌아와서 문중 어른에게 사정을 고하니 '문중에서 송재공의 발의에 따라 결정한 것인데 지금 이 말을 들으니 불만스럽다'라고 했다. 사흘 후 종손 이정회와 집안 어른들이 다시 계상(이황이 살던 곳)에 갔으나 이황의 뜻은 전과 같기에 또다시 의견을 고하고 돌아왔다.

수일이 지난 후 이황이 이정회를 불러 '…(전략)… 우리 형님께서도 칠십을 바라보시고 나도 장차 칠십이 되니 우리 형제가 다 죽으면 다시 가창(주촌 부근으로 진성 이 씨 선산)으로 돌아가야 하는데, 번번이 왕래하는 것도 미안하니 군이 묘우를 세울 형세가 있으면 나도 돕겠다'라고 했다.

얼마 후 사당 준공 무렵, 이황은 이정회를 다시 불러 '…(전략)… 문중에서 이미 결정한 것을 내가 예문에만 따라서 일조에 논파하는 것도 마음에 미안한 일이다. 보본추원報本追遠의 뜻을 생각해도 오히려 후하지 못하니, 문중의 논의대로 종가에서 봉향하고 그 이하 신위는 체천하도록 하라'고 말했다.

1565년, 이러한 과정을 거친 후 족회를 열어 이정을 불천위로 결정했다.

이정 불천위 제사는 기일(음력 8월 15일) 자시에 주촌종택(안동시 와룡면 주하1리) 제청인 경류정 대청에서 지낸다. 참석 제관은 60명 정도이다. 이정의 21대 종손 이세준 씨(1947년생)가 종택을 지키고 있다.

1 이정 불천위 신주가 모셔져 있는 주촌종택 사당 내부 모습

2 주촌종택 사랑채인 '고송류수각古松流水閣'

불천위 제사 참관기

영남 지역에서는 불천위가 20세기 중반까지도 새로 생겨났다. 지금은 불천위 제도가 사실상 사라졌다고 할 수 있지만 아직도 조상을 불천위로 모시기 위해 애쓰는 종가가 있는 모양이다. 어떻든 불천위 제사는 불천위 문화를 유지시켜 가는 근간이 되고 있다. 전통 농경사회에서 급격한 도시화·산업화로 생활 환경이 크게 변한 오늘날, 불천위 제사는 어떻게 진행되고 있을까? 2010년 6월에 진행된 두 종가의 불천위 제사를 참관했다.

학봉종가 불천위 제사

학봉 김성일(1538~1593년)의 불천위 제사를 보기 위해 2010년 6월 11일 학봉종택(안동시 서후면 금계리)을 찾았다.

이날 오후 5시 30분, 앞으로는 내가 흐르는 들판이 펼쳐지고 뒤에는 소나무가 무성한 야산 아래에 자리 잡은 학봉종택에 들어섰다. 여러 어른들이 앉아 있는 사랑채 마루에 올라 종손(김종길)과 인사를 나눈 후 김치와 전, 떡을 안주로 삼아 막걸리를 마시며 불천위에 대한 이야기를 나누었다. 이미 와 있는 이들을 위해 6시 30분쯤 안채에서 국수를 삶아 저녁으로 내놓았고, 식사 후 시간이 흐르면서 종택에 들어서는 사람들의 발길이 더욱 잦아졌다.

밤 9시 30분쯤 불천위 제사의 실질적인 시작이라는 분정分定(소임 정하는 일)이 시작됐다. 종손을 비롯한 주요 일가 어른들이 사랑채 방에 모여앉아 붓글씨로 집사執事를 맡은 제관 이름을 차례대로 써 나갔다. 규격에 맞춰 쓴 후 초헌初獻, 아헌亞獻, 종헌終獻, 진설陳設, 축祝, 홀笏, 봉향奉香, 봉로奉爐, 봉촉奉燭, 봉잔奉盞 등의 소임을 적어놓은 판에 붙였다.

밤 10시 10분쯤 현재 후손 중 가문을 빛낸 인물을 불천위 조상께 고하는 고유식이 시작됐다. 이는 학봉종가만의 의식이다. 고유할 대상 인물은 선출직 공무원 당선자, 일정 직위 이상의 공직자, 사법시험 등 주요 국가고시 합격자 등이다. 이날 고유한 후손은 4명이었다.

후손들 모두 사당으로 가서 사당 안팎에 자리 잡고 식을 진행했다. 사당 안 불천위 위패 앞에 간단한 음식상을 차리고 훈장, 합격증 등을 함께 올린 후 절차에 따라 예를 올렸다.

이 고유식이 끝난 후 간단히 차려진 음식과 막걸리를 나누며 이야기꽃을 피우다 12시 30분쯤 되자, 제관들이 제상이 차려진 안채로 모여 마루와 마당에 자리 잡으면서 제사가 시작됐다. 제사에 참석한 남자 제관은 50여 명이다.

제사는 정침 동쪽 뒤쪽에 있는 사당으로 가서 신주를 모셔오는 출주出主로 시작됐다. 종손과 집사자 몇 명이 사당으로 가서 출주를 고한 후, 촛불을 앞세우고 향로와 신주를 모시고 제청으로 와서 교의交椅(제사 때 신주를 모시는 높은 의자)에 봉안했다. 그리고 제상 아래에 준비해 둔, 익히지 않은 고기를 쌓은 도적都炙과 떡을 마지막으로 제상 위에 올린 후 제례를 시작했다. 종손의 초헌 후 아헌을 종부가 하고, 종헌은 학봉 후손과 학봉의 후학인 경당종가의 종손이 올렸다. 절차를 모두 끝내고 신주를 다시 사당으로 모시면서 제사는 마무리됐다.

새벽 1시 10분쯤 제사가 끝났다. 그리고 부인들이 대청과 주방에서 숙련된 손놀림으로 차려낸 음식(비빔밥 등)으로 1시 30분쯤 방과 마루, 마당에서 음복이 시작됐다.

서애종가 불천위 제사

안동 하회마을 충효당(서애종택)의 서애 류성룡(1542~1607년) 불천위 제사일은 2010년 6월 17일이었다.

16일 저녁, 350여 년된 종택 충효당에 두루마기 차림의 어른들이 속속 찾아들었다. 사랑채 대청에는 서애 14대 종손 류영하 옹이 찾아오는 이들을 맞고 있고, 안채에서는 종부를 비롯한 일가 부인들이 제수祭需를 준비하는 데 정성을 다하고 있었다.

6시 30분쯤 저녁식사를 했고, 식사 후 속속 도착하는 제관들을 맞으며 서로 담소를 나누는 가운데 시간을 보냈다. 밤 10시쯤 되자 각지에서 제관들이 대부분 도착했다. 제관들은 10시가 넘자 안채에서 떡과 술로 간단하게 차려내온 야식(서애 종가에서는 '야화'라 부름)을 먹으면서, 서로 안부와 소식을 나누었다. 바둑을 두는 이들도 있었다.

밤 12시 40분쯤, 모두 의관을 갖추고 제상이 차려진 안채의 대청과 마당으로 가서 자리를 잡았다. 50여 명의 남자 제관이 대청과 마루, 마당에 가득했다. 서애의 후손뿐만 아니라 풍산 김 씨와 진성 이 씨 가문의 사람도 참석했다. 불천위 제사에는 원래 다른 문중에서도 많이 참례했으나 요즘은 그렇지 못한 현실이다.

곧 제사가 시작되고, 먼저 종손을 비롯한 유사 5~6명이 사랑채 뒤쪽에 있는 불천위 사당에 가서 분향한 후 출주出主를 고하고 신주를 모셔와 제사상에 봉안했다. 이어 제관 모두가 신주에 인사를 드리는 '참신參神'을 시작으로 제사가 진행됐다. 마지막으로 신주는 다시 사당에 안치됐다.

제사가 끝난 시간은 새벽 1시 15분쯤이다. 제관들은 다시 사랑채로 돌아가 자리를 잡고, 제사 음식을 음복하며 문중 일에 대한 이야기 등을 나누는 시간을 가졌다. 새벽 2시가 훨씬 넘어서야 모든 절차가 끝나고, 돌아갈 사람은 돌아가고 남을 사람은 남았다.

1	2
	3

1 불천위 제사의 소임을 정하는 절차인 분정分定 모습(학봉종가).

2 안채 대청과 마당을 가득 메운 제관들이 제사를 지내고 있다(서애종가).

3 제사가 끝난 후 안채 마당에서도 제관들이 음복을 하고 있다(학봉종가).

이 두 종가의 불천위 제사는 예전과 별 차이가 없이 잘 유지되고 있는 사례에 속한다. 다만 제관의 수가 예전보다 많이 줄어들었고, 이에 따라 제수나 음복 음식의 양이 감소했다. 예전에는 제관이 수백 명에 이르고, 수많은 제관들을 위해 소나 돼지도 잡았다고 한다.

환경의 변화로 지금은 그 규모나 관심이 예전보다는 못하지만, 불천위 제사는 여전히 가문과 지역 유림의 자긍심을 유지시켜 주는 제례 문화의 역할을 하고 있다.

일부 불천위 제사의 경우, 후손뿐만 아니라 일반인도 관심을 갖고 참가하는 소중한 문화유산으로 발전할 가능성도 보인다. 충효당은 불천위 제사 참관자들이 점점 늘어날 것으로 보고, 안채 마당의 화단과 장독대를 옮겨 더 많은 사람들이 제사에 참여할 수 있도록 할 계획이다.

불천위 제사의 꽃, 도적都炙

불천위 제사 제수는 일반 제사에 비해 성대하게 마련하고, 최대한 정성을 들인다. 제수 내용은 기제사 때와 대체로 비슷하나 특별히 다른 것은 익히지 않은 고기를 쌓아올리는 도적都炙('炙疊'이라고도 함)이다. 불천위 제사에서 제사상의 꽃이라 할 정도로 중요시하는 제물이 이 '도적'이다.

불천위 제사에서 날고기 도적을 쓰는 습속은 '혈식군자血食君子'라는 데서 유래한다. 예기禮記에 '지극히 공경하는 제사는 맛으로 지내는 것이 아니라 기와 냄새를 귀하게 여기는 까닭에 피와 생육을 올린다'라고 했다. 이러한 고래의 습속에 따라 종묘나 향교, 서원의 제사에서는 날고기를 사용한다. 불천위 인물이 향교의 문묘나 서원의 사당에 배향되는 훌륭한 인물인 만큼, 불천위 제사에도 날고기를 쓰는 것이다. 혈식, 즉 날고기를 받을 정도의 훌륭한 군자인 '혈식군자'에 대한 제사이기 때문이다.

날고기를 쌓아 도적을 만드는 데는 법칙이 있다. 비늘 있는 고기鱗, 털 있는 육

조선의 선비들, 인문학을 말하다

지 고기毛, 날개 달린 고기羽 등을 골고루 쓰는데, 맨 아래에는 생선류를 놓는다. 그 위에 소고기 등 육지 고기를, 맨 위에는 날개 달린 고기를 올린다. 보통 닭을 사용한다. 서애종가에서도 맨 위에는 닭을 올렸지만, 학봉종가와는 달리 문어도 어물로 썼다.

높이 쌓아야 하는 도적은 생물이기 때문에 쌓기가 쉽지 않아 나무꼬챙이로 꿰어 균형을 잡기도 하고, 다른 제수와는 달리 남자가 장만한다. 도적을 높이 쌓기 위해 가장 하단에는 북어포 등과 같이 힘을 잘 버틸 수 있는 건어물을 까는 것이 보통이다.

불천위 제사상에는 이 도적과 떡을 가장 높게 쌓아올리는데 도적은 서쪽에, 떡은 동쪽에 놓는다.

서애종가 불천위 제사에서 사용할 도적을 쌓고 있는 모습.

4부

나라國와 가족을
먼저
생각하다

31 일흔 살에 전쟁터에 나가 전사한, 조선 무신의 정석

최 진 립

모든 측면에서 다 훌륭한 인물은 정말 드물다. 사회적으로 유능한 인물인데도 가정적으로는 미흡한 이가 있는가 하면, 청렴과 겸손을 갖췄지만 대의를 위해 자신을 희생하는 용기가 부족한 이들도 있다. 조선 시대 무신으로 경주 최 씨 종가의 불천위 인물인 잠와潛窩 최진립(1568~1636년)은 그 기록을 훑어보니, 보기 드물게 모든 면에서 사표가 될 만한 인물이었던 것으로 다가온다.

일흔에 전장에 나가 전사

최진립이 별세한 해, 병자호란으로 왕이 남한산성에서 청나라 군사들에 의해 포위당하게 됐다. 당시 충청도관찰사 정세규가 왕의 밀지를 받고 근왕勤王을 위해 군사를 거느리고 북으로 향하면서, 다른 장수에게 대신 군사를 거느리게 하고 당시 공주 영장營將이던 최진립에게는 연로하기 때문에 뒤를 따르라고 이야기했다. 그런데 용인 험천에 이르러 보니 최진립이 진중에 벌써 와 있었다.

관찰사는 최진립을 보자 "연로한 최공은 전장에 나가기에 마땅하지 않아 직산으로 돌아가게 했는데, 어찌 여기에 왔소"라며 물었다. 그러자 그는 "내 나이 늙어

248   조선의 선비들, 인문학을 말하다

결코 영장에는 합당치 않아 다른 사람이 대신하게 함이 옳소. 하지만 임금께서 포위를 당하셨고, 주장主將이 전장으로 달려가는데, 내 비록 영장 자리를 떠났다 한들 어찌 물러가리오. 하물며 나라의 후한 은혜를 입었으니 주장과 같이 죽으려고 왔소"라고 답했다.

그리고 최진립은 "내 비록 늙어 잘 싸우지는 못할지언정 싸우다가 죽지도 못하겠는가[老者雖不能戰獨不能死耶]"라며 분연히 나아갔으며, 중과부적으로 아군이 밀리는 가운데 "내 죽을 곳을 얻었도다[吾得死所矣]"라며 장렬히 싸웠다. 결국 패색이 짙자 주위 사람들을 둘러보고 "나는 여기에서 한 걸음도 움직이지 않고 죽을 것이지만, 너희들은 나를 따르지 않아도 된다" 라고 말한 후 마지막까지 활을 쏘며 분전하였다. 나중에 그의 시체를 찾으니 화살촉이 수없이 박혀 고슴도치털과 같았다고 전한다.

그의 충직한 면모를 알게 하는 사실이다. 최후의 모습만이 그랬던 것은 물론 아니다. 그는 평생 동안 무신으로서, 공직자로서 아무나 할 수 없을 정도로 엄격한 삶을 살았다.

'진짜 청백리' 삶을 산 공직자

체찰사體察使(사령관) 이덕형이 영남 지역을 순행하며 공로가 큰 장수나 병사에게 포상할 때, 최진립에게 좋은 말을 한 마리 주자 "적에게서 들어와 관물官物이 된 것인데 어찌 받을 수 있겠소"라며 거절했다. 체찰사는 크게 감탄했다. 또한 이 체찰사를 보좌해 영덕에 이르렀을 때 현감이 털부채 등을 선사하자, 받아서는 다시 자리 위에 두고 돌아갔다.

그의 이러한 모습은 충청도마량진첨절제사僉節制使 시절에도 잘 드러난다. 청렴하게 군사력 확충에만 몰두하는 그에 대해 사람들은 '가을 털끝만큼도 비리를 범한 바가 없고, 관사 안에 첩을 두지 않으며, 슬하의 두 아들이 칡신으로 서리를 밟으니 이러한 장수를 본 적이 없다'라고 칭송했다. 이러한 그를 관찰사가 현감 박유충을 시켜 그 실상을 파악하게 하였더니, 박유충이 안문기按問記를 지어 '진짜 맑은 이眞清者, 억지로 맑은 이强清者, 가짜 맑은 이詐清者가 있다. 세상에 청렴으로 이름 난 자들 모두 거짓 아니면 억지인데, 잠와만이 이와 다른 진짜 청백리'라고 칭송했다.

그가 무과 출신임에도 불구하고 이례적으로 종3품 고위직인 공조참판에 오른 것도 그의 능력과 청렴함이 두드러진 덕분이다. 당시의 기록을 보면 '최진립은 무인으로서 몸가짐이 청근清勤했기 때문에 이 직을 제수한 것'이라고 적고 있다.

이 시대 공직자들이 귀감으로 삼을 일이다.

서모에 대한 극진한 효행

효행도 남달랐다. 서모의 상을 당하자, 최진립은 그리는 정을 못 이겨 조카를 시켜 한강寒岡 정구에게 예법을 물었다. 어려서 친어머니를 잃고 서모의 돌봄으로 다행히 잘 성장해 그 은덕이 낳은 어머니와 다름없었는데 갑자기 그 상을 당해 망극한 애통이 어떻겠느냐며, '예법대로 따라야 하겠으나 양육한 정으로 말한다면 아무래도 그렇게 하지 못하겠는데, 베띠布帶·베옷布衣으로 기년朞年(만 1년)을 마쳐도 될 것인지, 신주神主를 만들어 제사를 모시고자 하는데 신주 분면粉面에 서모강성庶母姜姓으로 쓰면 거리낌이 없을 것인지' 등을 질문했다.

정구가 답하기를 '신주를 만들어도 무방한데 만약 허물 없는 좋은 사람이라면 분면에 씨氏 자를 써도 의리에 어긋나지 않을 것이다. 그런데 씨 자는 여자의 통칭으로 귀천을 가리지 않고 다 통해 쓰지만, 씨 자를 씀이 미안한 듯하면 성姓 자로 쓰는 것도 좋을 것'이라고 했다.

당시에는 첩 출신 등 계급이 낮은 부인에게는 '씨' 자 대신 '성' 자를 썼다. 신분 구별이 철저하던 당시에 이처럼 예법을 물어가면서까지 서모에 대한 정을 표현했던 일은 그의 인품과 사상이 어떠했는지를 잘 보여 주는 면모라 하겠다.

조선의 선비들, 인문학을 말하다

최진립의 차별 없는 인간애는 그와 함께 순사한 두 노비 이야기에서 더욱 드러난다.

그 인품에 반해 두 종도 함께 순사

최진립을 평생 그림자처럼 따르며 진심으로 도운 노비가 있었다. 옥동玉洞과 기별奇別이다. 임진왜란 때 최진립이 의병을 모아 왜적을 무찌를 때 팔을 걷고 앞선 이들이며, 경흥부사慶興府使 시절 장자 상을 당했을 때는 수천 리 길을 달려 슬픈 마음을 이들이 대신 전했다.

병자호란 때 마지막 순간 따르는 자에게 후퇴를 명령하고 옥동과 기별에게 "나는 마땅히 전장에서 죽으리니 너희들 중에 나를 따를 사람은 이 옷을 받아 입어라" 하고 옷을 벗어던졌다. 기별이 울면서 그 옷을 주워 입고 "주인이 충신이 되는데 어찌 종이 충노가 되지 않겠습니까"라고 한 후 함께 싸우다 순사했다. 후에 최진립의 시체를 찾았을 때 그들의 시체도 곁에 있었다.

최진립이 그들을 평생 인간적으로 대하지 않았다면 그들이 마지막 가는 길까지 함께 하지는 않았을 것이다.

후손들은 두 종의 충심을 기려 최진립 불천위 제사 때 이들의 신주도 함께 모셔 제사를 지내며 지금까지 기리고 있다. 아름다운 이야기다. 종은 인간 취급도 하지 않던 시대의 일이다.

1
2	3

1 최진립이 배향된 용산서원(경주 내남). 용산서원 현판은 당대의 명필이자 서예 이론가인 옥동 이서의 글씨다. 서원 내 최진립 위패를 모신 사당 이름인 '숭렬사우崇烈祀宇'는 나라에서 내렸다.

2 잠와종택 사당 안의 잠와 신주 감실.

3 충노 옥동과 기별의 불천위 신주.

'잠와 불천위' 이야기

최진립은 사후 15년만인 1651년에 나라에서 그에게 정무貞武(청렴결백하고 절개를 지킴을 '貞'이라 이르고, 적을 억누르고 모욕을 막음을 '武'라 이름)라는 시호를 내리고, 함경도 경원부의 주민들 요청으로 1686년 부터 부사가 사당을 세우고 위패를 봉안했다는 기록 등이 있는 만큼, 불천위는 4대 봉사奉祀가 끝 나기 전에 인정된 것으로 보인다.

1699년 경주 용산 아래(내남면 이조3리, 지금의 용산서원) 마을 선비와 주민들이 사당을 건립했고, 1700 년 겨울에 최진립 위패를 봉안했다. 1711년에 유림의 소청을 받아들여 나라에서 사당 묘액을 숭렬 사우崇烈祠宇로 내려주었다. 사당 칭호는 대제학 김진규가 정했고, 글씨는 찰방인 옥동玉洞 이서가 썼 다. 유림의 의논을 거쳐 서원 이름은 '용산서원龍山書院'으로 정했다. 용산서원 편액 또한 이서가 썼다.

불천위 기일 제사와 별도로, 병자년이 되면 나라에서 특별히 날을 잡아 잠와종택(경주시 내남면 이조 1리)에서 제사를 지냈다. 병자호란 후 첫 병자년인 영조 32년(1756년) 5월 22일(음력)에 관원을 종택 가묘에 보내 제사를 지내게 했으며, 이후 병자년이 될 때마다 나라에서 제사를 지내주었다. 이는 조선 말까지 계속됐다.

잠와 불천위 제사(음력 12월 27일)는 자시子時에 지내며, 요즘 참석 제관은 50여 명이다. 사당 내 신주 는 불천위 신주를 중앙에, 4대조 신주는 좌우에 배치하고 있다. 불천위 신주는 특별히 감실 안에 안치하고 있다.

잠와종택 불천위 제사의 특징은 충노忠奴 옥동과 기별의 제사도 함께 지낸다는 점이다. 1998년에 는 충노 불망비不忘碑와 비각을 세워 기리고 있다. 그리고 최진립 신주는 가묘家廟에, 충노 신주는 사랑채(제청)에 안치하고 있다.

종에 대한 불천위 제사는 문중에서 나중에 결정해 지내게 된 것으로 본다는 것이 종손 최채량 씨 (77세, 2010년)의 설명이다. 최 씨는 "예전에는 종의 불천위 제사에 대해 욕을 많이 했다는데 최근에 는 종도 사람 취급했다며 오히려 좋은 이야기를 많이 한다"라고 말했다.

문무를 겸비한 선비,
반란 평정으로 공신에 오르다

손소

조선 초기 문신인 송재松齋 손소(1433~1484년)는 세조 때 반란 평정에 기여한 공로로 공신이 되면서 불천위에 오르게 된 인물이다.

문무 겸비한 청백리

손소는 사람이 어질고 조심성이 있어 관리의 자격이 있다는 평을 받았다. 또한 성품이 지극히 효성스러워 어버이를 위해 언제나 외직을 자원했으며, 세 고을을 다스렸는데 가는 곳마다 맑고 검소하다는 소문이 났다.

'그 한 때 이름 있던 문장은 비록 전하는 바가 많지는 않으나 〈금오산부金鳥山賦〉, 〈금척부金尺賦〉, 〈조춘시早春詩〉, 〈백록송白鹿頌〉, 〈문장궤범발文章軌範跋〉 등 몇 편의 작품은 이미 모두 《시경》의 이아편爾雅篇과 같이 외울 만하고, 《서경》의 뜻 및 증자가 저술한 《대학》, 자사가 저술한 《중용》의 글에 의심 있는 곳을 해명한 것은 또한 능히 성현의 미묘하고 깊은 뜻을 발휘해 가히 과거에 응한 문자로만 과소평가할 수는 없다.

그러나 이것은 공에게는 아주 지엽적인 부분이다. 공의 집은 대대로 청백으로 이름났으며, 공께서는 점필재 김선생과 더불어 도의지교가 되어 상종한 지 30년에 어진 명망이 서로 동등했다. 돌이켜보건대 문헌의 증거가 없어 그 관각館閣에서 빛난 문장과 경륜을 문답한 것이 어떻게 되었는지를 알 수는 없으나 고을 정치 여러 번에 어진 덕화를 펴서 양춘 같은 덕택과 빙벽 같은 지조는 뭇사람이 칭송해 마침내 구비口碑가 되었다.

그리고 이시애의 난리를 당해 그 흉악하고 미쳐 날뛰는 형세는 마치 봉시장사 封豕長蛇(큰 돼지나 구렁이처럼 잔인하고 욕심이 많음을 비유) 같아서 잔인하게도 강토를 짓밟아 도저히 가까이 갈 수 없는 것이 요원의 불꽃처럼 번져 그 누구도 감히 날랜 칼날을 막을 자가 없었다. 공께서 일평생 문묵文墨에만 종사하시던 몸으로 분연히 뛰어들어 원수元帥의 군막에 참여, 적을 토벌하는 기묘한 전법을 사용하도록 해 결국 그 미친 도적떼를 옷소매 한 번 휘두르는 사이에 전부 소탕해 변방 백성을 편안하게 하고 종묘사직을 튼튼하게 하였으니 그 꽃다운 공열功烈과 거룩한 업적이야 어찌 우주에 빛을 떨치고 천추만세에 이름이 드리워지지 않을 것인가. 공 같은 분은 참으로 문무겸전文武兼全하여 일평생 국가를 위해 일하신 분이다.'

조선 후기 학자인 입재立齋 정종로(1738~1816년)가 손소에 대해 쓴 글 중 일부다.

금오산에 대해 쓴 〈금오산부〉

손소가 남긴 작품 중 구미 금오산을 소재로 쓴 〈금오산부〉를 소개한다. 21세 때 (1453년) 향시에 응시해 지은 글로, 글이 좋아 당대에 회자되고 악보에도 오른 글이다.

금오산 푸릇푸릇 태허太虛에 솟았도다. 옛사람 그 누가 여기에 살았던고. 나 일찍 일선군에 유적 찾아 이 산비탈에 쉬었도다. 깊은 골짝 맑은 샘물…(전략)… 옛날 길공吉公(야은 길재)은 현사賢士로서 고려 쇠운 당했건만, 충군애국 일편단심 다른 뜻 전혀 없다. 아홉 번 죽더라도 굳센 절개 변할 소냐. 아태조我太祖 용-흥龍興(왕위에 오름)하니 홀연히 산에 숨어, 혁명은 운수지만 나의 뜻을 고칠 소냐. 덕이 있어 왕이련만 두 임금은 못 섬긴다.

…(중략)… 우리 임금 여러 번 불렀으나 군은 절개 그 조정에 불참이라. 마침내 이 산에 늙음이여, 본뜻은 요동 없다. 충성은 백일白日을 관통하고 풍성風聲은 만세에 뻗으리라. …(중략)… 나 여기 기구한 골짜기를 지나면서 슬퍼하고, 드높은 봉우리에 반환盤桓(머뭇거리며 서성임)한다. 단지 보이는 것은 잔나비 우는 깊은 골짜기요, 학이 우는 높은 산마루로다. 날은 장차 저무는데 시야는 도리어 밝아진 듯, 사고무인四顧無人 적적한데 벌목 소리만 정정하다.

문신으로 이시애란 토벌 참여

1463년 5월, 집현전이 없어진 후부터 문사들을 독려할 방법이 없어 인재가 희소해지자 세조는 젊은 문신을 뽑아 본 관직을 그냥 두고 예문관에 겸직하여 학업을 익히도록 하는 겸예문兼藝文을 만들었다. 여기에 손소, 성현, 김유, 홍귀달, 최숙정 등 18명이 뽑혔다. 세조는 손소 등 겸예문 유신들을 불러 주역구결周易口訣을 논하기도 했다.

그리고 10월 세조가 양성지, 임원준 등을 불러 당시 모든 학문의 분과를 7개 부문(천문, 풍수, 율려, 의학, 음양, 사학, 시학)으로 나누고, 각 부문마다 당시의 대표적 젊은 문신을 6명씩 배정했는데, 사학문史學門에 손소·김종직·김계창·김종련·최숙정·유후복이 포함됐다.

1467년 이시애의 난이 일어나자 박중선 장군을 도와 이시애를 길주에서 토벌한다. 이로 인해 2등 적개공신敵愾功臣에 책봉된다(1등 공신은 이준, 박중선, 남이, 강순 등 10명, 2등 공신은 23명, 3등 공신은 12명).

손소에 대한 적개공신 교서 내용이다.

…(전략)… 너의 공로를 생각하면 감히 포장褒獎할 것을 잊겠는가. 그러므로 너를 적개 2등 공신에 책봉하여 각閣을 세워 초상을 그리고 비를 세워 공을 기록, 그 부모와 처자에까지 벼슬을 주되 두 계급씩 올리고, 자식이 없는 자는 그 생질이나 사위에게 한 계급씩 올려주고, 적장자는 대대로 세습하여 그 녹을 빠짐없이 주고, 그 자손들은 정안政案에 기록하기를 2등 적개 공신 손소의 후손이라 하고, 비록 죄를 범해도 용서하며 그 효과는 영세 보존된다. 그리고 사환 8명, 노비 10명, 구사丘史(공신에게 주는 지방 관노) 5명, 밭 100결, 은 20량, 옷 1습, 말 한 필을 하사하니…(후략)…

성주 백성들 손소 임기 연장 탄원

39세 때 성주목사로 근무했다. 목사牧使 임기 만료를 앞두고, 아전과 백성들이 글을 올려 그 유임을 탄원했다.

성주 고을 백성들이 진정서를 올렸다. 목사 손소의 백성을 사랑하는 정치는 근고近古에 없는 바라, 지난 경인년에는 백성을 자식같이 사랑해 온 지역이 굶주림을 면하고 백성들은 부모같이 사랑하더니, 금년에 또 흉년이 되자 마음을 다해 구휼함으로써 백성들이 잘 살았다. 이제 만기가 되어 떠나야 하지만 잉임仍任(임기가 다된 벼슬아치를 그대로 머물게 함)하도록 계를 올리니 상감께서 허락했다.

정원일기政院日記에 나오는 기록이다.

1476년(성종 7년) 임금이 충훈부忠勳府에 명령해 모든 공신들의 영상影像을 그린 후 부본을 하사해 본가에 보관하도록 했다. 이때의 손소 영상이 지금까지 전해지며, 보물로 지정돼 있다. 그리고 산호 갓끈珊瑚纓·옥연적玉硯滴·상아도象牙刀를 하사한다. 이 세 가지는 '손 씨 3보' '송첨松簷 3보'라 일컫는데, 지금까지 전해오고 있다.

손소가 사망(1484년 3월)한 지 2개월 후 임금이 사제문을 내려 제사를 지내게 했고, 3개월 후에는 임금이 태상太常(제사와 시호에 관한 일을 맡았던 관청으로 봉상시奉常寺를 말함)에 시호를 내리도록 명령, 논의 후 '양민襄敏(일로 인해 공이 있으니 襄이요, 옛 것을 좋아하여 게을리하지 않음이 敏이다)'이라는 시호를 받게 된다.

청백리인 경절공 손중돈이 그의 아들이고, 대학자 회재 이언적이 외손이다.

1 손소의 초상화. 1476년(성종 7년) 나라에서 만들어 손소에게 하사한 초상화로, 보물로 지정돼 있다.

2 손소에게 성종이 하사한 옥연적. 함께 하사한 산호영·상아도와 더불어 '송첨 3보'라 불린다.

3 서백당 사당의 불천위 신주 감실. 소박한 형태의 감실 문 중앙에 세로 버팀목이 있는 것이 특징이다.

조선의 선비들, 인문학을 말하다

'송재 불천위' 이야기

나라에서 불천위를 받은 송재 불천위 신주神主는 이전에는 지금의 관가정 영당(경주 양동마을)에 봉안돼 있었다. 관가정은 손소로부터 분가한 아들 손중돈이 지어(1514년 준공) 살던 집으로, 현 경주 손씨 종택인 서백당(1457년 건립·양동마을)으로 종가를 옮기기 전의 종가였다.

'중종 22년(1527년)에 경절공 손중돈이 봉작을 받았으며, 송재를 봉사하고 부조묘(불천위 사당)를 관가정 동쪽에 세워 나라에서 내사內賜한 영정을 사당에 함께 모셨다'는 기록이 있다. 관가정 영당은 현재 영정만 모시고, 매년 음력 3월 15일 차례를 지낸다.

손소 불천위 제사(음력 3월 7일)에는 요즘 30명 정도의 제관이 참석한다. 제청은 서백당 사랑채 마루이다. 당호인 '송첨松簷' 현판 아래 병풍 두르고 제상을 차린다. 제관들이 마루 아래 마당에 자리잡고, 밤 12시 30분쯤 제사를 시작한다. 초저녁에 지내자는 것이 종손(손성훈)의 뜻이지만, 아직은 문중 어른들 반대로 예전처럼 지내고 있다고 한다.

불천위 제사의 아헌은 종부가 맡는데, 절(4배)을 할 때 뒷모습을 남자 제관들에게 보이지 않도록 안채와 통하는 문 밖에서 한다. 종부를 비롯한 여자 제관들은 참신과 사신을 함께 하며 제례가 끝날 때까지 참여한다. 손소가 생전에 수박을 좋아하지 않아 수박은 제상에 올리지 않으며, 다른 특별한 제수는 없다는 것이 종손의 설명이다.

불천위 신주 감실은 매우 소박하며, 문 중앙에 세로 버팀목이 있는 것이 특징이다. 이 형태는 15~16세기까지의 양식이라고 한다. 불천위 신주는 가장 서쪽에, 그 동쪽에 4대조 신주가 모셔져 있다. 사당 앞에는 손소가 심은 향나무 고목이 자리 잡고 있다.

서백당은 불천위 제사 축문의 '감소고우敢昭告于' 중 '소昭'자는 '명明'자로 대체하여 '감명고우敢明告于'라고 적는다. 손소의 이름이 '소昭'이기 때문이다.

33 부친과 함께 의병 활동에 참가한 선비, 효孝가 무엇인지를 보여 주다

남 경 훈

영덕 출신인 난고蘭皐 남경훈(1572~1612년)은 짧은 생애에도 불구하고 충과 효, 학문 등 모든 면에서 훌륭한 삶을 보여줌으로써 후손은 물론 후세인들로부터 영원히 추앙받게 된, 보기 드문 인물이다.

그는 사후 87년이 흐른 후 유림의 공의公議로 불천위에 오르게 된다. 그 후 300여 년이 흐른 지금까지 난고종택(영덕군 영해읍 원구리)의 불천위사당에서는 그를 기리는 제향祭享의 향불이 이어지고 있다.

20세 때 부친과 함께 임진왜란 의병 활동 투신

남경훈의 부친은 임진왜란(1592년)이 일어나자 의병을 모집, 전쟁터로 나아갔다. 당시 20세의 청년이던 남경훈은 부친을 따라 출전해 싸울 것을 부친에게 진정으로 간청했다. 그러자 부친은 "국사가 이 지경에 이르렀으니 신하되고 자식된 자가 높은 베개에 편안히 누워 있을 세월은 아니다. 네가 약관의 나이로 전란에 임해 나라 위해 목숨을 바칠 의리를 알고서, 한 몸 죽고 삶을 계산하지 않으니 내 어찌 자식 사랑하는 애정 한 생각으로 너의 가상한 뜻을 막겠느냐"라며 허락했다.

조선의 선비들, 인문학을 말하다

이렇게 부자가 함께 출전하니 고을에서 모두 이들의 충의심에 감동, 의병에 다투어 참가했다. 남경훈은 부친과 함께 경주성 회복을 위한 문천회맹蚊川會盟에서 결사항전을 서약한 후 경주성을 수복했고, 그 후 영천성 복성 전투 참전, 문경 당교唐橋회맹, 대구 팔공산회맹 등을 통해 전공을 세웠다.

당시 의병장 망우당 곽재우에게 계책을 올렸는데, "…(전략)… 지금 명나라 군대가 번개처럼 몰려오니 궁핍한 것은 군량미이고, 의사들이 구름처럼 모여드는데 부족한 것은 군수품입니다. 국가의 창고에 쌓아 두었던 많은 곡식은 오히려 도적의 식량이 되었고, 국가의 좋은 무기는 왜구가 사용하게 되었으며, 개인의 재산도 바닥이 나고 농사는 흉년이 들어 갖춰야 할 것들을 놓쳤으니 조속히 군량을 비축하고 병기를 만드는 방책에 유념하십시오"라고 했다.

정유재란(1597년)이 일어나자 다시 창녕 화왕산성진으로 달려가 참전했다. 당시 화왕산성회맹에 참가하고 전투에 참전한 의병들을 추모하고 있는 대구 망우공원의 임란호국영남충의단 감실에는 이들 남경훈 부자의 위패가 봉안돼 있다.

참전 후에는 학문에 몰두

임진왜란 때 의병들은 한두 곳, 또는 1~2회 참전한 이들도 그 공적으로 공신이 되고 음직蔭職으로 출사出仕하는 이들이 많았으나 7년 동안 전장을 누빈 남경훈은 공신록功臣錄을 받아 음직으로 출사할 수 있었는데도 모든 공을 부친에게 돌리고 학문에 몰두했다.

남경훈은 1605년 향시鄕試에서 장원하고, 이듬해에 사마시司馬試에 응시해 합격한다. 당시 시관試官이던 우복愚伏 정경세는 그의 문장을 보더니 무릎을 치며 "이는 세속 선비들의 흔해 빠진 사장詞章의 학문이 아니다"라고 칭찬했다. 남경훈은 이어 성균관 진사進士에 선발되면서 학문이 높다는 소문이 자자해졌다.

하지만 남경훈은 오히려 그런 소문이나 명성을 부끄럽게 여기고 시를 지어 자조自嘲했다. 그런 그는 벼슬의 뜻을 접고, 집 정원의 동쪽에 연못을 만들어 연꽃을 심고 고기를 기르며 심신을 수양했다. 그리고 연못가에 정자인 '난고정'을 짓고(1606년) 스스로 '난고거사'라 부르며 지냈다. 그는 옛사람들의 전적을 읽기 좋아하고, 오로지 의리의 근본을 정밀히 연구하며 몸을 닦고 행실을 삼가는 생활로 일관했다.

그는 매일 새벽에 일어나 의관을 정제하고 부모님께 문안을 드린 후 책상 앞에 앉아 밤이 늦도록 책을 읽었으며, 침식조차 잊을 때도 있었다.

그는 문장도 뛰어났다. 문장을 짓는데 정밀하면서도 간결하였고, 시도 고고해 사람들이 '산남문장山南文章'이라고 일컬었다.

난고종택(영덕군 영해면 원구리)의 사당 전경. 이곳 사당은 불천위신주(맨 서쪽에 봉안) 및 4대조 신주를 모신 불천위사당과 체천위 신주를 모신 사당인 체천위별묘遷位別廟가 함께 있는 것이 특징이다. 오른쪽 건물이 별묘다.

아버지 대신 옥살이로 병 얻어 별세한 효행

남경훈은 어릴 때부터 효행이 남달랐다. 처음 배움을 시작할 때 《효경》이 부모를 섬기는 방책이 된다는 것을 듣고는 어른에게 청하여 그 가르침을 받아 신명처럼 받들어 실천했다.

겨울에는 따뜻하게, 여름에는 시원하게 지내도록 최선을 다하고, 저녁에는 이부자리를 보살피며 아침에는 밤 동안의 안부를 물었다. 그리고 하찮은 음식이라도 즐겁게 먹을 수 있도록 최선을 다했다. 모든 일에서 반드시 부모의 뜻을 공손히 받들며, 혹시라도 그 뜻을 거스를까 두려워했다.

어버이가 아프면 몸소 약을 끓이고 죽을 쑤었다. 아버지 조산공朝散公(南義祿)이 병환 중에 물고기를 먹고 싶었으나 구하지 못하자, 남경훈은 어머니 상을 당한 상주 신분임에도 불구하고 아버지를 위해 잉어를 잡아 대접해 병환이 낫게 했다. 그 소문을 듣고 탄복하지 않는 이가 없었다.

부친이 만년에 억울한 농민을 대표해 임진왜란 후 수탈이 극심한 탐관오리 영해부사를 탄핵하다가, 도리어 관원을 능멸했다는 것과 무리의 수괴라는 죄목으로 잡혀가 안동 감영으로 이송돼 감옥에 갇히게 되었다. 남경훈은 순찰사에게 원통함을 호소하고 자신이 늙은 부친의 옥고를 대신하겠다며 날마다 피눈물로 호소했다. 순찰사는 그 효성에 감동해 허락했고, 남경훈은 부친 대신 감옥에서 그해 가을부터 이듬해 봄까지 추운 감옥에서 옥고를 치른다. 이 사건은 결국 무죄로 판명되고 영해부사는 파직되었다.

하지만 이때 겪은 고초로 병을 얻게 된 그는 1년 가까이 고생하다가, 1612년 겨울에 결국 운명하게 되었다. 극진한 효심은 부친보다 8년 먼저 생을 마감하게 했다.

부모에 대한 효심뿐만 아니다. 숙부가 일찍 세상을 떠나 뒤를 이을 사람이 없게 되자 그는 자신의 어머니를 모시듯 숙모를 봉양했다. 병환이 있으면 의원을 찾고 약을 달이는 데 정성을 다했다.

난고가 남긴 가훈

성품이 장중했던 그는 평소 침묵을 지키며 말과 웃음이 적었다. 그리고 남의 장단점을 말하지 않았다. 청렴하고 개결하여 다른 일에 연연하지 않았다. 명리를 하찮게 보아 늘 겸양으로 자신을 삼가며, 남들에게는 한결같이 화기로 대했다. 종일토록 말을 빨리 하거나 얼굴빛을 바꾼 적이 없었다. 덕분에 집안이나 고을에는 화기가 돌았다.

그는 "나는 남보다 나은 행실이 없지만 일생토록 분수 밖의 짓을 하지 않았고, 법도에 맞게 살면서 더욱 공평하고 질박하도록 노력했다"라고 밝혔다.

다음은 남경훈이 남긴 가르침으로 가문에 대대로 전해 내려오는 가훈이다. ▲ 어버이에게 효도하며 자식된 도리를 다하라. ▲ 자손들은 선조에게 보답하고 종통을 중히 여겨라. ▲ 일상생활에서도 근본을 두텁게 하며 직분을 다하는 것을 급선무로 하라. ▲ 행실을 조심하고 사람을 편하게 대하며 남의 장단점을 말하지 마라. ▲ 용모를 바르게 하고 절도를 지키도록 조심하라. ▲ 평소 근검하고 가례는 간소하게 하라. ▲ 공을 앞세우지 말며 칭찬을 부끄럽게 생각하라.

'난고 불천위' 이야기

유림불천위인 난고의 불천위 제사는 1699년(숙종 25년)부터 지내오고 있다.

난고 불천위 제사(음력 11월 10일)는 자시子時에 난고종택(영덕군 영해면 원구리) 만취헌晚翠軒 대청에서 지낸다. 난고의 증손자인 만취헌 남노명이 강학의 장소로 건립한 만취헌은 본채와 별도의 건물로 제사와 교육, 문회門會 등 장소로 활용됐다. 종택을 지키고 있는 난고의 16대 종손 남석규 씨(65세, 2010년)는 제사 절차나 제수는 다른 종가와 특별히 다른 것이 없으며, 참석 제관은 30~40명이라고 했다.

난고종택에는 다른 종가에서는 볼 수 없는 사당이 있는데, 그것은 바로 체천위별묘遞遷位別廟이다. 불천위 신주와 4대조 신주가 봉안돼 있는 불천위 사당 앞에 이 별묘가 있다. 체천위를 모시게 되는 후손의 편리를 도모하기 위해 특별히 지은 사당이라고 했다.

조상 기제사는 제주인 종손의 4대조, 즉 고조부모까지 지낸다. 종손이 별세하면 그 아들(차종손)이 제사를 지내게 되는데, 이때 새 종손 부친의 고조부모는 종손에게 5대조부모가 되므로, 그 신주는 땅속에 묻게 된다. 그러나 예외가 있다. 종손에게 5대 조부모가 되는 분도, 그 신위의 주인공이 4대조에 해당하는 후손이 살아 있으면 신주는 땅속에 묻지 않고 그 후손이 기제사를 지내게 된다. 이때 종가 사당에 있던 종손 5대 조부모 신주는 체천遞遷(다른 곳으로 옮김)해 모시게 된다. 이 체천위 신주를 봉안하기 위해 별묘를 건립한 것이다.

또한 난고 불천위 신주는 다른 많은 종가의 불천위 신주와 달리, 난고의 장례를 치를 때 만들어 모신 신주가 그대로 지금까지 유지하고 있는 점이 특징이라고 설명했다. 많은 불천위 신주가 4대봉사가 끝난 후 땅속에 묻어 없앴다가 나중에 불천위에 오른 후 다시 신주를 만들어 모시는 것과 다르다는 것이다.

1	2

1   난고종택 사당의 3개 문 중 좌측 문 위에 '난고선생불천위지묘' 현판을 걸어 두고 있다.

2   난고종택 사당 내 불천위 신주 감실과 주독 모습. 신주 감실이 벽체로 돼 있고, 감실 문의 형태도 여느 종가 사당과 다른 모습이다.

34 부하를 혈육처럼 사랑한 무장, 선정의 모범을 보여 주다

박의장

청신재淸愼齋 박의장(1555~1615년)은 경북 영덕이 낳은 불천위 인물 중 한 사람이다. 호 청신재보다는 시호를 호칭으로 삼은 '무의공武毅公'으로 더 잘 알려진 박의장은 무과 급제한 무신이다. 임진왜란 때 세운 혁혁한 공적(선무원종 1등 공신)을 주된 업적으로 시호를 받고 불천위에 오른 박의장은 무장으로서 뿐만 아니라 목민관으로서도 남다른 치적을 남겼다.

부하를 혈육처럼 사랑한 무장

박의장은 청렴강직한 성품의 충신이었다. 생명을 걸고 전투에 앞장섰던 그는 경주부윤 시절 '몸소 100번 싸움터에서 승리하더라도 나의 공로라 말하지 않는다[身經百戰口不言功]'라는 것이 자신의 좌우명이라고 밝히기도 했다.

그는 또한 참으로 겸손한 인물이었다. 경주부윤으로 재임할 당시, 무인으로서 전쟁의 혼란한 시기에 과분한 자리를 맡은 것으로 생각하며 더 유능한 인물로 교체할 것을 요청하는 겸양의 자세를 견지했다. 그는 직위를 탐내지 않고 "별장직別長職이라도 주어 적을 치게 해 주면 생명을 걸고 싸우고, 1만 번 죽더라도 국은에 보답하겠다"며 체임遞任을 거듭 요청했다.

이처럼 그는 언제나 능력 이상의 소임을 맡고 있다고 여기며, 더 능력 있는 인물로 자신의 자리를 대신해줄 것을 수시로 상부에 요청했다. 그런 그에 대해 조정에서는 오히려 품계를 올리고 상을 내렸다.

병사를 혈육처럼 사랑하는 마음도 각별했다. 박의장이 전장에서 고락을 함께하다 사망한 군사들을 위해 지은 제문이 남아 있다. 그 〈제전망장사문祭戰亡將士文〉의 서두에 이렇게 쓰여 있다.

> 슬프다. 너희들 사졸들아! 몸은 죽었으나 영혼만은 있을지라. 너희들은 영특하니 영혼도 밝으리라. 나의 말을 들어보라. 나의 말은 슬프구나. 군사를 훈련한 지 이제까지 7년이라. 내가 너희 장수되어 군은 언약 서로 맺어, 살아도 같이 살고 죽어도 같이 죽고, 나의 옷을 네가 입고 너의 밥을 내가 먹고, 한 집에서 잠을 자고 활을 쏘며, 술도 나누었네. 부윤은 누구이며, 백성은 누구였더냐. 먹은 마음 같으니 혈육과 다를 소냐.

그는 임진왜란 중 50여 회의 전투에서 공을 세운 것으로 전하고 있다. 특히 영천성 수복 전투, 경주성 수복 전투(이장손이 발명한 비격진천뢰 처음 사용), 대구 파잠전투, 울산 전투 등은 나라의 운명과도 관련된 중요한 전투였다.

백성 요청으로 상喪 중에도 공무에 복귀

그는 효심 또한 지극했다. 경주부윤 재임 시절 부친의 병환을 돌보지 못해 애절한 심정이었으나 왜적의 침략 공세가 날로 심해져 휴가를 얻지 못했다. 그러다가 위독하다는 기별을 듣고 밤낮으로 달려갔으나 임종을 보지 못했다. 그 일로 그는 평생 마음 아파했다.

그는 상을 당한 후 상기喪期를 1년도 넘기기 전에 기복起復(상중에 공무를 수행하는 일)하라는 명이 내려, 경주 임소任所로 돌아가야 했다. 그의 선정을 잘 아는 경주부 민들이 박의장이 빨리 복귀해 경주를 다스려 줄 것을 나라에 진정했기 때문이었다. 부민들은 민심을 수습하고 구원병(명나라 군대)을 접대하며 적을 막아 경주를 지키는 데는 어진 관리이자 명장인 그가 잠시도 없어서는 안 되니 빨리 기복 명령을 내려 달라고 진정을 올렸던 것이다. 그의 인품과 능력이 어떠했는지를 알게 하는 일이다. 그해 가을 적세가 조금 약해지는 듯해 고향 빈소에 다녀오고자 휴가를 청하는 글을 올려, 잠시 다녀올 기회를 얻을 수 있었다.

아우가 세상을 떠난 후에는 혼자 있는 노모의 슬픔이 이루 말할 수 없으므로, 모친을 모시기 위해 공홍도수군절도사公洪道水軍節度使 직책을 바꿔줄 것을 요청하는 상소문을 올렸다. 다음은 상소문을 요약한 것이다.

전란 중이라 아버지의 임종도 지켜보지 못하고 상주 노릇도 못했으니, 신하된 직분으로는 당연한 일이나 자식이 된 도리로서는 죽는 날까지 한스러움이 끝이 있 겠습니까. 그래서 어머니 곁을 멀리 떠나지 않고 끝까지 봉양하려 했습니다. 성은 이 지중해 다시 경상도병마절도사의 임명을 받아 모자간의 안부라도 서로 듣게 되 어 어머니의 마음을 조금이나마 위로할 수 있었는데, 이렇게 먼 서방의 공홍도수군 절도사의 직을 받게 되어 팔십 노모는 밤낮 울어서 병이 날 지경이고, 모자가 천리 밖에 서로 떨어져 만나볼 수도 없으니 마음이 산란하여 사무가 손에 잡히지 않습 니다. 모자가 죽기 전에 만나게 해주시면 살아서는 충성을 다하고 죽어서는 결초 보은하겠나이다.

이 상소문을 본 임금은 1614년 2월에 첩지를 내려 경상도수군절도사로 자리를 바꿔 그 원을 들어주었다.

그 후 지방 순찰을 겸해 자주 집에 다니라는 명을 받아 집에 잠깐 다녀왔다. 그때 가족에게 집으로 돌아가 어머니를 모시고자 하니 집을 수리하라고 부탁했다. 건강 등을 이유로 퇴직한 후 고향에 돌아가 죽기를 원하는 상소문을 작성했으나 상소문이 조정에 전달되기 전에 마비 증세가 다시 갑자기 나타나 쓰러졌다. 그는 북쪽 하늘을 향해 "하늘이여 노모를 어찌하오리까"라고 말한 후 운명했다.

선정善政으로 주민들의 유임 간청이 이어져

박의장은 경주부 한 곳에서 9년(판관 2년, 부윤 7년)을 목민관으로 재임하면서 부민들의 민생 안정에 혼신의 힘을 다했다.

난중이라 백성은 도탄에 빠지고, 조정에서는 수령에게 요구하는 바가 많아 감당하기가 어려웠다. 곡식을 거둬야 하고 부역도 시켜야 하니 민심은 점점 험악해졌다. 수령으로서 그냥 볼 수가 없어 1597년부터 도체찰부에 부민의 고통을 덜어달라고 세 번이나 진정하는 등 민생 안정을 위해 최선을 다했다.

1595년 경주부민들이 '저희들의 부윤은 넘어지는 것을 붙들고 시드는 자에게 기운을 주며, 죽은 자를 살리고 공사를 분명히 하며, 군과 민을 다함께 보호한 드문 인재입니다. 저희들이 난리통에 이러한 부윤을 만나지 않았던들 벌써 죽고 말았을 것입니다. 생계가 정돈되지 않은 상황에서 체임의 기한이 다가왔으니 남아 있는 백성들은 살길이 막히는 것 같습니다. 원컨대 3년간만 더 머물게 해 경주의 백성들로 하여금 뿌리를 박게 해준다면 전하의 지극하신 은혜가 되겠나이다'라며 임금에게 所府民願留上言狀를 올렸다.

1598년에는 그가 고향의 숙부로부터 양곡 700석을 조달받아 명군과 아군의 군량미로 충당하고, 아사 직전의 부민들을 구휼했다. 차차 민심이 안정되고 농사일을 하는 백성들도 늘어났다.

이에 앞서 1594년에도 경주부민들은 어질고 훌륭한 부윤을 다른 곳으로 보내

1   무의공종택(영덕군 축산면 도곡리)의 사당 전경.

2   무의공이 사용하던 복숭아 모양의 음료수 잔인 도형배(무의공종가 제공).

3·4   박의장 내외분 불천위 제사 때 사용하던 제기인 적기炙器와 향로(무의공종가 제공).

지 말아달라고 애원하며, 그의 유임을 원하는 〈부민원류장府民願留狀〉을 관찰사와 어사에게 올렸다.

1599년에는 옥산서원 유생들에게 〈諭玉山書院諸生文〉이라는 글을 보내 '8년 동안의 병화로 전쟁에 얽매여 생명을 보전하는 데 급급하여 글 읽고 가르치는 것이 멈췄으니, 이제 창을 던지고 글을 읽어 향학의 열을 올려야 한다'라고 강조했다. 그는 모든 가정의 7~16세 아이들 명부를 작성하고, 유생들은 이들을 책임지고 글을 가르치도록 했다. 그리고 공부를 게을리하는 자는 벌을 주고, 우수한 자는 상을 주되, 지도하는 스승까지 같이 상벌을 주도록 했다. 오늘날 의무 교육과 유사한 정책으로, 전례를 보기 어려운 일이다.

난이 끝나자마자 후세 교육에 각별히 정성을 쏟은 점은 참으로 지도자다운 면모라 하겠다.

불천위 톡! 톡!

'청신재 불천위' 이야기

청신재 불천위는 1622년 자헌대부 호조판서로 추증追贈하는 교지를 내릴 때 교지 끝에 '명 부조命
不祧'라는 문구가 있어, 그때 불천위에 올랐다는 것이 무의공종가의 설명이다. 현재 그 교지는 분실
해 없으나 족보에 그 기록이 남아 있다고 했다.

청신재 불천위 제사(음력 1월 24일)는 부인의 신주를 함께 모시는 합설로 무의공종택(영덕군 축산면 도
곡리) 사랑채에서 자시에 지내며, 제관 20~30명이 참석한다.

제주는 노종부(현재 홀로 종가 지킴)가 담가 사용했으나 너무 연로해서 요즘은 제주를 담그지 못하고
있다. 대부분의 종가들이 비슷한 상황으로, 전통 음식 보존 측면에서 안타까운 현실이기도 하다.
무의공 15대 종손 박연대 씨(1965년생)는 서울에서 사업을 하며 생활하고 있다.

청신재 불천위 신주는 6·25 전쟁 때 큰 수난을 당하게 된다. 피란을 가야 할 상황이라 종택 사당
에 모시고 있던 불천위 내외 신주와 4대조 내외 신주를 임시로 매혼해야 했다. 그 결과 3~4년 동
안 신주 없이 제사를 지내야 했으며, 전쟁이 끝난 후 불천위 신주만 다시 만들어 봉안하게 되었다.
그래서 현재 사당의 4대조 신주 감실에는 신주가 없는 상태다.

종택 건물도 일부 파괴됐으나 사당은 다행히 괜찮았다. 사당은 시호를 받기 전에는 초가였으나 시
호와 함께 부조의 명이 내린 이후 기와로 바꾸었다고 한다.

6·25 전쟁 때 종택이 인민군 병원으로 사용돼, 당시 인민군들의 무지로 칼, 투구 등 많은 유물이
훼손되고 논밭에 버려졌다. 무장 출신이라 무기와 호패 등의 유물도 많았는데, 방 뒷벽을 떼어내고
훔쳐가는 등의 도난을 견디다 못해, 종가는 10년 전(2013년 현재) 유물 2천여 점을 한국학중앙연구
원에 기탁했다.

조선의 선비들, 인문학을 말하다

송 희 규

훌륭한 송공宋公은

타고난 성품이 강열剛烈하여

정색正色하고 조정에 서니

아무도 그 뜻을 꺾지 못했도다

좌우에서 두드리고 흔들수록

절의와 지조는 더욱 굳었도다

비록 사람과는 어긋났어도

하늘에는 한 점 부끄러움 없었도다

갈암葛巖 이현일(1627~1704년)이 야계倻溪 송희규(1494~1558년)의 묘비명墓碑銘을 지으면서, 마지막 부분에서 그의 인품을 표현한 시의 일부다.

이처럼 강직한 성품의 인물이었던 송희규는 당시 사회의 최고 덕목이었던 효제충신孝悌忠信을 누구보다 잘 실천하는 삶을 살았다. 그래서 모두가 칭송하는 인물이 되었다. 부모에게 효도하고 형제자매와 우애롭게 지내며, 국가와 사회를 위해 열성을 다하는 것은 지금 사회에서도 누구나가 실천해야 할 덕목이다.

효도하지 못하면 사람이 아니다

몸가짐은 다만 효도하고 공경함이며 [持身祗是孝而悌]

뜻을 세움은 마땅히 신의와 충성이다 [立志要當信與忠]

만약 사람마다 이 도리를 안다면 [若使人人知此道]

어찌 망국하고 패가할 일 있으랴 [則何亡國敗家有]

송희규가 7세 때 지은 〈독소학〉이라는 시다. 남달리 총명했던 그에게 어릴 때부터 이 같은 덕목이 자신의 삶을 지배할 핵심 가르침으로 다가왔던 것 같다. 그는 8세 때 할머니가 별세하자, 부친과 함께 항상 빈소에 머물면서 고기 반찬이나 마늘 양념을 들지 않았다 한다.

10세 때는 《맹자》를 읽다가 '인仁이 있으면 그의 부모를 잊어버리지 못하고, 의義가 있으면 그의 임금을 뒤로 하지 못한다'라는 글귀를 보고 감탄하면서 "사람이 부모를 잊어버리고 임금을 뒤로 한다면 금수禽獸와 다를 것이 무엇이겠느냐"라고 했다. 이에 부친이 "네가 집에서 부모에게 효도하는 것은 아는 바이지만, 입신하여 임금에게 충성해야 하는 것도 아는구나" 하며 칭찬하자, "자식이 되어서 불효하면 사람이 아니고, 신하가 되어서 불충하면 또한 사람이 아닙니다"라고 말했다.

송희규는 효제와 충신을 아는 것만이 아니라 실제로 실천했다. 부모가 살아 있을 때는 정성을 다해 봉양했고, 부친이 위독할 때는 목욕시키면서 대변을 맛보며 건강 상태를 보살폈다. 1523년 5월에 부친이 사망하자 3년 동안 여막 밖을 나가지 않았다.

그리고 두 형과 세 아우가 있었는데, 우애가 각별했다. 집안의 재산은 사사롭게 쓰는 법이 없었으며, 모두 형제에게 나눠 주고 못사는 친척들에게 베풀었다. 주변 사람들이 모두 감복하는 것은 당연한 일이었다.

나중(1543년)에 이 같은 사실에 대해 경상도관찰사로 있던 회재晦齋 이언적이 장계狀啓를 올리니, 조정에서는 정려旌閭를 내렸다. 《왕조실록》의 기록이다. 그의 연보年譜에는 그가 별세한 해인 1558년에 칠봉七峯 김희삼이 그 효행을 관에 알렸고, 관에서 그 일을 나라에 보고해 정려각이 세워졌다고 전하고 있다.

뼈가 갈리더라도 내 뜻을 빼앗을 수 없다

을사사화乙巳士禍 당시의 일이다. 중종이 죽고 인종이 즉위(1545년)하자 인종의 외숙인 윤임(대윤)과 인종의 이복 동생 경원대군(후일 명종)의 외숙인 윤원형(소윤)이 세력다툼을 한다. 같은 해 인종이 아들 없이 사망하고 어린 명종이 즉위하니, 명종의 모후인 문정왕후가 수렴청정을 하며 윤원형을 시켜 대윤 일파를 숙청하게 했다.

문제는 소윤이 명분 없이 대윤 일파를 숙청하려 하고, 숙청이 조정 대신들의 공식 논의를 거치지 않고 문정왕후의 밀지密旨에 의해 단행됐다는 점이다. 이에 대간臺諫을 중심으로 한 관리들이 밀지의 불가함을 들어 연일 상소를 올렸다. 야계는 당시 사헌부 집의執義로서 이 일의 부당함을 가장 강경하게 주장했다.

《연려실기술》은 당시 송희규의 언행에 대해 기록하고 있다.

중학中學에서 회의를 하던 날 공(야계)은 스스로 그 사태를 짐작하고 동료에게 말하기를 '대신에게 죄가 있으면 드러내 죽일 일이지, 태평성대에 밀지를 내리는 것이 어찌 밝은 세상의 일인가' 했다. 대사헌 민제인이 밀지를 극렬히 추진하려고 하자 공은 '윤원형이 임금의 외숙으로서 임금을 옳은 길로 인도하지 못하고 도리어 비밀히 국모에게 의뢰해 사람들을 해치려 하니 이것이 될 말인가. 오늘 반드시 먼저 이 사람을 제거해야만 나라의 기강이 바로 설 것이다' 하고 김저, 박광우 등과 더불어 팔을 걷어 부치고 큰 소리를 지르는 데 의기가 늠름하여 건드릴 수가 없었다.

윤원형의 무리는 외모가 왜소한 송희규를 협박하기도 하고 회유하기도 했지만, 그는 "내 머리가 부숴지고 내 뼈가 갈리더라도 내 뜻을 빼앗을 수는 없다"며 끝까지 뜻을 굽히지 않았다. 충재沖齋 권벌은 이 말을 듣고는 감탄하며 말하기를 "사람을 용모로 판단해서는 안 된다"라고 말했다.

이 사화로 많은 사람이 화를 입었고, 송희규도 파직당했다.

5년 유배 후 고향 성주에서 '야계산옹倻溪散翁'으로 지내

사람의 욕심이 들어올 틈이 없으니

천리天理는 오직 밝고 빛나네

학문은 세상에 영합하지 않고 속이지 않으며

덕업은 자신도 깨닫지 못하는 사이에 닦였네

움직이면 천하에 도가 되고

말을 하면 천하에 법이 되네

우주의 동량을 부지扶持하면서

생민生民의 주석柱石되어 안정하게 하네

이것이 이른바 세상에 이름난 참 선비眞儒이니

성인의 덕으로 정중正中한 자이다'

송희규가 남긴 〈진유부眞儒賦〉의 일부다. 그의 삶을 엿볼 수 있는 글이다.

송희규는 을사사화 이후 1546년 대구부사에 임명되었으나 사화 여파인 양재역 벽서사건에 연루돼 전라도 고산高山으로 귀양을 가게 되었다. 귀양처에서 거처하는 집의 이름을 '양정養正'이라 짓고 날마다 주변의 유생과 더불어 강학을 게을리하지 않았으며, 경학經學에 심취하며 자적自適하였다. 많은 고을 선비들이 그의 가르침을 받기도 했다.

야계 송희규가 1552년에 처음 건립해 만년을 보낸 백세각(성주군 초전면 고산리). 이 야계종택 안채 다락방은 파리장서 사건을 모의한 곳으로도 유명하다.

　5년간의 유배 생활 후 1551년에 사면되어 고향인 성주 고산정高山亭 마을에 돌아와 집百世閣을 짓고 '야계산옹倻溪散翁'이라 스스로 호를 지어 유유자적했다. 다시는 벼슬에 나아가지 않았다.

　송희규는 1515년 성균관에서 함께 수학한 회재 이언적과는 오랫동안 교유했고, 퇴계 이황과도 가깝게 교유했던 것으로 보인다. 전라도 귀양에서 돌아온 후 퇴계와 소백산 유람을 약속했으나 병으로 가지 못했고, 이듬해에는 이황과 청량산에서 모이기로 했으나 이황이 대사성에 임명돼 서울로 가게 되면서 성사되지 못했다.

　송희규는 1558년 집에서 별세했다. 1870년에 자헌대부 이조판서에 증직贈職되었고, 1871년(고종 7년) '충숙忠肅(임금을 섬기는 데 절개를 다하는 것이 '忠'이고, 자기 몸을 바르게 하고 아랫사람을 잘 거느리는 것을 '肅'이라 함)'이라는 시호가 하사되었다.

1 　백세각 건물 좌측에 있는 야계 불천위 사당. 야계 내외
　　　신주와 종손 4대조 신주가 봉안돼 있다. 사당 단청 그림
　　　중에 사군자가 있는 점이 특이하다.

2 　야계 신도비神道碑(죽은 이의 삶을 기록하여 기리는 비석
　　　으로 무덤 앞이나 길목에 세움). 고산리 마을 뒤쪽에 있으
　　　며, 비문은 갈암葛巖 이현일이 지었다.

불천위 톡! 톡!

'야계 불천위' 이야기

▶

야계 불천위는 1871년 '충숙忠肅'이라는 시호가 내리면서 결정된 것으로 보인다. 야계 20대 종손 송만수 씨(1950년생)의 설명이다.

야계 불천위 제사(기일은 음력 4월 18일)는 야계종택인 백세각(성주군 초전면 고산리) 안채 대청에서 비위 신주를 함께 모시는 합설로 지낸다. 제사 시간은 제관들의 편의를 위해 2003년부터 기일 초저녁으로 바꿨다. 참석하는 제관들의 점점 줄어드는 상황이라 제사 시간을 변경했다. 시간 변경 후부터는 50여 명의 제관이 참석한다. 아헌과 종헌은 참석 제관 중 연장자가 맡는다.

야계 불천위 신주는 백세각 왼편에 있는 사당에 봉안돼 있다. 사당 중앙에 불천위 신주가 있고, 좌우에 4대조 신주가 모셔져 있다.

1992년에는 불천위 내외 신주가 도난당하는 일이 발생, 종손을 혼비백산하게 했다. 신주를 보관하는 감실을 도난당하는 경우는 종종 있으나 감실은 놔두고 신주만을 훔쳐 가는 경우는 처음 듣는 일이었다. 다행히 두 달 후에 신주가 제자리에 돌아와 있었다고 한다. 이 일이 있고 나서 대구에 살던 종손은 종택으로 들어와 살기로 작심했다고 한다. 종손은 그 후 홀로 종택으로 들어와 집을 지키고 있다.

종택인 백세각은 송희규가 1551년 귀향, 건축을 시작해 이듬해인 1552년에 완성한 'ㅁ' 자형 가옥이다. 청렴했던 그가 비교적 큰 가옥인 백세각을 마련할 수 있었던 것에 대해, 종손은 야계의 아들 정자공의 부인 고령 박 씨가 많은 재산을 가져와 가능했다고 설명했다.

백세각은 1919년 3·1 운동 후 경북 유림이 파리 만국평화회의에 보낼 파리장서를 기초하며 모의한 장소이자, 성주장날(4월 2일) 만세시위운동에 사용할 태극기를 제작·보관한 곳으로도 유명하다. 당시 파리장서에 처음 서명한 사람은 143명이었으나 야계 후손 송준필 등 6명은 종가의 대가 끊길 우려가 있어 최종 명단에서는 빠졌다고 한다.

백세각 사랑채 마루에는 한석봉 글씨의 '백세각', '야계고택' 현판이 걸려 있는데, 원본은 아니고 1995년 후손의 실화로 사랑채가 불타면서 타다 남은 현판을 토대로 다시 만든 것이라 한다.

송만수 종손은 "야계 선조는 청렴하고 강직한 분으로 그 삶을 '안분지족安分知足', '백세청풍百世淸風'으로 요약하고 싶다. 후손들도 이 정신을 이어받고자 노력한다"라고 말했다.

36 문무를 함께 갖춘 충신, 격문과 대화로 적을 물리치다

장 말 손

조선 전기 문신인 송설헌松雪軒 장말손(1431~86년). 시호는 안양安襄이다. 그는 세조 때 강순의 휘하에서 이시애의 난을 평정하는 공을 세움으로써 공신의 녹훈을 받고 연복군延福君에 봉해졌으며, 불천위에 오른 인물이다.

장말손이 별세한 후 성종이 내린 사제문賜祭文에서 그에 대해 다음과 같이 표현했다.

타고난 성품은 순수하고 성실하며 [性質純慤]
학식은 통달하였네 [學識疏通]
충성스럽고 의로운 도리는 [忠義之道]
실로 마음 깊이 새겨 잊지 않는 바였네 [實所佩服]

문무 겸비, 변방의 적 소탕에도 큰 역할

장말손은 1453년 23세 때 사마양시司馬兩試에 합격하고, 1459년(세조 5년) 문과에 급제했다. 이때 점필재 김종직도 함께 합격했다.

조선의 선비들, 인문학을 말하다

승문원 박사와 사헌부 감찰 등을 거쳐 사간원정언이 되었고, 1465년에는 함길도 병마도사兵馬都事로 부임, 함길도 절제사節制使 강순의 막하에서 활약했다. 몇 달 후 북평사北評事에 임명돼 경성절도사鏡城節度使 허종의 막하에서 각지를 순찰하며 민정을 살폈다. 당시 과거 동기인 김종직이 시를 보냈다.

황금 갑옷 담비 갖옷 입은 나그네의 정이 [金甲貂裘遊子情]
쓸쓸히 낙엽 떨어지는 변방성에 울리네 [蕭蕭落木響邊城]
시서를 벗삼아 온 글 잘하는 장군이니 [詩書從事詩書將]
요망한 기운을 변방에서 싹 쓸어버릴 것을 기쁘게 보리라 [喜見妖氣塞外淸]

장말손은 이처럼 문무를 겸비한 인물이었다. 그가 1466년 회령會寧에 이르러 변방을 지키고 있을 때, 여진족 아지발阿只拔이 많은 무리를 이끌고 쳐들어왔다. 그는 성벽을 튼튼히 하고 격문檄文과 대화로 적을 달래 물리쳤다. 그리고 해안으로 쳐들어온 해적도 소탕했다.

당시 남다른 교분을 나누던 허백당虛白堂 홍귀달이 각별히 다음과 같이 읊은 시를 보내왔다.

들거니 그대 담소로 적을 물리쳐 [聞君談笑能却賊]
자잘한 무리 얼씬도 못했다지 [魚樵不敢近城池]
…(후략)…

변방의 적들을 소탕하고 이해 겨울에 조정에 돌아오니, 임금이 크게 기뻐하며 패도佩刀(보물 제881호)와 옥피리玉笛, 은잔銀盞을 하사했다. 은잔은 6·25 전쟁 때 잃어버렸다고 한다.

이시애 난 평정한 공로로 공신에 올라

1467년 2월에 예조좌랑에 올랐고, 5월에 이시애의 반란이 일어나자 이를 진압하기 위해 다시 함경도로 떠났다. 장말손은 강순 막하에서 전략 수립에 참여하면서 길주, 홍원, 북청 등지에서 이시애의 반군을 대파할 수 있었다. 이후로는 반군의 토벌이 순조로이 진행되었고, 이시애는 경성으로 퇴각했다. 그 후 이시애 등이 토벌군 진지에서 목이 잘림으로써 3개월 동안 함길도(함경도)를 휩쓴 이시애의 난은 평정되었다.

이시애 난은 회령부사를 지내다가 상을 당해 관직을 사퇴한 이시애가 길주에서 중앙 집권적 정책에 대한 지역 사람들의 불만에 편승해 일으킨 반란이다. 이시애는 여진족까지 끌어들여 저항했으나 세조가 왕족인 귀성군龜城君 이준을 병마도총사로 삼고 허종, 강순, 어유소, 남이 등이 대장을 맡은 토벌군을 출동시켜 난을 평정케 했다.

이 난으로 길주는 길성현으로 강등되고, 함길도는 남·북 2도로 분리되었다. 자치기구인 유향소留鄕所도 폐지되었다. 그리고 이준, 허종, 강순, 어유소 등 40여 명은 정충적개공신精忠敵愾功臣으로 녹훈되었다.

이 난을 평정한 공로로 장말손도 2등 공신에 올랐고, 적개공신상훈교서敵愾功臣賞勳敎書(보물 제604호)와 함께 땅 100결과 은 50량, 말 한 필, 노비 10명 등을 하사받았다. 그리고 내섬시 첨정內贍寺 僉正에 특진되었다. 2년 후인 1469년에는 공신회맹록功臣會盟錄(보물 제881호)이 내려졌다.

그 후 공조참의, 예조참의, 예조참판 겸 오위도총부 부총관 등의 벼슬에 올랐다.

관직 사임 후 화장(문경)으로 이거

47세가 된 해인 1477년에는 낙향해 살 곳으로 당시의 예천 화장花庄, 지금의 문경시 산북면 내화리를 찾아보고 점지해 두었다. 5년 후인 1482년 봄에 벼슬을 사임하고 화장으로 물러나 송설헌松雪軒을 짓고, 한운야학閑雲野鶴을 벗삼아 유유자적하며 보내게 된다. 이 해 가을에 연복군에 봉封해졌다.

1486년 6월(음력)에 별세하니 왕(성종)이 부음을 듣고 슬퍼하며 조회를 폐하고 예관禮官을 보내 제사를 치르게 했다. 또한 나라의 지사地師로 하여금 산소 자리를 예천군 호명촌 뒷산에 정하고 장사를 지내게 했다. 가을에는 자헌대부 이조판서 겸 오위도총부도총관 등으로 증직贈職하고, 3대를 추증追贈했다. 그리고 시호 '안양安襄(화목하기를 좋아하고 다투지 않는 것이 '安'이고, 일로 말미암아 공이 있는 것을 '襄'이라 함)'을 내렸다.

1489년에는 나라(충훈부)에서 그린 장말손 영정이 하사되고, 신주를 사당에 영원히 모시도록 허락하는 '부조不祧'의 명이 내려졌다.

송설헌의 패도에 얽힌 일화

여진족 아지발 무리를 물리친 공으로 임금에게 하사받은 패도가 지금까지 보존돼 올 수 있었던 것과 관련, 후손의 정성이 얼마나 지극했는지를 엿보게 하는 일화가 있다.

6·25 전쟁 당시 연복군종택은 여러 종택들이 그랬던 것처럼 인민군 본부로 사용됐다. 한 인민군이 종가의 유물 중 패도를 탐내 가져 가려고 땅속에 묻어 감춰 두었다. 그러나 갑자기 후퇴하는 바람에 미처 그 패도를 챙기지 못하고 떠났다.

그런데 문제는 없어진 패도가 어떻게 됐는지, 어디에 묻혀 있는지를 알 수 없었다는 점이다. 당시 종손(현 종손 부친)은 집안의 귀중한 보물을 잃어버린 점 때문에 마음고생이 심할 수밖에 없었다. 심지어 종가에서 처분한 게 아니냐는 의혹의 눈길까지 받기도 했다.

그러나 패도는 27년 후에 찾게 된다. 당시 종손은 추원사追遠祠 건립 문제로 고민이 많았는데, 꿈에 장말손이 현몽해서 패도가 있는 위치를 알려 주었다. 그래서 패도를 찾을 수 있었고, 종손에게 쏠렸던 의심도 사라지게 되었다. 기적이라고 할 만한 일이다. 종손의 간절한 마음에 하늘이, 조상이 감동한 것일까.

패도를 다시 찾기는 했지만 오랫동안 땅속에 묻혀 있었던 탓에 칼집의 일부가 부식됐고, 당초의 원형이 다소 훼손돼 후손들의 마음을 아프게 했다.

이러한 사연이 있는 패도는 1986년 10월에 보물 제881호로 지정됐다. 손잡이가 금으로 장식돼 있고, 칼집이 상아와 은사銀絲 등으로 된 이 패도는 길이는 13.8cm이다.

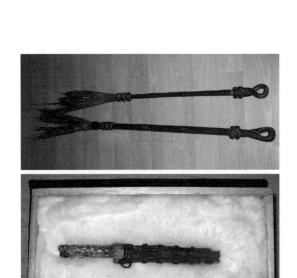

조선의 선비들, 인문학을 말하다

1 송설헌 불천위 제사가 봉행되는 연복군종택(영주시 장수면 화기리). 종택 사랑
채인 화계정사花溪精舍(왼쪽)에서 제사가 진행된다.

2 사당의 신주 감실 등을 깨끗이 청소하는 데 사용했던 도구.

3 변방의 적들을 소탕한 장말손에게 세조가 하사한 패도(보물 제881호).

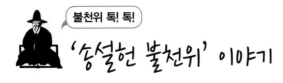

'송설헌 불천위' 이야기

송설헌 불천위 신주를 모시고 있는 연복군종택(영주시 장수면 화기리)은 사람들의 눈에 잘 띄지 않는 곳에 자리 잡고 있다. 장말손의 손자 장응신이 31살 나이에 그 아버지 장맹우(46세 별세)에 이어 요절하면서 죽기 전 "어지러운 정국에 휘말리지 않고 자손이 번성할 수 있는 곳을 찾아 조용히 은둔하며 살고, 남 앞에 나서지 마라"라고 유언을 남겼고, 후손이 그런 곳을 찾아내 자리 잡은 곳이다. 지금은 물론 주변에 안내 표지까지 있다. 현재 송설헌 16대 종손 장덕필 씨 부부가 살고 있다.

종손은 "선조의 유훈에 따라 눈에 잘 띄지 않은 곳에 자리 잡은 덕분에 집안의 소중한 유물들을 잘 보존해올 수 있었던 것 같다"라고 말했다.

연복군종택의 불천위사당은 다른 종가와 몇 가지 다른 점이 있다. 우선 보통 종택의 우측(동편) 뒤쪽에 사당을 두는 데 비해, 연복군종택 사당은 종택(동향) 좌측 뒤쪽에 자리 잡고 있다. 그리고 불천위 사당의 담장을 둥글게 쌓은 점이다. 통상 사당 담장은 사각으로 각이 지게 만들어져 있다. 연복군종택 사당 담장을 둥글게 한 것은 후손들이 모나지 않게 살아가라는 선조의 가르침을 표현한 하나의 방법이라는 설명이다.

400여 년된 사당은 초가였다가 기와집으로 바뀌었고, 불천위 내외 신주만 봉안하고 있다. 종손은 "4대조 신주를 함께 모시면 그 조상들 기제사 때마다 들락날락해야 하는 만큼, 불천위 조상에 대한 예의가 아니라고 여겨 처음부터 사당에는 불천위 신주만 봉안했다"라고 말했다.

4대조 신주도 현 종손의 부친이 후손들에게 부담을 덜어주고자 근래 조매(땅속에 묻음)했다고 한다.

사당은 설·추석 명절과 기제사, 그리고 종부가 들어올 때만 연다.

불천위 제사는 합설로 양위 기일(고위 6월 7일, 비위 5월 7일)에 지낸다. 종택 사랑채인 화계정사花溪精舍에서 지내며, 제관은 20~30명이다. 편은 두 틀을 올린다. 제주는 가양주를 담가 사용하다 지금은 종부 건강도 안 좋고 해서 그렇게 하지 못하고 있다. 제수는 '조동율서 이시재중棗東栗西 梨柿在中', 즉 대추는 동쪽 끝에 놓고 밤을 서쪽 끝에 놓으며, 배와 감은 중앙에 놓는다.

곽 안 방

  곽안방은 마음 쓰는 것과 행신하는 것이 뛰어났고, 한 가지에 얽매이지 않았으며, 교유하는 벗이 그 당시의 명류들이어서 어진 사대부가 그 집에 많이 모여들었다. 벼슬을 하며 청백하기가 빙옥氷玉 같이 깨끗하여 벼슬을 그만 두고 필마행장匹馬行裝으로 돌아올 때는 나는 듯이 가벼웠다.

《여지승람輿地勝覽》의 〈명환록名宦錄〉에 기록된 내용이다.

아전은 두려워하고 백성은 칭송한 청백리

  곽안방郭安邦(생몰연대 불명확)은 한훤당寒暄堂 김굉필과 함께 대구 현풍의 대표적 불천위 인물이다. 그는 세조 때 전공을 세워 공신에 올랐고, 해남현감과 익산군수 등을 역임했다. 수령을 지내면서 남달리 청렴한 벼슬 생활로 백성을 위해 선정을 베풀어 청백리에 오른 그는 '청백리淸白吏 곽안방'으로 불린다.

  곽안방에 대한 기록은 전란 등으로 거의 멸실되어 남아 있는 것이 별로 없다. 《청백선생실기淸白先生實紀》가 남아 있기는 하지만, 자료가 부실해 그의 생몰연대도

정확하게 알 수 없는 상황이다. 관련 기록을 참고할 때 대략 1420년쯤 태어나 1480년 전후에 별세한 것으로 추정된다.

그는 세종 치세 말기에 무과에 급제한 후 출사, 승진을 거듭해 해남현감을 지내면서 선정을 베풀어 청렴한 관리로 명성이 높았다. 그리고 세조 때 군공軍功이 인정되어 원종2등훈原從二等勳에 오르며, 그 후 세조 연간에 익산군수로 발령받아 선정을 베풀어 청백리에 오르게 된다. 그는 익산군수를 마지막으로 고향 솔례(대구시 달성군 현풍면 대리)로 돌아가 여생을 보냈다.

군현郡縣에 나아가 정사를 펼 때는 엄하고 분명하며, 또한 어질게 용서를 베풀었다. 그러니 아전은 두려워하고 백성은 노래하며 속이지 않았다. 평생 얼음과 옥 같은 처신을 했으며, 임기를 마치고 돌아올 때는 한 필의 말로 소조蕭條하게 돌아오니 사람들이 태수의 행차인 줄 몰랐다.

익산에서 임기를 마치고 돌아올 때는, 한 노비가 열쇠 하나를 차고 오는 것을 보고 놀라며 말했다. "이것 또한 관공서의 물건이니 어찌 작고 큰 것을 논하겠는가. 나를 더럽힐 수 없다."

그리고는 바로 돌려보내도록 했다. 이를 두고 주위에서 '현어懸魚를 실천한 것과 같다' 했다. '현어'는 관공서에서 선물 받은 고기를 창고에 달아 놓고 떠날 때 가져가지 않음을 의미하는 것으로 관리의 청렴을 비유한다.

제자백가를 관통하고 또한 음양·지리의 서적에도 널리 통했던 그는 현풍의 서쪽 솔례에 자리 잡아 거주하면서 '산수가 웅장하고 선명하여 맑은 기운 모이었으니, 영특한 나의 자손이 반드시 많이 태어나리라. 세상을 울릴 자손이 많이 번성하여, 뻗어가는 것이 낙동강과 함께 시종을 같이 하리라'라는 글을 남겼다.

'일문삼강一門三綱' 12정문旌門 주인공 배출한 가문

곽안방이 솔례에 터를 잡으면서 예언했듯이 후손 중 세상의 이목을 모은 자손이 많이 배출됐다. 12정려 주인공들이 그 대표적 인물이다.

곽안방이 터를 잡아 살기 시작한 현풍 솔례마을 입구에는 12정문旌門이 세워져 있다. 정문은 '정려문旌閭門' 또는 '홍문紅門'이라고도 하는데 충신·효자·열녀를 표창하기 위해 마을 입구나 집 앞에 세운 문이다. 나라에서 윤리적 삶을 권장하기 위해 세우는 이 정문에는 충忠·효孝·열烈의 글자를 새겨 포창褒彰의 종류를 표시하고, 해당하는 사람의 이름이나 직함을 새겼다.

조선 시대 유교문화 사회에서 충·효·열 삼강三綱의 정신을 실천하는 것은 윤리 도덕의 최고 가치였다. 조선 시대의 이러한 인간 윤리 실천의 극치를 보여 주고 있는 사례의 유적이 솔례의 12정문이다. 나라에서 한 가문에 충신 1명, 효자 8명, 열부烈婦 6명을 표창해 기린 유적인 12정문은 우리나라 어느 곳에서도 찾아볼 수 없는 일이다.

곽안방의 현손인 충렬공 곽준은 정유재란(1597년) 때 안음(경남 함양군 안의면)현감으로, 왜적 주력부대와 맞서 싸우며 황석산성을 수호하다 중과부적으로 마침내 화를 당하게 된다. 당시 그의 큰 아들인 이상履常과 둘째 아들 이후履厚가 보호하려 하자 "나는 직책이 있으니 사수를 해야 하지만 너희들은 피난하라"라고 했으나 두 아들은 "아버님이 구국을 위해 죽으려 하시는데 자식이 부친을 위해 죽는 것이 불가하겠습니까"라면서 호위하다 함께 참해斬害를 당했다. 그뿐만 아니라 이상의 부인 거창 신 씨는 남편을 따라 성안에서 자결하고, 곽준의 딸로 류문호의 부인인 포산(현풍) 곽 씨는 친정의 변고를 듣고도 싸움터로 나갔다가 그의 남편이 전사하자 바로 목을 매 자결했다.

이러한 오중五重의 순사殉死 사실이 조정에 알려져 선조는 '일문삼강一門三綱'이라는 정문을 지어 표창할 것을 명했다.

이와 함께 곽재훈은 임진왜란(1592년) 때 병든 몸으로 네 아들과 함께 달성 비슬산 중턱 산성굴에 숨어 있었는데, 왜적이 발각하고 침입해 그를 살해하려 하자 네 아들이 차례로 호위하다 왜적의 칼에 목이 잘렸다. 마지막에 그만 살아남으니 왜적도 그 효성에 감동해 석방하면서 그의 등에 '사효자지부四孝子之父'라는 글자를 쓴 패를 달아주어 해치지 못하게 했다. 그 후 굴은 사효자굴로 불리게 되었고, 조정에서는 정문을 지어 표창했다.

이밖에 곽주의 아들 의창·유창 형제의 효행, 열부 광능 이 씨·밀성 박 씨·안동 권 씨·전의 이 씨, 효자 곽경성이 12정려의 주인공들이다. 모두 곽안방의 후손이다.

청백리의 역사와 의미

조선 시대 청백리淸白吏는 관직 수행 능력과 청렴淸廉·근검勤儉·도덕道德·경효敬孝·인의仁義 등의 덕목을 겸비한 이상적理想的인 관료상으로, 나라에서 선정한 관직자에게 주어진 호칭이다. 총 200여 명이 배출되었으며, 대표적 인물로는 맹사성·황희·이현보·이황·이원익·김장생·이항복 등을 꼽을 수 있다.

당사자 본인은 물론, 후손 대대로 가문의 영광으로 생각하는 청백리는 어떤 인물이고 어떻게 선정되는지 등을 알아본다. 경북대 오주환 명예 교수가 〈추보당 회보〉 창간호(2002년)에 실은 논문을 참고로 해 정리한다.

청백리는 조선 시대 관리로 보통 수령(수령 : 6품) 이상의 관직자가 대상이며, 추천을 받아 일정한 선정 과정을 거쳐야 한다. 선정 과정은 초기와 중·후기가 다르고, 국왕에 따라 다르기도 하다. 초기는 '후보 물색-천거-의정부 심사-선정'이라는 과정을 밟는다. 생존 때이든 사후이든 모두 청백리로 불렀다.

그러나 중·후기에는 명칭이나 선정 제도도 달라졌다. 청백리 국선國選 사실이 처음 기록된 것은 성종 때다. 명종 때에 이르면 사후에 천거돼 선정된 사람을 '청백리'라 부르는 반면, 재직 중에 선정된 사람은 '염근리廉謹吏'라 부르기도 했다. 숙종 때에 이르면 선정 과정도 이조吏曹 천거-묘당廟堂 회의-2품 이상 재신宰臣회의 심사-사헌부 대간 공적검증-국왕 선정의 절차를 거친다. 염근리로 선정된 생존자에게

청백리 곽안방을 기리기 위해 세운 이양서원尼陽書院(대구시 달성군 현풍면 대리). 1707년 사당인 청백사淸白祠가 건립된 후 서원으로 발전했고, 대원군 서원 철폐령으로 훼철됐다가 1945년 이후에 복원되었다.

는 벼슬을 더하거나 포상을 하고, 사후 선정자의 경우에는 그 자손에게 혜택이 주어진다. 청백리 천거자는 일반적으로 2품 이상의 재신이었다.

각종 사료에 등장하는 청백리는 ▲ 일정한 절차를 거쳐 국왕에 의해 최종적으로 선정된 국선國選청백리(실록 등재) ▲ 천거는 되었으나 실록상 국선 기록이 없고 천거된 사실 자체로 청백리라 불리는 피천被薦청백리 ▲ 국선·피천 범주에 들지 않는 청백리로 분류할 수 있다. 마지막 경우에 속하는 청백리는 국선 기록이 없는 조선 초기와 선발 기록이 없는 조선 말기 관리이거나 청렴하다는 사회적 평판만으로 사료에 등재된 인물로 분석된다.

조선 시대 청백리 수는 사료마다 다르고, 선정된 근거가 밝혀져 있지 않은 경우도 적지 않다. 《전고대방典故大方》의 〈청백리록淸白吏錄〉에는 218명의 청백리가 등재돼 있고, 《조선조청백리지朝鮮朝淸白吏誌》에는 210명이 올라 있다. 《청선고淸選考》에는 189명, 《역대청백리상歷代淸白吏像》에는 216명이 등재되어 있다.

시기별로는 현군 치세인 세종 때 청백리가 많이 배출되었고, 중기(성종~숙종)에 청백리의 대부분이 집중돼 있다. 후기(경종~순종)에는 청백리가 거의 배출되지 않았는데, 세도정치 속 당쟁과 관료 사회 부패에다 외세 침략의 변혁기여서 청백리가 활성화될 여지가 별로 없었기 때문으로 보인다.

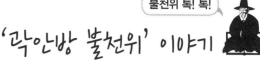

불천위 톡! 톡!

'곽안방 불천위' 이야기

대구시 달성군 현풍면 대리는 현풍 곽 씨 집성촌으로, 요즘 보기 드물게 같은 성씨 거주율이 높은 마을이다. 100여 호 중 80여 호가 현풍玄風 곽 씨다. 현풍 곽 씨는 '포산苞山 곽 씨'라고도 한다. 대리大里는 일제 시대 이름이고, 원래 동네 이름은 솔례率禮다.

곽안방 불천위 제사(기일 음력 6월 11일)는 밤 1시가 넘어 지낸다. 합설로 지내며, 제청은 종택 내에 새로 지은 추보당追報堂. 원래의 추보당이 협소하고 해서 근래 신축했는데, 편리하게 제사상과 병풍을 항상 비치해 놓은 공간을 따로 만들어 놓았다. 제관은 40명 정도이다.

곽안방 19대 종손 곽태환 씨(1948년생)는 곽안방이 불천위에 오른 경위나 시기에 대해서는 정확히 모르는 상황이라고 설명했다.

영조 때 중건했다는 기록이 있는 사당에는 불천위 신주가 중앙에 봉안돼 있고, 종손 4대조 신주는 좌우에 모셔져 있는 형태. 종손은 "성주·달성·고령 지역은 사당 구조가 거의 중앙에 불천위를 모시는 소목昭穆 형태로 돼 있다"라고 말했다.

불천위 신주 감실은 세로가 긴 형태로, 앞면에 두 기둥을 세운 난간이 붙어있다. 4대조 신주는 감실 없이 작은 교의에 주독을 봉안하고 있다.

6·25 전쟁 때는 신주를 모시고 청도로 피난하면서, 2개월 동안 사당을 벗어나 있다가 다시 제자리로 돌아올 수 있었다고 한다.

종손은 "관직에서나 집에서나 남에게 피해를 안 끼친 선조의 삶은 요즘 젊은이들과 공직자·회사원 모두 본받아야 할 절실한 가르침"이라고 강조했다.

1	2

1 곽안방종택苞山古家의 불천위 제청으로 사용되던 추보당追報堂 건물.

2 현풍 솔례마을에 있는 현풍 곽 씨의 십이정려각十二旌閭閣. 1598년(선조 31년)부터 영조 대에 이르기까지 솔례마을의 현풍 곽 씨 가문에 포상된 12정려를 한곳에 모은 각閣이다.

38 책과 함께 한 선비, 임진왜란 일어나자 의병 일으켜

정 세 아

조수鳥獸와 산림山林은 공公이 멀리 숨었다 하고
병마兵馬와 병기兵器는 공이 잘 싸웠다 말하네
자벌레처럼 굽히기도 하고 매와 같이 날기도 하였으니 시대가 그러했다
공이 무엇을 구했겠는가 그 의義를 행하였다
구름처럼 산 위에서 나와 삼논三農을 윤택하게 하고
폈다가 거두어서 태공太空으로 돌아갔도다

호수湖叟 정세아(1535~1612년)의 신도비神道碑(무덤 앞 또는 무덤으로 가는 길목에 세워 죽은 이의 행적을 기리는 비석)에 새겨진 글에 나오는 글귀다.

정세아는 일개 유생으로 지냈으나 국난이 발생하자 분연히 일어나 국난극복을 위해 의병을 모아 전장에 투신했다. 그리고 국난이 평정된 후에는 모든 공을 남에게 돌리고 아무런 욕심이나 미련 없이 다시 고향의 제자리로 돌아가 자연과 더불어 공부하며 살다간 선비였다.

책 읽던 유생, 임진왜란 일어나자 전장으로

영천시 자양면 노항동에서 태어난 정세아는 부친으로부터 학문을 배우며 자랐다. 부친은 자식들에게 특히 효제孝悌를 독실하게 가르쳤다.

부모님의 뜻에 따라 1558년(24세) 진사시에 합격하였으나 벼슬에는 생각이 없었다. 경서와 사기를 열심히 공부하면서 의리를 강구講究하고, 날마다 시와 예로써 자녀들을 가르쳤다.

그리고 어버이가 세상을 뜨고 나자, 자양紫陽 산중에 은거하면서 글공부와 더불어 일생을 마칠 생각이었다.

그러나 시국은 정세아를 산중에 편안하게 은거하도록 놓아 두지 않았다. 1592년 임진왜란이 일어나자 그는 그해 5월 책을 덮고 국난 극복을 위해 의병을 일으켰다. 임금의 수레가 서쪽으로 파천했다는 소식을 듣고는 강개하여 눈물을 흘리면서 장자 의번에게 "불행하게도 나라에 대란이 일어나서 임금께서 피난하시는 이 난국에 초야에 묻힌 사대부로서 어찌 안연晏然하게 있을 수 있겠는가. 비록 강약은 상대가 되지 못할지 모르나 구제를 못하면 죽을 뿐이다"라고 말했다. 그리고 여러 아들들과 함께 전열을 가다듬고 격문을 만들어 의병을 모집했다.

격문을 보고, 듣고 원근 지역에서 모여든 의병이 한 달도 안 돼 900여 명에 이르렀다. 당시 곽재우는 현풍에서, 권응수는 신령에서 의병을 일으켜 함께 도와가며 왜적과 맞섰다. 그런데 당시 병마절도사兵馬節度使가 의병의 공적이 자신의 공적보다 우월할 것을 두려워해 수시로 의병 활동을 저해하고 억제하자, 은밀하게 사람을 보내 초유사 학봉鶴峯 김성일에게 글을 올려 조치를 취해줄 것을 요청했다. 장수들이 겁이 많으니 목을 베어버려야 한다고 진정하기도 했다. 김성일은 그 충의忠義를 칭찬하면서 조치를 취했고, 그 후 의병 활동이 자유로워졌으며 마침내 영남의 반을 수복할 수 있었다.

7월에는 병마절도사 박진이 정세아를 의병대장으로 삼았고, 또한 초유영招諭營

에서는 그를 영천군의 의병장에 임명했다. 그 후 권응수, 박의장, 정대임 등과 더불어 영천성에 머물던 왜적을 궤멸시키고 성을 회복했다.

그 공을 논할 때 누가 "국가의 공을 세움에 적을 베면 상을 논하게 되고, 성을 회복시킨 자는 벼슬을 얻게 되는데 이번 전공은 호수 선생으로부터 나온 것인데 누가 공의 공을 감당할 수 있겠습니까. 어찌해서 부귀를 버리고 취하지 않습니까"하니, 호수는 "임금이 욕을 당하면 신하가 죽는 것은 직분이다. 내가 의병을 일으킨 것은 국가의 위급 상황에 따른 것뿐이지, 공명을 생각했던 것은 아니다. 다행히 신령한 힘을 입어 온전히 보전할 수 있었으면 족하지 그 외에 무엇을 바라겠는가"라고 답했다.

경주성 전투에서 아들을 잃고 귀향

8월에 경주의 적을 공격할 때는 정세아가 군사 5천 명을 거느리고 병마절도사 박진의 병사와 합세, 아들 의번과 함께 친히 선봉장이 되어 혈전을 벌였다. 그때 적의 기병과 복병의 기습으로 절도사의 군사가 무너지고 정세아의 의병만 고군분투하면서, 의번을 비롯해 많은 사상자를 냈으나 마침내 적을 몰아내고 성을 되찾았다.

이 전투에서 의번은 부친이 적에게 포위된 것을 보고는 적진을 향해 돌진해 포위망을 뚫었고, 호수는 그 덕분에 탈출할 수 있었다. 그러나 의번은 그 사실을 알지 못하고 좌충우돌하면서 계속 부친을 찾아 헤맸다. 그렇게 부친을 구하기 위해 세 차례나 포위망을 드나들면서, 의번의 몸은 수십 군데나 창을 받고 만신창이가 된 채 적과 싸우다가 탔던 말이 총알에 맞아 포위당하게 되고, 결국 휘하 장사 10여 명과 함께 장렬하게 전사했다.

그리고 의번이 부친을 구하고자 세 번째 적진에 뛰어들면서 그의 종 억수(億壽)에게 "군사가 패하고 아버지가 돌아가셨으니(전사한 줄 알았음) 나는 장차 도적들의 손에 죽기로 작정했다. 하지만 너는 따를 필요가 없으니 집으로 가거라"라고 말했다.

그러자 억수는 울면서 "주인과 종의 의리가 군신이나 부자의 의리와 같다고 압니다. 이제 주인이 죽기를 결심하는데 종이 어디로 가겠습까"라고 말하며 적들과 싸우다가 주인과 함께 전사했다.

경주성 전투에서 부친을 구하려다 전사한 의번의 시신을 찾지 못하자 호수는 그가 남긴 시와 친구들의 만사輓詞 및 제문을 모아 그가 입던 의관과 함께 관에 넣어 장사를 지냈는데, 사람들의 그 무덤을 '시총詩塚'이라 불렀다.

이 시총은 영천댐 주변의 기룡산 자락에 있는 정 씨 묘역인 하천묘역에 있다. 그리고 시총 바로 아래에는 그의 종인 억수의 무덤이 있고, 매년 묘사 때 제사를 지내며 그 의리를 기리고 있다. 생사를 같이한 주인과 종이기에 죽어서도 함께 할 수 있도록 한 것이다.

〈시총비명詩塚碑銘〉에 있는 글의 일부다.

다만 시라고 하는 것은 그 사람을 상징하는 것이다. 그렇기 때문에 시문詩文은 체백體魄에 대신할 수 있으니 시로써 무덤을 하는 것이 또한 예에 어긋나지 않을 것이다. 세상에서는 반드시 뼈로 장사 지낸 것을 옳다 하고 시로 장사 지내는 것은 부당하다 생각하나 쓸쓸한 황혼에 장사 지내는 것이 많겠지만 이는 마침내 썩어 없어지는데 돌아갈 뿐이고 그 사람의 시는 오래되어도 썩지 않을 것이니 이 무덤이 얼마나 위대하겠는가.

전공은 다른 이에게 돌리고 고향에 은거

1593년에는 명나라 구원병의 도움으로 난이 어느 정도 진정되자 정세아는 거느린 군사를 생원 조희익曺希益에게 넘겨준 후, 자양 옛 고장으로 돌아와 시내 위에 집을 짓고 스스로 강호수江湖叟라 부르며 유유자적하게 보냈다.

1599에는 자호정사(강호정)를 세우고 후학 양성에도 힘썼다. 당시 지은 시 '자호정사에 올라[登紫湖精舍]'의 일부다.

> 장년의 뜻 적장의 머리 벨 것을 기약했건만
> 쇠잔해진 이 몸 귀 밑 털이 셀 줄이야
> …(중략)…
> 노쇠하고 병드니 어찌 출세 길 달릴 것인가
> 한가로이 물러나서 청류를 구경함이 내 분수에 맞다
> 백구도 강호수를 싫어하지 않고 찾아주니
> 이제부터 청안으로 죽을 때까지 쉬리라

이듬해에는 체찰사 오리 이원익이 호수의 명성을 듣고 자호정사를 찾기도 했다.

1602년에 승사랑 군자감봉사에 제수되었으나 "전쟁터에 부자가 출전해 아들이 전사한 터에 어떻게 공을 받고 벼슬길에 나아가겠는가"하며 받지 않았다. 이듬해에는 임진왜란으로 소실된 임고서원을 중건하고 사액받았다.

1607년에는 이원익의 천거로 황산도찰방黃山道察訪(양산·물금 지역 역장)에 임명되어 병화로 폐허된 역을 복구하는 등 선정을 펼친 후 곧 고향으로 돌아왔다. 후에 그곳 아전과 졸병들이 그 선정을 기려 송덕비를 세웠다. 황산도찰방을 그만 두고 다시 고향으로 돌아와서 조용히 머물다 1612년 78세의 나이로 생을 마감했다.

호수가 별세한 후 여헌旅軒 장현광은 그를 조상하는 글에서 '공이 고을에 계실 때는 경박한 자가 부끄러워할 줄 알고, 게으른 자는 그 잘못을 깨닫는 마음을 낼 줄 알았다. 그리고 선을 행하는 자는 믿는 바가 있어서 스스로 그치지 아니하고, 악을 짓는 자는 꺼리는 바가 있어서 감히 방자하지 못했으니 그 무거운 바를 알 수가 있겠다'라고 평가했다.

1788년에 시호를 받았다.

'호수 불천위'이야기

호수 불천위 제사(기일 음력 11월 2일)는 호수종택(영천시 대전동) 사랑채 마루에서 지냈으나 2003년부터는 종택 바로 앞에 지은 양옥 주택(노종부 홀로 거주)에서 모시고 있다. 노종부와 제관들이 거동하기 불편한 데다 기일이 한창 추울 때라서 불편함이 많아 그 불편함을 덜기 위해 20여 년 전에 새로 마련한 공간이다.

대구에서 살고 있는 호수 16대 종손 정현목 씨(1964년생)는 여건이 되는 대로 다시 원래 한옥종택에서 제사를 모실 생각이라고 이야기했다.

제사는 새벽 1시쯤에 시작하며, 제관은 30여 명이다.

제수로 붉은 색이 나는 송기떡(송편과 절편)을 사용하는 것이 특징인데, 유래는 잘 모른다고 했다. 제주祭酒는 아직 집에서 쌀로 담은 청주를 사용하고 있다.

불천위 관련 기록은 없고, 시호를 받고 나서부터 불천위로 모신 것으로 추정하고 있다. '강의剛義(致果殺賊曰剛 先君後己曰義)'라는 시호는 1788년에 받았다.

호수 불천위 제사와 관련해 눈길을 끄는 것으로는 제사를 좀 더 잘 모시기 위해 만든 '참재소계參齋所契'가 있다. 90년 전(1923년)부터 운영되고 있다. 처음에는 멀리서 말 타고 오는 제관들의 음식이나 말 먹이 비용, 교통비 등을 지원했으나 지금은 제수 마련 비용을 일부 지원하고 있다. 현재 회원은 약 500명이다.

불천위 사당은 호수종택 왼쪽 뒤쪽에 자리 잡고 있다. 2005년경 사당의 감실과 신주를 도난당했고, 벽체에 버팀목을 만들어 그 위에 얹어놓은 형태의 현재의 감실은 도난당한 감실을 본따 새로 만든 것이다.

1 　정세아의 묘가 있는 하천묘역(10만 여 평 : 영천시 자양면 성곡리 기룡산 자락). 호수 가문의 문중묘역으로, 480여 년 전 정세아 조부의 묘가 들어선 이후 총 80여기가 모여 있으며, 200여 년 전에 현재의 묘역이 형성됐다.

2 　호수종택 사당(영천시 대전동).

3 　호수종택 사당 내 불천위 신주 감실. 2005년경에 도둑을 맞아 새로 복원한 감실이다.

　　　　　　　　　　　　　　　　　　　　　　　　조선의 선비들, 인문학을 말하다

인사권자도 어찌할 수 없었던
인재 등용의 원칙을 보여 주다

이동표

난은懶隱 이동표(1644~1700년)가 1691년 겨울 사간원 헌납에 임명되면서 이조좌랑과 시강원侍講院 사서司書를 겸하게 되었다. 얼마 후 이조전랑에 승진, 관리를 등용하고 물리치는 일을 맡게 되었는데, 외압에 휩쓸리지 않고 공평무사하게 유능한 인재를 등용하는 것을 자신의 책임으로 삼았다.

당시 전랑장銓郎長인 이조판서가 권세가 자제인 류재와 이수인 두 사람을 청선淸選(학덕이 높은 사람에게 시키던 규장각, 홍문관 등의 벼슬인 청환淸宦의 후보자)에 넣으려 하자 이동표는 마땅하지 않다고 허락하지 않았다. 류재는 문망文望이 없고 이수인은 중궁손위中宮遜位(인현왕후 폐위) 때 성균관 유소儒疏의 소수疏首가 되었음에도 회피했다는 것이 그 이유였다.

또한 집권자 민암의 아들 민장도閔章道의 청선록을 통과시키려 하자, 민장도는 옳지 않은 행위로 사류士類가 천시하는 인물이므로 지금의 정승 아들이라고 해서 쓸 수는 없다며 청선록에서 빼버렸다. 동료들이 놀라며 말렸으나 이동표는 "이 사람들 모두 물의가 있는데 권세와 가문의 힘이 있다고 해서 어찌 함부로 넣겠는가"라며 거절했다.

이조판서도 성이 났으나 어찌할 수 없자, 사람을 보내 이동표에게 타이르기를 민장도의 등용을 통과시켜 준다면 자신도 이동표가 하는 청을 무엇이라도 들어 주겠노라고 했다. 그 말을 듣고 이동표는 탄식하며 "전랑장은 공평을 다루는 직책에 있으면서도 사적으로 사람을 유혹하려드니 함께 일을 할 수가 없다"라고 말하고, 그날로 사표를 낸 후 서울을 떠났다.

그때(1692년 6월)가 조정의 중대한 모임이 임박한 시기인데다 비가 많이 내리는 데도 도롱이를 갖추고 배에 오르니, 조정 동료들이 전송을 나와 서로 돌아보면서 '오늘날의 작은 퇴계'라 하였다.

원수는 갚을지 몰라도 나라가 위태로울 것이니 어찌 두렵지 않겠습니까

1692년 6월 이후 1693년 봄에 이르기까지 헌납獻納, 교리校理, 사인舍人(의정부 관직), 집의執義(사헌부 관직) 등 여러 직첩이 13차례나 내렸으나 부임하지 않았다.

하지만 이듬해 2월 다시 집의가 제수되자 임금의 특별한 대우와 명을 거역하기가 어려워 부득이 다시 서울로 올라가자, 조정이나 민간 모두가 기뻐했다. 그리고 당시 거리의 아이들 사이에는 서로 다투거나 할 때 "네가 이사인李舍人과 같은 덕망이 있느냐"는 말을 하게 되면서 유행어가 되기도 했다.

그 후 사간이 되어 시정을 논한 논시정소論時政疏에서 "사대부의 출처 거취가 올바르지 못해 승진을 다투어 관기官紀가 극도로 혼탁함에도 대각臺閣(사헌부와 사간원)이 바로잡지 못함은 직책을 다했다고 할 수 없고, 전하가 간신諫臣을 대하는 도리 또한 다하지 못해 10대간臺諫이 굳이 다투어도 1대신大臣의 말 한마디로 제지되어, 잘난 듯이 남의 뜻을 꺾으면서 가슴을 헤쳐 받아들이는 아량이라고는 없으니 오늘날 언로가 막힌 것이 어찌 제신諸臣들만 탓하겠습니까. 임금과 신하가 서로 정의情意가 통하지 못해 독촉과 견책이 따르게 되니, 신하는 임금의 뜻에 어긋날까 두려워 아유구용阿諛苟容(아첨하는 일)을 일삼아서 이른바 '황공대죄惶恐待罪 승정원承政院이요,

상교지당上敎至當 비변사備邊司'라는 옛말이 불행히도 오늘의 현상"이라고 비판하고, 백관의 임용과 파면에 대해서도 "등용할 때는 마치 무릎에라도 올려놓을 듯이 하다가 쫓아낼 때는 마치 깊은 못에라도 떨어뜨릴 듯하여 환국이 있을 때마다 형벌과 살육이 자행되니 어찌 국맥이 병들지 않으며 인심이 동요되지 않겠습니까. 전하께서 제신을 위해 은혜와 원수를 쾌히 갚았다고 하겠으나 나라의 위망危亡이 따라올 것이니 어찌 두렵지 않겠습니까. …(중략)… 원컨대 전하께서 사私를 억누르시고 이목耳目을 밝히신다면 귀위貴威들이 입을 열지 못할 것이요, 저희들 청의淸議를 가진 신하들이 임금을 더 의지할 것입니다"라며 실정을 직간했다.

최우선 순위로 한림翰林 적격자에 추천돼

숙종 시대 인물을 평하는 데 있어서 이동표에 대해서는 모두가 명신이라는데 입을 모았다. '기사년의 변'(인현왕후를 폐하고 장희빈을 왕후로 봉한 일)을 당했을 때 소를 올려 바른 말을 했고, 또한 권귀權貴의 무리를 배척해 혼탁한 조정의 분위기를 맑게 하고자 누구보다 앞장서 노력했던 인물이었기 때문이다.

'문학文學과 행의行誼는 당대의 으뜸'이라는 평을 들었던 그는 1644년 예천에서 태어났다. 14~15세 때 경서와 사기에 정통했고, 위기지학爲己之學에 뜻을 두더니 항상 말하기를 "장부로 태어나서 마땅히 성현이 되기를 원한다"라고 했다.

그는 명리에 뜻이 없어 30세가 넘도록 과거에 응하지 않았으나 아우가 병사하고 여동생 또한 요절해 모친을 위로하기 위해 32세에 과거東堂試에 응시했다. 당시 시관試官이 그의 명성을 듣고 "이번 과장에는 이모가 반드시 장원을 할 것이다"라고 했다. 그가 이 소문을 듣고는 웃더니 시험 당일 아침에 머리를 고의로 1천 번을 빗으면서 시작 시간을 넘김으로써 응시하지 않았다. 이 일로 인해 사람들로부터 '이천소李千梳'라는 병칭을 얻게 되었다.

1675년 모친의 권유에 따라 진사시에 합격하고 1677년에 증광과에 수위首位로 합격했으나 파방罷榜(합격자 발표 취소)으로 실패하고, 1683년에 비로소 문과에 급제했다. 권지성균관학유를 시작으로 벼슬길에 올랐다.

1689년 한림翰林 적격자를 추천하라는 임금의 명에 따라 그가 영위領位로 추천되었고, 당시 수상 권대운은 "임금의 말씀이 이동표는 문학과 조행操行이 당세에 짝할 사람이 없으니 마땅히 옥당에 둘 일이지만 요직에 임용하기가 바쁘니 순서를 기다릴 수가 없다고 하셨다"라고 말했다. 그는 특명으로 성균관 전적에 임명되었고, 이틀 만에 다시 홍문관 부수찬에 발탁됐다. 부임하지 않고 사양하자 다시 사간원 헌납에 임명했다.

지극한 효심, 모친상 후 시묘살이하다 별세

얼마 후 인현왕후가 폐위되었다. 소식을 듣고 서울로 올라가 그 잘못을 극간하면서 직언한 신하들에게 특전을 내려줄 것을 호소하는 상소문을 작성해 궐내에 들여보냈다.

당시 임금은 신하들의 반발에 크게 진노하며 모두 엄한 형벌로 다스림은 물론, 다시 항소抗疏하는 사람은 역률逆律로 논하겠다고 했다. 이때 이동표는 죽음을 무릅쓰고 극간하려고 마음먹으면서도 모친에게 근심을 끼칠까 염려되어 그 뜻을 모친에게 이야기하니 모친도 허락해 상소를 하게 되었다.

그런데 그 내용이 너무 경직硬直하여 보는 사람들이 놀라고 두려워하면서, 모두 그 일로 인해 목숨을 바친다 해도 충忠에 보탬이 되지 않고 효孝에도 어긋날 뿐이라며, '옥산의 새 무덤(장희빈 부친 묘소)에는 양마석羊馬石이 솟아있고[玉山新阡羊馬嵯峨]/여양의 옛집(인현왕후 친정 집)에는 근심과 걱정에 싸여 있다[驪陽舊宅氣像愁慘]' 등의 문구를 삭제했다. 그러나 이동표는 원래 내용대로 전달되지 못한 것을 한탄했다.

그 후 양사와 옥당이 인현왕후의 백부 민정중閔鼎重의 안률按律(죄를 조사해 다스림)을 합계合啓할 것을 청하니, 이동표는 낯빛을 붉히며 반박하기를 "그대들이 중궁께서 손위되실 때 목숨을 걸고 다투지 못하며 신하의 도리를 다하지 못해놓고, 지금 또 이 사람의 죄를 논하려 하느냐. 그렇게 되면 성모聖母에게도 화가 미칠 터이니 그것을 어찌할 것이냐"라고 했다.

그런데도 한 사람이 그에게 붓과 벼루를 내밀며 억지로 왕에게 올릴 문서를 쓰게 하자 목청을 돋우어 "내 비록 보잘 것 없으나 경연관經筵官으로 있으면서 어찌 남을 위해 대필하는 일을 하겠는가"하고는 사직을 하고 고향으로 돌아갔다.

광주목사를 거쳐 1696년 53세에 삼척도호부사로 부임해서는, 어사가 최고의 치적을 쌓은 것으로 상주上奏할 정도로 선정을 펼친 후 1698년에 귀향했다. 귀향 후에는 춘양의 산수를 좋아해 그곳에 머물며 다음과 같은 시를 남기기도 했다.

도화유수의 신비경이 속세에도 있고 [桃花流水在人間]
태백산의 수많은 봉우리 속 세월이 한가롭네 [太白千峰日月間]
선비의 살림 옹졸하다 말 말아라 [莫道書生生計拙]
그래도 요즘 와서 청산을 사게 되었으니 [向來猶得買靑山]

그해에 모친상을 당했다. 홀로 남은 모친이 상을 당한 후 슬퍼함이 지나쳐 몸을 부지하기 어려울 정도였다. 그가 지나치게 집상執喪할 것을 염려해 모친이 병중에 유계遺戒를 써 두었는데, 집안사람이 그것을 보여 주며 슬픔을 자제할 것을 권했으나 그것을 읽어보며 더욱 통곡하기도 했다. 지나친 슬픔으로 건강을 해쳐 삼년상을 다 치르지도 못하고, 결국 모친 묘소 앞 여막에서 1700년 7월에 별세하였다.

정조 9년(1785년) 영남의 선비들이 그의 덕을 진술해 시호를 내릴 것을 청하니 임금이 허락했고, 태상관太常官들의 의견에 따라 '충간忠簡(危身奉上曰忠 正直無邪曰簡)' 이라는 시호를 내렸다.

청렴강직하고 대의에 따라 출처를 분명히 했던 그는 '남자는 모름지기 천 길의

조선의 선비들, 인문학을 말하다

절벽에 선 듯한 기상이 있어야 한다'며 스스로를 경계했고, 또한 '하는 바가 없이 하는 것이 의義이고, 하는 바가 있어 하는 것이 이利이다. 내가 처음 배울 때부터 항상 이 말을 두려워했다'라고 말하곤 했다.

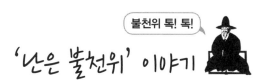

'난은 불천위' 이야기

불천위 톡! 톡!

난은종택(봉화군 춘양면 의양리)에는 현재(2012년) 노종부가 홀로 거주하고 있고, 이동표 10세 종손인 이충근 씨(1944년생)는 서울에 살고 있다. 종손은 불천위 기일(음력 7월 17일)에 내려와 제사를 지내는 형편이라 종택은 제대로 관리가 되지 못하고 있는 상황이다.

불천위 제사는 종택 사랑채向陽齋에서 기일 밤子時에 지내며, 참석 제관은 20~30명이다.

사당 건물은 따로 없고, 불천위 신주는 향양재 마루 벽감壁龕에 모시고 있다. 4대조 신주도 함께 벽감에 봉안돼 있었으나 지금은 불천위 신주만 있고, 종손 4대조 신주 감실은 비어 있다. 종손 부친 사후에 4대조 신주는 조매(땅에 묻음)했다고 한다. 일반 조상 기제사는 조부까지만 지내고, 지방을 사용한다.

후손들은 특히 난은의 지극한 효성을 이야기하며, 모두가 본받아야 할 대표적 가르침이라고 강조했다.

모친에 대한 이동표의 효행은 각별했다. 손님이 없으면 항상 모친 곁에 있으면서, 필요한 심부름을 부인이나 비첩들이 대신하게 하지 않고 수저를 챙기고 옷과 이부자리 살림을 반드시 직접 했다. 측간(화장실)에 갈 때도 부축했다. 고금의 좋은 말과 선행, 일가의 고사, 주변의 좋은 일 등을 들려주었다. 모친이 즐거워하도록 간혹 어린아이 놀이를 하기도 했다. 또한 일찍 홀로된 모친 봉양을 최우선으로 삼아 벼슬도 가능한 고향 근처에서 할 수 있도록 애를 썼다.

1
2

1 난은 이동표 신도비. 그 묘터가 연화부수형蓮花浮水形이기 때문에 이 신도비는 묘소에서 멀리 떨어진 위치에 자리 잡고 있다.

2 이동표가 숙부로부터 선물받아 매우 아끼면서 사용했던 대형 벼루(무게 20kg, 가로 48cm, 세로 31.5cm).

각별한 충효의 실천,
당대 '선비의 귀감'이 되다

변중일

옛 사람 사모하는 나는 어떤 사람인가 [慕古是何人]

오직 내 참 성품 지키기 바랄 뿐 [庶幾守我眞]

세상 밖의 일 말하지 않고 [莫論世外事]

달갑게 농사꾼이 되었네 [甘作畎中身]

어버이 돌아가실 때 효도하기 어려웠고 [親歿難爲孝]

재주 없어 끝내 뜻 펼치지 못했으니 [才疏竟不伸]

세상을 경륜해 보려던 건 그 옛날의 뜻일 뿐이고 [經營伊昔志]

청춘은 이제 다시 돌아오지 않을 것이네 [無復更靑春]

간재簡齋 변중일(1575~1660년)이 만년에 지은 〈술지述志〉라는 시다. 겸손한 표현
들이 있지만, 전체적으로 지나간 자신의 삶을 잘 대변하고 있는 것 같다.

조선 중기의 학자인 변중일은 이 시에서 부모에게 제대로 효도를 다하지 못했
음을 자책하고 있으나 실질적으로는 생전에 '하늘이 낳은 효자'라는 칭찬을 들을
정도로 남다른 효행을 실천해 주위를 감동시켰다. 그리고 나라에 대한 충성심도 각

별했다.

각별한 효행과 충성심은 당시 선비들의 귀감이 되었고, 그의 사후 119년이 지난 후 지역 유림은 변중일의 충효 정신을 길이 전하고자 간재를 불천위로 모시기로 결정했다. 이에 관한 기록이 전하고 있다.

변중일은 이처럼 유림에 의해 불천위에 오른 과정이 기록으로 남아 있는, 보기 드문 사례의 인물이다.

'하늘이 낳은 효자'라며 왜병도 감동

서너 살 때 사람들의 글 읽는 소리를 듣고 그것을 외울 정도로 총명했던 변중일은 7세 때 공부를 시작했다. 당시 그는 어버이를 섬기는 데 가장 도움이 되는 책은 무엇인지를 물었다. 《효경》이라는 답을 들은 그는 바로 《효경》부터 먼저 배우겠다고 요청했다.

아이들과 어울려 놀다가도 대추나 배 같은 것을 얻으면 품에 넣고 집으로 가서 할머니께 드렸다. 그의 삶을 정리해놓은 행장行狀에 다음과 같은 이야기도 전한다.

한 번은 모친이 병이 들었는데, 의원이 "꿩고기를 고아 먹으면 낫는다"했다. 마침 큰 눈이 내려 변중일이 산에 들어가 꿩을 잡으려 해도 잡을 수 없어 애를 태우고 있는 중에 우연히 꿩 한 마리가 방 안으로 날아들었다. 그 꿩을 잡아 모친에게 먹게 해 드리자 효험이 있었다. 이 사실을 알게 된 주위 사람들은 그의 효심이 감응感應한 결과라고 이야기했다.

임진왜란이 일어났을 때 일이다. 왜적이 침범해 안동까지 밀려들자 동네 사람 모두가 달아나 숨기에 바빴다. 당시 변중일은 18세로 집안에 늙고 병든 조모와 함께 있었다. 조모는 여름 더위에 이질까지 만나 움직일 수가 없을 정도로 위중해서 변중일은 조모를 간호하며 잠시도 곁을 떠나지 않고 속을 태우고 있었다.

결국 하루는 왜적들이 총을 쏘며 마을에 들이닥쳤다. 집안사람들이 어찌할 줄 모르고 황망해하는 가운데, 그는 먼저 모친을 업어 빽빽한 삼밭 속으로 피신시켰다. 그리고 다시 조모를 업고 피신하려고 했으나 조모가 곧 숨이 넘어갈 지경이라 옮길 수가 없자, 죽음을 무릅쓰고 조모 곁에 앉아 간호하며 무사하기만 빌었다.

마침내 한 왜병이 먼저 집으로 들어와 그를 때리며 끌고 나가 넘어뜨리고는 칼을 빼들고 죽이려 했다. 이에 변중일은 간절하게 말하기를 "조모 나이가 금년에 80세가 넘는데 나 같은 불효한 손자는 죽어도 아무 상관이 없지만, 조모님만은 꼭 살려주시오"라고 부탁했다.

진심어린 말을 들은 다른 왜병들이 급히 간재를 죽이지 못하게 말리고는 부축해 일으킨 후, 다시 방에 들어가 조모를 간호하도록 했다. 그리고 왜병들은 "이는 실로 하늘 낳은 효자이고, 이곳까지 오는 동안 이 같은 사람은 처음 본다"라고 말했다. 그런 다음 "우리가 떠나고 난 후에 다른 왜병이 오면 다시 화를 당할 수도 있으니 신표가 없으면 안될 것"이라고 말하고는 깃발 하나와 칼 한 자루를 주며 "뒤에 왜병이 오거든 이것을 보이며 사정을 이야기하라"고 설명했다. 왜병들은 집안 물건을 하나도 약탈하지 않고 물러가고, 조모의 병도 점차 회복돼 집안을 보전할 수 있었다.

당시 왜병으로부터 신표로 받은 칼(길이 1m20㎝)은 가보로 전하고 있다.

정유재란 때는 화왕산 전투에 참여해 적을 막아내

임진왜란으로 선조가 의주로 몽진하고, 학봉 김성일이 경상도초유사招諭使로 임명돼 경북 지역을 돌며 초유할 때 변중일은 "군신 간의 큰 윤리는 하늘이 내린 법이고 땅이 정한 의리인데, 지금 임금님이 피난길에 오르고 종묘사직이 폐허가 되려 하는데 비록 나 같은 초야의 미신微臣이라도 어찌 힘을 다해 나라의 위급을 구하기 위해 충성을 다하지 않겠는가"라고 말한 후, 집에 있는 쌀 100석을 상주 진영鎭營으로 실어보냈다.

그 후 형兄—과 함께 김성일이 있는 진주로 가니 이미 전장에서 별세한 후라 몸을 맡길 수 없음을 슬퍼하며 발길을 돌려, 망우당 곽재우 진중陣中으로 가서 기무機務에 종사했다. 이곳에서 변중일은 적의 탄환에 맞아 팔에 부상을 입기도 했다.

1597년 정유재란이 일어나 왜적이 다시 쳐들어오자 그는 창녕 화왕산으로 달려가 박수춘, 성안의, 남사명, 류복기, 정사성 등과 함께 맹약火旺同盟에 참여해 적들을 막아냈다.

왜란이 평정된 후 여러 친족들이 변중일의 효행을 나라에 보고해 포전褒典을 청하려 하자 그는 내세울 일이 아니라며 눈물을 흘리면서까지 극구 말렸다. 친족들은 할 수 없이 그 뜻을 접었다.

1649년에 인조가 승하하자, 당시 변중일은 노쇠하고 병을 앓고 있는 데도 불구하고 소식素食을 하며 상기喪期를 마치고, 인산因山(장례)과 소상小祥(죽은 지 한 돌 만에 지내는 제사)·대상大祥(사후 두 돌 만에 지내는 제사) 때는 노지露地에 엎드려 북쪽을 바라보며 통곡했다.

만년에 고향 집 옆에 정자 '간재' 지어 수양

변중일의 선조가 역적을 토벌한 공으로 나라에서 노비 30명을 하사받았는데, 그 자손들이 김해에 살고 있었다. 변중일은 "임금이 하사한 것을 버릴 수 없다"며 김해로 가서 그들을 찾아 데려오려고 했다. 그러나 노비에게 도리어 무고를 당하고 광해조의 혼정 속에서 서울의 감옥에 감금되었다. 그러나 인조반정(1623년) 후 특명으로 사면되고, 이어 노비 100명을 하사받았다.

당시 서울에 있을 때 형조刑曹의 아전 최옥崔玉의 집에 머문 적이 있는데, 일찍 과부가 된 최옥 딸이 변중일의 용모에 혹해 몰래 그의 침소로 들어왔다. 그는 "남녀가 유별한데 어찌 이러한 짓을 하는가"라며 거절하고 최옥을 불러 책망한 후 거처를 옮겼다.

조선의 선비들, 인문학을 말하다

만년에 고향 집의 동쪽 언덕에 정자를 지은 후 '간재簡齋'라는 편액을 달고 그것을 자신의 호로 삼았다. 그가 지은 《간재기簡齋記》 내용 중 일부다.

…(전략)… 작은 서재를 지어 이름을 '간재'라고 써 붙였다. 일찍이 듣기를 '군자의 도는 중中에 적응해 한쪽으로 치우치지 않는다[君子之道 適於中而不倚於偏]'라고 했다. …(중략)… 나는 감히 덕을 이루기를 바랄 수는 없지만 그렇다고 덕을 숭상할 뜻이 없는 것은 아니다. 비록 그렇더라도 내가 간자를 취한 이유가 어찌 중을 버리고 한쪽으로 치우치는 것을 취하는 것이겠는가. 나는 재주가 모자라고 뜻도 게을러 큰일을 경영해 백성들에게 혜택을 주지 못하고, 왜적이 침입해 나라가 상처투성이가 되었지만 몸을 바쳐 수치와 분통을 씻지도 못했으니 내가 장차 세상에 무슨 뜻이 있겠는가.

그래서 자취를 거두어 몸을 숨기고 그 뜻을 담아 이 서재의 이름을 지었다. 기와가 아닌 초가로 한 것은 거처함의 간이고, 담장을 흙으로 바르고 붉은 칠을 하지 않은 것은 꾸밈의 간이다. …(중략)… 말이 많고 교묘한 것이 간단하고 서툰 것만 못한 것이니, 간이란 중에는 미치지 못하지만 그래도 원래 도를 해치는 것은 아니다. 나는 간으로써 내 삶을 즐기련다. 그러나 내가 또 어찌 지나치게 간하는 사람이겠는가. 내가 바라는 것은 한쪽에 치우치지 않고 중에 적응하기를 기할 뿐이다.

1603년 조정에서 그의 행의行義를 가상하게 여겨 건원릉 참봉 벼슬을 내렸으나 사양해 나아가지 않았고, 80세가 넘어서야 통정대부에 올랐다.

변중일이 별세한 후 경상감사가 여론을 받아들여 그의 충효 행적을 조사해 조정에 보고하자, 1686년 5월 숙종 임금은 그의 충효를 기리는 정문旌門(나라에서 충신·효자·열녀를 기리기 위해 세우는 붉은 문)과 각閣(旌忠孝閣)을 간재종택 앞에 세우게 했다.

1	
2	3

1　간재 불천위 신주를 모시는 사당 전경.

2　간재종택(안동시 서후면 금계리) 옆에 있는 정충효각旌忠孝閣.
1686년 간재의 충효를 기려 나라에서 건립한 것이다.

3　임진왜란 때 조모를 살리기 위해 목숨을 내놓는 변중일의 효심
에 감동해 왜군이 증표로 주고 간 칼.

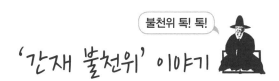

'간재 불천위' 이야기

간재가 불천위에 오른 내력은 기록琴皐誌으로 남아 있다.

> 1779년(정조 3년) 10월 15일에 조례祧禮(신주를 땅에 묻는 의식) 일자를 잡아 원근의 사림에 통고하니 모인 사람이 280여 명이었다. 오후에 대청 앞에 회의 자리를 여니 공의公議가 일어나 '간재공의 탁월한 충효행은 이미 조정에서도 은전의 포상이 있었는데 사림에서 존모하는 정성이 어찌 없겠는가. 오늘의 자리는 조매제사祧埋祭祀로 거행할 것이 아니라 불천위로 모시는 제례로 바꾸어야 한다'라는 결론이 나버렸다. 이에 종손과 지손들이 그 자리에 찾아가서 '사림의 논의가 이와 같이 정중하니 실로 후손된 사람들로서는 감축하는 바이나 뜻이 뜻대로 될 수 없는 지극히 어려운 처지가 있습니다'라고 했으나 참석한 사람들이 자손들의 겸양을 들어주지 않고 공의로 이미 결정한 대로 마무리짓고 모인 사람 중 김응탁金應鐸을 선정, 본손本孫을 대신해 고유문을 짓게 했다.

그리고 김성탁이 본손을 대신해 지은 가묘부조고유문家廟不祧告由文 중 후반부 내용이다.

> …(전략)… 세상을 떠나신 지 얼마 되지 않아 나라에서 특별히 정전旌典을 내려 엄연한 유각이 저기 휘황輝煌하게 서 있습니다. 세상이 바뀌고 세월이 흘러 조례의 날이 다가오니 뜻있는 선비들이 모두 모여 옛 현인을 앙모함이 더욱 새로워, 이에 불천위의 예로 모실 것을 결정하니 자손들은 송구하고 두려워하면서 삼가 맑은 술과 여러 가지 안주로 제주를 바쳐 올립니다.

간재 불천위 고유 행사 때 800여 명의 유림이 참석했다.

간재 불천위 제사는 기일(음력 10월 20일) 밤 9시, 간재종택(안동시 서후면 금계리) 안채 대청에서 지낸다. 간재 11대 종손 변성열 씨(1960년생)는 2012년 "20년 전에 제사 시간을 변경했고, 요즘 참석하는 제관은 60~70명"이라고 말했다. 제수는 유사들(3명)이 준비하고 고·비위 신주를 함께 모시는 합설로 지낸다. 아헌은 종부가 올린다.

시호, 그것이 알고 싶다 : 사대부가 최고의 '사후 명함'

시호諡號란?

'충무공 이순신'이라 할 때 충무忠武가 시호諡號다. 이 시호는 왕이나 사대부 등이 죽은 후에 그들의 공덕을 찬양하여 나라(왕)가 정해 내리는 호를 말한다.

왕조 시대의 문화인 시호 제도는 주요 인물의 평생 동안 공적이나 학덕을 엄정하게 평가한 후, 두 글자로 요약하여 죽은 사람의 선과 악을 나타내어 후세 사람들이 경계의 대상으로 삼도록 한 것이다.

시호는 좋은 의미의 시호만 있는 것이 아니고, 간혹 그 대상 인물의 삶이 악할 경우 나쁜 의미의 시호가 내려지기도 했다고 한다. 이는 죽의 이의 벼슬 직위가 시호를 받을 만한 위치라면, 그 후손이 시호를 청하는 것이 불문율이었던 시대의 산물이었던 것 같다.

시호의 기원은 중국에 두고 있으나 그 시기는 확실하지 않다. 일반적으로 시법諡法(시호를 의논하여 정하는 방법)이 이루어진 것은 주나라 때로 보고 있다. 우리나라에서는 신라 법흥왕이 즉위한 후(514년)에 죽은 부왕에게 '지증智證'을 증시證諡했다는 기록이 그 효시인 것으로 알려져 있다.

시호 제도에 관한 상세한 내용은 현재 드러난 사료로는 조선 시대에 와서 정비된 것으로 파악되고 있다.

시호는 조선 초기까지는 왕과 왕비, 왕의 종친, 실직實職 정2품 이상의 문무관과 공신에게만 주어졌으나 후대로 내려오면서 그 대상이 점차 완화·확대되었다. 나중에는 문란해져 시호를 돈을 받고 거래하는 대상이 되기도 했던 모양이다. 그리고 향촌의 유림에서 정하는 사시私諡도 생겨났다. 사시라고 해서 모두 그 가치가 떨어지는 것은 아니다.

시호와 불천위

시호는 불천위와 밀접한 관련이 있다.

한 인물이 죽은 후 그 학행이나 공적이 기릴 만한 가치가 있다고 평가되면, 조정에서는 임금의 명으로 시호諡號를 내리게 된다. 사대부는 살아서 최고 명예는 대제학 벼슬이고, 죽어서는 시호를 받는 일이었다. 시호가 내려진 인물은 말하자면 영원히 추모를 받을 권리, 즉 불천위에 오를 자격이 갖추어지는 셈이다. 불천위에 오르면 제사 때는 나라에서 제관과 제물을 보내고, 그 후손에게 은일隱逸로 벼슬을 제수하기도 했다. 또한 그의 신주가 영구히 사당에 모셔지고, 그 인물은 통상 중시조中始祖가 되어 하나의 종가를 이루게 된다.

시호를 받았다고 해서 모두 불천위가 되는 것은 아니다.

조선 시대에는 죽은 자의 직위가 시호를 받을 만한 위치라면 후손은 시호를 청하는 것이 불문율이었다. 시호가 일단 내리면, 좋지 않은 시호가 내려진 경우에도 다시 시호를 청하거나 개시改諡를 청할 수 없는 것이 원칙이었다.

시호는 실질적인 수혜가 후손에게 미치기도 하기 때문에 조선의 사대부 가문으로서는 가장 큰 명예였다. 그리고 엄밀하게는 불천위 조상이 있어야 '종가'이고, 그 후손이라야 '종손'이라고 불렀다.

시호 결정 절차

왕이나 왕비가 죽은 후 시호를 내릴 때는 시호도감을 설치하고 담당자를 임명,

시호를 내리는 증시贈諡 절차를 엄숙하게 진행하도록 했다.

국왕이 아닌 일반인은 봉상시奉常寺에서 주관했다. 그 절차는 시대에 따라 약간의 차이가 있었으나 통상적으로는 다음과 같다.

1. 시호를 받을 만한 사람이 죽으면 그 자손이나 인척 등 관계있는 사람이 행장行狀을 작성해 예조에 제출한다.

2. 예조에서는 그 행장을 검토한 후 봉상시에 보낸다. 봉상시는 행장에 근거하여 행적을 다시 조회하고, 시법에 따라 시장諡狀을 작성하며, 시호로 내려야할 문자 세 가지三望를 정한다.

3. 홍문관은 봉상시와 이 삼망을 의논하는 의시議諡 과정을 거쳐 확정하며, 의정부의 담당자가 이에 적격하다는 판정인 서경書經을 한다. 이를 시장과 함께 이조에 넘긴다.

4. 이조에서는 시호망단자諡號望單子를 작성한 후 국왕에게 제출해 수점受點(낙점)을 받는다. 이때 시호망단자는 삼망이 일반적이나 단망일 경우도 있다.

5. 국왕의 낙점 후 사헌부·사간원의 서경을 거쳐 시호가 확정된다. 시호서경에는 후보로 올랐던 시호는 제외되고, 확정된 시호만을 올린다. 확정된 시호는 왕의 교지로 증시된다.

시호에 사용하는 글자

시호에 사용하는 글자 수는 정해져 있었는데, 그 수는 시대에 따라 달랐다. 주례周禮의 시법에는 28자에 불과했고, 《사기》의 시법에는 194자였다. 1438년(세종 20년) 봉상시에서 사용하던 글자도 194자로 한정돼 있으나, 후에 세종의 명으로 집현전에서 여러 문헌을 참고하여 107자를 추가해 모두 301자로 늘어났다.

그러나 실제로 자주 사용된 글자는 文, 貞, 恭, 襄, 孝, 忠, 安, 景, 翼, 武, 敬, 純

등 120자 정도였다. 그리고 각 글자의 의미는 여러 가지로 풀이된다. 예를 들면 문文은 '온 천하를 경륜하여 다스린다[經天緯地]', '배우기를 부지런히 하고 묻기를 좋아한다[勤學好問]', '널리 듣고 많이 본다[博聞多見]' 등 15가지로 사용됐다. 따라서 시호법에 나오는 시호의 의미는 수천 가지라 할 수 있다.

박의장·이원정 증시贈諡 사례

영덕 출신 청신재 박의장(1555~1615년)과 칠곡 출신 귀암 이원정(1622~80년)의 증시 과정을 통해 시호가 어떤 과정을 거쳐 내려지는지 살펴본다. 박의장의 시호(1784년)는 '무의武毅'이고, 이원정의 시호(1871년)는 '문익文翼'이다.

● 시장諡狀 작성

시장諡狀을 작성하는 자격은 당상관 이상의 문망文望 있는 인물로 규정돼 있다. 박의장 시장 작성자는 문과 급제 후 사간원과 사헌부 등의 요직을 두루 거친 황경원(1709~87년)이며, 그도 시호文景를 받은 인물이다. 임진왜란 중에 세운 전공을 상세히 밝힌 다음, 전란 후 효행을 다한 사실을 부기해 충효를 강조한 박의장 시장의 일부다.

…〈전략〉… 공이 경주부에서 지내면서 판관으로 재임한 기간이 2년, 부윤으로 재임한 기간이 7년이었는데, 사방으로 널려 있는 왜적들의 보루 한가운데서 버티면서 크고 작은 전투를 50여 차례나 치렀지만, 조금이나마 병세兵勢를 꺾인 적이 한 번도 없었다. 심지어 사변에 대응하고 송사를 판결하는 데서도 마땅한 결과를 내지 않은 적이 없었으니, 앞서 말한 문무의 재주를 겸전한 인재라는 칭송이 이러한 점에 이르고 보면 더욱 미덥게 된다. …〈중략〉… 삼가 역임한 벼슬과 행적 및 사업을 갖추어 적어서 태상시(봉상시)에 이 시장을 올린다.

● 시호 확정

봉상시는 시장을 검토해 시호로 정해질 세 가지 예비 명칭을 준비한 〈시호망기諡號望記〉를 마련한다. 삼망三望의 시호망기는 관련 관청의 심사 검토를 거쳐 최종 확정된 후, 이조에 시장과 함께 넘겨진다. 이조는 〈시호망단자諡號望單子〉를 작성해 국왕에게 보고하고 재가를 받는다.

이원정의 경우에는 국왕에게 올린 〈시호망단자〉가 남아 있어 세 가지 예비 명칭 文翼, 孝文, 孝翼 중 첫 번째 명칭이 낙점된 것을 알 수 있다. 〈시호망단자〉를 보면 명칭별로, 명칭 아래 그 의미를 풀이한 문구가 적혀 있다. 문익文翼은 '학문에 힘쓰고 묻기를 좋아하니 문이요[勤學好問曰文], 사려가 깊고 멀어서 익이다[思慮深遠曰翼]'라는 의미다. 통상 첫째가 낙점된다.

국왕의 낙점 후 사헌부가 여러 관원들의 합의로 적격하다고 판정을 하는 서경書經 절차를 거쳐 시호가 최종적으로 확정된다. 이원정의 경우 이 시호서경 문서도 남아 있다. 여기에 보면 시호와 날자가 기록돼 있고, 사헌부 수장인 대사헌 등이 직함 부분에 성을 표기하고 수결을 했다.

모든 절차가 완료되면 시호를 내린다는 교지를 만들어 전달한다.

● 선시宣諡·연시延諡 행사

시호 결정 절차가 마무리되면 시호 교지를 전달하는 선시宣諡 행사가 진행된다. 박의장의 경우, 시호 '무의武毅'가 결정되자 이조에서는 이조정랑 조윤대(1784~1813년)를 사시관賜諡官으로 파견해 시호를 내리는 선시 행사를 주관하도록 했다. 1784년 봄에 시호가 확정되었고, 10월에 시호를 맞는 연시延諡 행사 준비가 완료되자 조정으로부터 사시관이 파견되었다. 조윤대는 1779년 문과 급제 후 예문관 검열을 거친 문사文士였다.

조윤대는 선시례를 행하기 위해 박의장 종가로 향하는 길에, 영해와 가까운 영양군 석보 인근에 유숙하면서 날씨로 인해 일정이 지체되게 된 사정과 양해를 구하는 사연을 적어 종가에 보낸다. 그 서한이 지금도 전한다.

10월 23일 밤에 쓴 서한의 내용 중 일부다.

내일 중으로 들어갈 작정이었는데, 오늘 이미 큰 바람을 만났고 또한 조금 지체되어 지금 석보원에 유숙하고 있습니다. 듣건데 영남의 도로는 길이 험하다고 하니, 내일 일찍 도착하기는 어렵겠습니다. …(중략)… 어두울 때 들어가면 행사를 치르기에 곤란한 일이 많을 터이니 모레 이른 아침으로 좀 물리는 것만 못할 것입니다. 그래서 심부름꾼을 보내 알립니다만 어떨지 모르겠습니다.

박의장 종가에서는 시호를 맞이하는 연시 행사가 진행된다. 〈무의공연시시일기武毅公延謚時日記〉에 1784년 10월 22일부터 25일까지의 그 내용이 기록돼 있다. 22~24일의 일기에는 연시 행사를 준비하는 과정이 기술돼 있는데, 연시 행사 참가자들이 속속 도착하는 상황과 집사관執事官의 선임, 연시례와 관련한 문답 등이 담겨 있다. 특히 24일의 일기에는 사시관 도착이 지연됨에 따라 행사 참석을 위해 미리 도착한 빈객에 대한 대접의 어려움이 기술돼 있다.

25일에는 조윤대를 비롯해 영양현감 김명진, 영덕현령 윤기동, 영일현감 이양선이 선시단으로 참가하고, 박의장 종손을 비롯한 문중 인사와 영해 유림도 행사에 참가한 사실이 기록돼 있다. 음악이 연주되는 가운데 진행된 선시례는 종손이 박의장의 신위를 받들고 사당에서 나오는 것에서 시작돼, 영해부사가 시함謚函을 안치한 다음, 시호 교지를 읽고 무안 박 씨가 자손들이 네 번 절한 후 시호 교지를 받들어 신위 앞에 펼쳐놓으면서 마무리되었다.

● 연시 행사 비용

시호 맞이 행사에는 막대한 경비가 소요됐던 모양이다. 비용은 가내의 재력으로 충당하는 것이 당연하나 행사 자체가 고을의 큰 잔치였으므로, 재력 있는 인근 사족으로부터의 부조도 답지하기 마련이었다.

무의공 시호 맞이 행사의 부조 상황을 기록한 〈연시시부조기〉는 타관과 본가(영해)로 구분해 부조 상황을 작성하고 있다. 경주, 양동, 안동, 영양, 진보, 영천, 평해, 울진 등지의 유력가문과 서원에서 모두 94냥 8전의 부조가 답지했다. 그리고 영해 관내의 부조액 97냥, 영해와 순흥 일대 무안 박 씨 종중의 부조액 161냥 6전 등 총 부조액은 373냥이었다. 현물 부조를 합치면 더 많을 것이다.

전체 부조 수령액의 대부분은 행사를 위해 서울을 왕래하며 소요한 경비, 접빈객에 필요한 각종 물품 구입비 등으로 지출됐다. 당시 서울의 후원이 딸린 방 3칸짜리 초가집이 약 70냥 정도였음을 감안하면, 연시 행사 비용이 엄청났음을 알 수 있다.

조선의 선비들, 인문학을 말하다

<table>
<tr><td></td><td></td><td>5</td></tr>
<tr><td>1</td><td>2</td><td>6</td></tr>
<tr><td>3</td><td>4</td><td></td></tr>
</table>

1·2 청신재 박의장 시호 교지(1784년·시호 '武毅')와 농암 이현보의 시호 교지(1557 년·시호 '孝節'). 당사자의 벼슬과 시호, 시호의 의미 등이 적혀 있으나 시대가 달라서인지 교지의 규격이나 내용 구성에 약간의 차이가 있다.

3·4·5·6 시호는 시장諡狀 작성으로 시작돼 관련 관청의 협의와 심사를 거쳐 왕이 확정하며, 시호가 확정되면 교지로 작성돼 해당 인물의 자손 집에 전달 된다. 그리고 해당 가문에서는 시호를 맞는 연시延諡 행사가 치러진다. 사진 은 청신재 박의장의 시장諡狀, 귀암 이원정의 〈시호망기諡號望記〉(시호 예비명 칭 3개를 정해 왕에게 올린 문서로, 국왕이 '文翼'을 지명했음이 표시돼 있음), 청 신재 박의장의 시호 맞이 행사를 기록한 〈무의공연시시일기武毅公延諡時日記〉, 박의장의 시호 교지를 담은 〈시함諡函〉.

5부

무엇을 하든
마음心 공부가
중요하다

학문 연구와 후진 양성에 전념한
'벼슬 하지 않은 선비'

권구

비 그친 뒤 지팡이 짚고 마루 아래로 내려가

국화를 줄지어 심네

나뭇잎 지고 서리 내릴 때를 기다리면

황화가 토해 내는 향기 서원에 가득하리

병곡屛谷 권구(1672~1749년)의 〈서원 뜰에 국화를 심다種菊院庭〉라는 작품이다.
〈홀로 앉아서獨坐〉라는 작품을 하나 더 소개한다.

홀로 앉음이 꼭 나쁘지 않고 도리어 유익하다

속객이 문에 이르지 않아 일실이 늘 한적하고

연기는 나서 산촌을 날며 햇빛은 빈 창을 밝히네

책을 펴고 책상 앞에 정좌해 잠자코 깊은 뜻을 찾으니

흡사 옛 성현이 좌우에 나열한 듯하네

때로 문을 열고 바라보니 산천은 어지럽게 눈에 차고

반가워하며 맵씨 내는 모습들 내 쓸쓸하고 적막함을 위로하듯 하니

깊이 생각하여 뜻을 자득하고 흥구興句 자주 얻어 수심愁心을 잊네

심기는 자연히 고요하고 세상 근심 모두 사라진다

권구의 삶이 어떠했는지를 간접적으로 말해 주고 있는 시들이다. 권구는 평생 동안 마치 세상을 잊은 것처럼 문을 닫고 지낸 선비였다. 그는 벼슬을 하지 않는 선비의 삶의 모델을 보여 주는 듯하다.

가난의 삼락三樂을 즐긴 병곡

그의 아들 권보 등이 남긴 기록들이 권구가 어떤 인물인지 짐작하게 한다.
권구의 부인이 아들에게 한 말이다.

내가 젊었을 때부터 지금까지 너의 아버지는 음식물의 감고甘苦와 의복의 편부便不 여부에 대해 말을 하는 것을 듣지 못했다. 평소 음식을 먹는 데도 정수定數가 있어서 비록 악초라도 덜함이 없고, 좋은 반찬을 만나도 더함이 없었으며, 입을 옷도 새 것·기운 것을 가리지 않았고, 다만 제삿날에는 웃옷을 빨라고 이야기할 뿐이었다.

그는 거처하는 방이 겨우 무릎을 펼 만큼 비좁아도 고치지 않고, 종일 정좌靜坐해 춥고 더운 용모를 보이지 않았다. 또한 추워도 땔감은 더하지 않고 더워도 부채질을 하지 않았다. 어느 날, 노복이 온돌방에 불을 너무 과하게 지펴서 매우 뜨겁자 나무판을 깔고 종일토록 앉았으니, 한 문인門人이 "이러다가는 병이 날까 두렵습니다" 하자 "옮길 만한 곳이 없기에 여기 있노라. 그러나 뜨거운 줄 모르니 어찌 병이 생기랴. 한열寒熱에 처하는 도가 있으니 고요하면 외환外患이 자연히 못 들어오느니

라" 했다.

　여름에 지나는 손님이 있었는데 밤새도록 잠을 못 이루고 새벽에 일어나 "덥고 옹색하기가 이러한데 주인은 밤이 새도록 온수穩睡하시니 무슨 도를 얻어서 이러합니까?" 하니, 웃으면서 "별다른 법이 있는 것이 아니고 더위에 익숙한 까닭이다"라고 답했다. 손수 다음의 글을 써서 벽에 붙여놓기도 했다.

　　가난에는 삼락이 있으니, 입은 거친 밥과 소채蔬菜를 익혔으니 음식이 만족하기 쉬워 고량膏粱을 원치 않으며, 몸은 베옷을 익혔으니 의복이 편하기 쉬워 비단을 원치 않으며, 거처는 비좁은 곳을 익혔으니 쉽게 편하므로 화옥華屋을 원치 않는다.

모든 행위는 정해진 법도를 벗어나지 않아

　평소 용모는 화평하고 동작에 모두 정규定規가 있어 황망하게 움직이지 않았으며, 자고 일어나는 시각도 이르거나 늦음이 없이 항상 그 시각이 일정했다. 방 안의 잡물도 두는 곳이 정해져 있고 일용법도가 엄해 털끝만큼도 자신을 용서치 않는 행동이 오래므로, 마음이나 손 모두 편안해 비록 좌우에서 모시는 사람도 남과 다름이 있음을 깨닫지 못했다.

　조석 식사에 씹고 마심의 다소와 수저 놀림은 정식定式이 있어 종신토록 변하지 않았으며, 비록 작정한 일은 아니나 자연히 절도에 맞았다. 《중용》,《대학》,《주역》의 정문正文을 묵송默誦하는 날이 일과로 정해져 있어서 질병이나 빈객, 출입하는 말 위에서도 지켰다.

　몸이 피곤하면 혹 눈을 감고 앉아 정신을 집중시키기도 하고 바깥에 나가 산책도 하며, 기대어 앉거나 번듯이 눕는 일이 없었다. 벗과 더불어 있으면 대화나 웃음은 정겨움이 우러나게 하고, 자랑이나 남을 부자유스럽게 하는 일이 없었다.

　권구는 노복을 대함에 있어서도 인정이 곡진하며, 고의로 범한 죄는 용서치 않앞으나 그 질병과 노고를 살피고 사소한 선행에도 칭찬을 아끼지 않았다. 선을 행하고 악은 부끄러운 줄 알도록 가르쳤다. 집안 할아버지 통덕공通德公이 권구의 아들에게 이르기를 "내가 젊었을 때부터 너희 집과 이웃해 살았는데 너희 집에는 사람을 무는 개가 없었고 싸우는 소리도 듣지 못했으니, 이것은 화기에 응한 것이다"라고 했다.

권구는 자식에게 이르기를 "인사人事는 사람과 더불어 상접相接함에 지나지 않으니, 진실로 사람을 대할 때 조금이라도 소홀히 하는 버릇과 허위의 생각이 있으면 그 나머지는 족히 볼 것이 없느니라"라고 강조했다.

평생 은둔하며 수신, 후학 지도

권구가 어떤 인물인지 말해 주는 일화다.

권구의 문인 류세경柳世經이 어느 모임에 참석했더니, 밀암密庵 선생이 좌석 멀리서 "자네 지곡枝谷(병곡이 살았던 안동 가일) 사람 아닌가" 하며 불러서 각별히 대했다. 이를 보고 누가 묻자 "지곡 사람은 멀리서 봐도 군자향君子鄕의 사람임을 알 수 있다"라고 했다 한다.

그는 공부할 때 정밀히 생각하고 조용히 거듭 숙독해 융회관통融會貫通하기를 기다리며 급박하게 구할 마음을 갖지 않았다. 또한 경서를 읽고 몸을 돌이켜 실천을 안 한다면 진실한 선비가 아니라고 지적했다.

권구는 평생 향리에서 조용히 지낸 선비였다. 당색이 치열하던 때라 벼슬을 단념했고, 한때 병산서원 서쪽 적곡跡谷마을의 한 가옥을 빌어 집으로 삼으면서 동네 이름도 '병곡屛谷'으로 개칭하고, 이것을 자신의 호로 삼았다. 1723년에 다시 지곡으로 돌아왔고, 1725년에 거실에 현액懸額하기를 '환와丸窩'라고 했다.

10세 전에 사람을 놀라게 하는 글을 지은 그는 10대 초반에 과거와 관련 없는 책도 많이 보아 음양, 산수, 가례, 병법, 음률 등에도 해박했다. 간혹 침식을 잊으며

사서 등을 공부하던 그는 세상에 도의가 없음을 보고, 그 현실을 바룰 수 없음을 탄식하며, "어찌 벼슬길에 나서겠는가. 내가 좋아하는 바를 따르는 것만 같지 못하다"며 과거시험장에 나갈 뜻을 접고 집에서 학문에만 매진했다. 권구는 일찍부터 갈암葛菴 이현일의 문하에 출입, 그 학맥을 이었다.

별세하기 얼마 전 혈기의 운행이 거의 중지되어 능히 자력으로 기동하지 못하는 상태에서 시자가 신음소리 같은 것을 듣곤 했는데, 하루는 홀연히 눈을 뜨고 미소 지으며 "《중용》과 《대학》은 내가 평생에 외우던 것이나 이제 구독句讀의 착오가 있으니 정신이 다시 회복하지 못하는구나" 하자 비로소 신음소리가 아니고 중용을 외우는 소리였음을 알았다.

1739년에는 마을 젊은이들이 권구에게 배우는 처소로 삼고자 집 남쪽에 몇 칸의 집을 지었다. 권구는 그 이름을 '시습재時習齋'라 하고, 다음과 같은 글을 지어 게시했다.

조선의 선비들, 인문학을 말하다

1	2	3

1 　병곡종택 사당 내 불천위 신주 감실

2 　병곡종택(안동시 풍천면 가곡1리)의 당호로도 사용되던 '시습재時習齋' 현판이
　　걸려 있는 종택 사랑채. 이 건물 동쪽에 불천위 사당이 있다.

3 　권구의 학덕을 기려 1768년에 지역민들이 지은 서당인 노동서사魯東書社(안동
　　시 풍천면 가곡1리). 일제 강점기에는 권구의 후손인 권오설이 원흥학술강습
　　소를 열어 민족교육운동을 한 곳이기도 하다.

　　일신에는 마음이 주가 되고 한 마음에는 경敬이 근본이니 경으로써 마음을 간
직한 후에야 바야흐로 덕의 문에 듦을 알리라.', '사람이 능히 사람됨은 다만 이 한
개의 마음이다. 혹시라도 그 마음을 잃어버리면 들짐승이 되고 또 날짐승이 되게
기르는 것이니라.

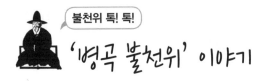

'병곡 불천위' 이야기

병곡종택이 있는 가일佳日마을(안동시 풍천면 가곡1리)은 권구가 태어나고 후학을 가르치던 곳이다. 당시에는 지곡枝谷이나 불렀으나 지금은 '가곡' 또는 '가일'이라 불린다. 안동시 풍산읍의 하회마을로 가는 길을 따라 가다 보면 오른쪽에 표지가 보인다. 그 길을 따라 조금만 가면 바로 마을이 눈에 들어온다.

병곡종택의 불천위 사당은 종택 동쪽에 자리 잡고 있다. 담장으로 둘러싸인 사당 마당에는 사당 건립 때 심은 회양목이 자라고 있다. 원래 두 그루가 똑같이 자라고 있었는데, 수년 전 한 그루가 죽어버리자 종손(권종만)이 2세 나무를 심어 키우고 있다. 불천위 사당에는 불천위 신주와 4대조 신주를 함께 봉안하고 있으나 가장 서쪽에 있는 불천위 신주 옆에 칸막이를 해 다른 신주와 공간을 분할하고 있다.

권구는 1891년에 이조판서로 증직贈職되었으며, 당시 분황고유焚黃告由를 할 때 사림士林의 공의公議로 불천위가 되었다. '분황焚黃'이란, 죽은 사람에게 벼슬을 추증할 때 조정에서 사령장과 황색 종이에 쓴 부본副本을 주면, 그 자손이 추증을 받은 선조의 무덤에 고하고 황색 종이의 부본을 태우는 의식을 말한다.

불천위 제사(음력 1월 28일)는 단설로 지내며, 밤 12시 10분쯤 출주出主를 시작으로 진행된다. 제관은 40명 내외이며 사위들과 외손, 갈암 이현일 후손도 참석한다고 했다. 병곡은 갈암의 제자다. 불가피한 일이 있는 사람은 낮에 사당을 찾아 참배하고 가는 경우도 있다.

권 문 해

조선 선조 때의 학자인 초간草澗 권문해(1534~1591년)는 특히 사학史學에 밝았다. 그가 남긴 대표적 역저인 《대동운부군옥》은 단군 시대부터 조선 명종까지의 다양한 분야 일들을 정리한 저술로, 너무나 소중한 문화유산이다. 투철한 자주의식·민족의식을 바탕으로 순수한 우리 문화와 역사를 수록한 대백과사전이다. 우리나라 최초의 백과사전인 이 저서는 개인의 저작임에도 불구하고 양과 질에서 방대하고 뛰어나 많은 이들로부터 극찬을 받았다. 특히 임진왜란 이전의 사실을 아는 데 중요한 역할을 하는 문헌이다.

권문해가 남긴 명저 《대동운부군옥》

예천 출생으로 총명한 자질을 타고난 권문해는 어린 시절부터 부친 권지로부터 가학家學을 전수했다. 10대 시절 글을 읽을 때 총명이 일반 사람보다 뛰어났으며, 특히 역사서를 널리 공부하고 눈이 한 번 스친 것은 모두 기억했다. 인물의 어질고 어리석음, 문장 수준의 높고 낮음에 대해 한 번만 보면 다 알아버렸다고 행장에 전한다.

아우와 함께 예천 용둔사에서 공부하던 24세 때는 침식을 잊을 정도로 혹독하게 파고들어 밤을 밝힐 등잔 기름이 모자랐다고 한다. 당시 '신징信澄'이라는 스님이 등잔에 기름이 떨어지면 늘 기름을 갖다 부어 주곤 했다. 훗날 권문해가 그 스님에게 지어준 시에 '옛날 걸상이 뚫릴 정도로 앉아 학업에 열중하던 날, 스님에게 밤마다 모자라는 등잔기름 대게 했던 때가 그립습니다[仍憶昔年穿榻日, 令渠夜夜點燈時]'라고 적고 있다.

권문해는 평소 아우에게 "우리나라에는 제대로 된 문헌이 없다. 그래서 선비들이 중국 역사에 대해선 마치 어제의 일같이 이야기하면서도, 우리나라 역사에 대해서는 수천 년간의 역사를 모르기를 문자가 없던 옛날의 일처럼 아득하게 여긴다. 이는 눈앞의 물건도 보지 못하면서 천리 밖의 것을 주시하려는 것과 같다"라고 하면서, 우리 역사의 새로운 집대성에 대해 강한 집념을 보였다.

권문해는 벼슬 생활 틈틈이 자료를 섭렵하며 저술을 시작했다. 《삼국사기》와 《계원필경》 등 한국 서적 174종과 《사기》와 《한서》 등 중국 서적 15종을 참고, 중국의 음시부陰時夫가 지은 《운부군옥韻府群玉》의 체제를 빌어 한국의 역사와 문화를 정리했으니, 《대동운부군옥》 20권 20책이다. 1589년에 완성한 이 책은 우리나라 역사와 지리, 문학, 철학, 예술, 풍속, 인물, 성씨, 산, 나무, 꽃, 동물 등이 망라돼 있다.

이 책은 완성 전부터 그 진가가 알려지기 시작했고, 완성 후에는 많은 학자들로부터 극찬을 받았다. 학사鶴沙 김응조는 "장차 운부군옥과 함께 전해질 것이고, 취사선택의 올바름은 운부군옥보다 나은 점이 있으니 선생의 학문의 넓음과 식견의 밝음을 가히 상상할 수 있을 것이다"라고 했다.

이 책은 당초 3본을 베껴 두었는데, 학봉鶴峯 김성일이 국가에서 간행하기 위해 한 질을 빌려 가고, 또 한강寒岡 정구가 한 질을 빌려갔다. 하지만 이들은 뒤이어 일어난 임진왜란과 한강의 가옥 화재로 인해 소실돼 버렸다.

이에 권문해의 아들이 나머지 한 질마저 소실될 것을 우려해 정산서원 원장 시절 주변 사우土友의 힘을 모아 남은 한 질을 베껴 서원에 보관했다. 후일 권문해의 7세손進洛이 처음 판각을 시도했으나 완성하지 못하고, 1836년 8세손顯相에 이르러 677판을 완료했다.

《대동운부군옥》 목판과 초고본初稿本은 보물로 지정돼 있다. 그리고 2008년 대동운부군옥 20권 20책의 국역이 완료됐다.

권문해는 《대동운부군옥》과 함께 매우 값진 일기 3책 《선조일록先祖日錄》, 《초간일기草澗日記》, 《신유일기申卯日記》을 남겼다. 1580년부터 1591년까지의 일기로, 임진왜란 전 사대부가의 일상생활과 중앙·지방의 관가 상황 등을 담고 있어 당시의 정치, 국방, 사회, 교육, 문화 등 전반을 살펴볼 수 있는 중요한 사료로 평가되고 있다.

권문해의 효심과 성품을 보여 주는 일화

권문해는 아무리 권세가 막강한 벼슬아치 앞이라도 옳지 못한 일에 대해서는 절대 굽히는 일이 없었다. 이처럼 강직한 성품은 권문해가 조정에 나아간 후 그의 탄핵을 받은 이가 50여 명이나 되는 사실에서도 잘 드러난다.

선생께서 겨우 약관에 그 몸가짐이 어른과 같아 친구들 사이에 있을 때 만일 올바르지 못한 것을 보면 같이 어울리지 않으셨다. 그런 까닭에 다른 사람들이 어려워했다.

권문해의 연보年譜에 나오는 기록이다. 한 평생 강직한 언행을 보인 초간의 면모를 가늠할 수 있는 대목이다.

권문해가 벼슬 생활을 하면서 조정의 동료들에게 주장한 다음 이야기에서도 그 성품을 엿볼 수 있다.

초간종택 사당 전경. 종택 사랑채 뒤쪽에 자리 잡고 있다.

사대부가 말을 하고 일을 행할 때는 마땅히 공평정직하게 해야 한다. 지금 세상
에는 권세에 아부하는 일이 많아, 정직하고 청렴하며 사양하는 풍토가 점차 사라
지니 나는 이를 매우 부끄럽게 여긴다. 하물며 벼슬하는 자가 언관이 되면 마땅히
시비를 공정하게 다룬 연후에야 능히 관리의 기강을 떨칠 수 있으니, 자기의 득실
과 행복을 비교해 보아서는 안 된다.

조선의 선비들, 인문학을 말하다

권문해는 효성도 지극했다. 부모가 연로해 병환이 나면, 나을 때까지 식음을 전폐하고 주야로 기도했다. 아버지가 별세하자 3년 동안 시묘살이를 했다. 아침, 저녁으로 묘 옆에서 지키면서 아무리 심한 추위나 더위에도 한 번도 제사를 폐하지 않았다. 제사 음식은 종들에게 맡기지 않고 반드시 손수 장만했다. 이러한 고행으로 병을 얻어 생명이 위태로울 지경에 이르기도 했다.

그리고 부친이 사랑하던 말이 있었는데, 부친 별세 후 그 말을 돌보면서 차마 타고 다니지 못했다. 수령이 되어 다른 고을로 나아갈 때는 반드시 그 말을 데리고 갔으며, 그러기를 12년 동안 하다가 마침내 그 말이 죽으니 땅에 묻고 무덤을 만들어 주었다.

본인이 병이 깊어 회복할 기미가 없자 연로한 모친을 염려하며 유언을 남겼다.

늙으신 어머님께 맛난 음식으로 봉양하고 잠자리를 돌보아 드리는 범절 등은 모두 내가 살아 있을 때와 같이 해서, 행여 아버님으로 하여금 저승에서 슬퍼하게 하지 마라.

부인을 위한 절절한 제문

나무와 돌은 풍우에도 오래 남고 가죽나무, 상수리나무는 예전처럼 아직 살아 저토록 무성한데 그대는 홀로 어느 곳으로 간단 말인가. 서러운 상복을 입고 그대 지키고 서 있으니 둘레가 이다지도 적막하여 마음 둘 곳이 없소. 얻지 못한 아들이라도 하나 있었더라면 날 가면서 성장하여 며느리도 보고, 손자도 보아 그대 앞에 향화 끊이지 않을 것을……. 오호 슬프다. 저 용문산을 바라보니 아버님의 산소가 거기인데 그 곁에 터를 잡아 그대를 장사지내려 하는 골짜기는 으슥하고 소나무는 청청히 우거져 바람소리 맑으리라. 그대는 본시 꽃과 새를 좋아했으니, 적막산중 무인고처에 홀로 된 진달래가 벗되어 드릴 게요. 이제 그대가 저승에서 추울까봐 어머니가 손수 수의를 지으셨으니, 이 옷에는 피눈물이 젖어 있어 천추만세를 입어도 해지지 아니 하리다. 오오! 서럽고 슬프다. 사람이 죽고 사는 것은 우주에 밤과 낮이 있음과 같고, 사물의 비롯함과 마침이 있음과 다를 바가 없는데, 이제 그대는 상여에 실려 그림자도 없는 저승으로 떠나니 나는 남아 어찌 살리오. 상여소리 한 가락에 구곡간장 미어져서 길이 슬퍼할 말마저 잊었다오.

자기 부인이 먼저 저 세상으로 가버리자 상을 치르면서 초간이 지은, 부인을 위한 제문이다. 자식 하나 남기지 않고, 팔순 시어머니를 두고 먼저 간 부인에 대한 절절하고 애틋한 정이 잘 드러나는 글이다.

조선의 선비들, 인문학을 말하다

'초간 불천위' 이야기

▶

초간 불천위에 대해 초간 13대 종손(권영기)은 "임금의 명령으로 불천위가 내려지고, 향리에서 유림이 회의를 해 수락하는 절차를 거쳐 최종적으로 결정된 불천위"라고 말했다. 불천위 결정은 별세 후 100년~150년이 지난 후의 일로 추정했다.

초간 불천위 제사(음력 11월 19일)는 초간종택(예천군 용문면 죽림리) 사랑채 대청에서 지내며, 자시子時에 시작된다. 제사는 단설로 불천위 고위 신주만 모셔 지내며, 제관은 30명 정도이다.

사당은 종택(동향)의 사랑채 뒤쪽에 자리 잡고 있다. 사당 내 맨 좌측에 불천위 신주가, 그 오른쪽에 종손의 4대조 신주가 봉안돼 있다. 부인 신주는 두 위인데, 후실 신주는 별개의 주독에 봉안돼 있다.

문화재위원이 국보급으로 평가했다는 불천위신주 감실은 도난당했다가 우여곡절 끝에 되찾은 사연을 지니고 있다. 1986년 일이다. 종손의 꿈에 사당 안 불천위신주 감실에 서기瑞氣가 일더니 감실이 문쪽으로 움직인 후 북쪽을 향한 채 멈추는 꿈을 꾸었다. 서기가 일어 좋은 꿈인 줄 알았는데, 며칠 후 추석 때 아들이 사당 문을 열어보니 감실이 사라진 것이었다. 신주는 빼두고 감실만 훔쳐갔다. 나중에 꿈은 도난을 알려준 것으로 해석했다. 감실이 북쪽을 향한 것은 북쪽으로 갔음을 암시한 것으로 보고, 서울서 현상금을 내걸며 두 달간 수소문해 결국 행방을 찾을 수 있었다. 일본으로 건너가기 사흘 전에 부산에서 되찾았다고 했다.

옻칠이 안팎으로 돼 있고, 앞면에 여닫이 문 2개가 달린 이 감실은 현재 평소에는 종택의 백승각 안 금고에 따로 보관돼 있다. 불천위 제사 때만 일시적으로 사당에 안치해 사용한다.

종손은 6·25 전쟁 때 인민군 2개 중대가 종택 아래서 진을 쳐도 인민군 장교가 종택에는 범접 못하도록 했다는 이야기도 들려주며, 감실도 불천위를 내릴 때 나라에서 하사한 것으로 추정했다.

1	2

1 초간종택 백승각에 보관돼 있는 《대동운부군옥》 목판본.

2 초간종택(예천군 용문면 죽림리) 유물각인 백승각百承閣 안 철제 금고에 보관돼 있는 초간 불천위신주 감실. 보물급인 이 감실은 도난 방지를 위해 제사 때만 잠시 꺼내 사용하고, 평소에는 금고 속에 보관하고 있다.

43 '조선 시대의 갈릴레이' 천문학을 꽃피우다

김담

무송헌撫松軒 김담(1416~64년)은 조선 전기의 문신이자 천문학자다. 특히 최고의 천문학자로 이순지와 함께 세종에게 발탁돼 당대 최고의 역서曆書로 평가받는《칠정산내외편七政算內外篇》을 편찬, 조선 천문역법을 세계적 수준으로 올리는 데 주역을 담당한 인물이다.

또한 세종대왕 당시 집현전에서 17년간 재직하며 한글 창제에 참여하고 각종 예법 개정 및 문물제도 정비에도 참여했던 그는 이조판서에까지 오른 벼슬아치로서도 남다른 모범 공직자의 삶을 보여 준 인물이다.

이순지와 함께 당대 최고의 천문학자로 많은 업적

김담은 자신이 태어난 영주 삼판서고택에서 어린 시절을 보내다 1434년 한양으로 올라가 이듬해인 1435년 형과 함께 문과에 급제, 형제가 나란히 집현전 정자正字(정9품)에 임명된다. 집현전 학사 중 형제가 나란히 집현전에 선발된 것은 유일한 예다.

이조정랑으로 재직하던 1447년에는 문과 중시重試(과거 급제자를 대상으로 치르는 시험)에서 을과 1등 3인 중 제2인으로 합격했다. 첫째가 성삼문이고, 셋째는 이개였다.

을과 2등 7인은 신숙주, 최항, 박팽년, 유성원 등이었다.

이처럼 출중한 능력을 갖추었던 그는 세종 치세에 여러 분야에서 크게 활약하게 된다. 특히 천문과 산학에 정통했던 그는 이순지와 함께 문과급제자로서는 특별하게 과학 발전에 주도적 역할을 했다.

세종은 1434년(세종 16년) 간의대簡儀臺(지금의 천문대)를 설치하고, 이순지(1406~65년)를 책임자로 임명해 업무를 수행하게 했다. 이순지가 모친상을 당해 자리를 비우게 되자 세종은 대신할 사람을 천거하도록 명했고, 승정원에서는 "집현전 정자 김담이 나이가 젊고 총민聰敏하고 영오穎悟하므로 맡길 만한 사람"이라며 천거했다. 4개월 후 이순지가 왕명으로 복귀한 후에도 김담은 이순지와 함께 일했다.

세종은 즉위하면서부터 원나라를 기준으로 한 수시력授時曆과 명나라를 기준으로 한 대통력大統曆이 우리나라와는 차이가 있음을 알고, 우리 실정에 맞는 역법을 만들기로 했다. 하지만 천문·역법은 학자들이 이해하기 어려운 데다 생색이 나지 않는 분야라 본격적으로 연구하려는 사람이 드물었다.

김담은 1439년 왕명을 받들어 이순지와 함께 역법 교정에 착수, 1442년에《칠정산내외편》을 완성했다. 칠정산은 '7개의 움직이는 별(해, 달수성, 금성, 화성, 목성, 토성)을 계산한다'는 의미로, 내편은 수시력과 대통력을 바탕으로 한양을 기준으로 만든 역법이며, 외편은 아랍 역법인 회회력을 바탕으로 만들었다.

우리나라 최초의 독자적 역법서인 칠정산은 아랍의 천문학보다 앞선, 동시대 세계에서 가장 앞선 천문 계산술로 평가받고 있다. 조선 왕조가《칠정산내외편》에 대해 얼마나 자부심을 가졌는지는《칠정산내편》서문에서 '이리하여 역법이 아쉬움이 없다할 만큼 되었다'라고 적은 것으로도 알 수 있다.

1445년에 간행된《제가역상집諸家易象集》도 김담이 이순지와 함께 저술하는 등 당시 천문학에 관한 대부분의 저서는 김담과 이순지가 연구·저술한 것이다.

세종과 문종·세조로부터 각별한 총애받아

1449년(세종 31년) 정월 부친상을 당해 시묘侍墓살이를 하던 중, 그해 5월에 왕이 출사出仕하라는 특명과 함께 쌀 10석, 옷, 신발, 버선 등을 하사하며 대궐에서 김담을 만나본 후 역법曆法을 맡아보도록 명했다. 이에 김담은 같은 달 23일에 상소를 올려 사직할 것을 청했다.

신은 시골의 천한 선비로서 …(중략)… 임금님의 은혜를 입고 관직이 4품에 이르렀습니다. 헤아려 보건대 지금의 신하들 중에 비록 귀척貴戚이나 훈구勳舊의 후예라도 신과 같이 성은을 온전히 입은 자는 없을 것입니다. 마땅히 몸이 상하고 머리가 부서질지라도 만분의 일이라도 성은을 갚아야 할 터인데, 어찌 감히 정을 숨기고 말을 꾸며 성총聖聰을 어지럽게 하겠습니까. …(중략)… 신이 생시에 어버이를 봉양하지 못하고, 병중에 의약도 지어 드리지 못했으며, 돌아가신 후 장례 치를 때도 당도하지 못했습니다. 하늘을 우러러보고 땅을 치며 통곡하고 피눈물을 흘리며 생각하건대 마땅히 묘소 곁에 엎드려 3년 상을 마치고자함은 전일의 잘못을 보상하고자 함이 아니고 금일에 힘쓸 바 오직 이것뿐이라고 여겨집니다. …(중략)… 역법을 헤아리는 일은 박수미와 김석제가 참으로 저보다 우월합니다. …(중략)… 죽음을 무릅쓰고 아룁니다.

조선의 선비들, 인문학을 말하다

영주 무섬마을에 있는 무송헌종택. 현 종손(김광호)의 족친(일본 거주 실업가)이 구입해 두었던 한옥을 종택으로 쓰라고 종손에게 회사한 건물이다. 대구에 살던 종손이 2007년부터 들어와 살고 있다.

다음날도 다음과 같이 상소를 올렸다.

신의 가정이 액운을 만나 신의 백부가 지난해 9월에 돌아가시고, 11월에 신의 누이도 죽고, 올해 정월에는 신의 어미가 병환이 위독해 미처 쾌차하기도 전에 신의 아비가 갑자기 돌아가시고, 신의 여식이 조부모 슬하에 크다가 2월에 이르러 또 죽었습니다. …(중략)… 향리로 돌아가 상제喪制를 마치고 노모를 봉양하도록 윤허해 주시기 바랍니다.

임금이 계속 허락하지 않는 가운데 그해 7월까지 여섯 차례나 상소를 올린다. 임금은 오히려 승진 벼슬을 내리면서 복귀하도록 명했다.

사간원에서 상을 당한 지 오래되지 않아 벼슬을 제수해 맡기는 것은 옳지 않다고 건의하자, 세자(문종)는 "김담이 집에 있을 때는 상복을 입고 관청에 있을 때는 평상복을 입으면 되지 않겠는가. 역법에 정밀함이 김담 같은 이가 없기 때문에 임용하려는 것이다"라고 했다. 당시는 세자가 세종을 대신해 정무를 보던 때였다.

김담에 대한 왕과 세자의 신뢰와 총애가 이처럼 두터웠던 것이다.

결국 기복起復(상중에 있는 관리를 탈상 전에 관직에 불러 쓰는 것)의 명을 따라 복귀한 그는 천문역법 연구에 매진했다.

세조로부터도 각별한 대우를 받은 김담은 1463년 이조판서에 제수되었으나 나아가지 않았다. 이듬해 7월에 김담이 별세하자 왕은 2일 동안 조회朝會와 저자(시장)를 정지할 것을 명하는 한편, 예관禮官을 보내 조제弔祭를 치르게 하고, 부의賻儀를 후하게 내렸다. 그리고 별세 이튿날 시호 '문절文節(학문에 부지런하고 묻기를 좋아하는 것을 '文'이라 하고, 청렴함을 좋아하고 사욕을 이기는 것을 '節'이라 한다)'을 내렸다. 별세 후 이틀 만에 시호를 내린 것은 드문 일이다.

안견의 〈몽유도원도〉에 찬시 남겨

안평대군이 무릉도원을 방문하는 꿈을 꾸고 그 내용을 안견에게 그리게 한 그림이 〈몽유도원도〉이다. 이 〈몽유도원도〉에는 성삼문, 신숙주, 박팽년, 정인지 등 당대 최고 문사의 제찬題讚을 포함해 23편의 자필 찬시가 곁들여져 있는데, 김담도 그중 한 사람이다. 그가 〈몽유도원도〉에 남긴 시의 일부다.

파란 숲 사이로 백옥같이 맑은 물 흐르는데 [碧玉叢間白玉流]

꽃빛은 물 위에 길게 비치어 떠 있네 [花光長帶水光浮]

맑고 그윽한 자연은 인간의 세계가 아니니 [淸冥風露非人間]

뼛속 시원하고 정신 향기로운 꿈 속에서 노닐었네 [骨冷魂香夢裏遊]

한 조각 도원을 한 폭에 그려놓으니 [一片桃源一幅圖]

산중의 선경이 비단 위에 사뿐히 실렸네 [山中絹上較錙銖]

무릉에서 길 잃은 자에게 묻노니 [試問武陵迷路者]

눈앞에 보았던 게 꿈만 같지 않았던가 [眼中還似夢中無]

1	2

1   김담이 안견의 〈몽유도원도〉에 남긴 찬시讚詩.

2   김담이 제작한 천문도. 영주 소수박물관에 보관돼 있다.

'무송헌 불천위' 이야기

영주 무섬마을의 무송헌종택은 근래 마련한 종택이다. 무송헌 19대 종손 김광호 씨(1947년생)의 족친(일본 거주 실업가)이 구입해 두었던 한옥을 종택으로 쓰라고 종손에게 희사한 것이다. 대구에서 살던 종손은 2007년 이 한옥(80여 년 된 집)에 들어와 종가를 경영하고 있다.

100여 년만에 종택이 마련된 셈이다. 100여 년 전 가세가 기울어 종택인 삼판서 고택을 떠나게 된후, 그동안 영주시 문수면 황조리에 있는 문절공 선친(판서공)의 재사齋舍에서 불천위 제사를 지내며 종가를 유지해오다, 최근 무섬마을에 종택을 확보하게 된 것이다.

무송헌 불천위 제사(음력 7월 9일)는 종택 사랑채 대청에서 지낸다. 종택 내 사당에는 김담 내외분 신주만 봉안돼 있다. 비위 신주와 함께 모시는 합설로 지내는 불천위 제사는 2010년까지는 밤 12시에 지냈으나 문중 회의를 거쳐 이듬해부터는 기일 초저녁에 지내기로 결정했다. 제관들의 편의 등을 고려해 시간을 변경했다는 종손의 설명이다. 제관은 30~40명이다.

종손은 무송헌 불천위에 대해 국가불천위라고 말했다. 기록이 있는 것은 아니지만, 나라에서 김담에게 시호 '문절文節'을 별세한 이튿날 내린 점 등으로 볼 때, 불천위도 당시에 나라에서 내린 것으로 추정한다는 것이다.

종손은 "무송헌 선조의 삶은 음지 생활을 하면서도 항상 맡겨진 일을 충실히 수행하고 자신의 업적을 드러내지 않는 성품이었으며, 경주 부윤을 오랫동안 했는데 목민관으로서는 청렴하고 검소하게, 그리고 공사 구분을 확실히 하며 모범을 보이신 분"이라고 강조했다. 후손들도 그런 점을 본받고자 한다고 말했다.

21세 때 부친이 별세하고, 퇴락한 종가를 지켜본 종손은 젊은 시절부터 문중에 손을 안 벌리고 자신의 손으로 종가를 다시 부흥시키고자 애쓰고 있지만, 품위를 제대로 지키는 종가를 일궈가기가 쉬운 일은 아니라고 토로했다.

38년 서울 벼슬 생활 동안
셋방을 전전한 청빈의 삶

박승임

천지가 어두워지더니 시월인데 서리 내리고

찬바람은 비 머금고 높은 고갯길에 불어오네

낙엽은 방자하게 뒹굴기를 반복하며

바람소리는 섬돌을 치고 깎는 듯

궁한 선비 가난하여 단 벌 옷뿐이라

한 해가 저물어 가니 심정은 더욱 어려운 지경이네

반 칸 방에 불 못 때니 얼음장 같고

깨진 잔에 거미줄 친 것 민망스레 보노라

어리석은 아내 나의 생계 소홀함 꾸짖고

헛되이 밝은 창 향해 좀 먹은 책 펼치노라

아녀자들이 어떻게 궁달의 이치를 알까

만사가 하늘에 달렸으니 한 번 빙그레 웃노라

봄은 응당 심한 추위 뒤에 오나니

잠깐 동안 눈을 감고 인내하는 것뿐이네

조선 중기 문신이자 학자인 소고嘯皐 박승임(1517~86년)의 〈시월에 오는 비[十月雨]〉라는 시다. 지조 있는 선비, 가난한 선비, 청렴한 선비였던 그의 내면과 삶을 엿보게 하는 시다.

30년 서울 벼슬 생활 동안 셋방 전전

박승임은 청빈한 생활 속에 굳게 지킨 지조를 끝까지 더럽히지 않았다. 벼슬 생활을 40여 년 동안 했지만, 고향에는 기와집 하나 남기지 않았고, 약간의 척박한 땅이 있을 뿐이었다. 서울 벼슬 30여 년 동안에도 여기저기 셋집을 얻어서 가난한 살림을 꾸려 갔다. 간혹 봉급이 좀 저축되면 즉시 서적과 바꾸었다.

천성이 사치스러운 풍악이나 여색에는 담담하였다. 음식에 대해서도 특별하게 즐기는 것이 없었으며, 맛나고 맛없는 것을 따지지 않고 차리는 대로 먹었다. 그 맛에 대해서는 생각도 하지 않고, 입에 맞지 않더라도 굶주림을 모면하는 정도로 먹는 것을 편안하게 여겼다. 입는 것에 대해서도 마찬가지여서, 몸에 맞으면 그뿐이었다. 그는 늘 "우리나라는 먹고 마시는 것이 너무 사치하여 허비가 많다"라고 지적했다.

그는 평상시에 말을 빨리 하거나 당황스러운 표정을 짓지 않았으며, 온종일 앉아 있어도 마치 소상塑像처럼 단정했다. 말끔한 책상과 따스한 난로가 있고, 온 벽은 책으로 가득 채워졌으며, 고개 숙여 글을 읽고 머리 들어 생각하면서 언제나 정중해 털끝만한 동요도 없었다.

마을에 집이 있었지만, 사람들이 재상댁宰相宅인 줄 아무도 모를 정도로 문 앞이 항상 조용했다.

중앙의 요직에 있는 인사들이 이런저런 요구를 하는 바가 있어도 조금도 생각에 두지 않았기 때문에 비난과 칭찬이 분분하였고, 사람들이 간혹 그의 고루하고 막힌 것을 경계하면 웃어넘길 뿐이었다. 그리고 지역 유지로 교활하게 굴며 권세에 기대는 자에 대해서는 조금도 용서하지 않았다. 그래서 사실과 다른 비난을 불러들이기도 했지만, 그의 마음은 흔들리지 않았다.

효심도 지극해 어버이 봉양을 위해 지방관으로 근무할 것을 임금께 청하고 애타게 기다렸지만, 결국 뜻을 이루지 못하고 어버이를 여의게 되었다. 그 후에 지방관으로 나갔지만 효도를 할 부모는 이미 이 세상에 없어 애통해할 뿐이었다.

대사간 사직을 요청하며 왕에게 항소

1583년(선조 16년) 7월에는 사간원 대사간에 임명되었다. 당시 삼사三司와 정원政院이 영의정 박순과 병조판서 이이를 논척論斥하는 상황이었다. 병조판서 이이가 병권을 농단했다는 죄목으로 공격을 받는데, 박순·성혼이 이이를 변호하다 함께 대사간의 공격을 받았다. 이 해 7월 16일 대사간 송응개가 이이의 잘못을 극론極論하다가 이이를 두둔하는 선조의 노여움을 사서 물러나게 되고, 박승임이 그날로 대사간이 되었다.

당시 관례는 전 대사간이 파직되었지만, 그의 주장이 정당하다고 동료들의 지지를 받을 경우, 신임 대사간도 전임자의 주장을 고집하는 것이 전통이었다. 따라서 박승임을 비롯한 대사간이 출사를 하지 않으면서 자신들의 주장을 고집하자, 한 달 후 소고는 대사간에서 파직되고 창원부사로 좌천되었다.

박승임은 동료들과 함께 그들을 논박하며 여러 번 임금에게 사퇴를 요청했다. 당시 소고가 임금께 올린 항소抗疏 중 일부다.

신이 실성하여 헛소리를 하지 않았다면 어떻게 무고하게 대신의 행위를 감히 공격하겠습니까. 전하께서 만약 평상심을 갖고 굽어살피신다면 신 등이 부득이 항론抗論을 편다는 사실을 반드시 훤하게 아시게 될 것입니다. 만약 언관言官이 전하의 위엄에 겁을 먹고 당장 항론을 중단한다면 신 등에게 일신상의 이익은 되겠지만, 사직을 위해서는 무슨 복이 되겠습니까. 근래에 전하의 노여움이 바야흐로 높아서 대신이 배척되고 경연에서 간쟁을 맡은 신하가 잇따라 바깥으로 내쫓겼고, 오늘에 와서는 승정원이 일시에 혁퇴革退되었습니다. 이러한 실정을 목도하고 어떻게 하는 것이 저의 몸에 이로운 줄 결코 모르는 바가 아니지만, 감히 다시 말씀드리는 것은 전하께서 신에게 위임하신 뜻을 저버리지 아니하고 만에 하나 있을지도 모르는 국사의 위험을 거두고자 하는 것입니다. 전하께서 신의 견마지성犬馬之誠을 살피지 아니하시고 도리어 사심이 있다고 의심하시니, 신이 어찌 감히 벼슬을 욕되게 할 수 있겠습니까. 빨리 신의 직을 파하소서.

그의 성품과 지조를 엿보게 하는 내용이다.

퇴계 이황이 박승임의 가문에 〈청백전가淸白傳家〉 글 선물

13세에 《대학》과 《논어》를, 15세에 《서전書傳》을 읽고 여러 차례 향시에 장원한 그는 1537년 퇴계 이황의 문하에 들어가 학문을 배운다. 그 후 1540년 문과에 급제한 후 이조좌랑, 사간원정언, 현풍현감, 진주목사 등을 역임했다. 1544년에는 호당湖堂(독서당)에서 사가독서賜暇讀書(촉망되는 젊은 문사들에게 특별 휴가를 주어 독서에 전념할 수 있게 한 제도)하는 영예를 누리기도 했다. 당시 함께 사가독서의 특전을 받은 이는 퇴계 이황, 하서 김인후, 소재 노수신 등이었다.

자신의 서재에 천문도를 붙여 두고 수시로 우러러보며 관찰한 박승임은 천문학에도 밝았고, 수학에도 뛰어났다. 이러한 그는 1545년(인종 원년) 왕으로부터 역법을 교정하라는 특명을 받기도 했다.

같은 해 인종 즉위 초에 왕에게 〈십점소十漸疏〉를 올려 ▲ 호오好惡를 살피고 ▲ 인재를 등용하고 ▲ 궁금宮禁을 엄중히 하고 ▲ 기강을 바로 세우고 ▲ 절의를 숭상하고 ▲ 염치를 권면하고 ▲ 언로를 넓히고 ▲ 상벌을 신중히 하고 ▲ 사치를 억제하고 ▲ 무비武備를 정비하는 것을 가장 중요하게 여겨야 하는데, 그 근본은 마음을 바르게 하고 도학道學을 밝히는 데 있다고 설명하면서, 임금이 먼저 심술心術을 바르게 하여 다스림이 나오는 근원을 맑게 하고, 특히 근독謹獨의 공부에 정성을 쏟아야 한다고 강조했다.

1569년에는 동지부사冬至副使로 명나라 수도(북경)에 갔다. 그런데 우리나라 축하 사신의 자리 배치를 승려와 도사道士 등 잡류 아래에 두었다. 명나라 관리의 농간으로 그렇게 된 것이다. 함께 간 상사上使와 서장관은 그대로 받아들이려 했으나 그는 분개하며 항의 공문을 작성해 역관을 관할 관청인 예부禮部에 두 번이나 보내 결국 이를 바로잡았다. 이 같은 성과에는 그의 탁월한 문장과 논리가 큰 뒷받침이 되었다.

이황은 이러한 소고의 인품과 학문을 높이 평가해 '영유소고 풍유금계榮有嘯皐 豊有錦溪'라고 표현했다. 영주와 풍기를 대표하는 인물로 소고 박승임과 금계 황준량을 각각 꼽은 것이다. 그리고 이황은 또한 박승임의 아우인 박승륜에게 박승임의 청백리 정신을 기려 〈청백전가淸白傳家〉라는 글을 써 주기도 했다.

박승임은 별세 이틀 전인 1586년 1월 4일 제자들을 불러들여 말했다. "나의 학문이 본래 매우 엉성하고 나약한 데도 제군들이 낮밤으로 상종하였으니, 부끄러움이 많다."

저서로 《소고집》, 《성리유선性理類選》, 《강목심법綱目心法》, 《천문도天文圖》 등을 남겼다.

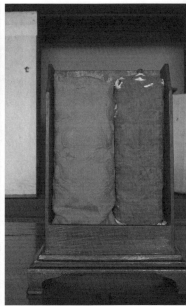

1 소고 사당 내부 모습. 소고 불천위 제사는 다른 종가와 달리 사당에서 지낸다. 그래서 신주 감실 앞에
제수 진설을 위한 큰 제사상이 마련돼 있는 것이 특징이다.

2 덮개가 있는 상태의 박승임 내외 신주.

3·4 소고의 대표적 저서인 《강목심법》과 《성리유선》

'소고 불천위' 이야기

소고 불천위는 그의 사후 20여 년 후인 1600년대 초반에 지역 유림이 공의를 모아 결정한 것으로 후손들을 보고 있다.

소고종택(영주시 고현동)은 근래 지은 양옥 2층 건물이다. 종택 옆에 있는 불천위 사당은 한옥이다. 유림이 불천위로 받들면서 마련한 것으로 보는 이 사당은 당초에는 부근의 다른 곳에 있었으나 수해로 터가 훼손되면서, 광복 후 현재 위치로 옮겼다.

소고 불천위 제사(음력 1월 5일)는 합설로 지내며, 자시子時에 시작된다. 제관은 20~30명이다. 제사는 대부분의 다른 종가와 달리 사당에서 지낸다.

소고의 15대 종손 박찬우 씨(1955년생)는 대구에서 사업을 하다 2010년 말에 종택으로 들어왔다.

소고의 후손인 박찬극 영주문화원장은 소고에 대해 "불의와 타협하지 않고 청렴했던 소고 선생은 재물이나 재산과 관련한 이야기를 하면 고개를 돌리며 응대를 안 할 정도였고, 글을 잘 해도 글 자랑을 절대 하지 않고 글도 거의 남기지 않았다. 후손들도 선조의 그런 정신을 이어받아 가난해도 곧게 살아가려고 노력한다"라고 말했다. 그리고 소고는 후학들을 가르치는 데 정성을 다했는데, 많은 제자들이 서울까지 찾아와서 공부를 배우고, 그의 학문과 정신을 이어받은 대표적 제자 9인 모두 임진왜란에 참전하는 모범을 보였다고 설명했다.

45 조선 시대
노블레스 오블리주의 삶을 살다

최항경

선생은 날마다 반드시 새벽에 일어나 의관衣冠을 갖추고 가묘家廟에 배알한 후, 단정히 앉아서 책상을 대하고 두 아들과 더불어 종일토록 강론하다가 밤이 깊어서야 잠자리에 들었다. 비록 집안사람들이라도 그 게으른 모습을 볼 수 없었다. 선생은 예禮를 좋아하여 이르기를 '예라는 것은 잠시라도 몸에서 떠나서는 안 되는 것이고, 경敬은 학문을 하는 시종始終이다. 예가 아니면 경을 지닐 수 없고, 경이 아니면 예를 할 수 없다'라고 하였다.

죽헌竹軒 최항경(1560~1638년)에 대해 제자인 고산孤山 김응려가 평한 글이다.
조선의 문신이자 대표적 성리학자인 한강寒岡 정구(1543~1620년)의 수제자였던 최항경은 벼슬을 전혀 하지 않고 이처럼 평생 학문과 수양을 통해 모두가 존경하는 선비의 삶을 살았던 인물이다.

한강寒岡 정구 문하에서 평생 도학을 닦으며 숨은 군자로 생활

아름답고 성한 창밖의 밭둔덕 대나무는 [猗猗窓畔竹]

조선의 선비들, 인문학을 말하다

한겨울 추위에도 푸른 빛 변함없네 [歲寒不改色]

나는 위무공을 사모하노니 [我思衛武公]

구십에 억시抑詩를 지어 자신을 경계했네 [九十詩猶抑]

최항경이 스스로 '죽헌竹軒'이라는 호를 지은 후 같은 제목으로 읊은 시다. 참 선비로서의 삶을 추구하는 그의 마음자세를 엿볼 수 있다. 위무공의 고사를 인용해 죽을 때까지 대나무처럼 변함없이 성리학이 지향하는 삶을 살려는 마음을 드러내고 있다.

위무공은 중국 춘추 전국 시대 위나라 군주다. 55년간 재위하면서 95세의 수를 누렸는데, 90세가 넘어서도 억시를 지은 후 사람을 시켜 곁에서 수시로 읽게 하며 경계로 삼았다고 한다.

이 같은 삶의 철학을 지녔던 최항경은 그 인생 행로도 남달랐다. 서울에서 태어난 그는 1575년 부친이 선대의 묘소를 찾아 보러 성주에 내려 갔다가 별세를 하자, 성주로 내려가 어머니를 모시고 상을 치르게 된다. 1577년 상을 마치고 서울로 돌아가려 했지만, 한강 정구가 전원田園과 선대의 묘가 있는 성주에 머물기를 권유하자 성주에 머물면서 정구 문하에서 학문을 닦게 되었다. 모친도 고명한 정구 선생에게 학문을 배울 것을 권유했다. 모친은 유학遊學에 필요한 것들을 부족함이 없게 마련해 주면서 공부를 게을리하지 않도록 독려했다.

정구 문하에서 학문을 닦는 데 매진하던 그는 1605년 사마시司馬試에 합격했으나 이는 모친의 뜻을 따른 것이었고, 자신의 뜻은 아니었다. 벼슬에 뜻이 없었던 그는 거처 부근에 있는 오암鰲巖 위에 작은 집鰲巖精舍을 짓고, 공부의 장소로 삼았다. 그리고 창 밖에는 푸른 대나무를 심어 동산에 가득하게 하고 그 정절貞節을 사랑하며 밤낮으로 대나무와 함께하면서 '죽헌'이라 스스로 호를 지은 후 그 현판을 달고, 담박하고 한가롭게 살았다.

최항경은 당시 지은 〈자경잠自警箴〉에서 '마음을 붙잡아 잠시라도 놓아버리지 마라. 이 마음을 어떻게 붙잡을 것인가. 깊이 탐구하여 투철하게 분석해야 한다. 이치에 의존하고 욕심을 막으며 옳은 방법에 따라 공경하고 바르게 행해야 한다. 성의誠意·정심正心·격물格物·치지致知를 이루는 공부에서 가장 중요한 것은 쉬지 않고 힘쓰는 것이다'라고 했다.

최항경이 나이가 들면서 덕이 높아지고 그 명망이 날로 높아지자, 사림에 큰 논의나 시비가 있으면 반드시 그의 분석과 판단을 구하여 결정하였다. 스승 정구도 주요 사안이 있을 때면 마땅히 최항경과 의논하라고 이야기했다.

칭찬·배려로 사람 감동시켜 잘못을 깨닫게 해

최항경은 성품이 너그러워서, 비록 종들에게도 모진 말로 꾸짖거나 하지 않고 순하게 가르치고 달래어 모두로부터 환심을 샀다.

그의 부인 류 씨는 엄숙하고 무서운 편이었는데, 어느 날 계집종이 장롱 속의 베와 명주를 훔쳐서 나가다가 마침 최항경의 눈에 띄게 되었다. 계집종이 당황하며 어찌할 바를 모르자, 최항경이 조용히 이르되 "너는 두려워 말고 빨리 가서 집안사람들이 모르게 하라. 부인이 알게 되면 반드시 중형을 당할 것이다. 하지만 이번에는 다행히 지나갈 수 있어도 다음에는 어떻게 될지 모르니, 이후로는 다시 이러한 행동을 하지 마라"라고 타일렀다. 계집종은 감동해 울면서 갔고, 뒤로는 충성스럽고 착한 사람이 되어 속이거나 숨기는 일이 없었다.

천곡서원川谷書院 원장 시절의 일이다. 가까운 마을에 신귀申貴라는 사람이 노모에게 매우 불효한다는 이야기를 듣고, 하루는 그를 불러 효도의 도리와 중요성을 설득력 있게 이야기했다. 그리고는 "나는 네가 노모를 잘 모신다고 들었는데, 이렇게 특별히 부른 것은 앞으로 더욱 힘쓰게 하도록 하기 위한 것이다"라고 말한 후 술과 음식을 대접했다. 그러자 그는 음식은 먹지 않고 눈물을 흘리며 "죄를 알겠습니다"라고 했다.

이에 최항경은 "과연 죄가 있고, 그 죄를 안다면 크게 다행한 일이다. 음식을 보니 노모가 생각나서 눈물이 나는 모양이구나. 부모에게 마땅히 이와 같이 하는 것이 효도이니라" 하며 종이를 주어 그 음식을 싸서 모친에게 갖다 드리게 했다. 그 후 신귀는 마침내 마음을 고쳐 효자가 되었다고 한다.

춥거나 배고파서 고통스러운 것은 나와 남이 다르지 않다

선생은 언제나 의관을 바르게 하고 꿇어 앉아 있으며, 게으르거나 피곤한 기색을 보이지 않았다. 밤이 깊어지면 주위의 제자들이나 가족을 물러 가게 한 후에야 잠자리에 들었다. 새벽에 일어나 문 밖에 이르면 들어오라는 이야기를 듣고 들어가는데 선생은 이미 관대를 갖추었더라. 내가 좇아 배운 지가 30여 년인데 관대를 하지 않을 때를 보지 못했다. 한강 선생이 보낸 편지가 도착하면 반드시 일어나서 받아 공경스럽게 책상 위에 올려놓고, 읽기를 마친 후에는 반드시 다시 일어났다가 앉으셨다.

밤낮으로 최항경을 곁에서 지켜본 제자의 기록이다.

그는 밥 먹을 때 사람이 죽었다는 소문을 들으면, 귀천과 친소를 가리지 않고 반드시 먹던 밥도 다 먹지 않고 상을 물렸으며, 또한 술을 마시지 않았다. 그리고 사람과 더불어 말할 때, 다른 사람의 허물을 말하는 자가 있으면 말하기를 "나는 듣지 못한 바이다"라고 하고, 다른 사람의 선함을 말하는 이가 있으면 "나도 또한 들어서 알고 있다"라고 했다. 그의 덕화력德化力이 어떠했을지 엿보게 하는 일이다.

종들을 대함에 있어서도 꾸짖거나 벌하는 일이 없이 부드러운 언행으로 감화시켜 즐겁게 생활하도록 하니, 상하가 모두 기뻐하고 한 사람도 탄식하거나 원망하는 소리가 없었다. 가난하고 곤궁한 것을 보면 구제해 주었고, 비록 멀리 있거나 천

죽헌 최항경과 그의 두 아들 위패가 모셔져 있는 사당인 효덕사. 오암서원(성주군 수륜면 남은리) 내에 있다.

한 자라도 빠뜨리지 않았다. 그는 "춥고 따스하고 배고프고 배부른 것은 누구든지 나와 같을 것이다"라고 말했다.

말이 없고 마음 속에는 헤아림이 많았던 그의 덕화력은 '마치 물이 사물을 윤택하게 하는 데도 사물이 그것을 모르고 스스로 윤택해지는 줄 아는 것과 같고, 꽃의 향기가 사람을 흐뭇하게 해 주지만 사람들은 그것을 알려고 하지 않고 스스로 흐뭇해하는 것과 같았다'는 평을 들었다.

굶주린 사람이 밥 구하듯이 도를 구하라

인조 14년(1636년) 겨울, 병자호란으로 오랑캐 군대가 침략해 서울이 함락되고 나라가 위급함에 처한 상황을 듣게 된 최항경은 나이가 일흔일곱의 고령이라 "일찍이 섬 오랑캐의 난리를 당해서는 노모가 집에 계시어 자유롭지 못했고, 금일에 이르러서는 또한 늙어서 어찌할 수가 없으니 신자臣子의 직분이 과연 어디에 있는가"라고 탄식한 후, "나는 늙어 쓸모가 없으니 너희들은 나를 돌볼 생각을 말고 힘을 합해 충과 효를 다하도록 하라"며, 두 아들에게 바로 고령의 의병소義兵所에 나아가게 했다.

하지만 얼마 후 남한산성에서 임금이 항복했다는 소식을 듣고는 북쪽을 향해 통곡하며 "내 죽지 않고 오늘의 국치를 보게 되니 어찌 통분하지 않으리오"라고 말했다. 그때 남긴 〈통분시痛憤詩〉다.

가을 깊어 서리 낀 볼에 책과 칼도 슬퍼하는데
나쁜 기운의 오랑캐 날뜀에 분개하노라
내가 만약 나이 젊은 장년이었다면
군진에 따라가서 작전을 지휘하리

최항경은 이날 이후 문 밖을 나가지 않고 살다가 1638년 초여름에 생을 마감했다. 1678년(숙종 4년)에 통훈대부通訓大夫 제용감정濟用監正에 증직되었다.

그는 붓글씨 솜씨가 당대를 대표할 정도로 뛰어났던 모양이다. 그럼에도 불구하고 자신의 필력을 자랑한 적이 없었다. 그의 필법은 〈해동명필첩海東名筆帖〉에 많이 수록돼 있다.

"학자가 도를 구하는 데는 배고픈 이가 밥을 구하는 것 같이 하라."

그의 가르침이다.

1	2

1 미수 허목의 글씨 '오암鰲巖'이 새겨진 바위. 오암서원 앞 냇가에 있다.

2 죽헌종택 사당에 봉안된 죽헌 불천위 신주 감실 모습.

조선의 선비들, 인문학을 말하다

'죽헌 불천위' 이야기

죽헌 불천위는 최항경 별세 후 70여 년이 지난 1730년, 지역 사림의 발의로 그를 배향한 운암서원雲巖書院이 건립될 때 결정된 것으로 추정된다. 죽헌 후손의 설명이다.

운암서원은 1741년(영조 17년) 서원 철폐령에 따라 훼철당하고, 1782년 후손과 사림이 다시 최항경이 거처하던 오암정사 터에 오암서원鰲巖書院(성주군 수륜면 남은리)으로 재건해 최항경의 두 아들(은·린)의 위패를 함께 봉안해 모시게 되었다. 보기 드물게 삼부자가 배향된 서원이다. 오암서원은 대원군 서원철폐령으로 1871년 또다시 훼철되었으나 1985년에 재건됐다. 이후 복원 사업이 계속 진행되었으며, 근래 마무리되었다.

죽헌종택(성주군 수륜면 남은리 법산마을) 내에 있는 죽헌사당에는 죽헌 내외의 신주가 봉안돼 있다. 죽헌 종손(최종하·1959년생)의 4대조 신주는 죽헌 종택 감실에 봉안돼 있다.

죽헌 불천위 제사(기일은 음력 5월 9일)는 단설로 지내며, 참석 제관은 50여 명이다. 불천위 제사는 죽헌종택에서 지내는 일반 기제사와 달리, 별도 건물인 추원재追遠齋에서 지낸다. 제사 시간은 2005년경에 기일 밤 10시로 변경했다. 제사 때는 최항경의 아들 최린이 지은 〈제사지례祭祀之禮〉를 써 놓은 병풍을 사용한다.

죽헌종택도 종손이 거주하고 있지 않아 제대로 관리가 되지 않는 상황이다. 종손은 서울에서 생활하고 있다.

최종하 종손은 "죽헌 선조는 벼슬을 하지 않았는 데도 사림의 존경을 받았던 것은 그 학행이 뛰어난 때문이었을 것이다. 계집종 이야기나 불효자 훈도 등의 일화를 보면 사람을 대하는 데 강압적이지 않고 저절로 감화되게 하는 스타일로, 굉장히 세련된 분이었던 것 같다. 후손들이 본받아야 할 점이다"라고 말했다.

46

학문 불모지 관서 지방에 학문을 일으켜
후진을 양성한 '초야의 현인'

조 호 익

지산 조공芝公과 같은 분은 바로 초야의 현인 가운데 한 사람이었다.

홍문관 대제학 김병학이 지산芝山 조호익(1545~1609년)에 대해 시호를 내려줄 것
을 청하는 글로 지은 〈시장諡狀〉에서 그를 묘사한 글귀다.

동계桐溪 정온은 지산의 묘지명墓誌銘에서 '도를 추구하는 마음은 엎어지고 넘
어지면서 떠도는 가운데도 해이해지지 않았고, 학문을 좋아하는 성심은 젊어서 건
장하거나 늙어서 병든 날에도 차이가 없었다. 또한 능히 자신이 터득한 바를 다른
사람에게 미치어 성취하게 하였다. 그런 그가 관서 지방에 있을 적에는 문풍文風으
로 크게 변화시키는 성과를 내었으며, 영남 지방으로 돌아와서는 선비들을 진작시
키는 은혜를 끼쳤다'라고 표현했다.

나에게는 경전을 지독하게 좋아하는 병이 있다

남달리 학문을 좋아하고 도학을 닦는 것을 즐겼던 조호익은 "나에게는 경전經
傳(경전과 해설서)을 지독하게 좋아하는 기벽이 있다吾有經傳癖"라고 항상 말하곤 했다.

그리고 임종 직전에는 주자대전朱子大全을 뒤적이다가 "이 책이 반드시 이 늙은이가 없는 것을 서운할 것이다"는 말을 남기기도 했다.

그는 또한 퇴계 이황을 특히 높이 받들었다. 이황이 별세한 해에 〈퇴계선생행록〉이라는 글을 지었는데, 여기서 다음과 같이 기록했다.

주자가 죽은 후 문인들이 각기 자신이 들은 바를 갖고 사방에 전수하였는데, 본래의 요지를 잃어버리고 이단으로 빠지게 되어 도道의 정맥이 중국에서는 단절되고 말았다. 퇴계 선생께서는 외국 땅에서 수백 년 후에 태어나 이단에 유혹되지 않고 주자의 적전을 이었는 바, 우리 동방에서만 비견될 인물이 없을 뿐만 아니라 중국에서도 비슷한 사람조차 찾아볼 수 없으니, 실로 주자가 돌아가신 후에는 오직 퇴계 선생 한 분 뿐이다.

증조모 고향인 경남 창원에서 태어난 조호익은 글 배우기를 유난히 좋아했다. 8세(1552년) 때 부친에게 글을 배우기 시작한 그는 항상 작은 방에서 책을 읽느라 문 밖으로 나오지 않았다. 그래서 집안사람들은 '작은 방 아이'라 불렀다.

10세 때부터는 백운동서원을 세운 주세붕의 아들 주박周博에게 공부를 배웠다. 일찍부터 도학에 관심이 깊었던 그는 16세 때는 주박에게 《주자대전》을 빌려 보려고 하자 "과거 공부하는 어린 사람이 이 책을 보는 것은 마땅치가 않다"며 허락하지 않았다. 이후 지산은 더욱더 분발하고 힘쓰면서 유교의 도덕 실행을 자신의 임무로 삼아, 밤이면 상투를 천장에 달아매어 졸음을 쫓고 낮에는 읽던 책을 다 읽어야 밥을 먹는 등 침식을 잊을 정도로 열심히 글을 읽었다.

도학을 향한 의지가 굳었던 그는 17세가 되던 해(1561년)에 도산으로 찾아가 퇴계 이황의 문하에 입문했다. 이황 문하의 수업은 이후 이황이 세상을 떠날 때(1570년)까지 10년간 계속되었다. 도산으로 찾아가기도 하고, 이황이 조정의 부름을 받아

갈 때 모시고 가기도 하며, 이황이 창원으로 오는 걸음이 있으면 찾아가 가르침을 받았다.

그러는 동안 향시에도 합격하였지만 과거에는 별 뜻이 없었다. 학문이 높아지면서 지역 사회에서 명성도 날로 높아갔다.

경상도도사都事 지시 거절로 17년간 평안도 유배

이러한 그에게 크나큰 시련이 찾아온다. 1575년 3월에 경상도도사都事 최황이 창원부 장정들의 군적을 정리하는 일의 감독자로 조호익을 지명했다. 조호익은 부모님 상이 끝나지 않았고 병이 심하다는 이유로 거절했다. 이에 최황이 노하며 장정 50명을 바칠 것을 요구했고, 조호익은 종들을 모두 내놓았지만 그 숫자를 채울 수 없었다. 최황은 더 사납게 굴며 형장刑杖을 가하고, 토호土豪로 관의 명령에 항거한다며 조정에까지 보고했다.

1576년 결국 조호익에게 전가사변全家徙邊(죄인을 그 가족과 함께 변방으로 강제 이주시키는 형벌)의 명이 떨어져 평안도 강동江東으로 유배된다. 가족들과 함께 2천 리나 떨어진 강동으로 유배의 길에 오르면서도, 그는 조금도 원망하는 빛을 보이지 않고 위로하는 주변 사람들에게 "운명일 뿐이다"라고 말했다.

강동으로 가는 도중에 지은 '서정부西征賦'에서

군자는 도를 지키는 게 중한 것이고 [君子所重者在道]
오랑캐 땅에서도 행할 수 있다 했네 [謂可行於蠻貊]
환난에 처해서는 환난대로 행하니 [素患難行患難]
위로는 원망 않고 아래로는 허물 않네 [上不怨兮下不尤]
천명에 따라 맘 편하게 지낼 것이니 [隨所命而安之兮]
그 이외에 또 무엇을 구하리오 [夫何外此而焉求]

조선의 선비들, 인문학을 말하다

라고 했다. 서두에서는 '하늘에는 하소연할 수 있다 누가 말했나, 저 하늘은 뜬구름에 가리워져 있구나'라며 답답한 마음을 표현하기도 했다.

강동에서는 셋방살이를 하였는데, 근처 고지산高芝山 연못 옆에 수지재遂志齋와 풍뢰당風雷堂을 지은 후 좌우에 책을 쌓아놓고 정밀하게 연구하고 깊이 사색했다. 당시 율곡 이이가 술과 함께 시를 지어 보내 위로하기를 '신용탄(지산이 머물던 곳의 샘 이름) 가의 서재 안에서 도학 공부하는 사람, 번잡스런 객은 문 앞 찾아들지 않으리라. 가을 이슬같이 맑은 술 한 병을 보내니, 책 읽느라 바짝 마른 입술 가끔 적시게나'라고 했다.

점차 조호익의 학문과 인품에 대한 소문이 나면서 식량과 서책을 짊어지고 오는 사람들이 몰려들었고, 문 밖에는 항상 신발이 가득했다. 배우는 제자들이 수백 명에 이르렀다. 학문적으로 황량하던 관서 지방에 유풍儒風을 크게 진작시켰다. 유배 기간 중 예학禮學과 역학易學에 대해 연구를 깊이 한 것은 그의 학문적 업적 성취에 적지 않은 자양분이 되었다.

1588년 봄에는 말미를 얻어 선영에 성묘하러 가기 위해 경성을 지나게 되었다. 최황이 이 소식을 듣고 지산이 묵고 있는 여관으로 찾아와 손을 잡고 "그대가 강동에 산 이후로 나를 원망하는 말을 한마디도 하지 않았다고 하니, 참으로 명命을 아는 군자다"라고 말한 후 눈물을 흘리며 잘못을 뉘우쳤다.

최황은 그리고 경연經筵에 들어가 임금에게 지난 일을 뉘우치며 "신은 현명한 이를 무고한 죄를 자복한다"라고 아뢰었다. 또한 대관臺官이 번갈아 가며 조호익을 석방할 것을 청하였으나 임금은 윤허하지 않고 "조호익이 귀양살이 한 후로 관서 사람들이 학문을 알게 되어 스승으로 삼아 따르는 자들이 매우 많다고 한다. 그러니 우선은 더 머물러 있게 하여 권면勸勉하고 장려하는 계기가 되게 하라"고 했다.

1589년에는 관서 유생들이 또 상소를 올려 억울함을 풀어 주기를 청했으나 임금은 윤허하지 않고 손수 '관서부자關西夫子'라는 네 글자를 크게 써서 하사했다.

말년에는 영천 지산촌에 거처 마련, 두문불출하며 학문·저술

조호익이 유배에서 풀려난 때는 임진왜란이 일어난 해였다. 왜란이 일어나고 임금이 개성으로 피난을 하는 상황이 되자, 당시 병조판서 서애 류성룡이 임금에게 조호익의 억울함을 알리며 국난 극복에 활용할 것을 건의하자, 임금은 유배를 풀고 의금부도사에 제수하면서 의병을 모으라는 명을 내렸다.

이후 조호익은 주로 제자들과 함께 군사를 모아 평안도를 중심으로 여러 차례 공을 세우고 임금의 포상을 받았다. 그의 이러한 전공에 대해 류성룡은 "그가 유생으로서 활 쏘고 말 타는 재주를 익힐 겨를이 없었는 데도 충성과 의리로 군사들의 마음을 움직여 많은 승리를 거두었다"라고 말했다.

그 후 형조정랑, 통정대부, 성주목사, 안주목사, 성천부사, 정주목사 등의 벼슬을 지냈다.

55세 되던 1599년(선조 32년), 왜란이 끝나고 어느 정도 시국이 안정되자 조호익은 영천 서쪽의 도촌陶村에 거처를 잡는다. 이때 읊은 시가 '난리가 끝난 후 비로소 도촌에 살다[亂後始寓陶村]'이다.

위태롭던 종사가 막 안정이 되자 [宗社危初定]
수치 씻은 강산은 빛이 새롭네 [江山洗欲新]
갑자기 무너진 집 한 칸 얻으매 [居然得破屋]
이내 몸 살아 있는 줄 다시 알겠네 [方覺有玆身]

'꽃을 심다裁花'라는 시도 있다.

뒤늦게 꽃 심는다고 모두 웃지만 [裁花人笑晚]
육십 된 몸 먼 훗날은 기약 못해도 [六十遠期難]

조선의 선비들, 인문학을 말하다

내 나이 칠십 세가 되고 나면 [得到稀年後]

열 번은 꽃이 핀 걸 보고말고 [猶將十度看]

사람들이 많이 찾아오자 1603년 관도官道에서 가까운 도촌에서 멀리 떨어져 있으면서 산수의 풍광이 좋은 오지산五芝山 아래 지산촌芝山村으로 옮겨 정착한다. 졸수당拙修堂·완여재翫餘齋·망회정忘懷亭을 짓고, 도화담桃花潭을 만들어 복숭아나무와 각종 화초를 심었다. 못 속에는 연꽃을 심고 물고기를 길렀으며, 지어대知魚臺를 만들었다. 이곳에서 독서와 집필·강학 속에 한가롭게 머물다 1609년 망회정에서 이 세상을 하직했다.

이 시기에 《주역석해周易釋解》, 《제서질의諸書質疑》, 《심경질의고오心經質疑考誤》, 《대학동자문답大學童子問答》 등 주요 저술을 완성하고, 원근 사람들과 활발하게 교유도 했다. 주요 교유 인물로는 한강 정구, 우복 정경세, 여헌 장현광, 망우당 곽재우 등을 꼽을 수 있다. 지산의 대표적인 예학서인 《가례고증家禮考證》은 미처 글을 완성하지 못했는데, 후에 그의 문인들이 책자의 여백에 남은 기록을 모아 책으로 완성시켰다.

1864년에 내린 시호는 '문간文簡(道德博聞曰文, 正直無邪曰簡)'이다.

'지산 불천위' 이야기

지산종가는 영천의 옛날 종택(영천시 대창면 신광리)에서 제사를 지내지 못하게 된 지 30년이 넘는다. 농촌 환경의 급격한 변화, 종손의 생활 환경 등을 이유로 지산이 살던 종택(지산고택)에서 오래 전에 종손이 떠난 것이다. 불천위 제사도 사당이 있는 지산고택芝山故宅이 아니라, 종손이 거주하는 도시의 아파트에서 지낼 수밖에 없는 현실이다.

지산 불천위 제사는 현재 지산 16대 종손인 조용호 씨(1956년생)가 살고 있는 경주 시내 아파트에서 지낸다. 종손의 조부가 제사를 모시던 때인 30여 년 전부터 대구에서 지내기 시작했고, 6년 전부터 현 종손이 살고 있는 경주에서 지내고 있다(2011년 기준). 그렇다 보니 제사에 참례하는 제관의 수도 적어 10여 명에 불과하다.

종택을 떠나 경주 아파트에서 제사를 지내는 상황이기 때문에 불천위 제사도 종택 사당에 봉안돼 있는 불천위 신주를 모시지 못하고 지방으로 대신해 제사를 지낸다. 제사는 기일(음력 8월 18일) 오후 8시경에 시작한다.

종손은 어쩔 수 없는 환경이라 종택을 떠나 살고 있고 불천위 제사도 종택에서 지내지 못하지만, 한 달에 한두 번은 종택을 찾아 사당을 배알하고 청소도 한다고 했다. 문중의 어른들은 종손이 불천위제사를 종택에서 모시기를 바라고 있지만, 여의치 않은 현실이라 안타까움을 표시했다.

1	2
3	

1 지산 조호익이 말년에 거처로 마련해 정착했던 지산고택(영천시 대창면 신광리). 지금은 종손이 거주하지 않고 있고, 불천위 제사도 이곳에서 지내지 못하고 있다.

2 도잠서원 부근에 있는 조호익 신도비神道碑. 1642년에 세웠고, 동계 정온이 비명碑銘을 지었다.

3 조호익을 기리고 있는 도잠서원(영천시 대창면 용호리). 1613년 '지봉서원芝峯書院'이라 했다가 1678년 '도잠서원道岑書院'이라는 편액이 내렸다.

47

군자의 학문 외길 걸은
'선비의 정석'

장흥효

　군자의 학문이란 오직 참으로 알고 그것을 성실하게 행하는 것이 요체다. 아는 것이 참되면 다른 쪽으로 유혹될 것이 없으니 반드시 행하는 데 힘쓰게 된다. 행하는 것이 성실하면 스스로 속일 폐단이 없으니 알기를 더욱 분명히 하게 되는 것이다. 이것이 덕을 닦고 도를 성취하는 근본이다.

　경당敬堂 장흥효(1564~1633년)는 평생 벼슬을 하지 않고 이러한 군자의 학문을 하는 데 전념한 인물이다. 이러한 그에 대해 후학들은 윗자리에 있는 사람들이 알지 못하고 학자들도 그를 제대로 알지 못해, 위로는 세상에 경륜을 펼 수 없었고, 아래로는 후대에 학문을 전할 수도 없었다며 애석하게 생각했다. 그의 중요한 학문적 업적으로 역학易學 관련 저술인《일원소장도一元消長圖》가 있다.

모든 문제가 '나' 때문이니, '나'를 없애야 한다

　장흥효가 성리학의 요체이자, 도덕 실천의 핵심 방법인 경敬(망념 없이 마음이 하나 되게 하는 수행) 공부를 얼마나 중요시했는지는 경을 자신의 호로 삼은 데서도 잘 드러난다. '경' 자를 거처에 크게 써 붙이고 살았던 그는 '경당敬堂' 기문記文을 친구에

게 부탁하는 글에서, 자신의 호이면서 당호인 '경당'과 정자인 광풍정光風亭 및 제월
대霽月臺 이름을 지은 이유에 대해 다음과 같이 밝히고 있다.

나는 일찍이 정자程子의 뜻을 취하여 '경' 자로 나의 당堂 이름을 짓고, 이것을
호로 삼았습니다. 또한 주자周子의 뜻을 취해 나의 정자 이름 짓기를 '광풍정'이라
하고, 나의 대 이름을 '제월대'라 했습니다. 내 스스로 그 실상에 맞다는 것은 아니
지만 고인들이 말한 것을 표적標的으로 삼아 그렇게 되기를 바라고자 할 뿐입니다.
무릇 경이 아니면 마음을 주재할 수 없고, 광풍제월이 아니면 도의 체體와 용用을
드러낼 수 없습니다.

광풍제월은 중국 송나라 황정견黃庭堅이 대표적 성리학자인 주자의 인품을 형용
하여 '가슴 속의 맑고 깨끗함이 광풍제월光風霽月(화창한 날씨의 바람과 비 갠 후의 달)과
같다'라고 한 구절에서 따온 것이다.

장흥효는 글을 가르친 후 여가를 틈타 집 근처의 제월대에 올라 선비들과 함께
노닐면서 예를 학습하기도 하고, 시를 읊기도 하면서 가슴이 상쾌해지도록 한가로
이 마음 가는 대로 유유히 지냈다. 50여 년 동안 이렇게 지내면서 안동부安東府 안
으로 발길을 들인 적이 없었으므로, 이웃마을 사람들조차 그의 얼굴을 본 이가 드
물었다.

자기의 것은 많기를 바라고, 남의 것은 적기를 바라는 것은 '나'라는 것이 있기
때문이다. 내가 없어진다면 누구는 많기를 바라며 또한 누구는 적기를 바랄 것인
가. 자신이 이기기를 바라고, 남이 지기를 바라는 마음 또한 '내'가 있기 때문이다.
내가 없다면 누구는 이기기를 바라고, 누구는 지기를 바랄 것이 있겠는가. 내가 남
이고 남이 나인데 뽐낼 것이 무엇이며, 내가 하늘이고 하늘이 또한 나이니 무엇을
탓할 것이 있겠는가.

그의 경지를 엿볼 수 있는 글이다.

그릇의 밥이 비어도 개의하지 않았던 장흥효

장흥효는 어릴 때부터 단중과묵端重寡默(단정하고 점잖으며, 침착하고 말이 없음)했다. 차츰 자라면서 학봉 김성일을 스승으로 섬기면서 학문하는 방도를 깨달았다. 한결같이 이理를 밝히고 몸을 닦는 공부로써 요체를 삼은 그는 마침내 과거공부는 접고 《소학》과 《근사록》을 각별히 받들면서 여러 경전을 두루 통달했다. 정밀하게 사색하고 실천하기에 힘쓰며 성현의 도를 배우기를 자신의 책무로 생각하는 그를 두고 김성일은 "학문을 함에 정定한 마음이 있으니 훗날 크게 성취할 사람"이라고 말했다.

김성일이 별세한 후에는 서애 류성룡을 찾아가 학문을 연마, 그 깊이를 더했다. 류성룡과 '이理'에 대해 논한 일이 있었다. 류성룡이 등불을 가리키며 "불의 빈 곳이 이인가"라며 물었다. 장흥효는 "빈 곳虛과 찬 곳實은 상대되는 것입니다. 이는 상대되는 것이 없으니 아마도 허로써 이라 할 수는 없을 듯합니다"라고 답했다. 류성룡은 "허에는 허의 이가 있고, 실에는 실의 이가 있다"라고 하면서 경당을 대단하게 여기게 되었다.

장흥효는 드러나는 것을 원하지 않고 겸손을 절조로 삼아 임천林泉에 숨어 살면서 세상사는 멀리 했다.

늘 닭이 울면 일어나 세수를 한 후에 머리를 빗고 의관을 갖추고 가묘家廟(집의 사당)을 배알했다. 그리고 주자화상朱子畵像 앞에 가 절을 했다. 서실에 들어가면 종일토록 꼿꼿이 앉아 서적을 읽으며 생각에 잠기었다. 생각에 잠겨도 깨달음이 없으면 밤이 끝나도록 잠을 자지 않기도 했다. 깨달음이 있을 때는 한밤중이라도 불을 켜서 글로 남겼다. 메모지를 늘 자리 곁에 놓아 두고 자신의 언행을 적어 두었으며, 날마다 연마한 것과 공부 수준을 점검했다.

그릇의 밥이 자주 비어도 그것을 즐겁게 여기며 개의하지 않았다. 당시의 명사들 중 그를 사모하는 사람들이 많아 그를 따르기도 하고, 자제를 보내 가르침을 받도록 하기도 했다. 곳곳에서 온 사람들이 그의 집 앞을 지날 때면 그를 찾아가지 않는 이가 없었다.

홀로 있을 때 삼가지 않으면 모두 허식이다

장흥효는 "학문을 함에 있어서 근독謹獨을 주로 하지 않으면 모두가 허식이다"라며 '홀로 있을 때 삼갈 것'을 특히 강조했다. 그는 "'홀로 잠자리에 있을 때도 이불에게 부끄럽지 않아야 한다'는 한 구절을 잠시도 잊어서는 안 된다"라고 말하곤 했다.

그의 공부는 우리의 몸과 마음에 관한 것과 일상생활에 관한 것에서 벗어난 것이 없었다. 흔들림 없이 학문에 매진한 그는 깨닫지 못한 것이 있으면 그냥 내버려두는 일이 없었다. 단연히 식견은 더욱 높아갔고, 깨달음을 더욱 순일하고 확연해져 일의 변화에 응할 때면 각기 절도에 들어맞았다.

어버이를 섬김에 있어 곡진하지 아니함이 없었고, 부부간의 예절에 있어서도 손님을 대접하듯이 했다. 비록 옷걸이나 장롱, 옷가지나 이불 등의 물건이라도 모두 구분을 해서 각자의 것이 서로 섞이지 않도록 했다.

친척을 대할 때도 은의恩義가 두터워, 가난해서 시집을 보내고 장가를 들이지 못하는 사람이 있으면 비용과 옷가지를 마련해 주어 예를 치르게 했다. 남의 나쁜 점을 듣게 되더라도 입 밖으로 낸 적이 없고, 남의 좋은 점을 보면 반드시 칭찬을 해 주었다.

마을 사람과 함께 할 때는 공손하고 성실했으며, 잘잘못도 심하게 따지는 일이 없었다. 화를 내며 다투거나 싸움질로 따지는 사람이 있으면 따뜻한 말로 깨닫도록 타일러 조용히 참을 수 있게 해 주었다. 사람들은 그런 그를 존경하며 따랐고, 난폭한 사람들도 감화되어 복종하게 되었다.

군자가 되려면 사욕을 극복해야

장흥효가 신미년 새해를 맞아 작성한 글이다.

경오년(1630년)을 보내고 신미년(1631년)을 맞았으니, 악惡은 경오년과 함께 떠나보내고 선善은 신미년과 함께 맞이하련다. 저 그윽한 산골짜기로부터 벗어나 이곳 춘대春臺에 오르니 요사한 안개는 걷히고 순풍이 감도는구나. 분함은 누르기를 산을 꺾듯이 하고, 욕심은 막기를 골짜기를 메우듯이 하면, 분함과 욕심이 사라지게 됨을 구름이 걷히는 가운데 해를 보듯 할 것이다.

마음의 문을 활짝 열어놓으면 바르지 못한 것들이 드러나지 못하게 되니 천하가 모두 나의 문에 들 것이다. 이전 날에 기욕己欲(사욕)을 극복하지 못해 인욕人欲에 빠져들었더라도 이제부터 기욕을 극복한다면 천리天理가 회복될 것이다. 극복하느냐 못하느냐에 따라서 소인이 되고 군자가 될 수 있으니, 군자 되려면 반드시 기욕을 극복해야 한다.

금수가 되느냐, 사람이 되느냐 하는 것도 아주 미미한 것에서 비롯되니, 금수 되기를 면하려 한다면 어찌 조심하고 두려워하지 않을 수 있겠는가. 저 새들도 머물 곳을 아는데, 사람이 되어서 머물 곳을 몰라서야 될 것인가. 도는 큰 길과 같아서 눈으로 볼 수도 있고 발로 걸을 수도 있다. 만리萬理(모든 이치)를 보는 것도 한 번 보는 것에서 비롯되고, 천리千里를 가는 것도 한 번 걷는 것에서 시작되는 것이다.

경당이 세상을 떠나기 한 해 전 설날 지은 시歲時自警의 일부다.

경으로 마음 안을 곧게 하여
조심하고 두려워하는 공부를 그치지 않으며
의로써 마음 바깥을 방정히 하여

그 혼자 있을 때를 더욱 조심하노라

올해 첫 달 첫날에

하늘을 우러르고 땅을 굽어 살펴보니 부끄러운 일이 많구나

옛날의 잘못된 일들을 모두 씻어내고

여러 어진 사람들과 함께하기를 기약하노라

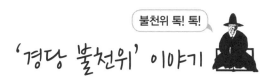

불천위 톡! 톡!

'경당 불천위' 이야기

경당 불천위에 대해 경당 11대 종손 장성진 씨(1938년생)는 "관련 기록은 없으나 후손의 4대 봉사가 끝나기 전에 불천위로 모시게 되었을 것이라고 본다"라고 말했다.

경당 불천위 제사(기일은 음력 2월 2일)는 경당종택(안동시 서후면 성곡리) 정침 대청에서 합설로 지낸다. 요즘 제사에는 안동, 대구, 서울 등지에서 온 20~30명이 제관으로 참석하며, 과일 진설은 조율시이棗栗柿梨 순서로 하고, 편은 한 틀만 올린다. 제주는 청주를 사서 사용한다.

종손은 "6·25 전쟁 때 종택이 인민군 본부로 사용됐고, 인민군과 같이 생활했다"라고 말했다. 그러던 중 교전이 벌어질 테니까 피하라고 해서 4km 정도 떨어진 뒷동네로 피했다 한다. 종손의 부친이 종손의 증조모를 업고 조부와 함께 피난했다가 하루만에 돌아오니 인민군은 길가에 앉아 있고, 시내에서 포가 날아오는 상황이었다고 회상했다.

집에 인민군이 진을 치고 있는 동안 닭을 다 잡아먹고 병아리만 남아 죽어 있었고, 지금도 그 불쌍한 모습이 생생하게 떠오른다고 얘기했다. 다행히 사당이나 문적은 피해가 없었다.

장흥효가 부친상을 당했을 때 스승인 학봉 김성일도 같은 날 상을 당했는데, 부친보다 스승을 우선시한 장흥효는 김성일 상을 다 치르고 나서 부친 장례를 치렀다는 일화도 들려 주었다.

	1	
2		3

1 경당종택(안동시 서후면 성곡리) 사랑채.

2 자신이 장만한 불천위 제사 제수祭需와 함께 한 경당 11대 종손 장성진 씨.

3 장흥효 불천위 신주(오른쪽)가 모셔져 있는 사당 내부. 신주함을 덮개로 덮어 두는 점이 독특하다.

자녀 교육을 위해 벼슬길을 접은 선비,
죽어서 판서가 되다

김 진

너희들이 먼 길을 왔다 갔는데 아무 탈 없이 없느냐. 나는 별 일 없으니 걱정 말아라. 너희들은 시월 전에 평해의 절로 들어가 겨울 석 달 동안에 사서삼경을 공부하고 오너라. 너의 형은 게으름을 스스로 채찍질할 뜻이 없으니, 내 머리가 다 희게 되었다. 너희들 또한 편지를 보내어, 내가 너의 형에게 마음 쓰는 뜻을 알도록 하여라.

청계靑溪 김진(1500~80년)이 아들 수일·명일·성일·복일에게 보낸 편지 내용이다. 자녀 교육에 대한 청계의 각별한 관심을 엿볼 수 있다. 자신의 영달을 포기하고 자식 교육을 위해 모든 것을 바쳤던 김진은 남다른 교육 철학으로 헌신적인 노력을 기울여 다섯 형제를 모두 훌륭하게 키워낸, 자녀 교육에 성공한 조선 시대 대표적 인물이다.

헌신적 자녀 교육으로 5형제 모두 훌륭한 인물로 키워내

김진은 다섯 아들 모두를 과거(소과)에 급제시켜(3명은 문과 급제) 가문을 당대 최고의 명문가 반열에 오르게 했다. 약봉藥峯 김극일·귀봉龜峯 김수일·운암雲岩 김명일·학봉鶴峯 김성일·남악南嶽 김복일이 그들이다. 조선 시대에 다섯 아들이 과거에 급제하는 일은 매우 드문 경우이며, 《경국대전》에 '아들 다섯이 과거에 합격한 부모에게는 임금에게 보고해 해마다 쌀을 보내주고, 부모가 죽으면 벼슬을 추증하고 제사를 지내준다'라는 조항이 있을 정도로 각별한 대우를 받았다.

5형제가 과거에 급제한 것도 대단한 일이지만, 모두가 학문이 뛰어나고 강직한 선비로서 각각 일가를 이루었다는 점은 특히 김진이 어떻게 자식을 교육시켰는지에 각별한 관심을 갖게 한다.

김진은 아내가 어린 자녀들을 남겨 두고 일찍 사망한 후, 자녀 양육을 남에게 맡기지 않고 직접 양육했다. 그가 자녀 양육과 교육에 얼마나 헌신적이었는지 아들 김성일이 지은 김진 행장行狀에 잘 나타나 있다.

> 큰 형(김극일)이 과거에 급제한 후 바로 어머니께서 세상을 떠나셨다. 슬하에 아이들이 여덟인데 대부분 나이가 어리거나 강보에 싸인 아이였다. 부군께서 어루만져 기르심에 있어 지극하지 않은 바가 없었다. 밤에는 좌우로 안아 주시는데 아이들의 어머니 젖 달라는 소리가 매우 애처로워 부군께서 몸소 젖을 먹이시니, 비록 단 젖은 나오지 않았으나 젖을 빨면서 울음을 그치곤 했다. 부군께서 이 말씀을 하실 때면 주위 사람들이 눈물을 흘리지 않을 수가 없었다.

이처럼 김진은 엄마 역할까지 대신하면서 자식들을 헌신적으로 길러냈다. 그리고 사람들이 첩에게 미혹되어 적자嫡子를 해치는 것을 개탄스럽게 여긴 그는 반드시 온순한 성격을 가진 사람을 찾아 첩으로 삼았고, 매일 정성을 다해 자신이 낳은 것처럼 사랑하고 보살펴야 하는 도리를 반복해 가르쳤다. 만약 어기거나 잘못이 있으면 엄하게 꾸짖어 뉘우치고 고치게 한 다음에야 그만두었다.

김진의 지극한 정성에 서모庶母들은 감복해 아이들 보살피기를 더욱 조심하면서 부족함이 있을까 걱정했다. 이러한 그에 대해 김성일은 다음과 같이 적고 있다.

> 여러 아이들이 비록 어린 나이에 어머님을 잃었지만, 이 덕분에 물과 불의 위험
> 이나 춥고 배고픔을 면할 수 있어 무사히 오늘에 이르렀으니, 하늘 같이 높은 덕이
> 낳아주신 데에서만 그친 것이 아니다. 자애로운 기르심이 지극하고 가르침이 또한
> 엄격하시니, 비록 어린아이라도 항상 학당學堂에서 학업을 닦도록 하셨고, 마을 거
> 리에서 무덤 만드는 흉내나 장사치의 놀이는 못하게 하셨다.

너희들이 소인이 되어 산다면 죽었다고 보겠다

김진은 자녀 교육을 위해 자신의 입신양명도 포기했다. 이와 관련한 일화가 전한다.

김진이 젊은 시절 서울 교외의 한 암자에서 과거시험을 준비하고 있을 때, 우연히 한 관상가를 만났는데 "당신이 살아서 벼슬을 하면 참판에 이를 것이나 벼슬 생각을 버리고 자식 교육에 힘쓰면 죽어서 판서에 오를 것"이라고 이야기했다. 청계는 관상가의 조언을 받아들여 대과(문과) 시험을 포기하고 고향으로 돌아와 자녀 교육에 전념했다.

이처럼 자녀 교육에 헌신적이었지만, 요즘의 많은 부모들과 같은 입시를 위한 맹목적 헌신이 아니었다. 단순한 지식 습득이 아니라 바람직한 인성을 함양하도록 하는데 각별한 노력을 기울였다. 확고한 교육 철학을 갖고 가르쳤던 것이다.

그는 군자와 소인을 엄격하게 구별하고, 군자가 될 것을 주문했다. 자식들에게 항상 강조하기를 "임금을 섬기는 도리는 마땅히 정성을 다해 믿음을 얻은 다음이라야 간언하더라도 받아들여질 수 있다. 신하는 차라리 부서진 옥의 조각이 될지언정 온전한 기와가 되어서는 안 된다. 너희들이 군자가 되어 죽는다면 나는 오히려 산 것으로 보고, 소인이 되어 산다면 오히려 죽었다고 보겠다"라고 말하곤 했다. 정

도를 지키다 죽을지언정 지조를 굽히지 말 것을 가르쳤던 것이다.

그리고 김진은 다섯 아들 모두 가정에서 가학家學으로 기초를 닦게 한 후 퇴계 이황에게 보내 제대로 된 학문을 배우도록 했다.

또한 지나친 물질적 풍요와 엘리트지상주의를 경계했다. 그는 자녀들에게 '재산은 300석 이상 갖지 말고, 벼슬은 당상관 이상 오르지 말 것'을 주문하며 유훈으로도 남겼다. 부귀영화를 추구하지 말고 분수를 지키며 청빈한 삶을 살도록 가르쳤던 것이다.

그는 이렇게 남다른 교육 철학을 바탕으로 자녀 교육에 매진함으로써 많은 자녀를 모두 훌륭하게 키워내고, 관상가의 예언대로 본인은 벼슬을 하지 못했으나 죽어서 자식 덕분에 판서(이조판서)가 되는 영광을 누렸다.

동안학발童顔鶴髮로 여든까지 활쏘기 즐겼던 김진

어린 시절 재능이 뛰어나고 용모가 비범했던 김진을 보고, 조부가 기특히 여겨 '문회文會'라는 아명을 따로 지어 주면서 "이 아이는 반드시 우리 가문을 일으켜 명성을 떨칠 것"이라고 말했다. 16세 때부터 고모부 권간權幹에게 학문을 배웠고, 몇 년 후에는 민 씨와 혼인하면서 기묘己卯 명유名儒인, 장인의 동생 민세정閔世貞의 가르침을 받았다. 1525년에는 사마시에 합격해 성균관에 들어갔고, 이때 하서 김인후와 친교를 맺는 등 명사들과 사귀었다.

1	2	3

1 청계종택(안동시 임하면 천전리). 김진이 태어나고 자란 곳이나 지금 건물은 아들 김성일이 당시 중국 북경 상류층 주택 설계도를 가져와 지은 것이다.

2 청계와 그의 다섯 아들의 덕을 기리기 위해 건립된 사빈서원泗濱書院(안동시 임하면 천전리). 1710년에 임하면 사의리에 처음 건립됐고, 임하댐 건설로 1987년 임하면 임하리로 옮겼다가, 다시 현재 위치로 이전·복원해 2011년에 준공식을 가졌다.

3 1572년에 제작된 청계 김진 영정(보물 제1221호·가로 109×세로142㎝). 모시 바탕에 먹과 채색을 사용했다.

한 번은 호남의 최운수崔雲秀와 함께 한 암자에서 독서를 하는데, 그가 설사를 만나 밤새도록 화장실에 드나들게 되었다. 당시 산에는 맹수가 많아 아무도 같이 따라가지 않는데, 김진은 화장실에 갈 때마다 함께 가주었다. 열흘 동안 조금도 꺼려하는 기색이 없었다. 하루는 큰 비가 내리는 가운데 화장실에 동행한 후 벽에 기대 기다리다가 깜박 졸았는데, 법당 처마가 갑자기 내려앉으면서 큰소리가 났다. 놀란 그는 최운수가 호랑이에게 물려간 줄 알고 그를 부르며 측간(화장실)에 뛰어들어가니, 최운수 또한 그를 보고 "나도 그대가 호랑이에게 물려 간 줄 알았다"며 안도의 숨의 내쉬었다.

최운수가 "그대는 부모가 계시는데 호랑이를 만나 함께 죽는다면 후회가 없겠는가"하고 묻자 "우리 두 사람은 천 리 밖의 나그네가 되었으니 갑자기 환란을 만나면 의리상 당연히 서로 구해야 한다"라고 대답했다. 최운수는 그 후 김진의 의리에 감동해 사람을 만나면 그 이야기를 했고, 듣는 사람마다 아름다운 일이라고 칭찬했다.

그러나 김진은 벼슬을 위한 과거는 보지 않기로 마음먹고, 고향 안동으로 내려가 임하臨河의 부암傅巖에 집을 지어 가족과 함께 정착했다. 그는 아침, 저녁으로 강을 건너 부모가 계신 곳에 왕래하며 문안 드리기를 비가 오나 눈이 오나 그치지 않았다.

부암 옆에 서당을 지은 후 교과 과정과 규칙을 만들고, 자식들과 마을의 아이들을 모아 마음을 다해 친절하게 가르쳤다. 이렇게 수 십 년 동안 하니 뛰어난 학생들이 속속 배출되고, 서당에서는 글 읽는 소리가 그치지 않았다.

그는 집안의 경제력을 키우는 데도 적극 노력했으며, 주위의 가난한 친척들을 물심양면으로 돕는 데도 마음을 다했다. 만년에는 청기현靑杞縣(영양)에서 농사를 지으면서 살았다. 연세가 많은 데도 부지런히 일하는 것을 보고 자식들이 만류하자 "농사는 백성의 직분이다. 백성이 농사에 게으르면 이는 버림받은 백성이다. 하물며 제사 지낼 곡식과 처자를 기를 것이 다 여기에서 나오지 않느냐"라고 말했다.

기력이 강건했던 그는 노년에 활쏘기를 좋아해 동안학발童顔鶴髮의 신선 같은 모습으로 활을 자주 쏘았는데, '팔십 늙은이가 여섯 발을 맞추니[八十老翁爭中六]/ 북소리 우레 같아 힘이 솟는도다[鼓聲雷動起枯腸]'라고 읊기도 했다.

임하에 돌아와 운명할 때는 자식들에게 "나의 나이가 천수를 다했으니, 하늘이 나에게 복을 내림이 많다. 달리 무엇을 구하겠는가"라고 말했다.

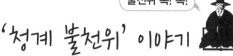

'청계 불천위' 이야기

대부분의 불천위 인물과 마찬가지로, 청계 불천위에 대해서도 기록으로 남아 있는 것은 없다. 여러 가지 정황으로 볼 때 4대 봉사 후 바로 불천위로 모셔진 것으로 추정하고 있다.

불천위 제사(기일은 음력 4월 23일)는 청계종택(의성 김 씨 내앞종택 : 안동시 임하면 천전리) 사랑채 대청에서 지낸다. 제사는 자시(子時)에, 부인 신주를 함께 모시는 합설로 지낸다.

청계 16대 종손 김창균 씨(1953년생·포항공대 교수)의 동생인 김명균 씨(한국국학진흥원 연구원)는 "불천위 제사의 제수는 매우 단촐한 편이고 예전부터 그랬다"라고 설명하면서, "청계 선조는 생전에 자녀들에게 재산을 일정 수준 이상 축적하지 말고, 벼슬도 당상관 이상 하지 말 것을 주문하시면서 청빈하고 검소하게 살 것을 당부하셨다"라고 말했다. 그리고 종택과 관련해 "청계 선조는 벼슬을 한 것도 아니어서 종택에는 솟을대문도 없고, 당호도 특별히 없다"라고 설명했다.

김진은 제사를 중요시했지만 검소할 것을 강조했다. 자식이 없는 큰 아들(김극일)의 제사 문제를 염려해 그 동생의 아들로 뒤를 잇게 하고, 유언으로 청기靑杞의 별업別業(별장)에 속해 있는 제전祭田을 영원히 분배하지 못하도록 했다. 상사喪事의 도구는 모두 검소하게 마련하도록 했고, 곤궁한 자녀들에게는 제사에 유과油果와 약과藥果 등을 쓰지 못하게 했다. 또한 여러 자손들에게 종손을 공경하라는 유언을 남겼다.

종택 사당 건물에는 불천위 신주(서쪽)와 4대조 신주가 봉안돼 있다.

오자등과댁五子登科宅으로도 불리는 청계종택(보물 제450호)은 김진이 태어나고 자란 집으로, 불타 없어진 후 그의 아들 김성일이 다시 건립한 것이다. 16세기 말 김성일이 사신으로 북경에 갔을 때 그곳 상류층 주택의 설계도를 가져와 지었기 때문에 배치나 구조 면에서 독특한 점이 많다.

49

의義가 아니면 벼슬도
초개처럼 버린다

김 령

계암溪巖 김령(1577~1641년)은 평생 대의명분을 신조로, 광해~인조 연간의 혼탁한 시절 속에서도 꼿꼿하게 지조를 끝까지 지키는 선비의 삶을 보여 준 대표적 인물이다.

'지조志操의 꼿꼿함, 풍절風節의 고결함은 사림士林의 모범이 된다.'

계암 별세 후, 숙종 때 도승지를 추증하면서 그에게 내린 교지敎旨에서 그를 평한 글이다.

《인조실록》은 김령에 대해 '성품이 차분하고 지조가 있어 여러 번 부름을 받았으나 사양하여 종신토록 영嶺을 넘지 않아 세칭 영남제일인嶺南第一人이라 했다'라고 적고 있다.

졸재拙齋 류원지는 '계암 선생이 행한 일은 수양산에서 고사리를 캐 먹던 백이숙제伯夷叔弟보다 더한 어려움이 있는 일이었으며, 엄자릉嚴子陵보다 한 등이 높다'라고 평가했다.

김령이 어떤 인물이었는지, 어떤 삶을 살았는지를 짐작하게 하는 평가들이다.

14세 때 기방 출입하다 부친 훈계 들은 후 평생 여색 멀리해

김령의 부친은 설월당雪月堂 김부륜이다. 퇴계 이황의 제자인 김부륜은 전라도 동복同福현감을 지낸 학자이고, 김부륜 부친은 탁청정濯淸亭 김유다.

부친이 서울에서 벼슬 생활을 하던 1577년 서울에서 태어난 김령은 일찍부터 가학家學을 배우면서 학문을 익혀 갔다. 1585년 부친이 동복현감으로 부임하자 임소로 따라가 지냈는데, 9세의 아이로 부친이 출타하고 없을 때, 찾아온 손님을 극진한 예를 다해 접대함으로써 놀라게 하기도 했다.

14세 때(1590년)의 일이다. 김령은 부친이 잠이 들면 부친의 말을 타고 안동 기방妓房에 갔다가 새벽에 돌아오곤 했다. 얼마 후 이를 알게 된 부친은 그를 불러 눈물을 보이며 간곡하게 훈계를 했고, 김령은 그 후 다시는 그러지 않았다. 뒷날 기녀가 찾아와 한 번 얼굴만이라도 보고자 했으나 그는 "부친의 훈교가 있었는데 어찌 전과 같겠는가"라고 거절하며 끝내 문을 열지 않았다. 이 사건 이후 김령은 평생 여색을 가까이 하지 않았다.

그의 성품을 엿볼 수 있는 일화다. 1594년에 결혼했고, 1607년에는 한강寒岡 정구가 안동부사로 부임하자 찾아가 공부하기도 했다. 1612년 36세의 나이에 문과에 급제해 승문원부정자에 임명되었다. 1615년에는 승정원주사 겸 춘추관기사관에 임명되어 다시 서울로 올라갔으나 북인의 정치에 실망한 그는 다음해 벼슬을 버리고 고향 안동으로 내려가 두문불출하며 독서로 나날을 보냈다.

이후 수차례에 걸쳐 여러 직책이 내렸으나 나아가지 않았다. 당시 광해군 정권의 인목대비 폐비 사건이 일어나고 신하의 농단으로 나라가 크게 어지러운 시절이라, 나아가지 않았던 것이다.

그는 세상에 대한 생각을 끊어버리고 집에 칩거하며 지냈다. 평소 알던 사람이라도 시류에 부합하며 이익을 구하는 이와는 교제를 끊었다. 만나기를 청해도 거부했다. 자신을 헐뜯고 원망하는 일이 있어도 신경 쓰지 않았다. 이러한 와중에 조정

에서 《승정원일기》를 수정하면서 김령을 재삼 불렀으나 사양하고
가지 않았다. 1622년 다시 수령을 보내 재촉하자 부득이 상경했으
나 도성에는 들어가지 않고 성외에 머물면서 수정 작업을 마치고는
곧 고향으로 돌아왔다.

인조반정 때 벼슬 사양한 후 고향 집에서 죽을 때까지 두문불출

1623년 인조반정이 일어났다. 반정 세력은 새 임금을 세운 후
광해군 때 출사하지 않은 선비들을 발탁했고, 김령도 이때 사헌부
지평을 제수받아 서울로 향했다. 그러나 서울까지 가지 않고 중도
에서 사직하고 돌아가게 된다. 상경 중 충주 달천에서 김곡이라는
사람을 만나 사건의 내용을 알게 되면서 그렇게 행동한 것이다.

김령이 김곡에게 "반정을 주도한 인물들이 광해군을 쫓아내고 새 임금을 맞아
들인 것인가, 아니면 새 임금이 반정군의 진중에 가서 함께 거사했는가?"라고 물었
고, 후자라는 대답을 들은 그는 탄식하며 말에서 떨어졌다. 김령은 충주부忠州府에
서 이틀간 머문 후 병을 구실로 사직서를 내고 귀향했다.

또 다른 기록에 의하면 반정 후 부름을 받고 서울로 가던 중 조령에서 아는 사
람을 만나 일의 전말을 듣고 말머리를 돌려 귀가했다고 한다. 집에 돌아온 그는 며
칠 동안 자리에 누워 멀건 죽만 먹을 뿐이었다. 부인이 "무슨 병이기에 잡숫지 못하
십니까" 하고 묻자 주위를 물리고 그 사정을 실토했다.

두 이야기는 다소 차이가 있지만, 새 임금에게 기대를 걸고 서울로 올라가다가
새 임금이 반정에 적극 가담했다는 사실에 충격을 받고 낙담한 것임을 알 수 있다.
인조반정 때 영남 인사 중 조정의 부름을 받고 출사했던 이들이 적지 않았다. 그리
고 김령도 광해군과 북인정권에 대해 비판적이기는 했지만 그런 반정은 문제가 있

1	2

1 김령의 부친인 설월당雪月堂 김부륜(1531~98년)이 학문과 후진 양성을 위해 건립한 '설월당'(안동시 와룡면 오천리). 김령이 공부했을 이 정자는 원래 낙동강에 인접한 오천에 있었으나 안동댐 건설로 1974년 현재 위치로 이건했다.

2 계암 김령의 조부인 탁청정 김유金綏가 지은 종택에 부속된 정자로 건립된 탁청정(안동시 와룡면 오천리). 1541년에 건립되었는데, 영남 지방의 개인 정자로서는 그 구도가 가장 웅장하고 우아하다는 평을 받고 있다.

어 정당시할 수 없다고 본 것이다.

이듬해(1624년) 봄 이괄李适의 난으로 임금이 공주에 피난했다는 소식을 듣고 그는 급히 서울을 향해 달려가 서울 근교에 이르니 난은 이미 평정되었다. 이에 아들을 시켜, 병으로 부임할 수 없다는 내용의 상서上書를 올리고 안동으로 돌아왔다. 임금은 상서를 보고 김령이 병고에도 불구하고 난중에 취한 처신을 가상하게 여기는 비답批答을 내렸다.

그러나 당시 헌납獻納(사간원 관직) 김시양이 비답에 대해, 산림의 선비가 아닌 과거 출신으로 아들을 시켜 대신 상소를 올린 것은 극히 외람된 거동이므로 파직함이 마땅하니 비답을 거둬들여야 한다고 주장했다. 그러나 인조는 허락하지 않았다. 후에 김령의 일관된 태도를 통해 그 뜻을 짐작하게 된 김시양은 "계암이 두 임금을 섬기지 않으려는 의도에서 그랬던 것을 몰랐구나. 전에 내가 탄핵한 것을 그는 비웃었으리라. 나는 사람을 너무 몰랐구나"라고 탄식했다.

병자호란 때는 가산 털어 군비 보태고 아들은 의병으로

인조는 이후에도 성균관 전적, 형조정랑, 의주판관, 예조정랑 등의 벼슬을 계속 내렸으나 김령은 취임하지 않았다. 예조정랑 제수 이후에는 중풍으로 수족을 움직일 수 없다고 이야기하면서, 아예 방 안에만 머물렀다. 여러 권신들은 그의 병이 거짓이 아닌가 의심하며, 방백方伯에게 정탐해 볼 것을 청하곤 했다. 방백들이 직접 집으로 찾아가 보니 김령은 그때마다 앉아서 맞았고, 그들은 돌아가 거짓 병이 아님을 보고했다.

그럼에도 불구하고 10여 년간 예조정랑, 헌납, 사간 등을 20차례 정도 제수 받았으나 어느 관직에도 취임하지 않았다. 언젠가 선비들과 어울린 자리에서 출사하지 않음에 대해 물으니, 입을 닫고 응하지 않다가 여러 사람이 끈질기게 요구하자 천천히 말하기를 '홀어미된 여인이 지아비의 불의를 핑계 삼아 절개를 바꾸는 것은 불가하다'라고 대답했다.

김령은 의리가 지켜지지 않는 세상과 담을 쌓고, 그렇게 18년 동안 문 밖 출입을 하지 않고 지냈다. 보던 책들은 표지를 가려서 드나드는 사람들이 무슨 책인지 모르게 하고, 누구에게 보내는 사연도 편지가 아니라 사람을 시켜 말로 전하게 했다. 의롭지 않은 것은 겨자씨 하나라도 받지 않고, 언제나 장중단엄莊重端嚴한 그에게서 사람들은 범할 수 없는 기색을 보며 빼앗을 수 없는 뜻이 있음을 알게 되었다.

1636년 12월 병자호란이 일어나 위기에 처하자, 맏아들을 의병으로 보내고 가

조선의 선비들, 인문학을 말하다

산을 털어 군비에 보태도록 했다. 다음해 봄 인조가 남한산성을 나와 항복했다는 소식을 들은 그는 조선이 오랑캐에게 굴복한 치욕과 명나라에 대한 의리를 다하지 못한 것에 대한 통분痛憤의 마음을 글로 토해 냈다. 1637년 가을에 또 사간司諫을 제수받았으나 나아가지 않았고, 이후로는 조정에서도 그 뜻을 알고 다시는 벼슬을 내리지 않았다.

그는 언제나 방 안에 홀로 거처하며, 누가 찾아오면 귀천을 가리지 않고 앉아서 맞았고, 사람들은 그 뜻을 짐작하며 더욱 우러러 보았다.

죽음을 3개월여 앞둔 1640년 세모에 다음과 같은 시를 읊었다.

세모에 눈·서리 잦더니
산천은 쌀쌀한 그 모습 감추었도다
시간은 절로 머물지 않으니
하늘 뜻 누가 능히 알겠는가
어지러이 나도는 무리는 많으나
움직이고 멈춤에는 다 때가 있다네
고요히 세상 이치를 보니
어찌 반드시 깊이 슬퍼하리오
한 밤에 거문고 타니
믿을 바 종자기鍾子期 뿐이로다

그의 지조 있는 삶은 후대에 제대로 평가를 받으면서 숙종 때 도승지에 추증되고, 1813년 이조판서에 추증되었다. 이듬해인 1814년에는 '문정文貞(道德博聞曰文 淸白守節曰貞)'이라는 시호를 받았다.

'계암 불천위' 이야기

김령이 불천위에 오른 시기는 시호를 받은 1814년 이후일 것으로 추정하고 있다. 계암종가 차종손 김원동 씨(1953년생·계암 14대손)의 이야기다. 계암 종손은 김영탁옹(83세, 2011년)이다.

옛 계암종택 건물은 안동댐 건설로 수몰될 때 이건을 하지 못해 사라져 버렸고, 현 종택(안동시 용산 동)은 그 이후 새로 지은 주택이다. 수몰 당시 종택 사당에서 모셔온 불천위 신주는 현 종택의 벽감에 봉안돼 있다. 종손과 차종손은 옛 종택 건물을 이건하지 못한 것을 매우 안타깝게 여기고 있다.

계암 불천위 제사(기일은 음력 3월 21일)는 부부 양 신주를 함께 모시는 합설로 자시에 지내며, 참석 제관은 20여 명이다.

김원동 차종손은 계암의 삶과 그 가르침에 대해 묻자, 한마디로 '정허동직靜虛動直'이라고 설명했다. '고요할 때는 텅 비고 움직일 때는 곧다', '고요할 때는 천리를 함양하고 움직일 때는 곧바르게 행동한다'라는 의미다. 김령의 삶이 그러했고, 자신도 좌우명으로 삼고 있는 가르침이라고 말했다.

김령과 관련, 특히 관심을 끄는 일은 세상과 담을 쌓고 글도 거의 남기지 않았던 그가 별세할 때까지 약 40년 동안 일기를 써 남겼다는 점이다. 그는 1603년 7월부터 별세한 때인 1641년 3월까지 매일 일기를 써서 남겼다. 이 《계암일록溪巖日錄》은 안동 사림과 중앙 정계의 동향, 향촌사회상, 양반가의 일상생활 등을 알 수 있는 귀중한 자료다. 《계암일록》은 계암종가에서 소장해왔는데, 일제 시대의 조선사편수회가 전국의 자료를 조사·수집하는 과정에서 1944년 9월 계암종가를 찾아와 가져가 탈초脫草를 한 후, 이듬해 해방 직전에 원본을 돌려주었다. 이 《계암일록》은 한국국학진흥원에서 국역하고 있으며, 2015년 번역이 마무리될 예정이다.

차종손은 "아버님이 어릴 때 견장 찬 사람들이 말을 타고 와 가져가던 것을 보셨다고 한다"라고 전하면서 "일기에는 당시 예민한 세상사에 대해 강한 표현을 한 부분을 담고 있어 국역돼 공개될 경우 논란의 여지가 있어 우려되기도 한다"라고 말했다.

김령이 별세할 때까지 약 40년간 쓴 일기 《계암일록》.

큰 뜻을 펼치려 한 그 선비,
은거한 까닭은

이시명

영해 재령 이 씨 가문 출신인 석계石溪 이시명(1590~1674년)은 부인(장계향)의 부친인 경당敬堂 장흥효의 문인門人으로 향시에 여러 번 합격했으나 병자호란 이후 명나라에 대한 절의節義를 품고 산림에 은거했다. 그는 평생 학문을 닦으며 자식과 제자 교육에 힘쓰는 삶을 살았다.

고요함을 사랑하여 홀로 산에 살고
번거로움이 싫어 손님도 끊었네
살림살이를 못하니 집이 절로 한가롭고
가르침만 있으니 아이들 때로 글을 읽는구나

석계의 〈산에 살며山居〉라는 시는 그의 삶을 잘 표현하고 있다.

하지만 처음부터 산속에 은거하며 살려고 했던 것은 아니었다. 세상에 나가 자신의 경륜을 펴 보려는 기개와 뜻이 강했던 인물이었지만, 시대 상황이 자신의 생각과 맞지 않아 일찍 뜻을 접고 산 속으로 들어갔던 것이다.

'유감有感'이라는 그의 시에 그 뜻이 잘 담겨 있다.

넓고 넓은 천지는 그 큼이 끝이 없고

곧고 밝은 해와 달은 옛 그대로인데

누가 오랑캐 먼지를 보내 이 더러움 일으켜

남성일계*로 조선을 그르쳤는가

★ 남성일계南城一計
병자호란으로 인한 남한산성 항복
굴욕을 의미한다.

이시명이 세상을 뜬 후 유림의 선비들이 지은 제문이 그의 삶을 더 잘 드러내고 있다.

사람들이 말하길 '세상에 쓰이었다면 마땅히 크게 일을 했을 것'이라 했건만, 어찌 생각했으랴! 시운이 어긋나 때를 못 만나게 될 줄을…… 포부를 펴지 못하고 물러나 가정에서 학문을 강講하며, 역사와 경서를 연구한 바가 더욱 넓고 넓었도다. 한가롭고 가난한 삶이었으나 오직 의를 따랐으며, 뜰에 가득한 난옥蘭玉(재주가 뛰어난 석계의 자제)들 그 재능 이어받았네. 서로 논변을 하는 즐거움 속에 고사리를 캐며 수산首山(영양 수비산)에 살았으니 세상 사람들 그 누가 알았겠는가.

사람 도리 배우고자 《소학》 들고 산에 들어가 공부

그는 1590년 영해에 태어났다. 10대 초반에 부친의 벼슬살이 임지를 따라 서울에 살면서 글 읽기에 몰두했다. 1607년에는 부친이 의령현감으로 부임하자 다시 그곳으로 따라가 열심히 공부함은 물론, 언행에 있어서도 함부로 함이 없어 주위의 주목을 받았다.

한 번은 망우당 곽재우가 이러한 그를 보고 "벼슬하는 집 자제들은 노래나 기생, 음주, 도박을 일삼지 아니함이 없는데 지금 네 절조의 높음이 이와 같으니 그 성취할 것은 가히 헤아릴 바가 아니다"라며 감탄하기도 했다.

하루는 부친에게 아뢰기를 "대인(아버지 경칭)께서 오랫동안 외지에서 벼슬살이 하심에 소자는 글 짓는 법은 배워 조금 알게 됐으나 그것이 몸과 마음을 수양하는 데는 별 도움이 되지 않는 것 같습니다. 청컨대 《소학》을 배워 사람으로서 지켜야 할 덕의 기초를 닦고 싶습니다"라고 했다. 부친이 기쁘게 허락하자 책을 들고 도굴산에 들어가 종일토록 꼿꼿이 앉아 글을 읽었다.

이시명은 1612년 진사시에 합격해 성균관에 유학했는데, 그 학문과 됨됨이로 과거공부를 하는 사람들 사이에 명성이 자자할 정도였다.

첫째 부인 광산 김 씨와 사별(1614년)한 후, 1616년 다시 경당 장흥효의 딸 장계향에게 장가를 갔다. 학봉 김성일과 서애 류성룡의 문하에서 학문을 배운 대학자인 장흥효는 두 선생으로부터 배운 것들을 모두 석계에게 알려 주었다. 석계는 그 가르침을 전수받으며 더욱 열심히 공부했다.

1617년에 나라의 의론이 크게 변화를 일으키자(대북파 전횡) 과거공부를 접었던 그는 1623년 인조반정으로 나라의 정세가 바뀌면서 "시대가 맑아졌으니 과거공부를 할 만하다"라며 과거를 준비했다. 이후 1624년 향시별과에 합격하고, 그 후 여러 번 향시에 좋은 성적으로 합격하면서 그 명성이 널리 알려짐으로 인해 지방관의 추천을 받는 향공鄕貢으로 천거돼 서울로 가는 혜택을 받게 된다.

이 무렵 서울에서는 우계牛溪 성혼과 율곡栗谷 이이를 성균관 문묘에 종사하는 사안이 거론되고 있던 시기로, 선비들의 여론을 모으고 있었다. 그래서 조정의 신하들 중 이시명과 친분이 있는 이가 "내 동료로 33명이 있는데 이 중 30명은 급제를 했고 나머지 사람도 다른 길로 벼슬길에 들었소. 당신이 지금 한마디 말씀을 하여 우리와 상종할 것이라는 대답을 준다면 한림에 급제할 수 있을 것이오. 당신이 급제자가 되어 현달한 벼슬길에 오른다면 좋은 일 아니겠소"라고 했다.

이시명은 이에 "막히는 것과 통하는 것은 명命이요 사람이 할 수 있는 바가 아니거늘, 어찌 감히 억지로 모르는 것을 안다고 하겠소"라고 답했다. 그러자 그 사람은 "영남인의 고집이 늘 이와 같도다"라며 답답하게 여겼다.

이조판서가 과거공부 도와주려 했으나 사양

또한 그 무렵 이조판서로 있던 우복 정경세가 그의 능력을 아껴 "그대의 명성에 대한 소문을 들은 지 오래되었는데 지금 만나게 되어 반갑네. 송군宋君 준길이 나의 사위인데 지금 이곳에서 틈틈이 과거공부를 하고 있으니 자네도 함께 공부할 마음이 없는가" 하였다.

석계는 "선생은 유림의 사표이며 남인의 영수입니다. 우리들 소생 가운데 누가 문하에 나아가기를 바라지 않겠습니까마는 지금 인재 등용의 자리를 맡은 요직에 계시니 제가 사위의 방에 들어가 과거공부를 한다면 유식자들의 비웃음거리가 될 것입니다"라고 말했다. 정경세는 더욱 탄복하며 굳이 머물게 하지는 않았다.

1636년 임금이 남한산성에서 청나라에 굴복하는 굴욕을 당하자 과거나 벼슬에 대한 뜻을 버리고, 1637년 부친의 묘소 아래로 들어가 살게 되었다. 이 해에 조정에서 능을 지키는 벼슬인 강릉참봉康陵參奉에 임명했으나 나아가지 않았다.

1640년에는 영양군 석보로 옮겨가 살았다. 1644년 모친상을 당하자 영해의 옛집으로 가서 삼년상을 마친 후 다시 이곳으로 돌아와 1653년 수비로 옮길 때까지 살았다.

이시명은 석보에서 비바람도 막기 어려운 환경 속에서 먹거리를 위해 도토리나 무를 심는 등으로 생계를 꾸려 가며 자녀 교육에 정성을 다했다. 석보에 살다가 수비로 옮기면서 지은 글卜居賦에서 그 삶을 다음과 같이 읊었다.

바다집(영해 본가)을 떠난 후 석계(석보)에서 산 지 10년이나 되었네. 내가 어떤 사람인가 스스로 살피건대, 자주 재앙을 당해 마음이 어지러웠고, 마음이 분란하여

조선의 선비들, 인문학을 말하다

석계가 1640년에 석보로 이사 와서 지은 석계고택.

밖이 삐걱거리고 안이 무너져 내 몸 하나도 붙일 데가 없었네. 바탕은 천진하고 우직하나 운이 풀리지 않았으니 무슨 덕이 있어 내 스스로를 새로이 할 수 있었겠는가. 시대는 어둑어둑 바야흐로 쇠하려 하고 밤은 길고 길어 새벽이 오질 아니했네. 때는 계사년(1653년), 집을 옮길 좋은 날, 좋은 때를 잡아 이사함에 꾸불꾸불 험한 길을 지나느라 산을 넘고 물을 건너 수비首比를 향해 수레를 재촉했네. …(중략)… 수해·한해로 창고는 텅 비었네. 온 식구가 하늘의 도움을 입지 못해 아우성이었지만 그 누굴 의지할 수 있었으랴. 도토리를 주워 곡식을 대신했고 소나무 껍질 벗겨 삶아 먹었네. 이로도 오히려 죽지 않은 것을 만족하며 애오라지 분수로 생각하고 가난을 즐겨했네. …(중략)… 요컨대 마음은 어느 곳에 두었는가. 배움에 두었을 뿐이었네. 배움은 반드시 익숙해진 이후라야 빛나는 법이네. 성인들의 가르침은 서적에 드러나 있으니 근실히 배우고 날마다 가르침을 따라 공부하며 선생과 제자가 서로 토론했네. 외모 다스리길 힘써 의복을 정결히 하고 내면을 밝게 하기를 제사 지내듯이 했네. …(중략)… 나의 구하는 바가 밖(외물)에 있지 않고 안(마음)에 있으니 오히려 돈 많은 것이 무엇이 부러울 것이랴. …(중략)… 이 즐거움 남에게 말할 수 없는 것임을 아노라.

일곱 아들 모두 잘 가르쳐 훌륭한 학자로 키워

수비에서는 더욱 삼가는 삶을 살았다. 아침 일찍 일어나 세수를 하고 머리를 빗질한 다음 의관을 차리고서 아내와 자식을 대하였는데, 늙어 간다고 해서 그렇게 하기를 조금도 느슨하게 하지 않았다. 자식과 후학들에게 공부에 힘쓰도록 하면서 버려진 땅을 개간하는 데도 힘을 쏟아 농사를 지으며 자급을 하는 가운데 세상사를 잊고 여유롭고 즐겁게 지냈다.

수비에서는 '휴문休問(묻지 마라)'이라는 편액을 달고 살았다. 그렇게 20년을 산 그는 1672년 자손의 성장과 앞날을 생각해 다시 안동 도솔원(풍산읍 수곡리)으로 옮겼다.

이제 늙은 이 몸 죽을 때가 되었으니 여러 아들과 손자들이 훗날 새와 짐승들과 무리지어 살아 인륜을 어지럽힐 폐가 생길까 염려되는구나. 내 병 없을 때 속히 저 높은 나무로 옮겨 앉을 생각을 결행하여 내 자손들로 하여금 인현仁賢의 가르침에 젖게 하는 것이 또한 좋은 일 아니겠는가.

석계는 그곳에서 선비들의 존경을 받으며 자제와 제자들을 가르치다 1674년에 운명했다.

석계는 일곱 아들, 세 딸을 두었는데, 아들 모두 당대의 학자로 뛰어났다. 그중 특히 존재存齋 이휘일과 갈암葛庵 이현일이 뛰어났다.

조선의 선비들, 인문학을 말하다

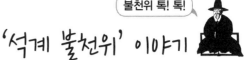

석계 불천위 제사는 기일(음력 8월 20일) 오후 8시쯤 석계종택(영양군 석보면 원리2동) 사당에서 지낸다. 그동안 종택 사랑채에서 지내다, 2011년부터 사당 건물에 마루를 달아내 그곳에서 지내고 있다. 참석 제관은 30~40명이다. 제수로 특별한 것은 없으나 높이를 일정하게 하고 5탕을 쓰며, 제주는 이시명 부인 장계향이 지은 '음식디미방'의 술들을 종부가 가양주로 빚어 사용한다.

석계종택 옆에 이시명이 1640년 영양으로 들어오면서 지은 집 석계고택이 따로 있다. 현재 종택은 종손이 35년 전 새로 마련한 것이고, 이전의 원래 석계종택은 석계가 마지막으로 이사를 했던 안동에 있었다. 석계 13대 종손 이돈 씨(1938년생)는 그동안 종택을 드나들며 조상 현창 사업을 해오다 최근 부인과 함께 귀향해 종택을 지키고 있다.

종손은 석계가 불천위에 오른 데는 부인 장계향의 덕도 크다고 말했다. 부인이 어려운 경제적 여건 아래서도 남편을 잘 내조함은 물론 자녀 교육에도 남다른 정성을 쏟아 모두 훌륭한 인재로 키웠기 때문이라는 것.

≪음식디미방≫의 저자로 널리 알려진 장계향은 10세 때 '학발시鶴髮詩'를 지어 쓸 정도로 재능이 특출했다. 하지만 여자로서 본분이 아니라고 생각해 시서詩書는 그만두었으며, 혼인 후에는 평생 동안 부군을 섬기는 데 예의와 공경을 다했고, 자녀들에게는 지극한 자애 속에서도 훈계를 할 때는 매우 엄하게 하면서 10남매 모두를 훌륭하게 키워냈다. 이렇게 현모양처이자 시인, 서예가, 교육가 등으로 모범적인 삶을 보여 준 그는 '여중군자女中君子'로 칭송받고 있다. 학발시는 다음과 같다.

학발(하얗게 센 머리털)로 병들어 누워 [鶴髮臥病]

자식을 만리 길에 보내네 [行子萬里]

자식을 만리 길에 보내면 [行子萬里]

어느 때나 돌아오나 [曷月歸矣]

학발로 병을 안았는데 [鶴髮抱病]

해는 서산에 지려하네 [西山日迫]

두 손 모아 하늘에 빌건만 [祝手于天]

하늘은 아득하니 어찌하나 [天何漠漠]

학발로 병 무릅쓰고 [鶴髮扶病]

일어나려다가 넘어가곤 하네 [或起或跌]

지금도 오히려 이와 같으니 [今尙如斯]

옷자락 떨치고 떠나갔으니 어찌하나 [絶裾何若]

석계 이시명 불천위 제사 때 제수로 올리는 약과.

조선 성리학의 선구자,
독자적인 조선의 학문을 정립하다

이 언 적

회재晦齋 이언적(1491~1553년)은 화담 서경덕과 함께 한국적 성리학의 토대를 만든 대표적 성리학자다. 이언적은 특히 조선의 성리학자들이 금과옥조처럼 받들던 주희의 주장을 바꿀 정도로 독자적인 학문 체계를 구축했다. 그는 정주程朱의 학설을 따르면서도 답습으로 끝난 것이 아니라, 독창적인 생각을 바탕으로 학문을 펼쳤던 것이다.

이언적은 '내가 날마다 세 가지를 반성하니, 내 몸이 하늘을 섬김에 다하지 못함은 없는가, 임금과 어버이를 섬김에 정성되지 못함은 없는가, 마음을 지킴에 바르지 못함은 없는가'라는 글을 책상 위에 써 붙이고 스스로를 경계했다.

이언적에 대한 퇴계 이황의 평가

퇴계 이황은 이러한 이언적에 대해 다음과 같이 평했다.

선생이 살아 계실 때 스스로 깊이 감추고 있었기 때문에 사람들이 선생이 도를 지니고 있음을 알지 못했다. 내가 어리석어, 벼슬에 나아가 선생을 우러러 보고서도 제대로 알아보지 못해 이러한 문제를 갖고 깊이 물어 깨달음을 얻지 못했다. 10여 년 전부터 병이 들어 재야에 묻혀 있으면서 하잘것없는 것들을 살펴보는 가운데, 의지할 데를 찾아서 물을 곳이 없음을 돌아본 후에야 억울하고 원통한 마음으로 선생의 사람됨을 흠모하지 않을 수 없었다.

또한 다음과 같이 찬사를 보냈다.

　오호라, 우리나라가 예로부터 인현仁賢의 교화를 입었으나 그 학문은 전해지지 않았다. 고려 말부터 조선에 이르기까지 호걸스런 선비로서 이 도에 뜻이 있고, 세상에서 또한 도학자라 칭송한 사람이 없는 것은 아니었다. 하지만 후세에 칭송을 받더라도 학문의 연원을 징험할 바가 없으며, 후세의 학자들로 하여금 찾고 따르게 할 바가 없어서 지금의 암울한 상황에까지 이르게 되었다. 선생은 학문을 주고받은 곳이 없으면서도 스스로 유가의 학문에 힘을 쏟아 어렴풋한 속에서도 날로 드러나고 덕이 행동과 딱 들어맞았으며, 밝게 글로 표현해 후세 사람에게 전해지게 했으니, 우리나라에서 찾아보아도 선생과 짝할 사람은 드물 것이다.

서경덕의 기氣 중시 철학과 달리, 이理 중시 철학의 출발점이 된 이언적의 학문은 회재와 퇴계의 앞 글자를 따서 '회퇴晦退학파'라고 불릴 정도로 퇴계에게 많은 영향을 주었고, 그 결과 영남 사림들의 성리학 형성에 선구적이고 지대한 역할을 했다.

인간론 중심의 한국적 성리학 구축

이언적의 이 같은 사상 형성에 큰 획을 그은 일은 망기당忘機堂 조한보와의 태극 논쟁이다. 이언적의 20대 후반에 이루어진 이 논쟁은 이언적의 사상뿐만 아니라 한국 성리학의 흐름에서도 큰 의미를 지닌다. 조한보는 만물의 본질인 태극이 자질

구레한 우리의 일상생활을 넘어서서 초월적인 무엇인가에 들어 있다고 보았고, 이언적은 이와 달리 태극이 초월적인 것이기는 하지만, 우리가 살고 있는 구체적 현실을 떠나 있는 것이 아니라고 했다.

태극은 만물의 본질인 동시에 진리다. 유가는 도덕적 본성과 생리적 본성이 궁극적으로 다른 것이 아니라고 봄으로써 도덕 법칙을 자연 법칙으로 이해했다. 따라서 이 논쟁은 인간의 도덕 법칙에 대한 것이라 할 수 있다.

조한보는 도덕 법칙이란 보편적인 것이며, 가장 궁극의 진리이기 때문에 구체적인 사람 하나하나의 행동을 넘어선 초월적인 곳에 있다고 생각했다. 이에 비해 이언적은 비록 도덕 법칙이 보편적이고 추상적인 것이기는 하지만, 사람들의 일상 행동을 떠나서 있는 것은 아니라고 보았다.

예를 들면 사람다움이란 보편적인 개념이지만 구체적인 행동을 통해 드러나는 것이며, 나이에 따라 아버지답고, 자식답고, 형답고, 남편답고, 학생답고, 선생다운 모습에서 사람다움이 드러난다는 것이다.

이언적의 이러한 주장은 중국 성리학자의 말을 인용한 부분이 많지만, 그 견해를 그대로 답습한 것이 아니었다. 그것을 토대로 자신의 주장을 만들어 가면서 중국 학자들의 우주론적 논점을 인간론 중심의 한국적 성리학으로 바꾸어 간 것이다.

논쟁 과정에 오간 이언적의 편지글은 탁월했다. 선조 때 명나라에서 온 사신이 조선에도 공맹孔孟의 심학心學이 있는지를 물으면서 관련 자료 보기를 요청했을 때, 두 사람 간에 오간 편지를 묶은 〈태극문변太極問辯〉을 보여 주었을 정도였다.

주희朱熹 호 '晦庵회암'에서 '晦'를 따와 자신의 호를 '晦齋회재'로

이언적은 경주 양동마을에서 태어나 을사사화 여파로 유배돼 강계에서 63세의 나이로 숨질 때까지 사화士禍의 격동기를 살면서 한국 성리학의 기초를 다졌다. 원래 이름은 적迪이었으나, 31세 때 이름이 같은 사람이 있어 중종의 명에 의해 언彦

자를 더해 언적이라 고쳤다. 호 '회재'의 '회'는 주희의 호 '회암晦庵'에서 따온 것이니 주희를 흠모한 정도를 알 만하다.

10세 때 아버지를 여읜 이언적은 어린 시절 외삼촌(손중돈)의 임지를 따라 다니며 공부를 했다. 23세 때 소과에 합격했고, 24세 때 별시 문과에 합격해 벼슬길로 들어섰다. 27세가 되던 해 첫날에는 〈외천잠畏天箴〉, 〈양심잠養心箴〉, 〈경신잠敬身箴〉, 〈개과잠改過箴〉, 〈독지잠篤志箴〉을 지어 스스로 경계했다. 다음은 〈양심잠〉의 내용이다.

마음이란 영묘한 것으로, 안으로는 뭇 이치를 갖추고 밖의 온갖 변화에 응한다. 이 마음을 잘 함양하면 천지와 합일하게 된다. 마음을 함양하는 방법은 경敬이다. 경이란, 마음을 오롯하게 하는 것이다. 마음이 고요할 때는 곧 태극이니, 경으로써 마음을 오롯하게 해야 본체가 드러난다. 마음을 어디에 집착하거나 흐트리지 말고 고요히 간직해야 명정한 가운데 대공무사大公無私하게 된다. 천지만물이 제각기 형식을 지키면서 본성을 실현해 나가도록 도우려는 인간의 노력은 실로 경 공부의 근본이 된다.

사간원 사간司諫 시절, 김안로에게 세자 보양관輔養官 소임을 맡기자는 여론을 반대했다가 좌천 후 파직당해 안강으로 낙향, 1532년 독락당獨樂堂을 짓고 학문에 열중했다. 공부는 더욱 깊어졌다. 6년 후 다시 벼슬길로 나아갔으나 57세 때 명종 대

조선의 선비들, 인문학을 말하다

1	2
	3

1 회재 불천위 제사 장소인 무첨당. 조선 중기 건물이며, 보물로 지정돼 있다.

2 회재 이언적을 제향하고 후진을 교육하기 위해 1572년에 건립한 옥산서원(경북 경주시 안강읍 옥산리)의 구인당求仁堂. 1574년 사액賜額을 요청하여 '옥산'이라는 이름과 서책을 하사받았다. '옥산서원玉山書院' 현판 글씨는 추사 김정희 작품이다.

3 회재종택 무첨당 대청에서 진행되는 불천위 제사 모습. 일반 제관들은 무첨당 마당에서 참례한다.

신 수렴청정으로 권력을 휘두르던 문정왕후와 그 측근들을 비방하는 글이 양재역 벽에 붙은 사건에 연루돼 평안도 강계로 귀양을 간다.

유배지에서 주희의《대학장구》를 개정한《대학장구보유大學章句補遺》와 왜 그렇게 고쳤는지를 설명한《속대학혹문續大學或問》을 짓는다. 이언적의 독창적인 사상이 잘 나타나 있는 가치 높은 저서다. 훗날 정조는 이《속대학혹문》을 간행하면서 직접 서문을 써서 앞에 붙였는데, 이언적의 저술 동기를 높이 사면서 '주희를 잘 배웠다'라고 칭찬했다.

이언적의 敬경 공부 수준을 말해 주는 일화

흔들리지 않는 힘이 있어 창졸간이라도 빠른 말과 급한 낯빛을 한 적이 없이, 차분하고 바름靜正으로 스스로를 지켰다. 전주 부윤 시절, 명절을 맞아 민간의 놀이를 하였다. 감사인 모재慕齋 김안국은 정인군자인데도 종종 돌아보고 웃는 일을 면하지 못했는데, 선생은 초연하게 보지 못한 것처럼 행동했다. 옥당에서 번을 서면서 혹 동료들과 종일토록 서로 대하여도 말하지 않았으니, 이는 경을 유지하는 공부가 깊어서이지 애써 그렇게 한 것은 아니었다.

퇴계가 지은 회재 이언적의 행장 글이다.

1569년 시호 '문원文元(도와 덕이 높으며 학문이 넓다는 의미의 文, 의를 주로 삼아 덕을 행한다는 뜻의 元)'을 받고, 1610년 문묘에 배향되었다.

'회재 불천위' 이야기

불천위 회재의 기일은 11월 23일(음력)이며, 제사는 회재종택(경주 양동마을)의 무첨당 건물에서 0시 40분쯤 시작된다. 요즘 참석 제관은 50~60명이다. 제수는 옥산서원이 마련한다.

회재종가에서는 다른 종가와 달리 제수로, 전을 쓰지 않는다고 했다. 회재 종손 이지락 씨는 "전 종류는 양을 푸짐하게 하려는 의도인 듯한데, 옛날에 물산이 풍부해서 따로 안 쓴 것 같다"라고 설명했다.

그러면서 전해오는 이야기를 들려 주었다. 일제 시대(1926년경) 총독부 관리가 양동마을 무첨당에 와서 대접을 잘 받고 간 후(마을 입구에서부터 흰 천을 깔아 맞이했다 함) 동해안 일정 구간의 어민들에게 나라에 낼 세금을 면제하는 대신 무첨당에 내도록 했으나 회재종가는 이를 거절했다. 그러나 어민들은 나라에 세금을 내지 않게 된 만큼, 보답하는 마음으로 그 이후 한동안 좋은 어물을 서로 다투어 회재종가에 공급해왔다고 한다.

제사 때 쓰는 술인 제주는 집에서 제사 20일 전에 담가(재료는 쌀과 누룩) 사용한다. 그리고 아헌을 종부가 올리지 않는 이유를 종손이 설명했다. 제사 장소인 무첨당 대청 마루의 대臺가 다른 종가보다 높아서, 대청 아래 마당에서 제사에 참례하는 제관들에게 종부의 뒤태가 그대로 드러나게 되는 환경이기 때문이라는 것이었다.

불천위의 신주와 감실 이야기

불천위 제도는 국가 또는 유림이 학덕이나 공적이 뛰어난 인물을 선정해 영원히 기리게 한 문화유산으로, 일반인과 달리 4대 봉사奉祀가 끝난 후에도 영원히 제사를 모시도록 하는 것이 핵심이다. 이 불천위 제사를 위해서는 망자의 혼이 깃드는 신주神主와 신주를 보관해 모시는 함인 감실龕室, 그리고 신주·감실을 봉안하고 제상을 갖춰 제사를 모실 수 있도록 한 공간인 사당祀堂이 필수적이다.

신주를 넣는 궤인 주독主櫝도 필요하다. 감실 없이 신주를 넣은 주독 상태로 사당에 모시는 경우도 있지만, 대부분 감실을 사용한다. 이 감실과 신주, 주독에 대해 알아본다. 아울러 경북 지역 종가의 실제 사례는 어떠한지도 살펴본다.

조상을 표상하는 대표적 신위인 신주

제사는 제사 대상 인물을 상징하는 신위神位를 모시고 지내게 된다. 신위는 돌아가신 조상의 표상이자 상징물로, 제사를 지내는 동안 신위에 조상신이 깃드는 것으로 믿는다. 신위로는 나무로 만드는 신주神主와 위패位牌, 종이로 만드는 지방紙榜이 있다. 이 중 신주는 가장 대표적인 신위다.

'오경이의五經異義'에 의하면 신주는 '신상神像'을 뜻한다고 설명했다. 그리고 '상주가 장사를 지내고 나서 그 마음을 의탁할 곳이 없어 우제虞祭(매장한 다음 반혼하여 처음으로 신주를 모시고 지내는 제사) 때에 신주를 세워서 모신다. 오로지 천자와 제후만이 신주를 모시고 경대부卿大夫는 모시지 않는다'라고 하였다.

　이로 보아 신주는 중국에서 왕권이 확립된 시기에 만들어졌다가, 후세에 내려오면서 일반에 보편화된 것으로 보인다. 우리나라에서는 이미 신주가 보편화된 후에 간행된 중국의 예서에 따라 신분을 가리지 않고 사용하게 된 것으로 보인다.

　주자의 《가례家禮》에 따르면, 신주를 만들어 죽은 사람의 혼을 의탁시키기까지는 몇 단계를 거쳐 각각 다른 물체로 혼을 대신하는 것으로 되어 있다. 첫번째 단계는 초혼招魂에 의해 죽은 사람의 웃옷에 실려 시신에 의탁한다. 두번째 단계는 습襲(목욕) 후에 혼백魂帛을 접어서 의탁시키며, 동시에 명정銘旌을 세운다. 마지막 단계로 시신을 매장한 다음 신주를 만들며, 혼이 여기에 깃든 것으로 생각한다. 신주는 그 4대손이 모두 죽을 때까지 사당에 모시고 지내다가, 산소에 묻는다.

밤나무로 만드는 신주 제작 방법

　신주는 주周나라 때의 예를 따라 단단한 밤나무를 사용해 만든다. 밤나무로 만드는 이유는 다른 나무와 달리 밤나무는 씨 밤이 싹이 트고 자라서 열매가 맺을 때까지 그 껍질이 나무 뿌리에 붙어 있어 근본, 즉 조상을 잊지 않는 나무로 여겼기 때문이다.

　신주는 주신主身과 받침대 두 부분으로 되어 있다. 위는 둥글고 아래는 평평한 직육면체 모양인 주신은 앞쪽인 전신前身과 뒤쪽인 후신後身으로 나뉘는데, 전신과 후신을 합쳐서 받침대 위에 끼우게 되어 있다.

　주신은 주척周尺(1척이 약 21㎝)으로 높이 1.2척(12개월을 상징함)·너비 3촌·두께 1.2촌의 크기다. 그 두께의 3분의 1이 전신, 3분의 2가 후신이 되도록 만든다. 후신의 위는 양 옆을 5푼 정도 깎아 둥글게 이마를 만들고, 이마의 1촌寸 아래에 두계의 3분의 1 정도를 깎아 내어 턱이 지게 한다. 턱이 지게 깎아 낸 다음, 그 속에 길이 6촌·너비 1촌·깊이 4푼 크기의 함중陷中을 파고, 양쪽 옆에 구멍을 뚫어 함중과 통하게 한다.

전신은 후신의 턱 아래로 깎아 낸 크기와 같도록 만들어 후신과 맞붙여 끼우고, 이것을 받침대에 심어 끼우면 신주가 만들어진다. 후신의 이마와 전신 앞면에는 아교에 갠 분으로 백색 칠을 한다.

전신을 '분면식', 후신을 '함중식'이라고도 부른다. 신주의 후신에는 누구의 신주인지를 쓰고, 전신에는 신위의 벼슬 등과 봉사자가 누구인지를 쓴다.

신주는 장례식 때 묘지에서 제작해 3년간 빈소에 모셨다가 나중에 사당의 감실에 모신다. 사정에 의해 장례식 때 만들지 못했을 경우에는 훗날 만들 수도 있다.

신주 넣는 나무 궤인 주독, 신주·주독을 봉안하는 감실龕室

주독은 신주를 넣는 나무 궤다. 주독은 밤나무로 만들며, 크기는 신주를 모실 만 하면 된다. 외관은 검은 칠과 붉은 칠漆로 채색했다. 제사 때는 주독의 뚜껑을 열어 신주가 보이게 한다.

주독의 모양은 좌우와 뒤는 막고 앞과 위를 틔우며, 뚜껑은 아래를 틔워 만들고 위에서 끼워 씌운다.

신주는 비단으로 만든 덮개인 도자韜藉(또는 魂保)로 씌우게 된다. 고인이 남자인 경우에는 도자의 색깔은 홍색이며, 여자의 경우에는 자색이다. 도자를 씌운 신주는 주독에 봉안한다. 이때의 주독은 두 가지의 형태가 있다. 부부의 신주를 함께 넣는 방식과 각 신주를 따로 넣는 방식의 주독이 있다. 대부분 부부의 신주는 하나의 주독을 사용하고 있다.

실제 종가 사당에 모셔진 불천위 신주를 보면, 도자를 씌우지 않은 경우도 있고, 도자의 색깔도 원칙과 다른 경우가 적지 않다.

신주·주독을 봉안하기 위한 공간인 감실은 대체로 별도의 독립된 공간을 만든 형태, 벽면에 공간을 마련하는 벽감 형태로 나눌 수 있다.

조선의 선비들, 인문학을 말하다

불천위 종가별 신주 봉안 방식과 감실 형태

불천위 기행 취재를 통해 경북 지역 종가 50여 곳을 둘러본 결과, 불천위 신주를 넣은 감실을 사당(보통 3칸 한옥)의 맨 좌측(서쪽)에 모시고 그 동쪽으로 종손 4대조 감실(또는 주독)을 봉안한 방식이 가장 많았다.

불천위 신주 감실은 따로 상자 모양의 공간을 만들어 교의나 선반 위에 안치한 경우와 벽체에 공간을 만들고 문을 내 마련한 벽감 형태(난고 남경훈, 농암 이현보, 무의공 박의장, 보백당 김계행, 학봉 김성일 등)로 양별할 수 있다.

감실 없이 불천위 신주를 넣은 주독만 사당에 모신 곳(탁영 김일손, 지산 조호익 등)도 있고, 주독 없이 신주만 감실 안에 모신 경우(죽헌 최항경, 검간 조정 등)도 있다.

불천위 신주와 4대조 신주를 함께 모시는 경우에 불천위 신주 감실은 따로 칸막이를 쳐 4대조 신주와 차별화시킨 곳(난고 남경훈, 병곡 권구 등), 불천위 신주는 감실에 모시고 4대조 신주는 주독에 넣은 상태로 교의에 모시는 경우(죽유 오운, 호수 정세아, 곽안방, 잠와 최진립 등), 모두 감실에 봉안하지만 감실의 형태나 크기가 다른 경우(퇴계 이황, 양민공 손소 등) 등 다양하다.

불천위 신주 감실과 4대조 신주 감실을 차별 없이 똑같이 한 경우(정재 류치명, 우복 정경세 등)도 있다.

불천위 신주를 중앙에 모시고 4대조 신주는 양쪽 옆으로 봉안한 곳(곽안방, 야계 송희규, 한훤당 김굉필, 경당 장흥효, 잠와 최진립 등)도 있다. 성주·고령 지역에는 오히려 이러한 형태가 보편적이었다.

감실 모양은 별 장식 없는 단순한 직육면체(학봉 김성일, 귀암 이원정, 병곡 권구, 보백당 김계행, 양민공 손소, 퇴계 이황, 죽헌 최항경, 우복 정경세, 검간 조정 등)나 윗부분을 한옥 지붕형태로 하거나 난간 등을 단 형태(한훤당 김굉필, 잠와 최진립, 경당 장흥효, 정재 류치명), 그 중간 형태(초간 권문해, 대산 이상정, 죽유 오운 등)도 있다.

그리고 부부의 신주 크기는 동일한 경우가 대부분이나 남자의 신주를 더 높게 한 경우도 있고, 부부 신주는 한 주독에 넣은 것이 보편적이나 따로 주독을 만들어 봉안하는 경우(귀암 이원정, 탁영 김일손)도 있다.

　주독 없이 덮개를 씌운 상태로 감실 안에 신주를 모신 경우(보백당 김계행), 덮개 없이 주독 크기의 작은 감실에 신주를 모신 경우(경당 장흥효)도 있다. 덮개 색깔은 종가별로 다르고, 같은 색을 사용하거나 원칙과 다르게 사용한 경우도 있다.

　신주 앞면에 붓으로 쓰는 신위 글씨는 돋보기로 보아야 할 정도로 작고 가늘게 쓰더라도 세로 한 줄로 쓰는 것이 원칙이다. 글자 수는 지낸 벼슬에 따라 다양하며, 90자를 넘는 경우도 있다. 우복 정경세 신주의 경우 두 줄로 쓰여 눈길을 끌었다.

　　　　　　　　　　　　　　　　　　　　　　　조선의 선비들, 인문학을 말하다

1·2·3 　불천위 신주는 일정한 규격과 구조로 만들어진다. 재료는 밤나무. 신주의 앞면에는 불천위 인물 의 벼슬과 시호 등을 세로 한 줄로 쓰는 것이 원칙이다. 좌로부터 도자帽藉(덮개)를 씌운 신주, 도자를 벗긴 신주, 신주의 옆 모습.

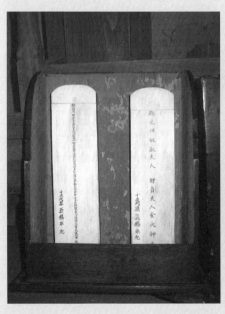

조선의 선비들, 인문학을 말하다

1	2
3	4
5	6

7

1·2·3·4·5·6 　불천위 신주를 주독 안에 봉안해 그대로 사당에 모시는 경우도 있으나 대부분은 감
　　　　　실에 모시고 있다. 감실의 모양이나 크기는 종택별로 다양하다. 1번부터 영덕 무의공종택(벽감 형태)·
　　　　　영주 무송헌종택·성주 야계종택·고령 점필재종택·고령 죽유종택·안동 정재종택의 불천위신주 감실.

7 　보기 드물게 세로 두 줄로 관직을 쓴 우복 정경세 신주(왼쪽) 및 두 부인의 신주.

다시 주목해야 할 불천위종가 문화

불천위 인물은 모두가 영원히 본받을 만한 삶을 살다 간 사람들이다. 후손과 후학들은 그 삶이 주는 가르침이 영원히 이어지도록 하기 위해 지금까지 수백 년 동안 기일忌日 때마다 제사를 올리고 있다.

이 책에서 다룬 불천위 인물 51명은 그 시대적·신분적 환경에 따라 각기 다른 삶을 살았지만, 좀 더 나은 사회와 정의를 위해 사심 없이 몸을 던져 불멸의 삶을 산 주인공들이었다. 그 삶이 주는 가르침은 현대를 사는 사람도 본받을 만한 가치가 있다.

불천위는 국가불천위·유림불천위(또는 鄕不遷位)·문중불천위(또는 私不遷位)로 나눌 수 있는데, 대부분 그 인물이 언제 어떻게 불천위로 모셔졌는지에 대한 기록이 남아 있지 않아 아쉬움이 있었다. 다행히 취재가 마무리될 즈음에 불천위 종류별로 그 과정이 기술된 기록을 하나씩 확인할 수 있었다. 국가불천위의 단계 하위지(1412~56년), 유림불천위의 간재 변중일(1575~1660년), 문중불천위의 이정(생몰연대 미상, 세종~세조 때 인물)이다. 보백당 김계행(1431~1517년)의 경우 국가에서 내린 불천위 교지가 전하고 있다.

대구 경북에는 불천위 조상을 모시고 있는 불천위종가가 140곳 정도인 것으로 파악되고 있다. 이 가운데 출신 지역이나 성씨, 그 삶의 성격 등 나름대로의 기준을 갖고 취재 대상 불천위 인물을 선정했다.

인물을 선정하여 취재하였으나 자료나 사진 미비 등으로 다루지 못한 불천위도 있고, 인물의 비중 등으로 볼 때 당연히 다뤄야 할 인물임에도 불구하고 여러 가지 상황으로 다루지 못한 인물도 있다.

취재를 통해 불천위 인물의 후손들이 전쟁이나 도난 등 온갖 환란 속에서도 불천위 인물이 남긴 기록과 저서, 애장품 등 유물을 그야말로 신주 모시듯 보존, 지금까지도 소중한 문화유산으로 전해 내려올 수 있게 한 점에 대해서는 경외감이 들 정도였다. 불천위 제도가 그 무형의 가치를 지켜옴은 물론, 이처럼 유형적인 측면에서도 수많은 유산을 이어오고 있음은 크게 값진 일이 아닐 수 없다.

그리고 도시화와 산업화 등에 따른 급격한 생활환경 변화 속에 불천위 문화도 위기 상황을 맞고 있음을 확인하면서 안타까움을 떨칠 수가 없었다. 종교나 후손 문제 등으로 불천위 제사를 모시지 못하게 된 불천위 종가도 있고, 생활 여건 때문에 사당이 있는 종택이 있음에도 불구하고 도시의 주택에서 제사를 지내는 종가도 생기고 있다.

또한 제사 참석자 급감으로 제사 시간을 저녁이나 낮 시간으로 변경하는 경우가 늘고 있고, 종택을 지켜온 종손과 종부의 노령화와 별세 등으로 제주祭酒를 비롯한 전통적 제수를 장만할 수 있는 기능이 단절되면서 소중한 전통 음식문화 유산이 사라지고 있는 점을 무척 안타깝게 생각한다. 이러한 환경 속에서도 지금도 조상을 불천위로 모시려고 애쓰는 문중도 있는 것이 현실이기도 하다.

우리나라 불천위 종가의 대부분은 대구·경북에 있고 그 문화를 제대로 이어오고 있는 지역도 대구·경북이다. 짧게는 100년 길게는 600년을 이어온 불천위 문화가 언제까지 어떻게 이어질지는 모른다. 경상북도가 불천위 종가문화에 대해 큰 관심을 갖고 여러 가지 활성화 사업을 펼치고 있고, 최근 영남 불천위종가 종손 모임인 영종회嶺宗會가 창립돼 이 시대에 맞는 다양한 종가문화 활성화 사업을 모색하고 있어 기대를 갖게 한다. 참고로 불천위 관련 기록과 불천위종가 종손 모임인 영종회를 소개한다.

불천위 결정 관련 기록

● 국가불천위 단계 하위지—1804년 5월 예조 입안禮曹 立案(어떤 사실을 증명하기 위해 관청에서 발급한 조선 시대 문서)

이 문서는 부조사不祧事에 관한 것이다. 지난 4월 28일 예조에서 보고한 사안에 대해 하교해줄 것을 아뢰었다. 보고 내용은 다음과 같다.

'지난 3월 28일 소대입시召對入侍(임금이 여러 신하를 불러들여 일을 의논하는 것) 때 좌승지 홍의호洪義浩가 아뢰기를 충렬공 하위지는 장릉莊陵 육신六臣 중 한 사람으로, 정성스러운 충성심과 탁월한 절개가 우주 사이로 뻗쳐 있으니 다시 말할 것이 없지만, 그가 절개를 위해 몸을 바치던 날에 손수 글을 써서 후사를 그의 조카인 원源에게 부탁해 영남에 숨어 있게 한 까닭으로 대대로 향화香火(제사)를 받들어 8~9대까지 끊어지지 않았으나 감히 드러내놓고 자손이라고 하지 못하다가, 숙묘肅廟 때에 와서 예조판서 민진후가 경연에서 그 일을 아뢰어 특별히 하원河源으로 그 뒤를 잇게 해서 끊어진 후손을 잇는 의리를 보여 주었고, 영묘英廟 경인년에는 시호를 그 집에 내려 주었으며, 선대 조정은 그 집에 정려를 내리고 장릉에 배향하도록 했습니다.

여러 조정에서 높이고 장려한 일이 극진했습니다. 그의 자손으로 하여금 의리를 기초로 하여 예를 새로 만들어 사판祀版(신주)을 별묘에 모시게 하였으나 아직까지 부조不祧의 은혜를 입지 못하였다 하오니 밝은 세대에 험이 될까 합니다. 이전에 충문공 성삼문의 사판이 인왕산에서 나와 조정에서 노은서원에 봉안하게 하고, 충정공 박팽년의 예에 의해 또한 부조의 은혜로 영화롭게 해 주었으니, 이번에 충렬공의 사판도 다르게 할 수는 없습니다. 대신들에게 물어보시어 일체의 예식을 베풀어 주신다면 충절을 표창하고 풍성을 세우는 도리에 합당할 것입니다.'

임금이 말씀하시기를 '낭청郎廳(내시)을 보내 대신에게 문의하라'고 했다. 좌상 김관주가 말하기를 '부조는 특별한 은혜이며 성대한 예식이라 아래서 감히 문득 청할 수도 없는 것이고, 위에서도 마땅히 가볍게 베풀 것이 아니오니, 충렬공 하위지는 그 큰 충성과 탁월한 절개는 일월과 광채를 다툴 만하여 여러 조정에서 애달프게 여기고 표창한 바가 극진하지 않은 것이 없고, 또 성삼문과 박팽년에게 이미 베풀어 준 예가 있으니 일체 다 허락해 주는 것이 실로 좋은 기운을 일으키고 세상을 맑게 하는 정치에 합당하옵니다' 하니 임금이 전교하기를 대신과 의논해 시행하라 하셨다.

● 유림불천위 간재 변중일─금고지琴皐誌(간재 종가에 전해 내려오는 고서) 내용

1779년(정조 3년) 10월 15일에 조례祧禮(신주를 땅에 묻는 제례) 날짜에 모인 280여 명의 사림이 그 자리에서 간재를 불천위로 모시기로 결정한 후 후손의 사양에도 불구하고 참석자 중 김응탁金應鐸을 선정, 본손을 대신해 고유문家廟不祧告由文을 짓게 했다. 다음은 그 내용이다.

'공경하게 생각하옵건대 부군께서는 총영聰穎한 기국器局을 타고 나셔서 집에 있을 때는 효도를 다하고 나라를 섬길 때는 충성을 다하셨습니다. 젊었을 때 하급

벼슬에 천거되었으나 어찌 벼슬이 본뜻이라 하겠습니까. 높은 벼슬 보기를 초개 같이 하고, 자취를 거두어 몸을 숨기셨습니다. 아침에 가묘家廟에 배알하고 의관을 정제하여 방에 들어가면 서안書案과 마주해 부지런히 책을 읽으시고, 종일토록 경건한 몸가짐으로 선현의 언행을 따르고 후진을 장려獎勵하셨습니다.

혼자 있을 때도 몸가짐을 삼가고 언행을 조심하는 등 수신제가하면서, 간재簡齋라는 편액을 걸고 경敬과 의義로 자적自適하셨습니다. 사람들은 그 선적善蹟을 아름답게 여겨 관官에 알려 표창을 받도록 청하려 했으나 스스로 충효로 자처하기를 싫어하셔서 굳이 겸양하며 못하게 말렸습니다. 세상을 떠난 지 얼마 되지 않아 나라에서 특별히 정전旌典 내려, 엄연한 유각遺閣이 저기 휘황輝煌하게 서 있습니다. 세상이 바뀌고 세월이 흘러 조례의 날이 다가오니 뜻있는 선비들이 모두 모여 옛 현인을 앙모함이 더욱 새로워, 이에 불천위의 예로 모실 것을 결정하니 자손들은 송구하고 두려워하면서 삼가 맑은 술과 여러 가지 안주로 제주를 바쳐 올립니다.'

대구·경북 지역 불천위종가 종손 모임 '영종회'

대구·경북 지역 불천위종가 종손 모임인 '영종회嶺宗會'가 2012년 3월말 창립돼, 지역 종가문화 및 유교문화를 활성화하는 계기가 될지 기대를 모으고 있다. 영종회에는 현재 대구·경북 지역 불천위종가 종손 109명이 회원으로 가입돼 있다. 초대 회장은 김종길 학봉(김성일)종가 종손이, 고문으로 김병의 한훤당(김굉필)종가 종손과 류영하 서애(류성룡)종가 종손이 맡고 있다. 그리고 지역별(중부·동부·서부·남부·북부) 부회장과 업무별 간사를 두고 있다.

회원들의 친목 도모와 선현들의 학덕을 실천하며 유교문화를 진작하고 도덕사회 구현에 기여함을 목적으로 하고 있다.

김종길 회장은 "원로 종손 어른들의 별세가 잇따르면서 아랫대와 단절도 생기는데다 종손 모임도 없었고, 지방자치단체의 입장에서 종가와 관련된 문제를 이야

조선의 선비들, 인문학을 말하다

기해야 할 경우 대표할 단체가 있으면 여러 가지로 편리하고 효율적인데 그런 모임이 없었던 점 등에서 그 필요성을 느끼고 있던 차에 영종회 발족 이야기가 나오면서 모두 적극 공감했다"라고 설명했다.

그리고 생활 환경의 변화 속에 급속하게 바뀌는 전통 의례에 대한 문제를 함께 논의해 개선하는 것도 중요한 사안일 것이라고 덧붙였다.

김 회장은 영종회 차원에서 종택, 정자, 서원 등을 과감하게 일반에게 개방하고, 단순한 숙박 시설에 머무는 차원을 넘어 종손과 종부가 직접 참여해 종가문화를 체험하고 배우게 함으로써 산교육장이 되도록 하는 사업도 적극 추진할 계획이라고 밝혔다.

회원은 불천위 제사를 모시고 있는 종가 종손으로 구성되어 있는데, 불천위 조상이 있어도 불천위 제사를 모시지 않는 종가와 불천위 제사를 지내도 역사가 오래되지 않은 종가 등이 30여 군데 더 있는 것으로 파악되고 있다면서 이 종가의 회원 영입 문제도 검토할 계획이라고 말했다.

조일전쟁을 승리로 이끈 이순신의 사람들

이순신 파워인맥 33

제장명 지음 | 15,000원

'조일전쟁'을 승리로 이끈 이순신의 사람들 중에는 어떤 사람들이 있을까? 이 책에서는 이순신의 사람들 중 33명을 재조명하고 있다. 이순신의 최측근인 5명을 가장 먼저 소개하고 있는데, 이순신의 **핵심 지휘관**으로 정운, 권준, 어영담, 이순신(일부), 배흥립이 있다. 이순신과 함께 **전략/전술**을 함께 만든 유형, 송희립, 배경남을 소개하고 있다. 해전을 승리로 이끌기 위해서는 **전선 및 무기**를 담당한 사람들도 필요한데, 이런 역할을 한 사람이 나대용, 이언량, 정사준, 이봉수이다.

한국 역사 인물을 통해 본 인문학 공부법

조선의 선비들, 인문학을 말하다

김봉규 지음 | 15,000원

인문학에 대한 관심이 그 어느 때보다 높아지고 있다. 주체적인 삶에 대한 열망이 갈수록 강해지고, 느림의 미학이 여전히 설득력을 얻고 있으며, 위로의 메시지가 사람들의 가슴을 적시고 있다. 물질적으로는 풍요하지만 정신적으로는 빈곤한 삶 속에서 느끼는 가치관의 혼란으로 인해 '어떻게 살 것인가?'를 고민하며 그 해답을 찾고자 하는 이들이 늘고 있다. 이 책은 한국 역사 인물을 통해 본 인문학 공부법으로 '어떻게 살 것인가'에 대한 답을 제시한다.

교사와 학부모를 위한 스토리텔링 교수법

스토리텔링 멘토링

조정래 지음 | 15,800원

교육계의 키워드로 **스토리텔링**이 뜨고 있다. 교육과학기술부에서는 수학 교육 선진화 방안으로 **스토리텔링 수학**을 강조한다. 이 책은 스토리텔링 교육법이 학생들의 상상력과 창의력 개발, 학생들의 자기 발견과 자기 혁신의 가장 실효성 높은 방안임을 설명하고, 스토리텔링의 교육적 활용을 위해 구체적이고 실제적인 지도 방법과 프로그램을 교사와 학부모, 청소년지도자들에게 제시하고 있다.

행복한 교실을 디자인하기 위한 '학급 경영 멘토링'의 모든 것

학급 경영 멘토링

김성효 지음 | 14,800원

이 책은 함께 하는 교육 공동체를 위해 고민하는 교사들을 위한 학급 경영 멘토링 역할을 하고 있다. 학급을 자신만의 스토리로 디자인하는 학급 경영 철학 세우기부터 스스로 정한 약속은 끝까지 지키는 자세를 길러주는 생활지도, 학급 구성원 모두가 함께하는 공동체 역량을 키워가는 즐거움을 제시하고 있다. 또한, 최고의 수업을 만드는 키워드, 학부모에게 다가서기 위한 전략 등 학급 경영과 관련된 모든 노하우를 친절하게 알려준다.